우체국 [우정사업본부 · 지방우정청]

계리직
공무원

컴퓨터일반, 기초영어

계리직 공무원

컴퓨터일반, 기초영어

초판 발행   2024년 4월 8일
개정판 발행   2025년 1월 24일

편 저 자 | 장윤서, 공무원시험연구소
발 행 처 | ㈜서원각
등록번호 | 1999-1A-107호
주   소 | 경기도 고양시 일산서구 덕산로 88-45(가좌동)
교재주문 | 031-923-2051
팩   스 | 031-923-3815
교재문의 | 카카오톡 플러스 친구[서원각]
홈페이지 | goseowon.com

Preface

현대 사회는 하루가 다르게 변화되어 가고 있으며 그 변화에 적응하는 일이란 결코 쉽지가 않다. 더욱
이 이러한 변화 속에서 자신에게 맞는 일을 찾고 그 속에서 삶의 즐거움을 누리는 일은 매우 어렵게 느
껴진다. 이러한 사회적 분위기 속에서 안정적인 직업으로 공무원이 각광받고 있으며, 경쟁률 또한 매우
치열하다.

타 공무원 수험생들이 많은 정보를 가지고 여러 수험서의 도움을 받는 것과는 달리 우정서기보(계리직)
시험을 준비하는 수험생들은 많은 어려움을 느낀다.

본서는 우정서기보(계리직) 컴퓨터일반과 기초영어 과목의 기본서로 2024년 새로운 출제범위와 유형에
맞추어 핵심이론을 보기 쉽게 정리하였다. 또한 그에 맞추어 다양한 유형의 출제예상문제를 수록하여
높은 학습효과를 누릴 수 있도록 구성하였다.

수험생 여러분의 합격을 진심으로 기원하며 건투를 빈다.

Information

01 필기시험

① 시험과목

직급(직종)	시험구분	필기시험 과목(문항수)
우정9급(계리)	공개경쟁 채용시험	• 한국사(한국사능력검정시험으로 대체) • 우편일반(20문항) • 예금일반(20문항) • 보험일반(20문항) • 컴퓨터일반(20문항, 기초영어 7문항 포함)

※ 한국사능력검정시험 성적 등록
  • 기준점수(등급) : 한국사능력검정시험(국사편찬위원회) 3급 이상
  • 인정범위 : 필기시험 시행예정일 전날까지 점수(등급)가 발표된 시험으로 한정하며 기준점수(등급) 이상으로 확인된 성적표만 인정(유효기간 없음)
  • 성적 등록 방법 : 응시원서 접수 시에 해당 시험일자, 인증번호, 인증등급 등을 정확히 표기해야 하며 성적이 표기되지 않는 등 불가피한 사정으로 원서접수 마감일까지 한국사능력검정시험 성적을 등록하지 못한 경우에는 추가 등록기간 내에 사이버국가고시센터를 통해 등록하여야 함

② 배점비율 및 문항 형식 : 매 과목당 100점 만점, 객관식 4지 택일형 20문항

③ 시험시간 : 80분(과목당 20분)

02 면접시험

① 면접시험 평정요소(공무원임용시험령 제5조 제3항, 2024. 1. 1. 시행)

  ㉠ 소통 · 공감 : 국민 등과 소통하고 공감하는 능력

  ㉡ 헌신 · 열정 : 국가에 대한 헌신과 직무에 대한 열정적인 태도

  ㉢ 창의 · 혁신 : 창의성과 혁신을 이끄는 능력

  ㉣ 윤리 · 책임 : 공무원으로서의 윤리의식과 책임성

② 면접시험 시험시간 : 25분(5분 발표 & 질의응답 + 경험 · 상황 면접)

③ 면접절차

　　㉠ 발표면접(10분) : 우정사업본부 현황 및 시사 등의 지시문(10줄 이내 분량)을 검토하여 의견 발표

　　　• 발표 과제지는 본인이 소지 후 발표 시 활용(면접위원에게 제출하지 않음)

　　　　※ 과제지의 지시문 하단에 발표할 내용을 메모하여 발표 시 활용 가능

　　　• 5분 발표 후 이어서 면접관의 질의응답

　　㉡ 경험 · 상황 면접(15분)

　　　• 경험면접 : 우정직(계리) 직무수행 능력과 전문성 함양을 위해 평소 준비한 노력과 경험 등을 평가

　　　• 상황면접 : 가상으로 주어진 업무 등의 상황에서 응시자의 대응전략과 행동 및 태도를 평가

　　　• 발표면접 종료 후 바로 경험 · 상황 면접 실시

　　　• 면접위원은 사전 제출된 경험 · 상황과제 작성문을 바탕으로 질의응답

　　　※ 응시자가 작성하여 제출한 경험 · 상황과제 작성문은 해당 조의 면접관에게 사전에 배포되며, 면접 시 응시자에게는 별도의 자료가 제공
　　　　되지 않음

　　　※ 경험면접 문제는 응시자 전원에게 동일한 공통질문 제시

03　응시자격

① 응시연령 : 18세 이상

② 학력 · 경력 : 제한 없음

③ 응시결격사유 : 국가공무원법 제33조(결격사유)에 해당되거나, 국가공무원법 제74조(정년)에 해당되는 자 또는
　공무원임용시험령 등 관계법령에 의하여 응시자격을 정지당한 자는 응시할 수 없습니다(판단기준일은 면접시
　험 최종예정일).

④ 장애인 구분모집 응시대상자

　　㉠ 「장애인복지법 시행령」 제2조에 따른 장애인 및 「국가유공자 등 예우 및 지원에 관한 법률 시행령」
　　　제14조 제3항에 따른 상이등급 기준에 해당하는 자

　　㉡ 장애인 구분모집에 응시하고자 하는 자는 응시원서 접수마감일 현재까지 장애인으로 유효하게 등록
　　　되어 있거나, 상이등급기준에 해당되는 자로서 유효하게 등록 · 결정되어 있어야 합니다.

　　㉢ 장애인은 장애인 구분 모집 외의 일반분야에 비장애인과 동일한 일반조건으로 응시할 수 있습니다
　　　(단, 중복접수는 할 수 없음).

　　㉣ 장애인 구분모집 응시대상자의 증빙서류(장애인복지카드 또는 장애인등록증, 국가유공자증)는 필기시
　　　험 합격자 발표일에 안내하는 기간 내에 제출하여야 합니다.

⑤ 저소득층 구분모집 응시대상자

　㉠ 다음 조건 중 한가지에 해당하는 기간(이 기간의 시작은 급여 또는 지원을 신청한 날로 봄)이 응시원
　　서 접수일 또는 접수 마감일까지 계속하여 2년 이상인 자

　　• 「국민기초생활 보장법」에 따른 수급자(생계 · 주거 · 교육 · 의료급여 중 한 가지 이상의 급여를 받는 자)
　　• 「한부모가족지원법」에 따른 지원대상자
　　※ 단, 수급자 및 지원대상자에 해당하는 기간이 합산하여(중간 공백없이) 계속하여 2년 이상인 경우 응시 가능

　㉡ 유의사항

　　• 군복무 또는 교환학생으로 해외에 체류한 전 · 후 기간에 1인 가구 수급자(지원대상자) 였다면 군복무 또는
　　　교환학생으로 해외에 체류한 기간 동안 수급자(지원대상자) 자격을 계속 유지하는 것으로 봅니다. 다만,
　　　군복무 또는 교환학생으로 인한 해외체류 종료 후 다시 수급자(지원대상자)로 결정되어야 기간의 계속성을
　　　인정하며, 이 경우에도 급여(지원)의 신청을 기간 종료 후 2개월 내에 하거나, 급여(지원)의 결정이 기간
　　　종료 후 2개월 내여야 함]

　　• 단, 교환학생의 경우는 소속 학교에서 교환학생으로서 해외에 체류한 기간(교환학생 시작 및 종료 시점)에
　　　대한 증빙서류를 제출해야 함

　㉢ 저소득층 구분모집 대상자는 저소득층 구분모집 외의 일반분야에 비저소득층과 동일한 조건으로 응
　　시할 수 있습니다(단, 중복접수는 할 수 없음).

　㉣ 필기시험 합격자는 주민등록상의 거주지 관할 시 · 군 · 구청장이 발행하는 수급자증명서(수급기간 명
　　시), 한부모가족증명서(지원기간 명시) 등 증빙서류를 필기시험 합격자 발표일에 안내하는 기간 내에
　　제출하여야 합니다.

04　응시자 거주지역 제한

① 응시자는 공고일 현재 응시하는 지방우정청 거주지역에 주민등록이 되어 있어야 합니다.

② 구분모집 응시자격 확인은 필기시험 합격자를 대상으로 실시합니다.

③ 국가공무원법 제26조의3에 따라 대한민국 국적을 소지해야 합니다.

05 응시원서 접수기간 및 시험시행 일정

① 시험장소 공고 등 모든 시험일정은 우정청 홈페이지에 게시(공고)합니다.

② 합격자 명단은 합격자 발표일에 우정청 홈페이지 및 원서접수사이트에 게시하며, 최종 합격자에게는 개별적으로 합격을 통지합니다.

③ 필기시험 성적 확인 방법·일정은 필기시험 합격자 공고 시 안내하며, 본인 성적에 한하여 확인할 수 있습니다.

06 가산 특전 비율표

구분	가산비율	비고
취업지원대상자	과목별 만점의 10% 또는 5%	취업지원대상자 가점과 의사상자 등 가점은 본인에게 유리한 1개만 적용
의사상자 등 (의사자 유족, 의상자 본인 및 가족)	과목별 만점의 5% 또는 3%	

07 기타사항

① 필기시험에서 과락(40점 미만) 과목이 있을 경우에는 불합격 처리되며, 그 밖의 합격자 결정방법 등 시험에 관한 구체적인 내용은 공무원임용시험령 및 관련법령을 참고하시기 바랍니다.

② 응시자는 응시표, 답안지, 시험시간 및 장소 공고 등에서 정한 주의사항에 유의하여야 하며, 이를 준수하지 않을 경우에는 본인의 불이익이 될 수 있습니다.

Structure

❶ 컴퓨터일반

새로운 출제범위에 맞추어 핵심이론을 정리하여 학습의 효율을 높였다.

❷ 기초영어

새롭게 바뀐 출제유형을 완벽하게 반영하고 보기 쉽게 정리하여 학습의 효과를 높였다.

❸ 출제예상문제

상세한 정·오답 풀이로 자칫 낯설 수 있는 내용에 대한 이해도를 높였다.

Contents

PART 01 컴퓨터일반

01 컴퓨터 일반 ·········· 13
▶ 출제예상문제 / 42

02 컴퓨터 구조 ·········· 53
▶ 출제예상문제 / 93

03 운영체제 ·········· 105
▶ 출제예상문제 / 135

04 데이터베이스 ·········· 149
▶ 출제예상문제 / 172

05 데이터 통신과 네트워크 ·········· 185
▶ 출제예상문제 / 228

06 소프트웨어공학 ·········· 239
▶ 출제예상문제 / 283

07 스프레드시트 ·········· 297
▶ 출제예상문제 / 316

08 정보보호 ·········· 339
▶ 출제예상문제 / 364

PART 02 기초영어

01 어휘 ·········· 376

02 회화 ·········· 395

03 어법 ·········· 408

04 독해 ·········· 425
▶ 출제예상문제 / 450

STUDY PLANNER

CONTENTS

차시	학습내용
1일	Chapter 01 컴퓨터일반 개념정리
2일	Chapter 01 컴퓨터일반 출제예상문제
3일	Chapter 02 컴퓨터구조 개념정리
4일	Chapter 02 컴퓨터구조 출제예상문제
5일	Chapter 03 운영체제 개념정리
6일	Chapter 03 운영체제 출제예상문제
7일	Chapter 04 데이터베이스 개념정리
8일	Chapter 04 데이터베이스 출제예상문제
9일	Chapter 05 데이터 통신과 네트워크 개념정리
10일	Chapter 05 데이터 통신과 네트워크 출제예상문제
11일	Chapter 06 소프트웨어공학 개념정리
12일	Chapter 06 소프트웨어공학 출제예상문제
13일	Chapter 07 스프레드시트 개념정리
14일	Chapter 07 스프레드시트 출제예상문제
15일	Chapter 08 정보보호 개념정리
16일	Chapter 08 정보보호 출제예상문제
17일	키워드 및 마인드맵 총정리
18일	최신 기출문제 풀어보기

GOAL

1 시험보기 2개월 전 기본서 3회독

2 시험보기 1개월 전 기본서 2회독

3 시험보기 20일 전 기본서 1회독

4 시험보기 7일 전 기본서 개념+예상

5 시험보기 1일 전 기본서 마인드맵

TIP ✕   ✕   ✕

개념정리

기본서 > 학습 전 파트별 키워드 확인 ◯

기본서 > 파트별 용어정리 ◯

기본서 > 마인드맵으로 전체 파악 ◯

기본서 > 마인드맵 그려보기 ◯

기출예상문제 > 장기 10회독 + 마인드맵 ◯

기출예상문제 > 단기 3회독 + 마인드맵 ◯

MEMO

PART

01

컴퓨터 일반

01 컴퓨터 일반
02 컴퓨터 구조
03 운영체제
04 데이터베이스

05 데이터 통신과 네트워크
06 소프트웨어공학
07 스프레드시트
08 정보보호

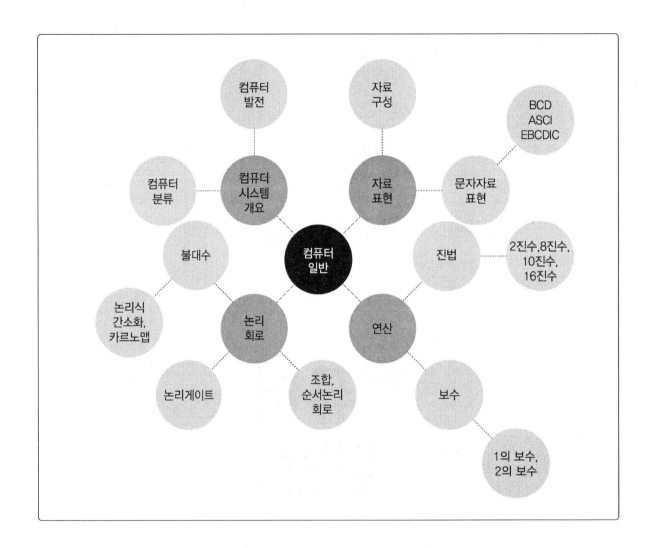

Q 기출키워드

논리회로, 조합회로, 진수, 병렬처리, 기억장치, 아날로그컴퓨터, 디지털컴퓨터, 중앙처리장치, 연산장치, 제어장치, 프로그램내장방식, 논리식 간소화, 기억용량, 카르노맵

01 컴퓨터일반

section 1 컴퓨터 시스템의 개요

❶ 컴퓨터(Computer)의 개념

컴퓨터를 전기적 데이터 처리장치(EDPS : Electronic Data Processing System) 또는 자동 데이터 처리장치 (Automatic Data Processing System)라고 하는데, 이는 주어진 데이터를 프로그램이라는 정해진 루틴에 의해 수행함으로써 원하는 정보를 출력해 내는 전자시스템을 의미한다.

> 📢 TIP EDPS(Electronic Data Processing System) … 전자적인 성질을 이용하여 주어진 데이터를 신속, 정확하게 처리하여 유용한 정보를 만드는 전자적 자료 처리 장치
> ADPS(Automatic Data Processing System) … 입력된 데이터를 프로그램에 의해 자동으로 처리하는 자동 자료 처리 장치

(1) 컴퓨터(Computer)의 특징

컴퓨터의 5대 특징은 정확성, 신속성, 대용량성, 범용성, 호환성이다.

GIGO(Gabage in Gabage out)으로 쓰레기가 입력되면 쓰레기가 출력된다는 컴퓨터의 수동성이다.

신뢰성	주어진 기능을 올바르게 수행할 수 있는 능력
정확성	주어진 처리 과정에 따라 정확한 결과를 출력
자동성	주어진 프로그램에 따라 실행하는 것을 의미
범용성	광범위한 상황이나 목적에 적용할 수 있는 능력이나 의미
대용량성	멀티미디어 관련 자료 등 대량의 자료 처리 및 저장이 가능
호환성	서로 다른 컴퓨터 간에도 프로그램이나 자료의 공유가 가능

(2) 컴퓨터(Computer)의 5대 기능

입력(Input)	컴퓨터 외부의 데이터를 컴퓨터 내부로 읽어오는 기능
출력(Output)	컴퓨터 내부의 데이터를 컴퓨터 외부로 읽어오는 기능
기억(Storage)	프로그램이나 데이터를 저장하는 기능
연산(Arithmetic)	사칙연산(덧셈, 뺄셈, 곱셈, 나눗셈)
제어(Control)	입력, 출력, 연산, 기억 기능 등을 제어하고 감독하는 기능(관리 및 통제)

❷ 컴퓨터(Computer)의 발전

(1) 기계화 시대의 발달

1642년 파스칼	1673년 라이프니츠

(출처 : 위키백과)

연도	내용
1642	파스칼의 덧셈기인 치차식 계산기 개발(톱니바퀴 원리 이용, 가감산)
1673	라이프니츠의 가감승제 계산기
1801~1833	1823년 바베지 차분기관 : 기계식로 삼각 함수 계산 가능 1834년 바베지 해석기관 : 기억, 연산, 제어, 입출력 등의 기능을 가진 현재 디지털 컴퓨터의 모체가 됨
1890	홀러리스에 의해 PCS(펀치 카드 시스템) 개발 미국의 국세징수를 위한 인구조사에 사용되었으며 오늘날의 일괄처리 방식의 효시가 됨

(2) 컴퓨터의 발달과정

연도	구분	내용
1944	마크 원(MARK-1)	하버드 대학의 에이컨(Aiken) 교수에 의해 제작 세계 최초의 기계식 자동 계산기
1946	에니악(ENIAC)	에커트와 머큘리 교수에 의해 개발된 세계 최초의 전자계산기 진공관 18,800개로 구성되었으며 프로그램 외장방식이 사용됨
1949	에드삭(EDSAC)	영국 캠브리지 대학의 윌키스 교수에 의해 개발 프로그램 내장방식을 채택한 세계 최초의 전자계산기
1951	에드박(EDVAC)	이진법 채택 및 프로그램 내장방식을 완성한 전자계산기 폰노이만 제작
1951	유니박(UNIVAC-1)	최초의 상업용 전자계산기로 프로그램 내장방식을 사용

📢 **TIP** 폰 노이만의 **프로그램 내장방식**(Stored Program Method) ··· 1945년 폰 노이만(Von Neumann, J.)에 의해 개발

프로그램과 데이터를 주기억장치 안에 기억시켜 놓은 후 주기억장치에 기억된 프로그램에 의해 명령을 순서대로 해독하면서 실행하는 방식으로 오늘날의 컴퓨터 모두에 적용되는 방식

진공관

에드삭

에니악

(출처 : 위키백과)

(3) 컴퓨터의 세대별 발전

내용 \ 세대	제1세대 (1951년–1959년)	제2세대 (1959년–1963년)	제3세대 (1963년–1975년)	제4세대 (1975년 이후)	제5세대
기억소자	진공관 (Vacuum Tube)	트랜지스터 (TR)	집적회로 (IC)	고밀도 집적회로 (LSI)	초고밀도 집적회로 (VLSI)
주기억장치	자기드럼	자기코어	집적회로(IC)	LSI	VLSI
처리속도	$ms(10^{-3})$	$\mu s(10^{-6})$	$ns(10^{-9})$	$ps(10^{-12})$	$fs(10^{-15})$
특징	• 하드웨어 중심 • 전력소모가 많고 신뢰성이 낮음 • 대형화 • 과학계산 및 통계 처리용으로 사용 • 속도가 느리고 부피가 큼	• 소프트웨어 중심 • 운영체제(OS) 개발 • 전력소모 감소 • 신뢰도 향상, 소형화 • 온라인 방식 도입	• 기억용량 증대 • 시분할(TSS) 처리 • 다중처리 방식 • 경영정보 시스템(MIS) 도입 • OCR, OMR, MICR를 사용 • 마이크로프로세서 탄생	• 개인용 컴퓨터 및 마이크로 프로세서 개발 • 전문가 시스템 • 종합정보 통신망 • 슈퍼 컴퓨터 개발 • 분산처리장치 및 네트워크 발달	• 인공 지능(AI) • 전문가 시스템 • 퍼지 이론(Fuzzy) • 음성인식 개발 • 패턴인식 • 의사 결정 지원 시스템(DSS)
사용언어	저급 언어 (기계어, 어셈블리어)	고급 언어 (FORTRAN, ALGOL, COBOL)	고급 언어 (LISP, PASCAL, BASIC, PL/I)	문제지향적 언어	JAVA

(4) 처리속도와 기억용량 단위

처리 속도 단위		기억 용량 단위		
ms(milli second)	(10^{-3})	KB(Kilo Byte)	2^{10}(Byte)	1,024(Byte)
μs(micro second)	(10^{-6})	MB(Mega Byte)	2^{20}(Byte)	1,024(KB)
ns(nano second)	(10^{-9})	GB(Giga Byte)	2^{30}(Byte)	1,024(MB)
ps(pico second)	(10^{-12})	TB(Tera Byte	2^{40}(Byte)	1,024(GB)
fs(femto second)	(10^{-15})	PB(Peta Byte)	2^{50}(Byte)	1,024(TB)
as(atto second)	(10^{-18})	EB(Exa Byte)	2^{60}(Byte)	1,024(PB)

* zs(zepto second) : 10^{-21}, Z(zeta) = 2^{70}
* ms → zs로 갈수록 속도가 빠르다
* k → z로 갈수록 용량이 크다

❸ 컴퓨터의 분류

(1) 데이터 취급 형태에 따른 분류

① 디지털 컴퓨터(Digital Computer) … 가장 일반적인 컴퓨터로 범용성 컴퓨터라고도 하며, 이산적 데이터 처리에 적합

② 아날로그 컴퓨터(Analog Computer) … 특수 목적용 컴퓨터로, 연속적인 물리량을 이용해서 데이터를 처리

[디지털 컴퓨터와 아날로그 컴퓨터의 특징]

구분	디지털 컴퓨터(Digital Computer)	아날로그 컴퓨터(Analog Computer)
특징	셀 수 있는 이산 데이터	셀 수 없는 연속적인 물리량
입력	숫자, 문자	전류, 전압, 길이
출력	숫자, 문자	곡선, 그래프
연산장치	사칙연산	미적분 연산
구성회로	논리연산	증폭회로
계산형식	이산적인 데이터	연속적인 데이터
정밀도	필요한 한도까지	제한적임
프로그램	필요	필요없음
가격	고가	저가
기억기능	있음	없음
연산속도	느림	빠름

③ 하이브리드 컴퓨터(Hybrid Computer)
  ㉠ 디지털 컴퓨터와 아날로그 컴퓨터 기능을 혼합한 컴퓨터
  ㉡ 아날로그 데이터를 입력하여 디지털 방식을 처리할 때 유용

> **TIP**
> • 임베디드(Embedded) : 보조기억장치 없이 주기억장치에 저장되는 PC의 일종으로 하드디스크 없음
>   **예** 스마트폰, 스마트TV 등
> • 워크스테이션(workstation)
>   −개인이나 적은 수의 사람이 특수한 분야에서 사용하는 탁상용 컴퓨터
>   −일반적으로 UNIX 계열의 운영체제를 사용하며 RISC 마이크로프로세서 칩을 사용하여 고속연산이 가능

(2) 사용 목적에 따른 분류

① 전용 컴퓨터(Special Purpose Computer)
  ㉠ 특수한 목적에 한해서 사용하기 위해 만들어진 컴퓨터
  ㉡ 군사용, 산업용 목적으로 항공 분야, 과학 기술 분야 등에서 사용

② 범용 컴퓨터(General Purpose Computer) … 일반적인 업무 처리에서 광범위하게 사용할 수 있도록 만들어진 컴퓨터

③ 개인용 컴퓨터(Personal Computer)

(3) 처리 능력에 따른 분류

① 슈퍼컴퓨터(Super-Computer)
  ㉠ 가장 크고 빠르고 고가인 최첨단의 컴퓨터
  ㉡ 수학적인 계산을 집중적으로 해야 하는 용도에 적합, 수백 개에서 수십만 개의 고성능 마이크로프로세서 사용

② 대형 컴퓨터(Mainframe)
  ㉠ 다수의 사용자가 공유하여 이용하는 고속의 컴퓨터
  ㉡ 슈퍼컴퓨터에 비해 성능이나 기억용량이 낮고 가격이 저렴

③ 미니컴퓨터(Mini Computer)
  ㉠ 대형 컴퓨터에 비해 저렴한 중소형 컴퓨터
  ㉡ 다수의 사용자가 사용할 수 있는 다인용 시스템

슈퍼컴퓨터

메인프레임(1964년)

(출처 : 위키백과)

⑷ 기타 분류

① 개인용 컴퓨터의 크기 순 분류 … 데스크톱 > 랩톱 > 노트북 > 팜톱

② 휴대가 가능한 컴퓨터 … 노트북, 랩톱, 팜톱

section 2 연산

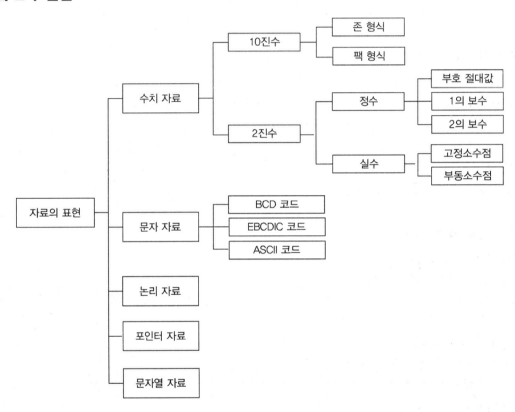

❶ 자료 표현

(1) 자료의 구성

자료의 크기는 비트(Bit) < 니블(Nibble) < 바이트(Byte) < 워드(Word) < 필드(Field) < 레코드(Record) < 파일(File) < 데이터베이스(Database) 순으로 커진다.

① 비트(Bit, Binary digit) … 정보 표현의 최소 단위이며, 2진수 0 또는 1을 나타냄

비트 정보 표현 개수(2^n개) 수

② 니블(Nibble) … 4비트로 구성된 값으로 통신에서 쿼드(Quad Bit)로 사용되기도 함

③ 바이트(Byte)

　　㉠ 8개의 Bit로 구성, 문자를 표현하는 최소 단위, 주소지정 단위

　　㉡ 영문, 숫자는 1Byte로 표현, 한글, 한문, 특수 문자는 2Byte로 표현

　　㉢ 2^8(256)개의 정보를 표현할 수 있음

④ 워드(Word)

　　㉠ 컴퓨터 내부의 명령 처리 단위로 한 번에 처리 단위로 한 번에 처리할 수 있는 데이터의 양

　　㉡ Half Word : 2Byte

　　㉢ Full Word : 4Byte(=1Word)

　　㉣ Double Word : 8Byte

⑤ 필드(Field)

　　㉠ 파일 구성의 최소 단위로 아이템(Item) 또는 항목이라고 함

　　㉡ 데이터베이스에서 열을 나타냄

⑥ 레코드(Record)

　　㉠ 하나 이상의 필드들이 모여서 구성된 자료 처리 단위

　　㉡ 논리 레코드는 프로그램을 처리하는 단위로 사용됨

　　㉢ 물리 레코드는 입출력 단위로 사용되며 블록(Block)이라고도 함

　　㉣ 데이터베이스를 구성하는 행을 나타냄

⑦ 파일(File) … 여러 개의 레코드가 모여 구성된 것으로 디스크의 저장 단위로 사용

⑧ 데이터베이스(Database) … 파일들의 집합으로 중복을 제거한 통합된 상호 관련 있는 데이터의 집합

❷ 연산

(1) 진법

진법이란 수를 표기하는 기수법의 하나로 임의의 숫자를 사용하여 수를 표현하는 방법이다. 일반적으로 사용하는 1부터 9까지의 숫자를 사용하여 수를 나타내는 방법은 10진법이라고 부른다.

10진법	2진법	8진법	16진법
1	0001	1	1
2	0010	2	2
3	0011	3	3
4	0100	4	4
5	0101	5	5
6	0110	6	6
7	0111	7	7
8	1000	10	8
9	1001	11	9
10	1010	12	A

(2) 진법의 종류

① **2진법**(binary notation) … 0과 1, 두 개의 숫자만으로 수를 표현하는 방법으로 자릿값이 올라감에 따라 그 크기가 2배씩 커지게 된다.

   2진법의 전개식 : 2의 거듭제곱을 이용하여 수를 나타낼 수 있다.

   📌 $1011_{(2)} = 1 \times 2^3 + 0 \times 2^2 + 1 \times 2 + 1 \times 1 = 1 \times 8 + 0 \times 4 + 1 \times 2 + 1 \times 1 = 11$

② **8진법**(octal notation) … 0부터 7까지의 숫자로 수를 표현하는 방법으로 2진수를 3자리씩 빠르게 묶어 표현할 수 있다.

③ **10진법**(decimal notation) … 0부터 9까지의 숫자로 수를 표현하는 방법으로, 일상생활에서 수를 나타낼 때 사용하는 방법이다.

   10진법의 전개식 : 10의 거듭제곱을 이용하여 수를 나타낼 수 있다.

   📌 $3264 = 8 \times 10^3 + 2 \times 10^2 + 6 \times 10 + 4 \times 1 = 3 \times 1000 + 2 \times 100 + 6 \times 10 + 4 \times 1$

④ **16진법**(hexadecimal notation) … 0부터 9까지의 숫자와 A부터 F까지의 문자를 함께 사용하여 수를 표현하는 방법으로 이러한 16진수는 특히 컴퓨터 분야에서 1바이트(byte)의 크기를 쉽게 표현할 수 있어 많이 사용되고 있다.

진법	설명	진법 나열
2진법	0,1 구성	0000, 0001, 0010, 0011.....
8진법	0~7 숫자 구성	0, 1~6, 7, 10, 11, 11~16, ...
16진법	0~9 숫자와 A~F(10~15) 문자로 구성	0, 1~8, 9, A, B~E, F, 10, 11~18, 19......

(3) 진법의 변환

10진수를 변환하고자 하는 진법의 기수(2진법이면 2가 기수임)로 나누고, 해당 나머지를 기록한다.

① 10진수를 2, 8, 16진수로 변환
  ㉠ 10진수 → 2진수 : 정수 부분과 소수 부분을 각각 2진수로 변환하고, 가운데 소수점을 찍어준다.
    ㉮ 정수부분 : 10진수의 정수값을 변환할 진수로 나누어 몫이 0이 될 때까지 나누고, 나머지를 역순으로 표시한다.
    ㉯ 소수부분 : 10진수의 소수값을 변환할 진수로 곱하여 결과가 0이나 반복되는 수가 나올 때까지 곱하고, 결과의 정수 부분만을 순서대로 표시한다.
    예 $(17)_{10} = (10001)_2, (21)_8, (11)_{16}$

    ```
    2 | 17
    2 |  8  ····· 1
    2 |  4  ····· 0        8 | 17           16 | 17
    2 |  2  ····· 0            |  2 ····· 1       |  1 ····· 1
         1  ····· 0
    ```

    예 $(0.1875)_{10} = (0.14)_8$

    ```
         0.1875           0.5
      ×       8    →   ×     8
         1.5000           4.0
      ─────────       ────────→
    ```

  ㉡ 2/8/16진수 : 정수부분과 소수부분의 각 자리수와 자리의 지수을 곱한 결과값을 모두 더한다.

② 다른 진수(2, 8, 16진수)에서 10진수로 변환
  ㉠ 2진수 → 10진수 : 2진수의 각 자리의 숫자를 2의 지수 승에 맞추어서 더해주는 방식으로 변환한다.
  ㉡ 8진수 → 10진수 : 8진수의 각 자리의 숫자를 8의 지수 승에 맞추어서 더해주는 방식으로 변환한다.
  ㉢ 16진수 → 10진수 : 16진수의 각 자리의 숫자를 16의 지수 승에 맞추어서 더해주는 방식으로 변환한다.
    ㉮ 정수 변환 예
      $10001_{(2)} = 1 \times 2^4 + 0 \times 2^3 + 0 \times 2^2 + 0 \times 2^1 + 1 \times 2^0 = 17_{(10)}$
      $21_{(8)} = 2 \times 8^1 + 1 \times 8^0 = 17_{(10)}$
      $11_{(16)} = 1 \times 16^1 + 1 \times 16^0 = 17_{(10)}$
    ㉯ 실수 변환 예
      $101.11_{(2)} = 1 \times 2^2 + 0 \times 2^1 + 1 \times 2^0 + 1 \times 2^{-1} + 1 \times 2^{-2} = 5.75_{(10)}$
      $12.5_{(8)} = 1 \times 8_1 + 2 \times 8_0 + 5 \times 8_{-1} = 10.625_{(10)}$

③ 다른 진수에서 다른 진수로 변환 ··· 2/8/16진수 상호 변환

　ㄱ 2→8진수 : 정수부분은 소수점을 기준으로 왼쪽 방향으로 3자리씩 묶고, 소수부분은 소수점을 기준으로 오른쪽 방향으로 3자리씩 묶어서 변환하되, 소수부분의 자릿수가 부족할 경우 0으로 채워서 자리수를 맞춘다.

　ㄴ 2→16진수 : 정수부분은 소수점을 기준으로 왼쪽 방향으로 4자리씩 묶고, 소수부분은 소수점을 기준으로 오른쪽 방향으로 4자리씩 묶어서 변환하되, 소수부분의 자릿수가 부족할 경우 0으로 채워서 자리수를 맞춘다.

　ㄷ 8→2진수 : 8진수 1자리를 2진수 3비트로 풀어서 변환하되, 무효의 0은 무시한다.

　ㄹ 16→2진수 : 16진수 1자리를 2진수 4비트로 풀어서 변환하되, 무효의 0은 무시한다.

　ㅁ 8→16진수 : 8진수를 2진수로 변환한 뒤 2진수를 16진수로 변환한다.

　ㅂ 16→8진수 : 16진수를 2진수로 변환한 뒤 2진수를 8진수로 변환한다.

　ㅅ 정수 변환 예

$$10101101101011_{(2)} = 25553_{(8)}$$

$$10101101101011_{(2)} = 2B6B_{(16)}$$

$$525_{(8)} = 101010101_{(2)}$$

　ㅇ 실수 변환 예

$$1001011.11011_{(2)} = 113.66_{(8)}$$

$$1001011.11011_{(2)} = 4B.D8_{(16)}$$

$$256.AC_{(16)} = 001001010110.10101100_{(2)}$$

④ 보수(Complement) ··· 두 수의 합이 진법의 밑수(N)가 되게 하는 수를 말한다.

　ㄱ 컴퓨터 내의 연산 시 숫자 자료를 보수로 표현하는 이유는 덧셈과 뺄셈을 덧셈회로로 처리할 수 있기 때문이다.

　ㄴ 2진수의 보수를 쉽게 구하는 방법

　　㉮ 1의 보수 : 주어진 각 자리의 값을 0은 1로, 1은 0으로 변환한다.

　　　• 각 자릿수의 값이 모두 1인 수에서 주어진 2진수를 빼면 1의 보수를 얻을 수 있다.

　　　예 2진수 1010의 1의 보수는 0101입니다.

　　㉯ 2의 보수 : 1의 보수에 1을 더한다.

　　　예 1의 보수 : 1100

　　　　2의 보수 : 1101

　　　→ 10의 보수, 2의 보수는 각 각 9의 보수와 1의 보수에서 1을 더하면 된다.

　　　　기출) 10진수 274 → 9의 보수 725

　　　　기출) 이진수 1001011 → 1의 보수 100110

　　　　기출) 이진수 1001011 → 2의 보수 0110101

　　　　기출) 10진수 5 → 4자리 1의 보수 1010, 2의 보수 1011

❸ 고정 소수점(Fixed Point Number)의 수

(1) 자료의 표현
① 수치자료
   ㉠ 정수표현 : 10진연산, 2진연산
   ㉡ 실수표현

② 문자자료
   ㉠ BCD : 2진화 10진 코드
   ㉡ EBCDIC : 확장된 2진화 10진 코드
   ㉢ ASCII : 정보 교환 미국 표준 코드

(2) 고정소수점 수의 표현
고정소수점은 소수점이 고정된 위치에 있다는 의미로 소수점이 왼쪽에 있다고 가정하면 소수를 나타내고 오른쪽에 있다고 가정하면 정수를 나타내며 용량이 제한적인 컴퓨터에서 매우 큰 수나 작은 수를 표현하기에는 한계가 있어서 정수를 표현할 때 주로 사용되고 있다.

부호(S)에 양의 정수는 0을 저장하고 음의 정수는 1을 저장한다. 크기에는 정수값을 2진수로 저장하면 되며 고정 소수점 표현에는 음의 정수를 부호화 절댓값 방식, 1의 보수 방식, 2의 보수 방식을 사용하여 나타낸다.

– **종류** : 2진 표현(부호화 절대치, 부호화 1의 보수, 부호화 2의 보수), 10진 표현(언팩 : 존 형식, 팩 형식)

> • 부호화 절댓값 방식 : 부호 비트 1과 2진수의 절댓값으로 나타낸다.
> • 1의 보수 방식 : 부호 비트 1과 2진수의 절댓값에 대한 1의 보수로 표현
> • 2의 보수 방식 : 부호 비트 1과 2진수의 절댓값에 대한 2의 보수로 표현
> 양의 정수를 표현할 때는 3가지 방식 모두가 부호 비트에 0을 넣는 방식을 채택하지만, 음의 정수를 표현할 때는 각각 다른 표현 방식을 사용

예 8비트로 양의 정수 +13과 음의 정수 −13을 나타내면 아래와 같다.

표현방식	+13	−13
부호화 절댓값	0 0001101	1 0001101
1의보수	0 0001101	1 1110010
2의보수	0 0001101	1 1110011

① 10진연산
   ㉠ 언팩형식(UnPack 형식(Zone 형식) : 10진수 입·출력)
      ㉮ 정수 한 자리를 2진수 8자리로 표현, 앞의 네 개의 비트가 Zone 비트, Zone 비트에는 1이 네 개가 들어간다.

㉬ 마지막 자리수의 앞에 있는 네 개의 비트는 Zone비트가 아니라 부호비트임
- 존형 10진연산 = Zone Decimal
- 연산이 불가능하다.
- 데이터 입출력에 사용
- 1Byte로 10진수 1자리를 표현
- 4개의 존 비트와 4개의 숫자 비트를 사용
- 최하위 바이트의 존 부분을 부호로 사용
- Zone = F, Digit = 4Bit 2진수
- Sign = 양수 C, 음수 D, 부호 없는 양수 F

ⓛ **팩형식**(Pack 형식 : 10진수 연산)

㉮ Digit 비트는 10진수 1자리를 4비트 2진수로 표현한다.

㉯ Zone 형식이라고도 한다.

㉰ 1바이트로 10진수로 1자리를 표현한다.

㉱ Zone 비트는 무조건 F(1111)를 넣고, Digit 비트는 10진수 1자리를 4비트 2진수로 표현한다.

② **2진연산 표현 방법** … 부호비트 (0 → 양수, 1 → 음수)

㉠ **부호화 크기**

㉡ **부호화 절대치** : 최상위 1비트는 부호 비트(양수:0, 음수:1), 나머지 n-1 비트들은 2진수로 표현된 정수 값의 크기(절대치)가 저장된다.

1000 1110 → 첫 비트는 부호비트이며, 음수이므로 1값을 줍니다.

㉢ **부호화 1의 보수** : 부호화 절대치에서 부호 비트를 제외한 나머지 n-1 비트들을 1의 보수 형태로 변환한다.

1111 0001 → 부호비트는 고정하고 각 자리값을 바꿔서 1의 보수를 구한다.

㉣ **부호화 2의 보수** : 부호화 절대치에서 부호 비트를 제외한 나머지 n-1 비트들을 2의 보수 형태로 변환한다.

1111 0010 → 1의 보수에서 1을 더해서 2의 보수를 구한다.

❹ 부동 소수점(Floating Point Number)의 수

부동 소수점 방식은 소수점의 위치가 바뀌기 때문에 실수를 표현할 때 주로 사용하며 고정 소수점 방식보다 넓은 범위의 수를 표현할 수 있다.

컴퓨터에서 실수를 부동 소수점 방식으로 저장하면 부호 비트와 지수 부분, 가수 부분 이렇게 세 영역으로 저장이 된다. 부호 비트는 양의 실수인지 음의 실수인지 나타내는 부분이고, 지수 부분은 소수점 위치를 나타내며, 가수 부분은 유효 자릿수를 나타낸다.

(1) 부동 소수점 표현

① 부호, 지수부, 가수부(소수부)가 있다.

[단정도]

부호비트(1bit)	지수부(7bit)	가수부(소수)
1byte		3byte

[배정도]

부호비트(1bit)	지수부(7bit)	가수부(소수)
1byte		7byte

② 부동 소수점 수 연산법

　㉠ 가감산 : 두 수의 지수부가 같도록 지수가 큰 쪽에 가수의 위치를 조정한다.

　㉡ 승제산 : 지수부와 가수부를 별도로 처리 (승산 : 지수부 +, 가수부 없음)

(2) 자료의 외부적 표현 방식

① 컴퓨터에서 처리된 결과를 사람이 확인할 수 있도록 출력할 때 사용되는 표현방식 이다.

② 종류 … 문자 코드, 숫자 코드가 있다.

❺ 문자 자료의 표현

(1) BCD 코드(2진화 10진수, 8421 코드)

① 2세대 컴퓨터에서 대부분 사용하는 기본 코드로 6bit로 구성됨

② 표준 2진화 10진 코드, Zone은 2비트, Digit는 4비트로 구성

③ 6트로 2^6=64가지의 문자 표현이 가능, 영문자의 대·소문자를 구별하지 못함

(2) ASCII 코드(데이터 통신용 코드)

① 미국표준협회(ANSI)에서 정의한 표준 코드로 7bit로 구성됨

② 개인용 컴퓨터에 주로 사용됨

③ Zone은 3비트, Digit는 4비트로 구성

④ 7비트로 2^7=128가지의 표현이 가능

(3) EBCDIC 코드(확장 2진화 10진 코드)

① 표준 2진화 10진 코드를 확장한 코드로 8bit로 구성됨

② Zone은 4비트, Digit는 4비트로 구성

③ 8비트로 2^8=256가지의 표현이 가능, 대형 컴퓨터에서 사용되는 범용 코드

(4) 유니코드

① 국제 표준으로 제정된 2byte의 만국 공통의 국제 문자 부호 체계

② 문자당 영어, 비영어 공통적으로 16bit로 구성함

③ 완성형에 조합형을 반영하여 현대 한글의 모든 표현이 가능함

(5) 기타코드(외부적 표현 방식)

Code로 표시하여 사람이 이해할 수 있도록 표현

종류 : BCD code, EBCDIC code, ASCII code, Gray code, Hamming code, 3초과 code, 7421 code 등

① **가중치 코드(Weighted Code)**
   ㉠ 각 자릿수에 고유한 값을 가지고 있는 코드
   ㉡ 종류 : 8421 코드, 2421 코드, Biquinary 코드, Ring Counter 코드

② **비가중치 코드(Nonweighted Code)**
   ㉠ 각 자릿수에 고유한 값이 없는 코드
   ㉡ 종류 : Excess-3 코드, 그레이(Gray) 코드, 5중 2 코드, 5중 3 코드

③ **에러 검출 코드(Error Check Code)**
   ㉠ 에러 검출이 가능한 코드로 특정 코드(해밍코드)는 에러 교정까지 가능
   ㉡ 종류 : 해밍(Hamming) 코드, 패리티(Parity) 비트, Biquinary 코드, Ring Counter 코드, 5중 2 코드, 5중 3 코드

④ **자기보수 코드(Self Complement Code)**
   ㉠ 어떤 코드에 대한 1의 보수가 해당 10진수의 9의 보수로 되는 코드
   ㉡ 종류 : 84-2-1 코드, Excess-3 코드, 2421 코드, 51111 코드

⑤ **그레이 코드(Gray Code)** = 비가중치 코드, 연산 불가능
   ㉠ BCD 코드의 인접하는 Bit를 XOR 연산하여 만든 코드
   ㉡ 코드 변환이 용이
   ㉢ 입출력장치, A/D변환기, 주변장치 등에서 숫자를 표현할 때 사용

ⓓ 1Bit만 변환시켜 다음 수치로 증가시키기 때문에 하드웨어 오류가 적다.

　　ⓜ 2진수를 Gray로 변경시 : n자 모양으로 연산

　　　㉮ 첫번째 그레이 비트는 2진수 첫번째 비트 그대로

　　　㉯ 2진수 비트를 앞뒤로 XOR 연산

　　ⓗ Gray를 2진수로 변경시 : h자 모양으로 연산

　　　㉮ 첫번째 2진수는 그레이 비트 그대로

　　　㉯ 두번째부턴 왼쪽 변경된 2진수와 변경할 우측 그레이 비트를 XOR 연산

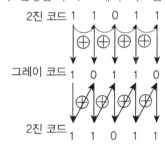

⑥ 해밍 코드(Hamming Code) … 오류 검출(O), 정정(O)

　　㉠ 오류를 검출하고 교정이 가능한 코드

　　㉡ 2Bit의 오류를 검출할 수 있고 1Bit를 교정 가능

　　㉢ 1, 2, 4, 8, … 2^n번째 Bit는 오류 검출을 위한 패리티 비트

　　　4번 Bit는 4, 5, 6, 7, 12, 13, 14, 15… 4Bit씩 건너 뛰면서

⑦ 패리티 검사 코드(Parity Bit) … 오류 검출(O), 정정(X)

　　㉠ 코드의 오류를 검사하기 위해서 데이터 비트 외에 1비트의 패리티 비트를 추가한 코드이다.

　　㉡ 1비트의 오류만 검출할 수 있다.

　　㉢ 1의 개수에 따라 우수(짝수) 패리티와 기수(홀수) 패리티 방법이 있다.

⑧ 3초과 code(Excess-3)

　　㉠ 8421 코드 + 3

　　㉡ 비가중치(unweighted code), 자기보수 코드

　　㉢ 3초과 코드는 8421 코드와 비교해서 0000~0010을 표현할 수 없고, 추가로 1010~1100을 표현할 수 있다.

6 연산의 종류

(1) 연산의 구분

① 입력되는 수에 따른 구분

단항 연산(Unary)	이항 연산(Binary)
• 하나의 입력에 하나의 출력이 있는 연산 • 종류 : 시프트(Shift), Rotate, 이동 (Move), 논리부정 (Not)	• 두 개의 입력에 하나의 출력이 있는 연산 • 종류 : AND, OR, 사칙연산(+, −, *, /) 등

② 자료 성격에 따른 구분

수치적 연산	비수치적 연산
• 수치적 연산에 사용되는 연산 • 종류 : 사칙연산, 산술적 Shift 등	• 논리적 연산에 사용되는 연산 • 종류 : Shift, Rotate, Move, AND, OR, NOT 등

㉠ 수치적 연산(산술연산, Binary) : 산술적 Shift 곱셈과 +, −, *, /등

㉡ 비수치적 연산(논리연산, Unary) : AND(Mask, 문자 삭제)→이항 연산에 사용, 특정 문자, 비트를 삭제

  ㉮ 두 수가 모두 참(1)일때만 전체 값이 참(1)이 됨

  ㉯ 특정 문자의 일부분을 삭제하는 기능(=Mask Bit 기능)

  ㉰ 비수치 자료의 특정 비트나 문자를 삭제하는 경우에 사용

    • OR(Selective-OR, 문자 추가)→이항 연산에 사용, 특정문자를 삽입

    −특정 비트에 1을 세트(Selective-set)시키는 연산

    −두 수 중 하나 이상만 참(1)이면 전체 값이 참(1)이 됨

    −필요한 문자를 추가하는 기능을 함

    −비수치적 자료에서 특정 비트나 문자를 삽입하거나 결합시 사용

    • NOT→단항 연산(보수(Complement) 연산시 사용)

    −모든 비트의 값을 반전시키는 연산이다.

    −보수를 구할 때 사용된다.

    • Exclusive-OR(XOR, Compare)

    −자료의 비교(Compare)검출 및 부분 반전 시 사용

    • 논리 SHIFT(Unary)

    −왼쪽 또는 오른쪽으로 1비트씩 자리를 이동시키는 연산이다.

    −좌우 Shift시 모두 0이 채워(Padding)진다.

    −데이터의 직렬 전송에 사용된다.

    −삽입되는 자리는 0, 자리 범위를 넘어 서는 것은 사라진다.

- ROTATE(Unary)
- 비수치적 자료에서 문자의 위치 변환에 사용하는 연산으로 한쪽에서 끊긴(Truncation) 비트가 반대쪽으로 채워진다.
- 보수(Complement)
- 1의 보수를 구하는 연산

(2) 자료 전달 기능

CPU와 기억 장치 사이에서 정보를 교환하는 기능

load	기억장치 내의 정보를 CPU로 꺼내옴
Store	CPU 내의 정보를 기억장치에 기억
Move	레지스터 간 자료 전달
Push	스택에서 자료 저장
Pop	스택에서 자료 삭제

① 제어기능 … 명령 실행순서 변경 기능

㉠ 무조건 분기 명령 : GOTO, Jump(JMP) 등

㉡ 조건 분기 명령 : IF, SPA, SNA, SZA 등

㉮ Call : 부 프로그램 호출

㉯ Return : 부 프로그램에서 주 프로그램으로 복귀

② 입 · 출력 기능 … CPU, 입 · 출력장치, 메모리와 입 · 출력 장치 사이에서 자료 전달

㉠ 입력(INPUT) : 입 · 출력 장치의 자료를 주기억장치로 입력

㉡ 출력(OUTPUT) : 주기억장치의 자료를 입 · 출력 장치로 출력

section 3 불(Boolean) 대수

❶ 불(Boolean) 대수

① 하나의 명제가 참인지 거짓인지를 판단하는 데 이용되는 수학적인 방법이다.

② 컴퓨터는 0과 1의 두 가지 상태로만 표현하여 처리하는 2진 논리회로로 구성되므로, 이러한 논리회로를 간략화하여 표현할 때 불(Boolean)대수가 사용된다.

③ 정보검색 엔지에서 AND, OR, NOT과 같은 연산자를 불 연산자라고 한다.

> **TIP** 논리회로
> 2진수를 이용하여 AND, OR, NOT과 같은 논리연산을 수행 하도록 만든 전자회로이다.

❷ 불(Boolean) 대수의 종류

교환법칙, 결합법칙, 분배법칙, 멱등법칙, 보수법칙, 항등법칙, 드·모르간의 법칙, 복원법칙이 있다.

❸ 불(Boolean)대수 정리

(정리1) $X + 0 = X, \quad X \cdot 0 = 0$
(정리2) $X + 1 = 1, \quad X \cdot 1 = X$
(정리3) $X + X = X, \quad X \cdot X = X$
(정리4) $X + \overline{X} = 1, \quad X \cdot \overline{X} = 0$
(정리5) $X + Y = Y + X, \quad X \cdot Y = Y \cdot X$: 교환법칙
(정리6) $X + (Y + Z) = (X + Y) + Z, \quad X(YZ) = (XY)Z$: 결합법칙
(정리7) $X(Y + Z) = XY + XZ, \quad X + YZ = (X + Y)(X + Z)$: 배분법칙
$\qquad\qquad (X + Y)(Z + W) = XZ + XW + YZ + YW$: 배분법칙
(정리8) $X + XY = X, \quad X(X + Y) = X$: 흡수법칙

논리의 구성과 식을 간단히 하기 위하여 불(Boolean) 대수, 드·모르간(De Morgan)의 정리 등을 이용한다.

(1) 분배법칙

※ 논리연산에서는 논리합(+)도 분배법칙이 성립한다.

$$A + (B \cdot C) = (A+B) \cdot (A+C)$$
$$A \cdot (B + C) = (A \cdot B) + (A \cdot C)$$

(2) 2진수의 특성상 0, 1 및 논리변수 A, B에 대하여 다음식이 성립한다.

논리합은 합집합, 논리곱은 교집합으로 생각한다. 1은 전체집합의 의미이다.

① $A + 0 = A$

  $A \cdot 1 = A$(A집합과 전체 집합과의 교집합은 A이다)

② $A + A = A$(자신과 자신의 합집합은 자신이다)

  $A \cdot A = A$(자신과 자신의 교집합은 자신이다)

③ $A + 1 = 1$ (자신과 전체 집합 1과 합집합은 전체 집합 1이다.)

④ $A \cdot 0 = 0$ (0 집합과 자신과의 교집합은 0이다.)

⑤ $0 + 0 = 0$ (0 집합과 0 집합의 합집합도 0이다.)

  $0 \cdot 1 = 0$ (0 집합과 1 전체 집합의 교집합은 0이다.)

⑥ $0 + 1 = 1$ (0집합과 전체집합 1과 합집합은 전체집합 1이다.)

  $1 \cdot 1 = 1$ (전체 집합 1과 전체집합 1과 교집합은 전체집합 1이다.)

⑦ $0' = 1$ (0의 반대는 1이다.)

  $1' = 0$ (1의 반대는 0이다.)

항등 법칙	$A+0=A$ $A+1=1$	$A \cdot 1=A$ $A \cdot \overline{A}=0$
동일 법칙	$A+A=A$	$A \cdot A=A$
보원 법칙	$A \cdot \overline{A}=1$	$A \cdot \overline{A}=A$
다중 부정	$\overline{\overline{A}}=A$ $\overline{\overline{\overline{A}}}=\overline{A}$	
교환 법칙	$A+B=B+A$	$A \cdot B=B \cdot A$
결합 법칙	$A+(B+C)=(A+B)+C$	$A \cdot (B \cdot C)=(A \cdot B) \cdot C$
분배 법칙	$A \cdot (B+C)=AB+AC$	$A+B \cdot C=(A+B) \cdot (A+C)$
흡수 법칙	$A+A \cdot B=A$	$A \cdot (A+B)=A$
드모르간 법칙	$\overline{A+B}=\overline{A} \cdot \overline{B}$	$\overline{A \cdot B}=\overline{A}+\overline{B}$

❹ 논리식의 간소화

(1) 불대수의 공식 이용하기

① 합의 곱 표현을 곱의 합 표현으로 변환한다.

② 공통 인수를 뽑아낸다.

③ 불 대수의 기본 공식을 이용하여 줄여 나간다.

❺ 카르노 맵(Karnaugh map)

카르노맵은 논리회로를 설계하기 위해 고안된 방법으로, 간단히 모든 경우의 수를 표로 그려놓고, 해당 표를 이용하여 회로를 간략화 하는 방법이다.

진리표나 논리식 등을 보고 카르노맵을 이용해 간략화를 한다.

2칸, 4칸, 8칸, 16칸..

n개의 비트(변수)에 대한 출력이 2^n개이기 때문에 그에 맞는 칸을 이용한다.

> 최소항 : 모든 입력 변수를 포함하는 AND 항을 의미
> 최대항 : 모든 입력 변수를 포함하는 OR 항을 의미

(1) 간략화 방법

① 1이라고 표시된 부분을 묶는다.(2^n 개씩) → 중복 가능

② 묶음은 곱으로, 묶음과 묶음은 합으로

③ 입력이 2개

④ 입력이 3개

A \ BC	00	01	11	10
0	1			1
1	1	1	1	1

= ABC + ABC + ABC + ABC + ABC + ABC

= BC + AC + BC = C'(B+B) = C + AC = (A+C)(C+C) = A+C

(2) 카르노 맵 사용 방법

함수의 출력이 1이 되는 최소항의 카르노 맵에 1을 넣는다. 나머지 빈 곳은 0으로 채운다.

(3) 카르노 맵 묶을 때의 규칙

① 출력이 같은 항을 1, 2, 4, 8, 16개로 그룹을 지어 묶어야 한다.

② 바로 이웃한 항들끼리 묶어야 한다.

③ 반드시 직사각형이나 정사각형의 형태로 묶어야 한다.

④ 최대한 크게 묶는다.

⑤ 중복하여 묶어서 간소화된다면 중복하여 묶는다.

⑥ 무관항의 경우 간소화될 수 있으면 묶어 주고, 그렇지 않으면 묶지 않는다.

⑦ 변수의 개수에 따라 2변수, 3변수, 4변수 등의 카르노맵을 사용한다.

(4) Don't care 조건

① 어떤 특정 입력값은 출력값을 고려할 필요가 없고 다른 말로 출력값에 전혀 영향을 미치지 않는 입력값이라는 뜻으로 이를 Don't care 조건이라고 한다.

② Don't care 조건은 X로 표현해놓고 포함할 필요가 있을 때 사용하고, 포함할 필요가 없으면 사용하지 않아도 된다. 즉, 선택적으로 Don't care 조건을 사용하면 된다.

❶ 논리 회로(Logic Gate)

2진 정보(1,0)를 기반으로 AND, OR, NOT 논리연산에 따라 동작을 수행하는 논리소자들로 구성된 전자회로로 컴퓨터에서 사칙 연산은 논리 회로가 담당하고 있다. 논리 회로가 작동하기 위해 모든 숫자는 이진수로 변환한다. 이진수는 숫자 1과 0으로만 이루어진 숫자 체계이다.

일반적으로 숫자 1은 논리적으로 참(true)을 의미하며 회로에 전류가 흐르고 있음을 뜻하고, 숫자 0은 거짓(false)을 의미하며 회로에 전류가 흐르지 않음을 뜻한다.

컴퓨터의 논리 회로는 논리 게이트(Logic gate)라고 불리는 수많은 논리 소자들로 이루어져 있다. 대표적인 논리 게이트에는 AND, OR, NOT, NAND, NOR, XOR, XNOR 게이트 등이 있다.

(1) 논리회로 설계 단계

① 요구사항 분석

② 진리표 작성

③ 논리식 작성

④ 간소화 (불대수, 카르노 맵)

⑤ 논리회로도 작성

⑥ 논리회로 구현

(2) 논리회로 분류

① **조합 논리회로** ⋯ (기억능력 없음, 입력신호에 의해서만 출력 결정, 게이트(gate) 집합)

 - 반가산기, 전가산기, 디코더, 엔코더, 멀티플렉서, 디멀티플렉서

② **순서 논리회로** ⋯ (기억능력 있음, 입력신호와 현재신호에 의해 출력 결정, 게이트(gate) + Flip Flop 집합)

 - 카운터

 * Flip Flop(f/f) : 1bit를 기억할 수 있는 기억장치

(3) 논리게이트(Logic Gate)

게이트	의미	특징	논리식	진리표	회로도
AND	논리곱	• 입력이 모두 1일 때 1 출력 • 논리곱, 교집합	$S= A \cap B$ $= A \cdot B$	A B S 0 0 0 0 1 0 1 0 0 1 1 1	
OR	논리합	• 입력이 하나라도 1이면 1 출력 • 논리합, 합집합	$S= A \cup B$ $=A + B$	A B S 0 0 0 0 1 1 1 0 1 1 1 1	
NOT	부정	입력값의 반대값이 출력	$S=A = A'$	A S 0 1 1 0	
BUFFER	버퍼	입력한 값 그대로 출력	$S = A$	A S 0 0 1 1	
NAND	NOT + AND, 논리곱의 부정	• AND 게이트의 반대 • 입력이 모두 1이 아니면 항상 1 출력 • 부정 논리곱	$S = \overline{A \cdot B}$ $\overline{A} + \overline{B}$	A B S 0 0 1 0 1 1 1 0 1 1 1 0	
NOR	NOT + OR , (또는, 논리합, 합의 부정	두 수 모두 0이 입력될 때만 1 이 출력(OR 결과의 부정)	S A B $S = \overline{A+B}$ $= \overline{A} \cdot \overline{B}$	A B S 0 0 1 0 1 0 1 0 0 1 1 0	
XOR (eXclusive OR)	eXclusive OR : 배타적논리합	• 입력이 서로 다르면 1 출력 • 배타적 논리합 • Exclusive OR	$S = \overline{A} \cdot B$ $+ A \cdot \overline{B}$ $= A \oplus B$	A B S 0 0 0 0 1 1 1 0 1 1 1 0	
XNOR (=Equival ence)	eXclusive NOR : 배타적부정논리합 (=동치)	• XOR 게이트의 반대 • 입력이 서로 같으면 1 출력 • 배타적 부정 논리합 • Exclusive NOR	$S = A \cdot B$ $+ \overline{A} \cdot \overline{B}$ $= A \odot B$	A B S 0 0 1 0 1 0 1 0 0 1 1 1	

❷ 조합논리회로(combinational logic circuit)

(1) 조합 논리회로

① 논리 게이트의 조합으로 구성되며, 현재의 입력값에 의해서만 출력값이 결정되는 논리회로이다.

② 기억 기능이 없다.

③ **종류** … 반가산기, 전가산기, 병렬가산기, 반감산기, 전감산기, 디코더, 인코더, 멀티플렉서, 디멀티플렉서 등

(2) 조합논리회로의 특징

① 입력에 의해 출력이 결정된다.

② 자체 내에 플립플롭과 같은 기억회로를 가지지 않는다.

③ 불 대수를 사용한다.

④ 논리표를 사용하여 간소화한다.

(3) 조합논리회로의 종류

① **반가산기**(HA : Half Adder) … 1비트짜리 2진수 2개를 덧셈한 합과 자리올림수를 구하는 논리회로이다.
   ㉠ 입력값과 출력값이 각각 2개이다.
   ㉡ 1개의 AND 게이트와 XOR 게이트로 구성된다.
   ㉢ 2진수 1자리의 덧셈기

[진리표]

입력 A, B가 있을 때 출력으로 S(합)와 C(자리올림)가 있다.

A	B	S	C
0	0	0	0
0	1	1	0
1	0	1	0
1	1	0	1

[논리식]

$C(Carry) = A \cdot B$
$S(Sum) = A \cdot B + A \cdot B = A \,(+)\, B$

[회로]

입력으로 X, Y 그리고 전 단계의 자리올림수(Ci, Carry in)이 있을 때 출력으로 합 S와 자리올림수 C_{out}이 있다.

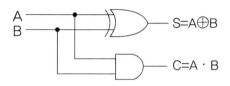

② **전가산기**(FA : Full Adder) … 자리올림을 포함시켜 1비트 크기의 2진수를 더해서 합과 자리올림 구하는 논리회로

　㉠ 반가산기 회로에 뒷자리에서 발생한 자리올림수를 처리할 수 있도록 한 논리회로이다.

　㉡ 입력값 3개, 출력값 2개이다.

　㉢ 2개의 반가산기와 1개의 OR 게이트로 구성된다.

[진리표]

입력			출력	
X	Y	C_{in}	S	C_{out}
0	0	0	0	0
0	0	1	1	0
0	1	0	1	0
0	1	1	0	1
1	0	0	1	0
1	0	1	0	1
1	1	0	0	1
1	1	1	1	1

[논리식]

$$S = \overline{A} \cdot \overline{B} \cdot C_{in} + \overline{A} \cdot B \cdot \overline{C_{in}} + A \cdot \overline{B} \cdot \overline{C_{in}} + A \cdot B \cdot C_{in} = A \oplus B \oplus C_{in}$$
$$C_o = \overline{A} \cdot B \cdot C_{in} + A \cdot \overline{B} \cdot C_{in} + A \cdot B \cdot \overline{C_{in}} + A \cdot B \cdot C_{in} = (A \oplus B)C_{in} + AB$$

[회로]

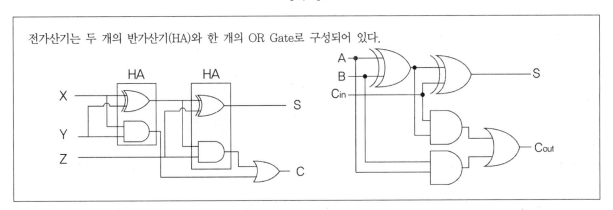

전가산기는 두 개의 반가산기(HA)와 한 개의 OR Gate로 구성되어 있다.

③ 디코더(Decoder, 해독기) → AND gate로 구성

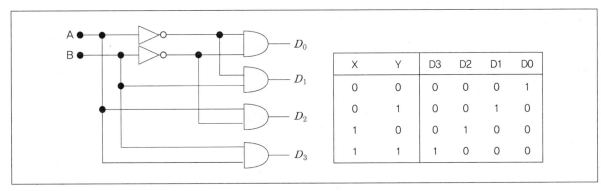

X	Y	D3	D2	D1	D0
0	0	0	0	0	1
0	1	0	0	1	0
1	0	0	1	0	0
1	1	1	0	0	0

　㉠ 반가산기 회로에 뒷자리에서 발생한 자리올림수를 처리할 수 있도록 한 논리회로이다.
　㉡ n개의 입력선에서 2n개의 출력선으로 출력시키는 논리회로이다.

④ 인코더(Encoder, 부호기) → OR gate로 구성
　㉠ 특정한 장치에서 사용되는 정보를 다른 곳을 전송하기 위하여 일정한 규칙에 따라 암호로 변환하는 논리회로이다.
　㉡ 디코더의 반대 기능을 수행한다.
　㉢ 2의 n제곱 개의 입력선을 통해 들어온 2진 신호를 n개의 출력선으로 코드화해서 출력하는 논리회로이다.
　㉣ 특정한 값을 여러 자리인 2진수로 변환하거나 특정 장치로부터 보내오는 신호를 여러 개의 2진 신호로 바꾸어 변환시키는 논리회로이다.

⑤ 멀티플렉서(MUX, 선택기) → OR gate로 구성
　㉠ 2의 n제곱 개의 입력선을 통해 들어온 2진 신호 중 1개의 출력선으로 출력시키는 논리회로이다.
　㉡ n개의 입력 데이터에서 입력선을 선택하여 단일 채널로 송신한다.

⑥ 디멀티플렉서(DeMUX) → AND gate로 구성 ⋯ 1개의 입력선을 통해 들어온 2진 신호를 2의 n제곱 개의 출력선 중 하나를 선택하여 출력 하는 논리회로이다.

③ 순서 논리회로(sequential logic circuit, gate + Flip Flop 집합)

플립플롭을 통해 회로의 상태를 저장하며, 조합 논리 회로와 함께 구성되는 회로가 바로 순서 논리 회로이다.

① 입력값과 현재의 상태를 통해 회로의 출력값이 결정된다.

② 피드백을 가지며 회로의 출력 결과가 회로의 상태 변경을 위해 다시 사용된다.

③ 플립플롭과 같은 기억 회로를 가진다.

④ 클럭에 의해 동작하며 동일한 값이 들어오더라도 불안정할 수 있기에 클럭을 통해 회로의 동작을 제어해야 한다.

(1) 플립플롭(Flip-Flop)

순서 논리 회로에서는 회로의 상태가 출력값에 영향을 끼치게 되는데, 회로의 상태를 저장하기 위해서 사용하는 회로가 바로 플립플롭으로 1비트의 정보를 저장하며, 입력 신호가 변하기 전에는 현재의 상태를 그대로 유지한다. 즉, 1비트의 정보를 저장하기 때문에 0과 1, 두 가지 상태를 저장하며 현재 상태에서 다른 상태로 변환하거나 또는 현재 상태를 유지할 수 있다.

① **종류** ⋯ RS 플립플롭, D 플립플롭, JK 플립플롭, T 플립플롭 등이 있다.

> 래치(Latch) : 순서 논리 회로에서 한 비트의 정보를 저장하는 회로
> 클럭(Clock : 컴퓨터 내부의 시계와도 같은 역할을 하는 것

(2) 플립플롭(Flip-Flop)의 종류

① RS 플립플롭(기본형) ⋯ Set(S)과 Reset(R)을 입력 변수로 가지며, S에서 신호를 보내면 다음 상태를 1로 만들고(Set) R에서 신호를 보내면 0으로 초기화(Reset)하는 플립플롭이다.

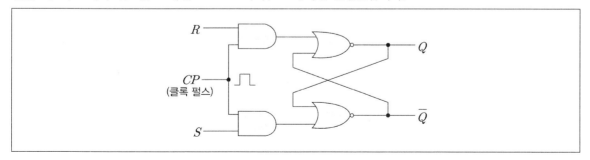

ⓒ 0과 0이 입력될 경우에는 이전의 상태가 유지된다.

ⓛ 1과 1이 입력될 경우에는 모순으로 인해 부정 상태가 되어 작동하지 않는다.

S	R	Qt+1
0	0	전 상태 불변
0	1	0(Reset)
1	0	1(Set)
1	1	모순 발생

② JK 플립플롭(RS f/f 변형) … RS 플립플롭이 입력값으로 (1, 1)을 사용하지 못하는 것을 수정한 RS 플립플롭의 확장 버전이다. 입력값이 (1, 1)인 경우 현재의 출력값이 반전(Toggle)되도록 수정한 것이다.

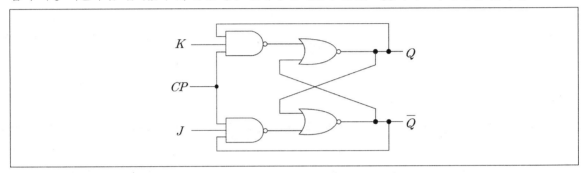

ⓒ RS 플립플롭의 S와 R 입력선을 JK플립플롭의 J와 K 입력선으로 사용한다.

ⓛ 다른 모든 플립플롭의 기능을 대용할 수 있으므로 응용 범위가 넓고 집적 회로화되어, 가장 널리 사용된다.

J	K	Qt+1
0	0	전 상태 불편
0	1	0
1	0	1
1	1	전 상태 반전

③ D(Delay or Data) **플립플롭**(RS f/f 변형)

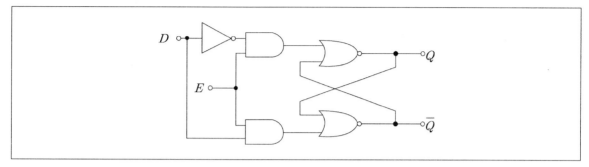

㉠ 입력된 값을 그대로 저장하는 플립플롭으로 입력값과 출력값이 같은 플립플롭이다
㉡ 현재의 입력이 클럭 입력 이후에 지연(Delay)되어서 출력되는 구조이다.

D	Qt+1
0	0
1	1

④ T(Toggle) **플립플롭**(JK f/f 변형)

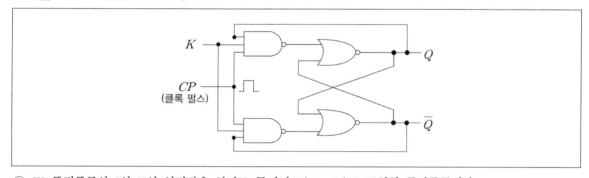

㉠ JK 플립플롭의 J와 K의 입력값을 하나로 묶어서 T(Toggle)로 표현한 플립플롭이다.
㉡ 입력 변수로 오직 T 하나만을 가지고 T가 0인 경우 현재 상태를 유지하고, T가 1인 경우 다음 값을 반전(Toggle)시킨 값이 나오게 된다.

T	Q(t) 현재출력	Qt+1 다음출력
0	0	0
1	1	0

⑤ **마스터-슬레이브 플립플롭** … 출력측의 일부가 입력측에 궤환되어 유발되는 레이스 현상을 없애기 위해 고안된 플립플롭

1 2진수 11110000과 10101010에 대해 XOR논리연산을 수행한 결과 값을 2진수로 바르게 표현한 것은?

① 0 1 0 1 1 0 1 0   ② 0 1 0 1 1 0 1 1

③ 0 1 0 1 1 0 0 1   ④ 0 1 0 1 1 1 1 1

> **TIP** XOR(exclusive OR) 게이트
> 두 개의 입력 A와 B를 받아 입력 값이 같으면 0을 출력하고, 입력 값이 다르면 1을 출력
>
> ```
>       1 1 1 1 0 0 0 0
> XOR) 1 0 1 0 1 0 1 0
> ------------------------
>       0 1 0 1 1 0 1 0
> ```
> 이를 2진수로 변환하면, 0 1 0 1 1 0 1 0₍₂₎이 된다.

2 〈보기〉는 자료의 표현과 관련된 설명이다. 옳지 않은 것을 모두 고른 것은?

〈보기〉

㉠ 2진수 0001101의 2의 보수(complement)는 1110011이다.
㉡ 부호화 2의 보수 표현방법은 영(0)이 하나만 존재한다.
㉢ 패리티(parity) 비트로 오류를 수정할 수 있다.
㉣ 해밍(Hamming) 코드로 오류를 검출할 수 있다.

---

① ㉠, ㉡, ㉢, ㉣   ② ㉠

③ ㉡   ④ ㉢

> **TIP** 패리티(parity) 비트는 1비트 오류를 검출할 수 있지만 수정은 할 수 없다.

Answer 1.① 2.④

3 2진수 11010010$_{(2)}$의 1의 보수(one's complement)를 16진수로 표현한 것으로 옳은 것은?

① 2E$_{(16)}$　　　　　　　　　　② D2$_{(16)}$

③ D3$_{(16)}$　　　　　　　　　　④ 2D$_{(16)}$

TIP 1의 보수 : 00101101, 16진수 : 2D16

4 논리회로의 조합회로(combinational circuit)와 순차회로(sequential circuit)에 대한 다음의 설명 중 가장 올바르지 않은 것은?

① 순차회로는 현재의 입력에 의해서만 출력 값이 결정된다.

② 순차회로는 현재의 입력과 저장된 값에 의해 출력값이 결정된다.

③ 복호기(decoder)와 부호기(encoder)는 조합회로로 구성되는 것이 일반적이다.

④ 멀티플렉서(multiplexer)와 디멀티플렉서(demultiplexer)는 조합회로로 구성된다.

TIP 조합회로 … 입력에 의해서만 출력이 결정되는 회로

5 16진수 210을 8진수로 변환한 것은?

① 1010

② 2100

③ 1020

④ 2011

TIP 16진수 210 → 2진수 1000010000 → 8진수 1020

6 결과 값이 다르게 짝지어 진 것은?

① $264_{(8)}$, $181_{(10)}$

② $263_{(8)}$, $B3_{(16)}$

③ $10100100_{(2)}$, $244_{(8)}$

④ $10101101_{(2)}$, $AD_{(16)}$

TIP 8진수를 10진수로 바꾸면 180(10)이 된다.

7 대표적인 반도체 메모리인 DRAM과 SRAM에 대한 설명으로 옳지 않은 것은?

① DRAM은 휘발성이지만 SRAM은 비휘발성이어서 전원이 공급되지 않아도 기억을 유지할 수 있다.

② DRAM은 축전기(Capacitor)의 충전상태로 비트를 저장한다.

③ SRAM은 주로 캐시 메모리로 사용된다.

④ 일반적으로 SRAM의 접근속도가 DRAM보다 빠르다.

TIP ROM(Read-only memory) … 전원이 꺼져도 기록이 소멸되지 않는 비휘발성 메모리
RAM(Random Access Memory) … 전원이 꺼지면 기억된 내용이 모두 사라진다는 휘발성 메모리

구분	DRAM (Dynamic RAM, 동적램)	SRAM (Static RAM, 정적램)
전력소모	낮음	많음
속도	느림	빠름
가격	저렴하다	비싸다
용도	주기억 장치	캐시메모리
재충전 여부	필요	불필요

Answer 6.① 7.①

8 순서논리회로에 해당하는 것은?

① 3-to-8 디코더(decoder)

② 인코더

③ 동기식 카운터(synchronous counter)

④ 4-to-1 멀티플렉서(multiplexer)

TIP 순서논리회로	조합논리회로
• 기억장치가 있어서 내부적으로 특정한 상태를 가질 수 있고, 외부입력과 내부상태를 모두 사용하여 출력을 만들어내는 회로 • 종류: 카운터, 레지스터, CPU 등	• 기억장치가 없고, 외부의 입력만을 사용하여 출력을 만들어 내는 논리 회로 • 종류: 논리 게이트, 가산기, 비교기, 디코더, 인코더, 멀티플 렉서, 디멀티플렉서 등

9 16진수 B56을 8진수로 변환한 값으로 적절한 것은?

① $5526_{(8)}$

② $5527_{(8)}$

③ $5528_{(8)}$

④ $5529_{(8)}$

TIP 8진수를 2진수로 바꾸고 4비트씩 묶으면 16진수가 된다.
$B56_{(16)} = 101101010110_{(2)} = 5526_{(8)}$

10 입출력 명령어를 전담해서 처리하는 장치로 적절한 것은?

① CPU(Central Processing Unit)

② GPU(Graphics Processing Unit)

③ DMA(Direct Memory Access) 프로세서

④ 벡터 프로세서(Vector Processor)

TIP DMA … CPU로부터 입출력 명령을 받아 처리

Answer 8.③ 9.① 10.③

11 35를 2의 보수(2's Complement)로 변환하면?

① 11101101

② 11011101

③ 11101100

④ 11011100

TIP 35를 2진수로 변환 → 00100011$_{(2)}$
  1의 보수 → 11011100$_{(2)}$
  2의 보수 → 11011101$_{(2)}$

12 하나 이상의 CPU로 구성된 컴퓨터에서 한 번에 여러 개의 명령어를 동시에 수행시킬 수 있는 기법으로 옳은 것은?

① 다중프로그래밍(multi-programming)

② 다중프로세싱(multi-processing)

③ 병렬처리(parallel processing)

④ 분산처리(distributed processing)

TIP ① 다중프로그래밍(multi-programming) : 2개 이상의 프로그램을 주기억장치에 기억시키고, 중앙처리장치(CPU)를 번갈아 사용하면서 처리하여 컴퓨터 자원을 최대로 활용하는 처리기법
  ② 다중프로세싱(multi-processing) : 프로그램 하나를 여러 실행 단위로 쪼개어 실행한다. 여러 개의 CPU가 하나의 프로그램을 나누어 처리할 수도 있고, 여러 개의 CPU가 여러 개의 프로그램을 나누어 처리
  ④ 분산처리(distributed processing) : 클러스터링 또는 그리드 컴퓨팅

13 컴퓨터 시스템의 주기억장치 및 보조기억장치에 대한 설명으로 옳지 않은 것은?

① RAM은 휘발성(volatile) 기억장치이며 HDD 및 SSD는 비휘발성(non-volatile) 기억장치이다.

② RAM의 경우, HDD나 SSD 등의 보조기억장치에 비해 상대적으로 접근 속도가 빠르다.

③ SSD에서는 읽는 시간이 쓰는 시간에 비해 더 많이 걸린다.

④ SSD의 경우, 일반적으로 HDD보다 가볍고 접근 속도가 빠르며 전력 소모가 적다.

TIP ㉠ SSD(Solid State Disk) : NAND플래시 또는 DRAM 등 초고속 반도체 메모리를 저장매체로 사용하는 대용량 저장장치로 읽는 시간이 쓰는 시간에 비해 더 적게 걸린다.
  ㉡ 주기억 장치 : 보조기억장치로부터 프로그램이나 자료를 이동시켜 실행시킬 수 있는 기억장소
  ㉢ 보조기억장치 : 컴퓨터 외부에서 프로그램이나 데이터 보관을 위한 기억장치

Answer 11.② 12.③ 13.③

14 아날로그 컴퓨터에 대한 설명으로 옳지 않은 것은?

① 셀 수 있는 이산 데이터를 처리한다.

② 출력형식은 곡선, 그래프 등이다.

③ 미적분 연산방식을 가지며, 정보처리속도가 빠르다.

④ 증폭회로 등으로 회로 구성을 한다.

TIP 디지털 컴퓨터와 아날로그 컴퓨터의 비교

구분	디지털 컴퓨터 (Digital Computer)	아날로그 컴퓨터 (Analog Computer)
특징	셀 수 있는 이산 데이터	셀 수 없는 연속적인 물리량
입력	숫자, 문자	전류, 전압, 길이
출력	숫자, 문자	곡선, 그래프
연산장치	사칙연산	미적분 연산
구성회로	논리연산	증폭회로
계산형식	이산적인 데이터	연속적인 데이터
정밀도	필요한 한도까지	제한적임
프로그램	필요	필요없음
가격	고가	저가
기억기능	있음	없음
연산속도	느림	빠름

Answer 14.①

01. 컴퓨터 일반 **47**

15 중앙처리장치(CPU)의 구성 요소로만 묶은 것은?

㉠ ALU	㉡ DRAM
㉢ PCI	㉣ 레지스터
㉤ 메인보드	㉥ 제어장치

① ㉠, ㉡, ㉣　　　　　　　　　　② ㉠, ㉣, ㉥

③ ㉣, ㉤, ㉥　　　　　　　　　　④ ㉠, ㉢, ㉣, ㉥

....

TIP CPU 구성요소는 크게 제어장치, 연산장치(ALU), 레지스터로 구성된다.
- 제어장치 : 명령어를 해독하고 동작을 제어하는 역할
- 연산장치(ALU, Arithmetic and Logical unit) : 산술, 논리, 관계 등의 연산을 수행하는 역할.
- 레지스터 : 명령어나 연산의 중간값을 임시 기억하는 역할

16 프로그램 내장 방식에 대한 설명으로 옳지 않은 것은?

① 프로그램 내장 방식을 사용한 최초의 컴퓨터는 에드박(EDVAC)이다.

② 현재 사용되는 대부분의 컴퓨터는 프로그램 내장 방식을 사용하고 있다.

③ 컴퓨터가 작업을 할 때마다 설치된 스위치를 다시 세팅해야 하는 번거로움을 해결하기 위해 폰 노이만이 제안하였다.

④ 프로그램과 자료를 내부의 기억장치에 저장한 후 프로그램 내의 명령문을 순서대로 꺼내 해독하고 실행하는 개념이다.

....

TIP 프로그램 내장 방식을 사용한 최초의 컴퓨터는 에드삭(EDSAC)이다.
※ 폰 노이만의 프로그램 내장방식(Stored Program Method) … 1945년 폰 노이만(Von Neumann, J.)에 의해 개발되었다. 프로그램과 데이터를 주기억장치 안에 기억시켜 놓은 후 주기억장치에 기억된 프로그램에 의해 명령을 순서대로 해독하면서 실행하는 방식으로 오늘날의 컴퓨터 모두에 적용되는 방식이다.

Answer 15.② 16.①

17 다음 식과 논리적으로 같은 것은?

$$(x+y \geq z \; AND \; (x+y \geq z \; OR \; x-y \leq z) \; AND \; x-y > z) \; OR \; x+y < z$$

① $x+y < z$

② $x-y > z$

③ $x+y \geq z \; OR \; x-y \leq z$

④ $x+y < z \; OR \; x-y > z$

....

TIP $x+y \geq z \Rightarrow A \rightarrow x+y < z \Rightarrow$ A의 여집합($\overline{A}$)

$x-y \leq z \Rightarrow B \rightarrow x-y > z \Rightarrow$ B의 여집합($\overline{B}$)

으로 표현이 가능하다.

AND = ∩, OR = ∪

전체 식은

$A(A \cap (A \cup B) \cap \overline{B}) \cup \overline{A}$

$= (A \cap \overline{B}) \cup \overline{A} \rightarrow$ 흡수법칙

$= (A \cup \overline{A}) \cap (\overline{B} \cup \overline{A}) \rightarrow$ 분배법칙

$= 1 \cap (\overline{B} \cup \overline{A})$

$= \overline{A} \cup \overline{B}$

  $x+y < z \; OR \; x-y > z$

18 기억용량의 크기가 작은 것에서 큰 순서대로 바르게 나열한 것은? (단, GB, TB, PB, EB 는 각각 gigabyte, terabyte, petabyte, exabyte)

① 1PB, 1TB, 1EB, 1GB

② 1PB, 1TB, 1GB, 1EB

③ 1TB, 1PB, 1GB, 1EB

④ 1GB, 1TB, 1PB, 1EB

TIP

처리 속도 단위		기억 용량 단위		
ms(milli second)	(10^{-3})	KB(Kilo Byte)	2^{10}(Byte)	1,024(Byte)
μs(micro second)	(10^{-6})	MB(Mega Byte)	2^{20}(Byte)	1,024(KB)
ns(nano second)	(10^{-9})	GB(Giga Byte)	2^{30}(Byte)	1,024(MB)
ps(pico second)	(10^{-12})	TB(Tera Byte)	2^{40}(Byte)	1,024(GB)
fs(femto second)	(10^{-15})	PB(Peta Byte)	2^{50}(Byte)	1,024(TB)
as(atto second)	(10^{-18})	EB(Exa Byte)	2^{60}(Byte)	1,024(PB)

19 SRAM(Static Random Access Memory)과 DRAM(Dynamic Random Access Memory)에 대한 설명으로 옳지 않은 것은?

① SRAM은 캐시(cache)메모리로 사용된다.

② DRAM은 메인(main)메모리로 사용된다.

③ DRAM은 SRAM에 비해 속도가 빠르다.

④ 동일 크기의 메모리인 경우, SRAM이 DRAM에 비해 가격이 비싸다.

TIP

구분	DRAM (Dynamic RAM, 동적램)	SRAM (Static RAM, 정적램)
전력소모	낮음	많음
속도	느림	빠름
가격	저렴하다	비싸다
용도	주기억 장치	캐시메모리
재충전 여부	필요	불필요

Answer 18.④ 19.③

20 카르노 맵(Karnaugh map)으로 표현된 부울 함수 F(A, B, C, D)를 곱의 합(sum of products) 형태로 최소화(minimization)한 결과는? (단, X 는 무관(don't care) 조건을 나타낸다)

CD \ AB	00	01	11	10
00	0	1	x	1
01	0	x	0	0
11	x	1	0	0
10	0	1	x	1

① $F(A, B, C, D) = AD' + BCD' + A'BC$

② $F(A, B, C, D) = AB'D' + BCD' + A'BC$

③ $F(A, B, C, D) = A'C + AD'$

④ $F(A, B, C, D) = A'B + AD'$

TIP 1. 카르노 맵(Karnaugh map) … 간단히 모든 경우의 수를 표로 그려놓고, 해당 표를 이용하여 회로를 간략화 하는 방법

2. 카르노 맵의 특징
   • 논리표의 관찰에 의해, 논리적으로 인접한 관계를 위치적으로 인접한 관계로 변환시켜 간략화 도모
   • 주어진 논리함수에서, 최소항(Minterm)들을 결합시켜, 최소 비용으로 논리회로를 구현
   • 최소 축약 여부를 비교적 쉽게 판단 가능
   • 4개까지의 변수를 갖는 부울식에서 비교적 잘 작동

3. 카르노맵에서 논리 '1'들의 묶음 규칙
   • 바로 이웃한 항 끼리 묶음 (looping)
   • 정사각형, 직사각형 형태로 가능한 크게 묶고 그 수를 최소화시킴
   • 가로, 세로 방향으로 2의 거듭제곱(1, 2, 4)개의 사각형 블록화
   • 여러 묶음이 겹쳐 나타날 때에 개별적인 묶음은 OR로 묶음

X는 무관항(don't care)이므로 카르노맵으로 묶어도 되고 묶지 않아도 된다.

CD \ AB	00	01	11	10
00	0	1	x	1
01	0	x	0	0
11	x	1	0	0
10	0	1	x	1

빨간색 부분으로 4개를 묶을 수 있다. $A'B$
파란색 부분으로도 4개를 묶을 수 있다. AD'
왼쪽 줄의 X는 무관항이므로 굳이 추가하진 않는다.
따라서 최소화를 하면 $A'B + AD'$가 된다.

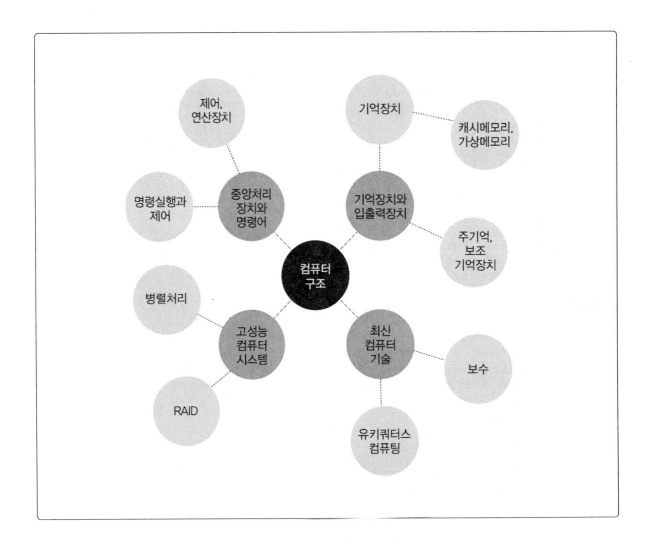

02 컴퓨터 구조

---

section 1 중앙처리장치

❶ 중앙처리장치(CPU)

(1) 중앙처리장치(CPU)의 개념

중앙처리장치는 기계어 명령어를 해독하고 명령어를 파악한 후, 해당 명령어를 수행하기 위한 세부 작업을 실행한다.

기본적으로 제어 명령을 보내거나 연산 수행을 하는 것이 중앙처리장치의 역할로 내부적으로 레지스터, 산술/논리 장치, 컨트롤 장치로 구성되어 있으며 이들은 모두 내부 버스로 연결되어 있다.

> 📢 **CPU의 성능 평가 단위**
> • **MIPS** : 1초동안 100만 단위
> • **FLOPS** : 1초 동안 부동 소수점 연산 횟수
> • **클럭**(clock) : 1초 동안 클럭 펄스의 주파수
> • **메가헤르츠**(MHz) : 클럭 속도의 단위

(2) 마이크로프로세서

마이크로프로세서

(출처 : 두산백과)

① 역사

　㉠ 8086 : 최초의 마이크로프로세서

　㉡ 80386DX : 최초의 32Bit 처리 프로세서

② 개념 … CU와 ALU가 하나로 통합된 집적 회로로 설계 방식에 따라 CISC 방식과 RISC 방식으로 구분된다.

③ 마이크로프로세서의 설계 방식에 따른 구분 … 기계어 명령의 길이와 형식에 따라 CPU를 CISC(Complex Instruction Set Computer)과 RISC(Reduced Instruction Set Computer)로 나눌 수 있다.

　㉠ CISC(Complex Instruction Set Computer) : 다양한 종류의 연산과 주소 지정 모드 등이 제공되어 자유로운 프로그래밍이 가능하고 복잡한 명령도 마이크로 코드이기에 코드의 효율이 좋다. 명령어의 구조와 개수 등이 복잡하여 명령어의 해독에 시간이 많이 걸린다.

> **TIP** CISC의 특징
> • 명령어의 개수가 많음
> • 명령어 길이가 다양하며, 실행 사이클도 명령어마다 다름
> • 회로구성이 복잡함
> • 프로그램을 만들 때 적은 명령어로 구현 가능
> • 다양한 명령어를 사용하기 때문에 컴파일러가 복잡함

　㉡ RISC(Reduced Instruction Set Computer) : 고정된 길이의 명령어를 사용하고 명령어의 종류가 상대적으로 적다. 그렇기에 명령어들이 단순화되어 연속적으로 중복 수행하는 파이프라이닝 기법을 효율적으로 적용할 수 있다. 따라서 명령어 수행 속도가 빠르다. 또한 전력 소모가 낮아 임베디드 프로세서에 자주 사용하나 명령어의 길이가 고정되어 코드의 효율이 낮다.

> **TIP** RISC의 특징
> • 적은 명령어 세트
> • 간단한 명령어로 빠른 실행속도
> • 고정적인 명령어 길이
> • 워드, 데이터 버스 크기가 동일하고 실행 사이클도 모두 동일
> • 회로 구성이 단순함
> • 프로그램을 구성할 때 상대적으로 많은 명령어가 필요
> • 파이프라이닝을 사용함
> • 명령어 개수가 적어서 컴파일러가 단순하게 구현됨

　㉢ CISC와 RISC 비교

　　㉮ CISC : 여러 사이클로 명령어 처리. 많은 명령어가 메모리 참조. 복잡한 마이크로 프로그램 특성

　　㉯ RISC : 하나의 사이클로 명령어 수행. 메모리 Load/Store 명령만 처리. 파이프라이닝, 슈퍼스칼라 가능

④ CISC와 RISC의 장점을 절충한 EISC

　㉠ EISC(Extendable Instruction Set Computer)의 정의 : Embedded 프로세서용으로 개발된 RISC기반의 명령어 집합이다. RISC의 결성과 CISC의 확장성을 동시에 가짐으로 두 가지 장점을 절충한 형태의 프로세서

ⓒ EPIC의 특징

㉮ 기계어 수준에서의 향상된 병렬화, 메모리 사용 시 줄어든 대기 시간

㉯ 최적화된 리소스 사용으로 인한 프로그램 내 분기문의 효율적인 처리

㉰ 향상된 실수 연산, 함수 처리 시 줄어 든 오버헤드

ⓒ 장점 : 다중운영체제지원, 인스트럭션 구조 간단, 작은 프로그램 사이즈, 성능 우수, 저전력 소모, Embedded 시스템에 적합

ⓔ 단점 : 컴파일러에서 동시에 실행해야 할 2개 이상의 명령어를 명시적으로 표현해야 하므로 컴파일러 성능이 좋아야 함

(3) 제어장치(CU : control unit)

제어장치는 처리해야 하는 명령어들을 해석하고, 명령어 수행에 필요한 제어신호를 생성하여 적절한 모듈에게 신호를 보내는 명령어를 해독하고 적절한 데이터 처리 신호를 위한 제어신호를 발생시키는 장치로 명령어와 CPU의 상태신호와 클럭을 입력으로 받아들인다.

① 제어장치 구현 … 제어장치 구현 방법은 크게 하드와이어 제어 방식(Hardwired)과 마이크로 프로그램 기반 제어 방식(Micro-Programmed)이 있다.

㉠ 하드와이어 방식 : 조합 논리 회로를 이용하여 구현하는 방식

㉮ 하드웨어를 이용하는 방법이기에 실행 속도가 빠르지만, 명령어 세트가 한 번 만들어지면 변경할 수 없다.

㉯ 회로 구성이 복잡하여 RISC(Reduced Instruction Set Computer) 구조를 기본으로 하는 컴퓨터에서 주로 사용된다.

㉡ 마이크로 프로그램 방식 : PROM(Programmable ROM)을 이용하여 필요한 제어 신호를 프로그래밍하는 방식

㉮ 제어 메모리 내부에 있는 마이크로 명령어들의 집합으로, 기계어가 더 작은 단위로 나뉘어 실행되도록 하는 마이크로 프로그램을 PROM에 프로그래밍하는 방식으로 메인 메모리 외에 별도의 메모리가 필요하다.

㉯ 명령어 세트 변경이 더 용이하고 검증이 쉽다.

㉰ 하드웨어 방식에 비해서는 속도가 느리다.

㉱ 다양한 어드레싱 모드를 지원하는 등 비교적 복잡한 명령어 세트를 가진 시스템에 적합하다.

(4) 산술논리 연산장치(ALU : Arithmetic Logic Unit)

산술/논리 연산 장치(ALU)는 CPU 내부에서 실제 연산을 담당하는 부분, 즉 산술 연산과 논리 연산을 수행하는 부분으로 산술 연산을 위해서는 기본적인 1비트 가산기를 만들고, 병렬로 멀티 비트로 확장하여 멀티 비트 가산기를 만든다. 그리고 이를 기반으로 다양한 사칙 연산을 수행한다.

논리 연산은 True(1)와 False(0)를 피연산자로 사용하는 연산으로 논리 회로를 이용하여 **빠른 연산 수행 속도**를 자랑하며 산술 연산과 논리 연산을 결합하여 더욱 복잡한 연산을 수행한다.

① **하드 와이어드**(고정 배선 제어장치) ⋯ 고속, 고가, 한번 만들어진 명령어 세트 변경 불가, 회로구성 복잡

② **마이크로 프로그램**(ROM)

  ㉠ 어떤 명령을 수행할 수 있도록 된 일련의 제어 워드가 특수한 기억장치 속에 저장된 것

  ㉡ 저속, 저가, 명령어 세트를 쉽게 변경

    ㉮ **마이크로 명령어** : 한 마이크로 사이클 동안 발생해야 되는 제어 신호

      • 수평 마이크로 명령 : 마이크로 명령어의 한 비트가 한 개의 마이크로 동작

      • 수직 마이크로 명령 : 한 개의 마이크로 명령으로 한 개의 마이크로 동작

    ㉯ **나노 명령** : 나노 메모리에 저장된 마이크로 명령

  ㉢ 제어 기억장치 : ROM으로 구현

(5) 레지스터(Register)

플립플롭 여러 개를 일렬로 배열해서 구성한 것이며, CPU 연산을 위한 데이터를 저장하는 CPU 내부의 임시 공간으로 레지스터의 동작 방식에 따라 직렬(Serial) 또는 병렬(Parallel) 형식으로 입출력을 진행할 수 있다.

* 레지스터는 메모리 중에서 속도가 가장 빠르다.

① **레지스터 종류** ⋯ 레지스터는 다양한 용도로 사용될 수 있는 범용 레지스터(General Purpose Registers)와 사용 목적이 정해져 있는 특수 목적 레지스터(Special Purpose Registers)로 구분 된다.

  ㉠ **명령 레지스터**(IR : Instruction Register) : 현재 실행 중인 명령어의 내용을 기억하는 레지스터

  ㉡ **프로그램 카운터**(PC : Program Counter) : 다음에 실행할 명령어의 번지를 기억하는 레지스터

  ㉢ **누산기**(Accumulator) : 산술 및 논리연산의 결과를 일시적으로 기억하는 레지스터. 연산의 중심이 되는 레지스터

  ㉣ **데이터 레지스터** : 연산에 사용될 데이터를 기억하는 레지스터

  ㉤ **플래그 레지스터** : 제어장치와 산술논리 연산장치의 실행 순서를 제어하기 위해 사용되는 레지스터

  ㉥ **버퍼 레지스터** : 입·출력 장치의 동작 속도와 전자계산기 내부의 동작 속도를 맞추는 데 사용되는 레지스터

  ㉦ **메모리 버퍼 레지스터**(Memory Buffer Register) : 기억장치를 출입하는 데이터를 일시적으로 저장

  ㉧ **메모리 주소 레지스터**(Memory Address Register) : 기억장치에서 사용하는 데이터의 주소를 기억

  ㉨ **베이스 레지스터** : 명령이 시작되는 최초의 번지를 기억하는 레지스터

  ㉩ **인덱스 레지스터** : 명령어 실행 과정에서 명령어가 지정한 번지를 수정하기 위한 레지스터

  ㉪ **시프트 레지스터** : 클록 펄스에 의해서 기억 내용을 한 자리씩 이동하는 레지스터

② **클록 펄스** ⋯ 행동을 나타내는 신호를 말한다.

(6) 버스(BUS)

① 정의

　　㉠ 컴퓨터 내에서 실행되는 명령어와 데이터가 이동되는 통로

　　㉡ CPU에서 처리된 데이터나 기억장치에 저장된 데이터들이 전달되는 양방향의 전송 통로

② 버스 종류

　　㉠ 번지 버스 : CPU가 메모리나 입·출력장치의 번지를 지정할 때 사용되는 단방향 전송선

　　㉡ 자료 버스 : CPU, 메모리, 입·출력장치 간에 데이터를 주고받을 때 사용되는 양방향 전송선

　　㉢ 제어 버스 : CPU가 메모리나 입·출력장치에게 제어 신호를 전송할 때 사용되는 양방향 전송선

　　㉣ 내부 버스 : CPU 및 메모리 내에 있는 버스

　　㉤ 외부 버스 : 입·출력장치에 있는 버스

　　　　TIP • 주소 버스 : 주기억장치 주소 전달
　　　　　　　• 데이터 버스 : 데이터 전달
　　　　　　　• 제어 버스 : 제어 정보 전달

❷ 명령어(Instruction)

(1) 명령어의 구성

명령 코드부(OP-Code)와 번지부(Operand)로 구성된다.

명령어는 여러 동작을 실행하는데 필요한 정보를 가지고 있으며 모든 컴퓨터에서 기본적으로 수행될 연산자(Operation-Code)와 그 연산에 사용할 대상체(Operand), 그 대상체를 지정하는 방법(Mod)으로 구성된다.

① **연산자(Operation-Code)** … 컴퓨터가 행하는 동작을 기호화해서 나타낸 정보로 연산자의 종류, 명령어 형식, 자료 종류 등의 정보를 나타내며 명령어의 개수를 몇 개 사용할 것인지에 따라 사용 비트 수가 결정된다.

② **모드(Mod)** … 대상체를 지정하는 방법으로 보통 직접 주소와 간접 주소로 구분된다.

③ **주소(Address)** … 처리할 정보 또는 처리된 정보를 기억시킬 곳을 나타내는 것으로 레지스터 번호나 메모리 주소를 나타내게 되는데 메모리 주소인 경우는 메모리 용량과 관계가 된다.

[연산자(OP-Code)의 기능]

함수 연산 기능 (Functional Operation)	• 산술 및 논리 연산을 담당 －산술 연산 : 사칙연산, 보수(Complement) －논리 연산 : AND , OR, NOT, XOR －시프트 연산 : 논리 SHIFT, 산술 SHIFT

전달 기능 (Transfer Operation)	• 중앙 처리 장치와 주기억 장치 간의 정보 이동을 담당 −메모리에서 CPU로 데이터 이동 : LOAD −CPU에서 메모리로 데이터 이동 : STORE −레지스터 간의 데이터 이동 : MOVE
제어 기능 (Control Operation)	• 프로그램 순서의 분기 명령을 담당 −조건 분기(IF) : 특정 조건에 대한 지정된 분기로 주소 이동 −무조건 분기(GOTO, JUMP) : 고정적으로 지정된 주소로 이동
입출력 기능 (Input−Output Operation)	• CPU 또는 메모리와 입 · 출력장치 간에 자료를 전달하는 기능 −CPU나 메모리와 입 · 출력 장치 사이에 자료를 전달하는 기능

(2) 명령어 형식

명령어의 형식에서 가장 큰 영향을 미치는 요소는 주소 필드의 수로 주소 필드의 개수에 따라 컴퓨터의 CPU 구조가 결정되기 때문에 CPU의 구조로는 단일 누산기 구조, 범용 레지스터 구조, 스택 구조 등이 있다.

① 0−주소 형식(=스택 구조)

    ㉠ 오퍼레이션 부분만 있고 오퍼랜드 부분인 주소가 없는 명령어 형식

    ㉡ 스택(Stack) 구조의 컴퓨터에서 사용하며 원래의 데이터는 모두 잃어버리게 된다.

    ㉢ 연산 속도가 가장 빠름

연산자(OP−Code)

② 1−주소 형식(=ACC(누산기) 구조)

    ㉠ 오퍼레이션 부분과 1개의 오퍼랜드 부분으로 구성된 명령어 형식

    ㉡ 데이터의 처리를 위해서 누산기(ACCumulator) 구조의 컴퓨터에서 사용

연산자(OP−Code)	주소(Operand)

③ 2−주소 형식(=범용 레지스터 구조)

    ㉠ 오퍼레이션 부분과 2개의 오퍼랜드 부분으로 구성된 명령어 형식으로 연산 결과는 Operand−1의 위치에 저장되며, 계산 결과를 시험할 필요가 있을 때 계산 결과가 기억장치(Operand−1)에 기억 될 뿐 이니라 중앙 처리 장치(ACC)에도 남아 있어서 중앙처리 장치 내에서 직접 시험이 가능하다.

    ㉡ 원래의 값은 보존되지 않으며 범용 레지스터 구조에서 사용

    ㉢ 원래 결과는 주소 1에 기억되므로 이전에 기억되어 있던 내용은 연산 후에 지워짐

연산자(OP−Code)	주소1(결과)	주소2

④ 3−주소 형식(=범용 레지스터 구조)

    ㉠ 오퍼레이션 부분과 3개의 오퍼랜드 부분으로 구성된 명령어 형식으로 연산 결과는 Operand−3의 위치에 저장되며 연산 후 원래의 데이터를 모두 보존할 수 있다.

ⓒ 이해하기는 쉬우나 기억 장소를 많이 차지함

연산자(OP-Code)	주소 1	주소 2	주소 3(결과)

(3) 주소 지정 방식(Addressing Mode)

연산에 필요한 데이터나 데이터의 위치를 찾는 방법을 주소지정 방식이라고 한다.
주소지정은 크게 접근 방식에 의한 주소지정 방식과 계산에 의한 주소지정 방식으로 분류한다.

① 접근 방식에 의한 주소 지정 방식
  ㉠ 즉시 주소 지정(Immediate Addressing)
    ㉮ 명령어의 자료부에 실제 데이터가 기록되어 있는 방식이다.
    ㉯ 별도의 메모리 참조 없이 데이터를 처리하므로 주소지정 방식 중에서 처리 속도가 빠르다.
    ㉰ 명령어의 길이에 영향을 받으므로 표현할 수 있는 데이터 값의 범위가 제한적이다.
    ㉱ **메모리 참조 횟수 : 0회**

연산자(OP-Code)	실제 데이터

  ㉡ 직접 주소 지정(Direct Addressing)
    ㉮ 명령어의 자료부에 유효 주소(실제 데이터가 기억된 주소)가 기록되어 있는 방식이다.
    ㉯ 메모리를 1번 참조한다.
    ㉰ 연산자부를 제외하고 남은 비트들만 주소 비트로 사용할 수 있으므로 직접 지정할 수 있는 기억장소의 수가 제한적이다.
    ㉱ **메모리 참조 횟수 : 1회**
  ㉢ 간접 주소 지정(Indirect Addressing)
    ㉮ 명령어의 주소부분에 기억 장소의 주소를 찾을 수 있는 주소가 들어 있는 경우로 실제 데이터를 가져오기 위해 메모리를 2번 이상 참조해야 한다.
    ㉯ **메모리 참조 횟수 : 2회 이상**

연산자(OP-Code)	주소1(결과)	주소2

② 계산에 의한 주소
  ㉠ 인덱스 주소 지정
    ㉮ 명령어의 주소 부분에 주소값과 인덱스 레지스터에 들어있는 값을 더해서 실제 데이터가 들어 있는 기억 장소의 위치를 지정하게 하는 방법
    ㉯ 유효 주소 = 명령어의 주소 부분 + 인덱스 레지스터
    ㉰ 순차적인 주소지정에 유리하다.
  ㉡ 상대 주소 지정
    ㉮ 명령어의 주소부분에 주소값과 프로그램 카운터에 들어 있는 값을 더해서 실제 데이터가 들어 있는 기억 장소의 위치를 지정하게 하는 방법

  ⓐ 유효 주소 = 명령어의 주소 부분 + 프로그램 카운터
 ⓒ 기준 주소 지정 : 명령어의 주소 부분에 주소값과 베이스 레지스터에 들어 있는 값을 더해서 실제 데이터가 들어 있는 기억 장소의 위치를 지정하게 하는 방법

③ 실제 기억 장소와 연관성이 있는 주소 지정 방식

절대 번지 (Absolute Address)	기억 장치 고유의 번지로서 0, 1, 2, 3…의 순서로 16진수의 번호가 차례대로 지정됨
상대 번지 (Relative Address)	별도로 지정된 번지를 기준으로 하여 상대적으로 나타내는 번지 상대 번지를 기준 번지에 더하면 해당 위치의 절대 번지를 구할수 있음

(4) 명령 실행과 제어

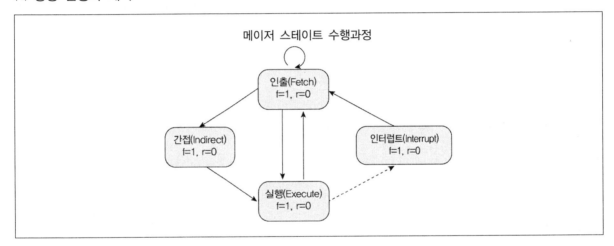

① 메이저 상태(Major State) … CPU가 무엇을 하고 있는 가를 나타내는 상태로 주기억 장치에 무엇을 위해 접근하는지에 따라 인출, 간접, 실행, 인터럽트 가지 상태를 반복적으로 수행한다.
 ㉠ 명령어 주기
  ㉮ 하나의 명령어를 CPU에서 처리하는데 포함된 일련의 동작들을 총칭한다.
  ㉯ 명령어 주기의 종류에는 인출, 간접, 실행, 인터럽트의 4가지가 있다.
  • 인출 사이클(Fetch Cycle) : 명령어를 주기억 장치에서 중앙처리장치로 읽어온 다음 명령어를 해독하는 주기

> ① MAR ← PC
> ② MBR ← M(MAR), PC ← PC+1
> ③ IR ← MBR

  • 간접 사이클(Indirect Cycle) : 오퍼랜드에 표현된 주소가 간접 주소인 경우에 유효 주소를 얻기 위하여 기억 장치에 다시 접근하는 주기

- **실행 사이클(Execute Cycle)** : 메모리로부터 실제 데이터를 읽어다가 연산 동작을 수행시키는 주기, LOAD 명령의 경우는 누산기를 0으로 초기화하고 초기화된 누산기와 메모리에 있는 내 용을 더해서 결과를 누산기에 넣는 동작
  - **인터럽트 사이클(Interrupt Cycle)** : 여러 가지 원인에 의해서(입출력 요구, 타이머 요청 등) 정상적으로 실행 과정을 계속할수 없어 먼저 응급조치를 취한 후 계속 실행할 수 있도록 PC의 내용을 보관하는 주기
- ⓒ **명령 사이클(Instruction Cycle)** : 한 명령의 실행 과정이 하나 이상의 머신 사이클(Machine Cycle)로 이루어지는 사이클(Cycle)을 의미한다.
- ⓒ **기계 사이클(Machine Cycle)** : 하나의 명령을 CPU가 기억 장치로부터 인출하거나 실행하는 데 걸리는 시간을 의미하며, 인출 사이클과 실행 사이클로 이루어진 사이클(Cycle)이다.

메이저 스테이트에서 명령 사이클의 수행 순서

인출 사이클 → 간접 사이클 → 실행 사이클 → 인터럽트 사이클
---

② **명령어 인출 절차**
- 프로그램 카운터(명령 계수기)의 값을 번지 레지스터에 옮긴다.
- 명령어를 주기억장치로부터 인출한다.
- 프로그램 카운터(명령 계수기)를 증가시킨다.
- 명령 코드를 명령 레지스터에 옮긴다.
- ⓙ **간접 단계**
  - ㉮ 인출 단계에서 해석된 명령의 자료부가 간접 주소일 경우 유효 주소를 구하는 단계이다.
  - ㉯ 기억장치로부터 자료의 주소를 읽는다.
- ⓛ **실행 단계**
  - ㉮ 실제로 명령을 실행하는 단계이다.
  - ㉯ 실행이 완료된 후에 인출 또는 인터럽트 단계로 이동한다.
- ⓒ **인터럽트 단계**
  - ㉮ 인터럽트 발생 시 복귀 주소를 저장시키고, 제어 순서를 인터럽트 처리 프로그램의 첫 번째 명령으로 옮기는 단계이다.
  - ㉯ 인터럽트를 처리한 후에는 항상 인출 단계로 이동한다.

(5) 파이프라이닝(Pipelining)

명령어 수행 사이클은 기본적으로 Fetch, Decode, Indirect, Execute, Interrupt 등의 세부 단계로 이루어 지는데 각 세부 단계들을 인접한 명령어들 사이에 중복수행하는 것을 파이프라이닝(Pipelining)이라고 한다.

파이프라이닝이란 순차적인 명령어들 간의 병렬성을 사용하는 기술로 동시에 수행가능한 명령어의 개수를 증 가시켜 속도를 증가시킨다. 이때, 파이프라이닝을 효과적으로 하기 위해서는 명령어 구조가 가능한 RISC 구 조의 인스트럭션이 효율적이다.

① 기억장치(Memory Device)

CPU가 처리할 명령어와 데이터를 저장하는 장치로, 사용 목적에 따라 주기억 장치와 보조 기억 장치로 크게 구분되며, 기타 기억장치(캐시 메모리, 연관 메모리, 가상메모리 등)로 시스템의 성능을 최대화 할 수 있게 한다.

> 가격(고가 → 저가) : 레지스터 → 캐시기억장치 → 주기억장치 → 보조기억장치
> 처리 속도(고속 → 저속) : 레지스터 → 캐시기억장치 → 주기억장치 → 보조기억장치
> 용량(대 → 소) : 보조기억장치 → 주기억장치 → 캐시기억장치 → 레지스터

(1) 기억장치(Memory Device)의 특징

항목	특징
메모리 계층구조	가격대비 시스템의 성능을 향상시키기 위해 CPU와 DISK사이에 다양한 계층의 기억장치들을 포함
휘발성 메모리 (Volatile Memory)	전원이 공급되어야만 데이터를 유지하며 일반적으로 읽기/쓰기 모두 가능한 RAM(Random Access Memory) 의미
비휘발성 메모리 (Non-Volatile Memory)	전원이 차단된 이후 다시 전원이 공급되면 이전 정보를 기억하는 특성을 가지는 ROM(Read-Only Memory) 의미

(2) 기억장치의 계층구조

① 고가의 고속 메모리와 저가의 저속 메모리를 계층적으로 배치하여 낮은 가격에 컴퓨터 성능을 최적화 시키는 컴퓨터 구조

② **기억장치 계층구조 특징** … 가격대비 높은 성능으로 같은 가격으로 구성한 고속 메모리, 저용량 시스템 또는 저속 메모리, 고용량 시스템에 비해 성능이 좋다.

❷ 주기억장치(Main storage)

(1) 주기억장치

① **정의** … 주기억 장치(메인 메모리)는 외부에서 들여온 데이터를 보관할 공간을 말하며 CPU에 의해 수행될 프로그램과 데이터가 저장되는 곳으로 주기억 장치는 RAM과 ROM으로 분류된다.

② **특징**

ㄱ 컴퓨터가 프로그램을 수행하기 위해 프로그램은 주기억 장치에 있어야 한다.

ㄴ 프로세서가 직접 접근할 수 있는 유일한 대량 저장 장치이다.

ㄷ 수십만~수억의 크기를 가진 바이트 혹은 워드의 배열로 구성되어있고 각 워드는 자신의 주소를 가진다.

ㄹ CPU와의 상호 작용은 특정 기억 장치 주소에 일련의 load(read)나 store(wirte)명령을 통하여 수행된다.

  ㉮ load : 주기억 장치로부터 CPU 내부의 레지스터로 워드를 이동시킨다.

  ㉯ store : 레지스터의 내용을 주기억 장치로 이동시킨다.

(2) 주기억장치 종류

① **ROM(Read Only Memory)** … 전원이 제거되어도 저장된 내용이 지워지지 않는 비휘발성 메모리로 ROM도 Random Access 특성을 가지고 있다. 전원이 제거되어도 내용이 지워지지 않는 특성으로 인해 ROM내의 데이터는 오직 읽기만 가능하며 보통의 방법으로는 변경할 수 없다. 또한 기본 입출력 시스템(BIOS)와 컴퓨터를 부팅할 때 수행되어야 하는 자가진단 프로그램과 부트스트랩 로더를 저장한다.

> 💡 **TIP** **펌웨어(firmware)** … 비휘발성 메모리인 ROM에 저장된 프로그램으로, 하드웨어의 교체 없이 소프트웨어의 업그레이드만으로 시스템의 성능을 높일 수 있음. 하드웨어의 동작을 지시하는 소프트웨어이지만 하드웨어 적으로 구성되어 하드웨어의 일부분으로도 볼 수 있음

ㄱ ROM의 종류

  ㉮ Mask ROM : 특정 내용을 생산 공장에서부터 ROM에 기억시켜 출하하는 것으로 사용자가 임의적으로 기억시킬 수 없음

  ㉯ PROM(programmable rom) : 생산 공장 출하 시 기억된 것이 아무것도 없으며, PROM Writer를 사용하여 사용자가 한번 기억(Write)이 가능함

  ㉰ EPROM(erasable prom) : 자외선을 사용하여 기억된 내용을 임의적으로 소거시킨 후 전기적인 방법으로 다시 기억시킬 수 있음

  ㉱ EEPROM(electrically eprom) : 전기적 방법으로 정보를 소거, 저장 연속 진행

② **RAM(Random Access Memory)** … 전원공급이 중단되면 저장된 정보가 모두 지워지는 휘발성 메모리로 저장위치에 관계없이 일정한 시간 내에 읽거나 쓸 수 있는 임의접근 기억장치이다.

ⓐ RAM의 종류

㉮ DRAM(Dynamic Ram) = **동적램** : 초고속 데이터 전송용 메모리로서 기억 밀도가 높고 가격이 저렴하며 저장내용을 주기적으로 재생하지 않으며 사라지는 약점 존재

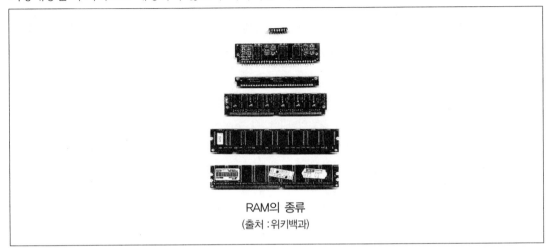

RAM의 종류
(출처 : 위키백과)

㉯ SRAM(Static RAM) = **정적램** : 플리플롭 방식의 메모리 셀을 가진 임의 접근 기억장치로 전원공급이 계속 되는 한 저장된 내용을 계속 기억하며 재생이 불필요해 소용량의 메모리가 캐시메모리에 주로 사용된다.

구분	DRAM (Dynamic RAM, 동적램)	SRAM (Static RAM, 정적램)
전력소모	낮음	많음
속도	느림	빠름
가격	저렴하다	비싸다
용도	주기억 장치	캐시메모리
재충전 여부	필요	불필요

㉰ SDRAM(Synchronous Dynamic RAM)
- 클럭 신호와 동기화된, 발전된 형태의 DRAM
- 클럭 타이밍에 맞춰 CPU와 정보를 주고받을 수 있음
- 클럭에 맞춰 동작하며 클럭마다 CPU와 정보를 주고받을 수 있는 DRAM

㉱ DDR SDRAM(Double Data Rate SDRAM)
- 최근 가장 흔히 사용되는 RAM
- 대역폭을 넓혀 속도를 빠르게 만든 SDRAM
- 대역폭 : 데이터를 주고받는 길의 너비

❸ 보조기억장치(Auxiliary Memory, Secondary Memory)

하드디스크에는 실제로 사용자가 설치하는 프로그램이 저장되며 일부의 공간은 가상메모리로 지정되어 사용되는 기억공간으로 프로그램이나 데이터를 영구적으로 저장하는 대용량의 저장장치인 자기테이프, 자기디스크와 광디스크, USB 등이 이에 속한다.

> **🔊TIP 보조기억장치–자기디스크**
> • 데이터 접근시간(Accecc Time)
> –Seek Time(탐색시간): 트랙까지 이동하는데 걸리는 시간
> –Latency Time(Search Time, 회전지연시간) : 섹터까지 이동하는데 걸리는 시간
> –Transfer Time(전송시간) : 실제로 데이터가 이동하는데 걸리는 시간
> –Access Time = Seek Time + Latency Time + Transfer Time

(1) 자기 테이프(Magnetic Tape) = 백업용

초기의 보조기억 장치로 주로 사용되었으며, 거의 영구적이며 많은 양의 자료를 보관할 수 있다. 그러나 위치에 따라 접근 시간 차이가 심하고 순차적 접근만 가능하여 속도가 느리다. 예비용이나 자주 사용하지 않는 정보의 백업에 사용되거나 시스템 간의 정보 전송을 위한 매체로 사용된다. 현재는 많이 사용하지 않는 장치다

① 자기 테이프 관련 용어

   ㉠ IRG(inter record gap) : 논리 레콘와 논리 레코드 사이에 자료가 기록되지 않은 공백 영역

   ㉡ IBG(inter block gap) : 블록화(blocking)된 테이프에서 물리 레코드와 물리 레코드 사이에 자료가 기록되지 않은 공백 영역

     * 물리 레코드=블록
     * 블록화 작업의 목적 : 검색 시간이 빠름. 기억 공간의 낭비 최소화

(2) 자기 디스크(Magnetic Disk) = DASD방식

주기억 장치의 확장용으로 매우 큰 프로그램과 자료를 장기간 저장하는 용도로 사용된다.

① 자기디스크 관련용어

   ㉠ 트랙(track) : 회전축 중심으로 자료가 저장되는 동심원

   ㉡ 섹터(sector) : 부채꼴: 하나의 트랙을 여러 개로 구분한 것

   ㉢ 실린더(cylinder) : 동일 위치의 트랙 집합(트랙 수 = 실린더 수)

   ㉣ 접근 시간 : 탐색 시간+회전 지연 시간 + 전송 시간

② 실제 사용면 = 총 디스크 장수 X 2면 – 윗면 – 밑면

(3) 광디스크

CD-ROM, DVD, LD, 블루레이 디스크 등이 대표적이며 데이터의 기록가능 여부에 따라 판독형 디스크, 판독/기록형 디스크, 재기록형 디스크로 구분되고 이동이 편리하다.

📢 **TIP** SATA(Serial ATA)
- 직렬 ATA로 하드디스크 또는 광학 드라이브와의 전송을 위해 만들어진 버스의 한 종류임
- PATA(Parallel ATA) 병렬 방식보다 데이터 전송 속도가 빠름

(4) SSD(solid state drive) = 고성능 메모리 저장장치

SSD

기계식 하드 디스크는 디스크 헤드의 물리적 조작으로 인해 속도가 저하되고, 충격에 의한 기기 손상 가능성으로 인해 최근에는 플래시 메모리를 이용한 SSD(Solid State Disk)의 사용이 보편화되고 있다. SSD는 내구성이 강하고 전력 소모가 적다. 다만, 재생 속도에 비해 기록 속도가 느리고, 기록과 삭제 횟수가 한정되어 기대 사용 수명이 미리 정해진다.

SSD는 순차적인 읽기와 쓰기는 비슷한 성능을 가지고 랜덤 순서로 접근할 때는 읽기가 쓰기보다 빠르다. 플래시 메모리의 근본적인 특성 때문에 이러한 차이가 생긴다.

① Flash memory 기반과 DRAM 기반 SSD의 2가지 종류

② 인터페이스 변환을 위한 별도의 컨트롤러와 펌웨어(FTL, Flash Tranlation Layer) 필요

③ 메모리 용량의 증가 및 가격 하락으로 SSD의 적용분야가 확대

④ 하드디스크 드라이브(HDD)보다 데이터 처리속도와 안정성은 올리고 전력소모 등 비용은 절약

HDD (Hard Disk Driver)	SSD (Solid State Driver)
• 물리적인 디스크를 고속으로 회전시켜 데이터를 저장하는 장치이다. • 디스크에 물리적으로 저장하기 때문에 충격에 약하며, 소음이 다소 발생한다. • 가장 대중적인 보조기억장치	• 반도체 기반의 정보를 저장하는 기억장치이다. • SSD는 물리적으로 데이터를 저장하지 않고 전기적으로 데이터를 저장하기 때문에 HDD에 비해서 속도가 월등히 빠르고, 소음도 발생하지 않는다. • 또한 전력소모가 적고, 경량화, 소형화 할 수 있다. • 그러나, HDD에 비해서는 아직 가격이 다소 높다.

> **TIP** 하드디스크(HDD)
> • 자성 물질을 입한 금속 원판을 여러 장 겹쳐서 만든 기억매체
> • 개인용 컴퓨터에서 보조기억장치로 널리 사용됨
> • 저장 용량이 크고, 데이터 접근 속도가 빠르지만, 충격에 약해 본체 내부에 고정시켜 사용
> • 하드디스크 연결(Interface) 방식은 메인보드와 하드디스크 사이에서 데이터를 전송하기 위한 방식으로, IDE, EIDE, SCSI로 구분
> –IDE : 2개의 장치 연결 가능, 최대 504MB의 용량 인식
> –EIDE : IDE를 확장하여 전송 속도를 높인 규격으로 4개의 장치 연결 가능, 최대 8.4GB의 용량 인식함
> –SCSI : 7개의 장치 연결 가능, 각 장치에게 고유의 ID 부여함

(5) MEMS(Micro Electro Mechanical System) = 모바일 시스템 저장장치

높은 대역폭과 저전력성, 고집적도, 저가의 특성으로 모바일 기기에서 대용량 서버시스템 등 다양한 환경에서 사용 가능한 차세대 저장장치로 제2의 DRAM이라고도 불림.

① 하드디스크에 비해 10배이상 빠른 데이터 접속속도

② 소형화된 매체로 발열 및 소음 적음

④ 캐시메모리(Cache Memory)

캐시 메모리는 CPU(속도 빠름)와 메인 메모리(속도 느림) 사이에 위치하여 데이터 접근 효율성을 향상시키기 위한 메모리이다.

메인 메모리로부터 CPU로 로드되어 사용된 데이터를 캐시 메모리에 보관한다. 데이터를 사용할 때에는 캐시 메모리 내의 데이터를 먼저 사용하여 메인 메모리로의 접근 횟수를 줄여 속도를 향상시킬 수 있다.

캐시 메모리는 지역성의 원칙을 활용합니다. 컴퓨터 프로그램은 일반적으로 시간적 지역성과 공간적 지역성의 특징을 가진다.

① **시간적 지역성** … 한 번 사용한 정보는 시간적으로 곧 다시 사용될 가능성이 높다는 것이다.

② **공간적 지역성** … 한 번 사용된 정보의 근처 영역이 다시 사용될 가능성이 높다는 것이다.

(1) 캐시 메모리 적중률

CPU가 기억장치에 접근하여 찾는 내용이 캐시에 기억될 경우 적중(Hit)되었다고 하며 알고리즘에 따라 적중률이 달라지며, 캐시의 기본 성능은 히트율로 표현한다.

(캐시적중률) = (Hit 수)%(주기억장치 접근의 총 횟수)

캐시에 기록하는 방식에는 Write-Through 방식과 Write-Back 방식이 있다.

02. 컴퓨터 구조 **67**

① Write-Through … 모든 쓰기 동작들이 캐시로 뿐만 아니라 주기억 장치로도 동시에 수행되는 방식

② Write-Back … 캐시에서 데이터가 변경되어도 주기억 장치에는 갱신되지 않는 방식

(2) 캐시 메모리 교체 알고리즘

캐시 메모리는 상대적으로 용량이 적어 캐시 메모리의 내용은 필요할 때마다 교체되어야 한다. 그렇기에 캐시 메모리의 교체 알고리즘은 캐시 적중률에 많은 영향을 끼친다.

① **최소 최근 사용(LRU) 알고리즘** … 사용되지 않은 채로 가장 오래 있었던 블록을 교체하는 방식

② **FIFO(First In First Out) 알고리즘** … 캐시에 적재된 오래된 블록을 교체하는 방식

③ **최소 사용 빈도(LFU) 알고리즘** … 참조되었던 횟수가 가장 적은 블록을 교체하는 방식

(3) 캐시 메모리의 종류

① **L1 캐시** … CPU와 주기억장치 사이에 위치한 캐시메모리를 지칭한다.

② **L2 캐시** … L2 캐시 메모리보다 훨씬 빠른 속도를 갖는다.

(4) 캐싱라인(Caching Line)

캐시에 데이터를 저장할 때 특정 자료구조를 사용하여 묶음으로 저장

① **Direct Mapping** … 직접 매핑으로, 메인 메모리를 일정한 크기의 블록으로 나누어 각각의 블록을 캐시의 정해진 위치에 매핑하는 방식이다. 가장 간단하고 구현도 쉽다. 하지만 적중률(Hit rate)이 낮아질 수 있다. 또 동일한 캐시 메모리에 할당된 여러 데이터를 사용할 때 충돌이 발생하게 되는 단점이 있다.

② **Full Associative Mapping** … 캐시 메모리의 빈 공간에 마음대로 주소를 저장하는 방식이다. 저장하는 것은 매우 간단하지만, 원하는 데이터가 있는지 찾기 위해서는 모든 태그를 병렬적으로 검사해야 하기 때문에 복잡하고 비용이 높다는 단점이 있다.

③ **Set Associative Mapping** … Direct Mapping과 Full Associative Mapping의 장점을 결합한 방식이다. 빈 공간에 마음대로 주소를 저장하되, 미리 정해둔 특정 행에만 저장하는 방식이다. Direct에 비해 검색 속도는 느리지만 저장이 빠르고 Full에 비해 저장이 느리지만 검색은 빠르다. 주로 사용하는 방식이다.

> 🔊TIP **기타 보조기억장치** … 하드디스크, CD-ROM, DVD, USB메모리, 블루레이

❺ 가상 메모리(Virtual Memory)

주기억장치의 용량을 실제보다 크게 활용할 수 있도록 하기 위하여 실제 자료를 보조기억장치에 두고 주기억장치에 있는 것과 같이 처리를 시킬 수 있는 기억장치이다.

① 가상 기억장치의 가장 큰 목적은 주기억장치의 용량(주소 공간)의 확대이다.

② 사용자가 프로그램 크기에 제한 받지 않고 실행할 수 있다.

③ **구현방식** … 페이징(Paging) 기법, 세그먼트(Segmentation)기법, 페이징/세그먼트기법

❻ 연관 메모리

(1) 정의

기억장치에서 자료를 찾을 때 주소에 의해 접근하지 않고, 기억된 정보의 일부분을 이용하여 원하는 정보가 기억된 위치를 알아낸 후 그 위치에서 나머지 정보에 접근하는 기억장치이다.

(2) 특징

① CAM(Content Addressable Memory)이라고 하며 내용에 의한 병렬 탐색 가능하다.

② 주소에 의해서만 접근이 가능한 기억장치보다 정보 검색이 신속하다.

(3) 연관 기억장치 구성요소

① **검색 데이터 레지스터** … 찾으려는 내용의 일부를 기억하는 레지스터

② **마스크 레지스터** … 검색 데이터 레지스터에 기억된 내용 중 에서 검색에 사용할 비트를 결정하는 레지스터

③ **일치 지시기** … 검색 데이터 레지스터의 검색 비트를 포함하는 워드를 찾은 경우 찾았음을 표시하는 레지스터

❼ 플래시 메모리(Flash Memory)

(1) 정의

EEPROM(Electrically Erasable/Programmable ROM)의 일종으로 바이트 단위로 지우기 작업을 수행하는 기존 EEPROM과는 달리 수십에서 수백 킬로 바이트 블록단위로 소거 하므로 속도가 빠르다

(2) 특징

① **전력소모가 적음** ··· 기계 구동부 없이 데이터를 읽고 쓸 때에만 전력을 사용하기 때문에 전력 소모가 적음

② **작은 크기** ··· 휴대용 기기의 저장장치

③ **빠른 속도** ··· 램이나 하드디스크보다는 느리지만 노트북 하드디스크로 사용될 만큼 기술진화가 빠르게 진행되고 있음

④ **안정성 우수** ··· 메모리 반도체 덩어리로 구성되어 있어 웬만한 충격으로는 데이터가 손상되지 않음

⑤ **호환성과 편의성** ··· 디지털 카메라, PDA 노트북에 쉽게 연결하여 사용가능

⑧ 버퍼 메모리(buffer : 완충)

속도가 빠른 장치와 느린 장치 사이에 위치. 키보드 버퍼, 프린터 버퍼 등에 내장되어 있음. 캐시 메모리도 일종의 버퍼 메모리에 해당함

⑨ 입 · 출력 장치

주변장치와 주기억 장치 사이에 데이터 전송을 수행하고CPU에 접속되어 있는 모든 주변장치이다

(1) 입력장치

입력 장치는 외부의 데이터를 컴퓨터의 CPU나 주기억 장치로 입력할 때 사용하는 장비입니다.

① **키보드** ··· 사용자가 자판을 눌러 문자나 숫자등을 입력하는 장치이다.

② **마우스** ··· 화면상의 위치나 이동값을 입력하는 장치이다.

③ **스캐너** ··· 그림이나 사진 등의 영상 정보를 문서에 입력할 수 있도록 변환해 주는 장치이다.

④ **디지타이저** ··· 그림, 차트. 도형 등을 디지털화하여 입력하는 장치이다.

⑤ **OMR** ··· 카드에 마킹된 부분을 빛을 이용하여 판독하는 장치이다.

⑥ **OCR** ··· 인쇄되거나 손으로 쓴 글씨들을 빛을 이용하여 판독하는 장치이다.

⑦ **MICR** ··· 자성체를 띤 특수 잉크로 기록된 자료를 판독하는 장치이다.

⑧ **바코드 판독기** ··· 굵기가 서로 다른 바코드를 빛을 이용하여 판독하는 장치이다.

(2) 출력장치

출력 장치는 CPU나 주기억 장치의 데이터를 외부로 옮길 때 사용하는 장비입니다.

① **모니터** … CRT, LCD, LED 등의 화면표시장치를 통해 출력하는 장치이다.

② **프린터** … 종이에 출력하는 장치이다.

③ **플로터** … 종이나 필름 등의 평면에 2차원의 도형 표현 형태로 나타내는 출력장치이다.

> 🔊 **TIP** • 표시장치 관련 용어
>   –픽셀(Pixel, 화소) : 모니터 화면을 구성하는 가장 작은 단위
>   –해상도(Resolution) 픽셀(Pixel)의 수가 많을수록 선명하다.
>   –모니터의 크기 : 모니터의 화면 크기는 대각선의 길이를 센티미터(cm)단위로 표시한다.
>   –재생률(Refresh Rate) : 픽셀들이 밝게 빛나는 것을 유지하도록 하기 위한 1초당 재충전 횟수
>   –점 간격(Dot Pitch) : 픽셀들 사이의 공간을 나타내는 것으로 간격이 가까울수록 해상도가 높다.
> • **프린터 종류** : 도트 매트릭스, 잉크젯, 레지저, 감열식, 열전사
> • **프린터 관련 용어**
>   –CPS(Character per Second) : 초당 인쇄할 수 있는 문자 수
>   –LPM(Line per Minute) : 분당 인쇄할 수 있는 줄
>   –PPM(Page per Minute) : 분당 인쇄할 수 있는 페이지 수
>   –DPI(Dot per Inch) : 1인치에 몇 개의 점을 인쇄하여 문자를 구성하는지를 나타낸다.

❿ 프로그램에 의한 입·출력

속도가 빠른 CPU가 느린 입출력 장치를 기다리는 것은 비효율적이기에 입출력 제어기(I/O Controller)를 통해 입출력 장치를 제어한다.

(1) CPU에 의한 입출력 제어

CPU에 의한 입출력 방식은 입출력의 전체적인 과정을 CPU가 수행하는 것입니다. 다음의 2가지 방식으로 CPU 입출력의 전체 과정을 통제한다.

① **프로그램에 의한 방법** … 현재 수행되는 프로그램이 I/O를 직접 수행하는 방식입니다. 입출력 장치의 모든 과정을 CPU가 담당하기에 CPU의 효율이 떨어질 수 있다.

② **인터럽트에 의한 방법** … 프로그램 명령 중 입출력 명령이 있으면 CPU가 입출력 동작의 시작을 명령하고 다른 작업으로 전환합니다. 인터럽트가 발생하면 관련 인투럽트 처리 루틴을 수행하여 CPU는 입출력 과정을 종료

(2) DMA(Direct Memory Access)

DMA는 별도의 I/O 컨트롤러가 입출력 장치와 메인 메모리 사이의 데이터 통신을 수행하는 방식으로, CPU의 효율성을 더욱 높일 수 있는 방법이다. I/O 컨트롤러는 CPU로부터 입출력의 모든 사항을 위임 받아 수행하는데 상대적으로 속도가 빠른 장치와 대량의 데이터를 입출력할 때 사용되는 방식이다.

① DMA 방식의 입출력 절차

  ㉠ 사용자 프로그램 또는 운영체제가 데이터의 전송을 요구

  ㉡ CPU는 DMA 제어기의 레지스터들에게 I/O 장치의 주소, 데이터가 있는 주기억 장치의 시작 주소, DMA 시작 명령, 입출력하고자 하는 데이터의 양 등의 정보를 전송

  ㉢ DMA 제어기가 입출력 동작을 시작하며, 사이클 스틸 방식을 이용하여 데이터를 전송한다. 그때, CPU는 다른 작업들을 수행

  ㉣ 입출력 동작이 종료되면 DMA 제어기는 CPU를 인터럽트 수행

(3) 채널에 의한 I/O

I/O를 위한 특별한 명령어를 I/O 프로세서에 수행하도록 하여 CPU 관여 없이 입출력을 제어하는 전용 프로세서를 사용하는 방식이다. DMA 방식과는 다르게 한 개의 인스트럭션에 의해 여러 개의 블록을 입출력할 수 있다.

(4) 기억 장치-사상 입출력

메모리 주소의 일정 범위를 지정하여 장치 레지스터에 매핑하여 메인 메모리의 읽기/쓰기와 동일한 인스트럭션을 사용해 보다 편리한 입출력 장치 접근을 제공하는 방식이다. 고속의 응답 시간을 가지는 장치에 적합한 방식이다.

⑪ 인터럽트(Interrupt)

(1) 정의

어떤 장치가 다른 장치의 일을 잠시 중단시키고 자신의 상태 변화를 알려 주는 것으로 인터럽트가 발생하면, 인터럽트를 받은 장치는 현재 자신의 상태를 기억시켜두고 인터럽트를 처리한다.

(2) 인터럽트 주요 개념

① **인터럽트 요청(IRQ)** … CPU에 인터럽트를 요청하는 신호

② **인터럽트 처리루틴** … 인터럽트 발생 원인을 찾아 ISR 호출

③ 인터럽트 서비스 루틴(ISR) ··· 인터럽트에 대한 실체 처리를 담당

④ 트랩(Trap) ··· 오류나 사용자 요청에 의해 소프트웨어가 발생시킨 인터럽트

(3) 인터럽트 유형 및 종류

① 하드웨어 인터럽트 ··· 하드웨어가 발생시키는 인터럽트로, CPU가 아닌 다른 하드웨어 장치가 CPU에 어떤
정보를 알려주거나, CPU 서비스를 요청해야 할 경우 발생시킨다.

   ㉠ 외부 인터럽트(External Interrupt) : 예상할 수 없는 시기에 프로세스 외부에서 처리를 요청하는 인터
럽트를 의미한다.

     ⑦ 전원 이상 인터럽트 : 정전 또는 전원 이상에 의한 인터럽트 발생

     ⑭ 기계 착오 인터럽트 : CPU의 기능적인 오류 동작 발생

     ⑭ 외부 신호 인터럽트
- 타이머에 의해 규정된 시간을 알리는 경우
- 키보드로 인터럽트를 발생시킨 경우(Ctrl+Alt+Del)
- 외부 장치로부터 인터럽트 요청 발생

     ㉺ 입 출력 인터럽트
- 입출력 데이터의 오류나 이상 현상이 발생한 경우
- 입출력 장치가 데이터의 전송을 요구 또는 전송 완료 알림

   ㉡ 내부 인터럽트(HW 인터럽트)

     ⑦ 프로그램 검사 인터럽트 : 0으로 나누기가 발생한 경우

     ⑭ Overflow, Underflow가 발생한 경우

     ⑭ 부당한 기억장소의 참조와 같은 프로그램상의 오류

② 소프트웨어 인터럽트 ··· 소프트웨어가 발생시키는 인터럽트로, 소프트웨어가 스스로 인터럽트 라인을 세팅
한다.

   ㉠ SVC 인터럽트

     ⑦ Supervisor Call (프로그램 내부에서 임의 호출)

     ⑭ 사용자가 SVC 명령을 써서 의도적으로 인터럽트를 발생

     ⑭ 기억장치 할당 및 오퍼레이터와의 통신이 필요한 경우

(2) 인터럽트 작동 순서

① CPU에게 인터럽트 요청

② 현재 작업중인 프로세스 상태 저장(STACK에 저장)

③ 인터럽트 처리 프로그램 작동

④ 인터럽트 처리 프로그램이 종료되면 리턴 주소(Return Address)를 이용해서 원상태의 이전 작업으로 복귀

(3) 인터럽트 우선순위

하나의 CPU에 다수의 인터럽트가 발생하는 경우, 우선 순위를 정해 하나씩 처리해야 합니다. 이를 인터럽트 우선순위라고 한다.

정전 > 기계착오 > 외부의 신호 > 조작원의 의도(SVC) > 입력과 출력 > 프로그램 오류

인터럽트 우선 순위를 결정하는 방법은 소프트웨어적인 방법과 하드웨어적인 방법으로 나눠진다.

① 소프트웨어적 방식
- ㉠ 폴링(Polling) : 소프트웨어적으로 우선순위가 높은 장치로부터 플래그 상태를 차례로 검사하여 인터럽트 발생 장치를 찾는 방식이다.

② 하드웨어적 방식
- ㉠ 데이지 체인(Daisy Chain) : 인터럽트 자원들을 우선순위에 따라 직렬로 연결한 하드웨어 회로를 이용하는 방식이다.
- ㉡ 벡터 인터럽트(Vector Interrupt) : 인터럽트가 발생하는 각 장치를 개별적인 회선으로 병렬 연결

⑫ 채널(Channel)

데이터의 입출력전송이 CPU를 거치지 않고 직접 주기억장치와 주변장치 사이에서 수행되는 방식

(1) 선택 채널(SelectorChannel) = 블록단위 데이터 전송

주변장치와 주기억장치 간의 고속 데이터 전송을 위해 사용되는 것으로 한 번에 단지 하나의 장치만을 도와줄 수 있는 하나의 서브채널 (Sub Channel)을 가지고 있다.

(2) 다중채널(Multiplexer Channel) = 바이트 단위 전송

여러 개의 부속 채널을 가지고 있어 동시에 여러 개의 데이터 스트림 (Data Stream)을 인터리빙시킬 수 있다.

(3) 블록 다중 채널(Block Multiplexer Channel) = 블록 단위 전송

① 선택 채널(Selector Channel) + 다중채널(Multiplexer Channel)

② 고속 입·출력장치를 제어하는 동시에 여러 개의 입·출력장치를 제어할 수 있다.

구분	버퍼링	스풀링
특징	입·출력의 내용을 주기억장치에 모아두었다가 처리하는 방식	입·출력의 내용을 디스크에 모아두었다가 처리하는 방식
차이점	• 저장 위치는 주기억장치 중 버퍼이다. • 운영 방식은 단일 작업이다. • 구현 방식은 하드웨어이다.	저장 위치는 보조기억장치이다. 운영 방식은 다중 작업이다. 구현 방식은 소프트웨어이다.
공통점	저속의 입·출력장치와 고속의 CPU 간의 속도차를 해결함으로써 효율성을 높일 수 있다.	

> **TIP** 하드디스크 연결방식
> • IDE(integrated drive electronics)
> −하드 디스크 드라이브, CD−ROM등을 연결하는 40핀의 병렬 인터페이스 규격이다.
> −2개의 장치 연결 가능하며 최대 504MB의 용량 인식한다.
> −Master/Slave 연결 방식
> • EIDE(Enhanced Integrated Drive Electronics)
> −IDE를 확장하여 전송속도를 높인 규격이다.
> −4개의 장치를 연결 가능하며 최대 8.4GB의 용량인식
> • SCSI(small computer system interface)
> − 각 장치에 고유한 ID 부여하여 7개의 장치 연결 가능하다.

section 4 병렬 처리

❶ 병렬 처리

동시에 여러 개의 명령을 처리하여 작업 능률을 향상시키는 방식

(1) 병렬처리의 유형

① **파이프라인(PipeLine)** ⋯ CPU의 사용을 극대화하기 위해 명령을 겹쳐서 실행하는 방법으로, 하나의 CPU 코어에 여러 개의 스레드를 사용하는 것이다.

　㉠ 데이터의 위험 : 데이터 의존성 때문에 생기는 문제다.

　㉡ 제어위험 : 분기를 하는 if문이나 바로 가는 goto 문 같은 명령에서 발생하는 제어 위험은 프로그램 카운터 값을 갑자기 변화시켜 발생하는 문제다

　㉢ 구조위험 : 서로 다른 명령어가 같은 자원에 접근하려 할 때 발생하는 문제입니다. 이때 충돌이 발생하여 프로그램 비정상 작동하거나 종료될 수 있다.

② **멀티프로그래밍** ⋯ 시스템에서 여러 프로그램이 있을 때 한 프로그램이 프로세서를 짧은 시간 동안 차지하여 작업을 수행시키고, 운영체계가 그 다음 프로그램이 수행되도록 하는 방식

③ **벡터 프로세싱** ⋯ 하나의 벡터 처리기로 여러 자료를 동시에 처리하는 수평적 병렬 처리

④ **멀티 프로세싱** ⋯ 한 프로세서(master)가 시스템의 모든 작업을 관장하도록 설계되었고, 다른 프로세서 (slave)는 주 프로세서가 부여한 일만을 수행

⑤ **SMP(symmetric multiprocessing)** ⋯ 두 개 또는 그 이상의 프로세서가 한 개의 공유된 메모리를 사용하는 다중 프로세서 컴퓨터 아키텍처

⑥ MPP(Massive parallel processing) ··· 한 시스템 내에 프로그램을 여러 부분으로 나누어 수백 개나 수천 개의 프로세서가 효율적으로 함께 작동하는 네트워크 이용 방식

(2) 병렬처리와 병행처리의 비교

① **병렬처리**(Parallel) ··· 계산과정에 동시성을 강조하는 정보처리형태, 명령어 사이에 상관관계 없음

② **병행처리**(Concurrency) ··· 2개 이상의 관련 있는 프로세스가 동시에 실행되는 동시처리 프로세스

(3) 병렬화 기법 유형

① **파이프라인**(Pipelining)
　㉠ CPU의 사용을 극대화하기 위해 명령을 겹쳐서 실행하는 방법으로, 하나의 코어에 여러 개의 쓰레드를 사용하는 것. 한 클록마다 하나의 명령어 실행
　㉡ 위험
　　㉮ **데이터 위험**(Data Hazard) : 데이터의 의존성 때문에 발생하는 문제
　　㉯ **제어 위험**(Control Hazard) : 분기를 하는 if문 혹은 goto 문 같은 명령에서 발생
　　㉰ **구조 위험**(Structual Hazard) : 서로 다른 명령어가 같은 자원에 접근하려 할 때 발생하는 문제

② **슈퍼 파이프라인**(Super Pipelining)
　㉠ 파이프라인 기법을 강화 시킨 것
　㉡ 파이프라인의 각 단계를 세분하여 한 클록 내에서 여러 명령어 처리 가능 → 병렬 처리 능력

③ **슈퍼스칼라**(super-scalar) ··· 파이프라인을 처리할 수 있는 코어를 여러 개 구성하여 복수의 명령어가 동시에 실행되도록 하는 방식

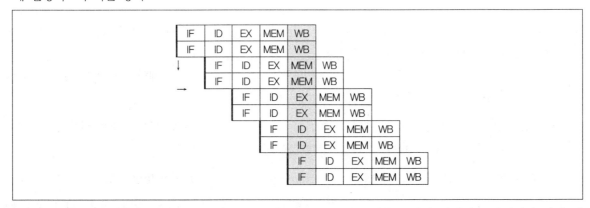

　㉠ 대부분은 파이프라인과 비슷, 코어를 여러 개 구성하여 각 단계에서 동시에 실행되는 명령어가 여러 개인 점이 다르다.
　㉡ CPU는 대부분 슈퍼스칼라 기법을 사용

④ 슈퍼 파이프라인 슈퍼 스칼라 기법(Super Pipelined Super Scalar) ··· 슈퍼 스칼라 기법에 슈퍼 파이프라이닝 기법 적용하여 수행시간 더 단축

⑤ VLIW ··· CPU가 병렬처리를 지원하지 않을 경우 소프트웨어적으로 병렬 처리하는 방법
   ㉠ 동시에 수행할 수 있는 명령어들을 컴파일러가 추출하고 하나의 명령어로 압축하여 실행
   ㉡ 컴파일 시 병렬 처리가 이루어진다.(위의 다른 기법들은 명령어 실행 시 병렬 처리가 이루어진다.)

(4) 파이프라인(Pipeline) 구성도

① Depth
   ㉠ 파이프라인의 stage 수
   ㉡ 한 instruction 당 stage를 늘려주어서 clock cycle time을 감소시켜 clock rate를 증가시킨다.

② Width
   ㉠ 파이프라인의 stage마다 처리되는 instruction의 수
   ㉡ cycle 당 처리되는 instruction의 수를 늘려서 IPC를 증가시킨다.

(5) 병렬처리 비교

① VLIW와 Superscalar의 비교

구분	Superscalar	VLIW
병렬성 검출	Run Time	Compile Time
호환성	호환성 높음	다른 시스템들과 Object Code 수준의 호환성 없음
프로그래밍	컴파일러가 지원 할당	프로세스간 독립 수행

② NUMA 시스템의 정의
   ㉠ 멀티프로세싱 시스템에서 지역적으로는 메모리를 공유하며, 성능을 향상시키고, 시스템 확장성이 있도록 마이크로프로세서 클러스터를 구성하기 위한 방법

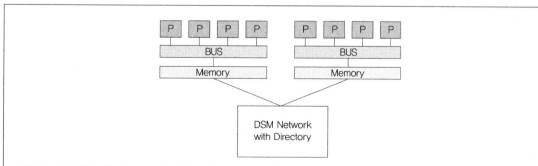

NUMA 시스템의 한예. 프로세서들은 버스나 크로스바로 연결되어 있음을 주목하세요. 각각의 프로세서들은 그 위치에 따라 메모리에 접근하는 우선순위가 다름을 보여준다. (출처 : 나무위키)

ⓒ 특징 : SMP 시스템에서 사용되며 몇 개의 마이크로프로세서들 간에 중간단계의 공유메모리를 추가하여 모든 데이터 액세스가 주버스 상에서 움직이지 않게 하여 SMP에서 발생되는 병목현상을 완화 (시스템의 확장성 제한 극복)
　㉮ 표준의 개방형 OS 지원
　㉯ 글로벌 메모리 공유 방식

❷ 병렬 컴퓨터

(1) 병렬 컴퓨터의 정의

동시에 2개 이상의 프로세서가 동작하는 컴퓨터로 현재 대부분의 PC는 듀얼, 쿼드 코어 CPU를 사용한다.

① 소규모 멀티코어 환경 … 대부분의 개인용 컴퓨터는 멀티 코어 CPU를 사용하고, CUDA, OpenMP 등의 소프트웨어 개발 환경이 지원되어 과거보다 훨씬 쉽게 병렬 프로그래밍이 가능합니다.

② 대규모 병렬 컴퓨팅 환경 … 다수의 CPU나 컴퓨터 등을 연결하여 구현한 시스템으로, 클러스터(Cluster)나 그리드 컴퓨팅(Grid Computing) 등이 있습니다.
　㉠ 클러스터(Cluster) : 근거리 네트워크(LAN)을 통해 연결된 컴퓨터들이 하나의 대형 멀티프로세서로 동작하는 시스템
　㉡ 그리드 컴퓨팅(Grid Computing) : 네트워크에 연결된 다수의 컴퓨터에 데이터를 전송하여 연산하게 한 후 이를 서버에서 취합하여 전체 연산을 수행하는 기술

(2) 병렬처리 컴퓨터의 등장 배경

수행할 프로그램을 기억장치에 저장시키고 명령을 순차적으로 가져와서 처리하는 폰 노이만 컴퓨터 구조에서 컴퓨터 수행속도에 많은 제약을 가지는 단점을 극복하기 위해 새로운 컴퓨터 아키텍처 필요

(3) 병렬 컴퓨터의 분류

구분	종류
Flynn의 분류	• SISD, SIMD, MISD, MIMD • 프로세서들이 처리하는 명령어들과 데이터들의 흐름의 수에 따라 분류
메모리 공유에 따른 분류	SMP, MPP, NUMA
CPU 유형에 따른 분류 (명령어 구성 방식에 따른 분류)	CISC, RISC, EPIC

❸ Flynn의 컴퓨터 분류

(1) Flynn의 분류
프로세서들이 처리하는 명령어와 데이터 스트림의 수에 따라 병렬 컴퓨터의 종류를 분류할 수 있다.

① 명령어 스트림(Instruction Stream) … 프로세서에 의해 실행되기 위하여 순서대로 나열된 명령어 코드들의 집합

② 데이터 스트림(Data Stream) … 명령어들을 실행하는데 필요한 순서대로 나열된 데이터들의 집합

③ 컴퓨터의 유형을 명령어의 흐름과 데이터 처리 흐름에 따라 4가지

분류	명령어 흐름	데이터 흐름	사례
SISD	1	1	• Pipeline 컴퓨터 • 전통적인 순차 컴퓨터로서 Von Neumann 구조
SIMD	1	다중	Array Processor, Vector Computer, Super Computer
MISD	다중	1	구현이 어려움, 알려진 적용 사례 없음
MIMD	다중	다중	다중 프로세서, 클러스터, SMP, MPP, LCMP 시스템

(2) Flynn의 분류별 특징

① SISD(Single Instruction stream, Single Data stream) … 한 번에 하나씩의 명령어와 데이터를 순차적으로 처리하는 단일 프로세스 시스템

　㉠ 일반적인 컴퓨터(폰 노이만 구조)

　㉡ 파이프라인 구조를 사용하여 수행되는 과정을 오버랩하며 시간적인 병렬처리 가능

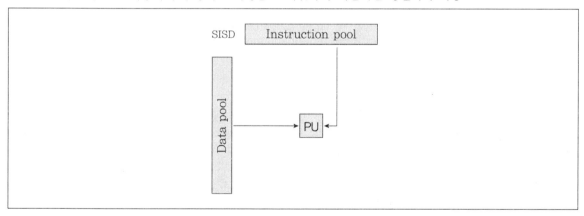

② SIMD(Single Instruction stream, Multiple Data stream) … 하나의 제어장치와 여러 개의 ALU(Arithmetic Logic Unit : 연산장치)로 이루어진 배열프로세스

⊙ 단일 명령흐름에 대한 다중 데이터 흐름
ⓛ 하나의 제어 장치가 다수의 처리기와 로컬 메모리 통제
ⓒ 스칼라와 벡터 하드웨어를 갖는 컴퓨터 속함
ⓡ 배열 처리기에 주로 활용됨

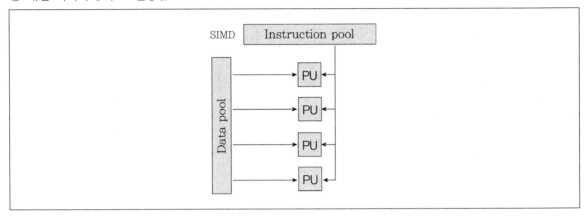

③ MISD(Multiple Instruction stream, Single Data stream) … 여러 개의 처리기가 하나의 데이터 스트림에 대하여 서로 다른 명령어를 실행하는 구조
⊙ 다중명령에 의한 단일 데이터 흐름
ⓛ 현재는 이론적으로만 존재함

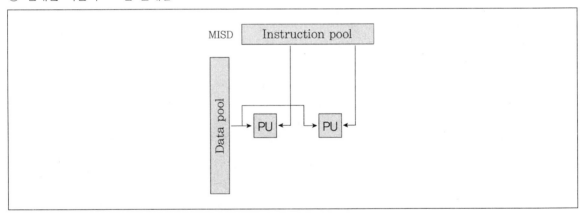

④ MIMD(Multiple Instruction stream, Multiple) … 여러 개의 제어기와 처리기가 서로 다른 명령어와 데이터를 처리함
⊙ 다중흐름에 대한 다중 데이터 흐름
ⓛ LAN으로 연결된 컴퓨터, 공유버스, 다중 포트
ⓒ 각각의 처리기들이 독립적으로 수행
ⓡ 프로그램 작성이 어려움

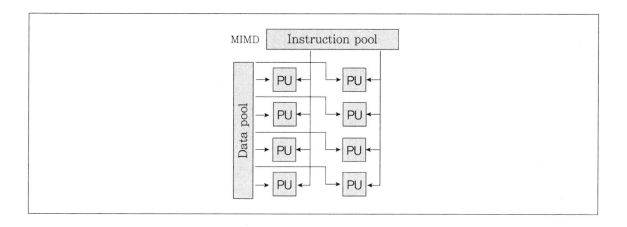

(3) 기억장치 결합도

① **약결합 방식**(Loosely Coupled) = (다중 컴퓨터, 분산 처리)
  ㉠ 여러개의 처리기(CPU)와 독자적인 기억장치를 두어 처리
  ㉡ 둘 이상의 독립된 컴퓨터 시스템을 통신 링크를 이용하여 연결한 시스템
  ㉢ 공유메모리 없다.

② **강결합 방식**(Tightly Coupled) = (다중 처리기)
  ㉠ 여러개의 처리기(CPU)와 하나의 공유메모리를 두어 처리
  ㉡ 프로세스간의 통신은 공유메모리를 이용
  ㉢ 메모리에 대한 프로세스 간의 경쟁 최소화가 필요하다.
  ㉣ 가장 복잡, 가장 강력
  ㉤ 프로세서의 수를 늘려도 효율 향상이 되지 않는다.
  ㉥ OS가 여러 처리기 간의 기억장치를 공유하기 위한 스케줄링이 복잡

❹ 메모리 공유 방식에 따른 분류

① 대칭형 다중처리(SMP : Shared Memory Processors)
  ㉠ 대칭형 다중처리(SMP : Shared Memory Processors)의 정의 : 단일 처리기 시스템에서 나타나는 성능의
    한계를 극복하기 위해 두 개 이상의 프로세서를 공유버스로 상호 연결하여 하나의 메모리를 망에 연결
    시켜 놓은 시스템
  ㉡ 대칭형 다중처리(SMP: Shared Memory Processors) 구조 : 두 대 이상의 프로세서로 구성되며 각 프로
    세서가 동일한 권한을 갖는 단일노드로 구성

② MPP(Massively Parallel Processors)
  ㉠ MPP의 정의 : 수 천개 혹은 수 만개 정도의 처리기들을 상호 연결망에 의해 연결하여 태스크를 병렬로 처리하는 시스템
  ㉡ MPP의 구조 : SMP보다 많은 수의 프로세서를 연결해야 하기 때문에 대기시간이 오래 걸림

⑤ 병렬 처리 컴퓨터 구성 시 문제점 및 해결 방안

문제점	설명
분할문제	• 하나의 순차성을 갖는 프로그램을 최대의 병렬성을 갖도록 단계별로 분할할 때 태스크의 단위를 어떻게 할 것인가 하는 문제 • 하나의 순차적 프로그램을 너무 큰 단위로 나누면 동기화나 스케줄링은 쉬우나 병렬의 정도가 낮아지므로 전체적 효율이 떨어짐
	1) 병렬성 탐지 : 수행 속도를 최대화하기 위하여 프로그램에 내재되어 있는 모든 병렬성을 찾음 2) 묶음 : 병렬성을 탐지하는 동안 여러 동작들을 하나의 태스크로 묶음
스케줄링 문제	분할된 태스크들을 실제 실행하기 위하여 각각 프로세서들에 배정하는 스케줄링 상의 문제
	분할된 태스크들을 실제 실행하기 위하여 각각 프로세서들에 배정하는 스케줄링 상의 문제 1) 정적 스케줄링 : 프로세서 할당과 수행 순서가 컴파일 시에 컴파일러에 의해 결정 2) 동적 스케줄링 : 수행 시에 태스크들을 프로세서에 할당하는 방법
동기화 문제	공유된 데이터가 한 프로세서에 의해서 변경되지 못하도록 하는 작업
	1) 버스 잠금 : 버스를 독점한 후 임계영역을 처리하는 방식 2) 플래그기법 : 자원 각각에 플래그를 두어 자원의 상태표시 3) 세마포어 기법
캐시메모리 문제	여러 프로세서들이 하나의 버스를 통하여 메모리를 공유하므로, 캐시를 적절히 활용하여 성능을 향상 시켜야 함

⑥ RAID(Redundant Array of Independent Disks)

(1) RAID

① 중요한 데이터를 가지고 있는 서버에 주로 사용된다. 여러 대의 하드 디스크가 있을 때 동일한 데이터를 다른 위치에 중복해서 저장하는 방법으로 한 개의 대형 디스크를 사용하는 것보다 크기가 작은 여러 개의 디스크들을 서로 연결하여 하나의 큰 용량을 가진 디스크 배열을 구성하면 더 저렴하지만 더 큰 용량을 가진 디스크 시스템을 구성할 수 있다.

② 장점

　　㉠ 데이터 분산 저장에 의한 동시 엑세스 가능

　　㉡ 병렬 데이터 채널에 의한 데이터 전송 속도 향상

(2) RAID 사용기술

① Striping(스트라이핑) ··· 성능향상을 위해 단일 파일과 같은 논리적으로 연속된 데이터 세그먼트들이, 논리적으로 하나의 디스크로 인식된(물리적으로 여러 개의 하드 디스크 드라이브로 묶음) 저장장치에 라운드 로빈 방식으로 나뉘어 기록될 수 있게 하는 기술

② Mirroring(미러링) ··· 데이터 기록시 하나의 Disk를 또다른 Disk에 동시에 기록하는 기술로, 하나의 disk가 Fault되어도 미러된 disk로data를 안전하게 관리할 수 있다. 똑같은 내용의 복사본을 만드는 것이다.

③ Parity(패리티) ··· Data의 오류검출 확인에 사용되는 기술

(3) RAID 구현방법

RAID는 운영체제에게 논리적으로 하나의 하드 디스크로 인식된다. 스트라이핑(Striping)을 통해 각 드라이브의 저장 공간을 다양한 범위로 파티션할 수 있습니다.

① RAID-0 ··· 스트라이프를 가지고 있지만 데이터를 중복해서 기록하지 않는다. 가장 높은 성능을 가지지만, 고장 대비 능력이 없다.

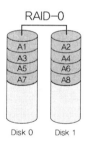

② RAID-1(디스크 미러링) ··· 중복 저장된 데이터를 가진 두 개 이상의 드라이브로 구성된다. 각 드라이브를 동시에 읽을 수 있기에 읽기 성능은 향상 되고 쓰기 성능은 단일 디스크 드라이브의 경우와 같다. 거의 완전한 결함 허용도를 제공하지만, 가격이 비싸다.

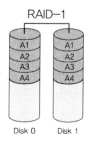

③ RAID-2 … 비트-단위, 인터리빙 방식을 사용하여 데이터를 각 디스크에 비트 단위로 분산 저장한다. 필요한 검사 디스크의 수가 많아 가격이 비싸다. 그렇기에 오류가 많은 환경에서 사용한다.

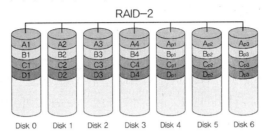

④ RAID-3 … Byte 단위로 striping을 하고, error correction을 위해 전용 패리티 디스크를 1개 사용합니다. 나머지 디스크에 데이터를 균등하게 분산 저장하는 방식이다.

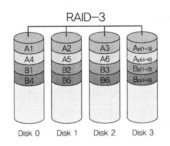

⑤ RAID-4 … RAID 1처럼 완전한 복사본을 만드는 대신 오류를 검출하고 복구하기 위한 정보를 저장한 장치를 두는 구성방식이다.

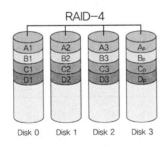

⑥ RAID-5 … RAID 4에서는 어떤 새로운 데이터가 저장될 때마다 패리티를 저장하는 디스크에도 데이터를 쓰게 되므로 패리티를 저장하는 장치에 병목 현상이 발생한다는 문제가 있다.

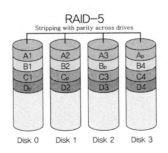

⑦ RAID-6 … RAID 5에서 성능과 용량을 좀 더 줄이고 안정성을 좀 더 높인 방식으로 block단위로 striping 을 하고 error correction을 위해 패리티를 2개의 디스크에 저장하는데 패리티 저장은 고정된 디스크에 하지 않고, 매번 다른 디스크에 저장을 한다.

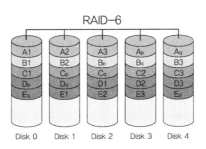

section 5 최신 컴퓨터 기술

❶ 네트워크 관련 신기술

(1) IoT(Internet of Things)

정보 통신 기술을 기반으로 실세계와 가상 세계의 다양한 사물들을 인터넷으로 서로 연결하여 진보된 서비스를 제공하기 위한 서비스 기반 기술

(2) Mesh Network

차세대 이동통신, 홈네트워킹, 공공 안전 등 특수 목적을 위한 새로운 방식의 네트워크 기술
대규모 디바이스의 네트워크 생성에 최적화되어 있음

(3) PICONET

여러 개의 독립된 통신장치가 블루투스 기술이나 UWB 통신 기술을 사용하여 통신망을 형성하는 무선 네트워크 기술

(4) 파장 분할 다중화(WDM, Wavelength Division Multiplexing)

광섬유를 이용한 통신 기술의 하나로, 파장이 서로 다른 복수의 신호를 보냄으로써 여러 대의 단말기가 동시에 통신 회선을 사용할 수 있도록 하는 것

(5) 클라우드 기반 HSM(Cloud-based Hardware Security Module)

클라우드를 기반으로 암호화 키의 생성, 저장, 처리 등의 작업을 수행하는 보안기기를 가리키는 용어

(6) 파스-타(PaaS-TA)

소프트웨어 개발 환경을 제공하기 위해 개발한 개방형 클라우드 컴퓨팅 플랫폼

(7) 징(Zing)

10cm 이내 거리에서 3.5Gbps 속도의 데이터 전송이 가능한 초고속 근접무선통신(NFC)
휴대용 스마트 기기, 노트북, 쇼핑몰 거리 등의 광고나 키오스크에 접목하여 사용

(8) SSO(Single Sign On)

한 번의 로그인으로 개인이 가입한 모든 사이트를 이용할 수 있게 해주는 시스템

(9) 스마트 그리드(Smart Grid)

정보 기술을 전력에 접목해 효율성을 높인 시스템으로, 전력 IT라고도 부름

❷ 하드웨어(HW) 관련 신기술

(1) 고가용성(HA : High Availability)

긴 시간동안 안정적인 서비스 운영을 위해 장애 발생 시 즉시 다른 시스템으로 대체 가능한 환경을 구축하는
메커니즘을 의미

(2) RAID(Redundant Array of Inexpensive Disk)

여러 개의 하드디스크로 디스크 배열을 구성하여 파일을 구성하고 있는 데이터 블록들을 서로 다른 디스크에
분산 저장할 경우 그 블록들을 여러 디스크에서 동시에 읽거나 쓸 수 있으므로 디스크의 속도가 매우 향상되
는 기술

(3) N-Screen

N개의 서로 다른 단말기에서 동일한 콘텐츠를 자유롭게 이용할 수 있는 서비스

(4) 멤스(MEMS : Micro-Electro Mechanical System)

초정밀 반도체 제조 기술을 바탕으로 센서, 액추에이터(Actuator) 등 기계 구조를 다양한 기술로 미세 가공하여 전기기계적 동작을 할 수 있도록 한 초미세 장치

(5) 트러스트존 기술(TrustZone Technology)

ARM에서 개발한 기술로 하나의 프로세서 내에 일반 애플리케이션을 처리하는 일반 구역과 보안이 필요한 애플리케이션을 처리하는 보안 구역으로 분할하여 관리하는 하드웨어 기반의 보안 기술

(6) Memristor

메모리와 레지스터의 합성어로 전류의 방향과 양 등 기존의 경험을 모두 기억하는 특별 소자

❸ 데이터베이스(DB) 관련 신기술

(1) 하둡(Hadoop)

오픈 소스 기반 분산 컴퓨팅 플랫폼으로 일반 PC급 컴퓨터들로 가상화된 대형 스토리지를 형성, 그 안에 보관된 거대한 데이터 세트를 병렬로 처리할 수 있도록 개발된 자바 소프트웨어 프레임워크, 구글, 야후 등에 적용

(2) 맵리듀스(MapReduce)

대용량 데이터를 분산 처리하기 위한 목적으로 개발된 프로그래밍 모델
① Map 작업 … 흩어져 있는 데이터를 연관성 있는 데이터 분류로 묶음
② Reduce 작업 … Map 작업 후 중복 데이터를 제거하고 원하는 데이터를 추출함

(3) 타조(Tajo)

아파치 하둡 기반의 분산 데이터 웨어하우스 프로젝트
우리나라가 주도하여 개발하고 있음

(4) 데이터 마이닝(Data Mining)

데이터 웨어하우스에 저장된 데이터 집합에서 사용자의 요구에 따라 유용하고 가능성있는 정보를 발견하기 위한 기법

(5) OLAP(Online Analytical Processing)

다차원으로 이루어진 데이터로부터 통계적인 요약 정보를 분석하여 의사결정에 활용하는 방식

OLAP 연산 … Roll-up, Drill-down, Drill-through, Drill-across, Pivoting, Slicing, Dicing

④ 소프트웨어(SW) 관련 용어

(1) 매시업(Mashup)

웹에서 제공하는 정보 및 서비스를 이용하여 새로운 소프트웨어나 서비스, 데이터베이스 등을 만드는 기술

(2) 서비스 지향 아키텍처(SOA: Service Oriented Architecture)

기업의 소프트웨어 인프라인 정보시스템을 공유와 재사용이 가능한 서비스 단위나 컴포넌트 중심으로 구축하는 정보기술 아키텍처

(3) 디지털 트윈(Digital Twin)

현실의 사물을 소프트웨어로 가상화한 모델, 자동차, 항공 에너지, 국방, 헬스케어 등 여러 분야에서 주목 받음

(4) 텐서플로(Tensorflow)

구글의 브레인 팀이 만든 다양한 작업에 대해 데이터 흐름 프로그래밍을 위한 오픈소스 소프트웨어 라이브러리로 C++ 언어로 제작, 구글 검색, 음성 인식, 번역 등의 구글 서비스 전반에서 다양하게 사용됨

(5) 도커(Docker)

컨테이너 기술을 자동화하여 쉽게 사용할 수 있게 하는 오픈소스 프로젝트로 소프트웨어 컨테이너 안에 응용 프로그램들을 배치시키는 일을 자동화해주는 역할을 수행

(6) 스크래피(Scrapy)

Python 기반의 웹 크롤링 프레임워크, 코드의 재사용성을 높이는 데 도움이되며 대규모의 크롤링 프로젝트에 적합

⑤ 보안 관련 용어

(1) 서비스형 블록체인(BaaS: Blockchain as a Service)

블록체인 앱의 개발 환경을 클라우드 기반으로 제공하는 서비스로 블록체인 네트워크에 노드의 추가 및 제거가 용이, 블록체인 플랫폼마다 다른 블록체인 기술을 보다 편리하게 사용할 수 있게 함

(2) OWASP(the Open Web Application Security Project)

웹 정보 노출이나 악성 코드, 스크립트, 보안이 취약한 부분을 연구하는 비영리 단체로 보안 취약점 중 보안에 미치는 영향이 큰 것을 기준으로 선정한 10대 웹 애플리케이션 취약점을 3~4년에 한 번씩 발표하고 있음

(3) TCP 래퍼(TCP Wrapper)

외부 컴퓨터의 접속 인가 여부를 점검하여 접속을 허용 및 거부하는 보안용 도구로 네트워크에 접속하면 로그인한 다른 컴퓨터 사용자의 ID 및 로그를 조회하여 악용이 가능한데, 이를 방지하기 위한 방화벽 역할 수행

(4) 허니팟(Honeypot)

비정상적인 접근을 탐지하기 위해 설치해 둔 시스템으로 침입자를 속여 실제 공격을 당하는 것처럼 보여줌으로써 추적 및 공격기법에 대한 정보를 수집

(5) DPI(Deep Packet Inspection)

OSI 7 Layer 전 계층의 프로토콜과 패킷 내부의 콘텐츠를 파악하여 침입 시도, 해킹 등을 탐지하고, 트래픽을 조정하기 위한 패킷 분석 기술

⑥ 클라우드 컴퓨터 관련 용어

(1) 클라우드 컴퓨팅(cloud computing)

소프트웨어, 스토리지, 서버 등 가상화한 물리 자원을 네트워크를 통해 누구나 공유할 수 있는 풀(pool) 형태로 제공하는 컴퓨팅

(2) 가상화(Virtualization)

물리적인 하나의 서버를 여러개의 서버처럼 사용하는 기술

(3) 프로비저닝(Provisioning)

자원을 사용자 또는 비즈니스의 요구사항에 맞게 할당, 배치, 배포해서 시스템을 사용할 수 있는 기술

(4) 멀티 테넌시(multi-tenancy)

하나의 소프트웨어를 여러 사용자가 함께 사용하는 것

(5) 분산 파일 시스템(Distributed Storage)

막대한 양의 데이터를 저장하고 관리하기 위해 수많은 서버들에 데이터를 나누어 저장하고 관리하는 파일 시스템

(6) Auto Scaling

가상머신(VM)에 과부하로 인하여, 서비스 지연이 발생할 경우 자동으로 가상머신을 재할당하여 부하를 분산시키는 기술

(7) 온디멘드(On-Demand)

이용자의 요구에 따라 상품이나 서비스가 바로 제공되는것

(8) 인스턴스

클라우드에서 사용하는 가상 서버

(9) 온프레미스(On-premise)

클라우드 같은 환경이 아닌 자체 회사 전산실에 직접 설치하여 운영하는 환경을 의미

(10) 메타데이터

어떤 목적을 가지고 만들어진 데이터

(11) 공공용 클라우드 서비스(Public Cloud Service)

불특정 다수의 사람들에게 인터넷을 통해 클라우드 서비스를 제공

(12) 사설용 클라우드 서비스(Private Cloud Service)

기업 또는 기관 내부에 클라우드 컴퓨팅 환경을 구성하여 내부 사용자들에게만 클라우드 컴퓨팅 서비스를 제공하며 기업 또는 기관의 관리자가 관리하는 서비스를 의미

⒀ 단체용 클라우드 서비스(Community Cloud Service)

특정 집단을 위한 클라우드 컴퓨팅 서비스로써, 구성원들에게만 접근 권한을 부여

⒁ 혼합형 클라우드 서비스(Hybrid Cloud Service)

2가지 이상의 클라우드 운용모델을 결합한 서비스로써, 일반적으로 공공용 클라우드 서비스를 기본적으로 제공하며 공유를 원치 않는 데이터 및 서비스는 사설용 클라우드 서비스 정책

⒂ 인프라형 서비스(IaaS, Infrastructure as a Service)

사용자가 클라우드 서버의 네트워크, 메모리, CPU 등의 하드웨어를 가상화를 통하여 제공해 주는 서비스

⒃ 랫폼형 서비스(PaaS, Platform as a Service)

사용자에게 소프트웨어를 개발할 수 있는 플랫폼을 제공해 주는 서비스

⒄ 서비스형 소프트웨어(SaaS, Software as a Service)

인터넷환경에서 사용자가 원하는 소프트웨어를 서비스 형태로 제공하는 서비스

⒅ 컴퓨팅형 서비스(CompaaS, Computing as a Service)

서비스 고객에게 가상 머신(Virtual Machine) 또는 OpenAPI 를 통해 클라우드 컴퓨팅 자원을 제공하는 서비스

⒆ 데이터 저장형 서비스(DSaaS, Data Storage as a Service)

사용자가 클라우드 컴퓨팅 서비스를 이용할 때 필요한 데이터를 저장할 수 있는 저장소를 제공하는 서비스

⒇ 통신형 서비스(CaaS, Communications as a Service)

기업들이 필요한 통신(VoIP, Instant Messaging, 협업, 영상회의 애플리케이션 등)관련 솔루션(HW, SW 포함)을 제공하는 서비스

(21) 이용 요금 청구(Billing)

클라우드 컴퓨팅 서비스를 이용에 대한 요금 확인 및 요금 청구를 제공하는 서비스

(22) 인터클라우드(Intercloud)

클라우드 서비스 제공자와 타 클라우드 서비스 제공자 사이에서 클라우드 서비스 및 자원 간의 상호운용성을 제공하는 서비스

(23) 클라우드 브로커(Service Broker)

클라우드 서비스 사용자와 클라우드 서비스 제공자간의 서비스 협상을 제공하는 클라우드 서비스 제공자

(24) 클라우드 감사자(Cloud Auditor)

클라우드 서비스 제공자의 요청에 의해 보안, 프라이버시, 성능 그리고 다른 클라우드 서비스에 대한 감사를 수행

(25) 머신러닝(Machine Learning)

사용하는 데이터를 기반으로 학습 또는 성능 향상을 지원하는 시스템을 구축하는 데 초점을 맞추는 인공 지능(AI)의 하위 집합

(26) 딥러닝

인간의 두뇌에서 영감을 얻은 방식으로 데이터를 처리하도록 컴퓨터를 가르치는 인공 지능(AI) 방식

(27) 퍼셉트론(Perceptron)

인간의 신경세포 neuron에서 착안하여 고안된 알고리즘으로서, 다수의 입력신호를 받아 가중치를 부여하고 활성화함수를 거쳐 그 결과를 전달하는 기본 신경망 단위

- **포털 사이트**(Portal Site) : 이용자가 웹 페이지에 접속할 때 최초로 들어가는 사이트
- **쿠키**(Cookie) : 인터넷 웹 사이트의 방문 정보를 기록하는 텍스트 파일
- **도플러 효과**(Doppler Effect) : 이동 통신의 전파 특성 중 이동체가 송신측으로 빠르게 다가오거나 멀어짐에 따라 수신 신호의 주파수 천이가 발생하는 현상
- **디지털 워터마트**(Digital Watermark) : 불법 복제 방지기술

1 컴퓨터 시스템의 인터럽트(interrupt)에 대한 설명으로 옳지 않은 것은?

① 인터럽트는 입출력 연산, 하드웨어 실패, 프로그램오류 등에 의해서 발생한다.

② 인터럽트 처리 우선순위 결정 방식에는 폴링(polling)방식과 데이지 체인(daisy-chain) 방식이 있다.

③ 명령어 처리는 인출(Fetch) – 실행(Excute) – 인터럽트(Interrupt)의 3단계로 구성된다.

④ 인터럽트가 발생할 경우, 진행 중인 프로그램의 재개(resume)에 필요한 레지스터 문맥(register context)을 저장한다.

> **TIP** 명령어 처리는 인출(Fetch) – 간접(Indirect) – 실행(Excute) – 인터럽트(Interrupt)의 4단계로 구성된다.
> ※ 인터럽트 우선순위 처리 방법
> • 소프트웨어적인 판별 방법 : 폴링(Polling)
> • 하드웨어적인 판별 방법 : 벡터 인터럽트(Vector Interrupt)
> – 직렬 방식 : 데이지 체인(Daisy-chain)
> – 병렬 방식

2 다음 중 중앙처리장치(CPU)는 4가지 단계를 반복적으로 거치면서 동작을 행한다. 4가지 단계에 가장 속하지 않는 것은?

① 인출(Fetch Cycle)

② 인터럽트(Interrupt Cycle)

③ 직접(direct Cycle)

④ 실행(Execute Cycle)

> **TIP** 명령어 처리는 인출(Fetch) – 간접(Indirect) – 실행(Excute) – 인터럽트(Interrupt)의 4단계로 구성

Answer 1.③ 2.③

3 다음 중 캐시메모리의 매핑(mapping) 방법이 아닌 것은?

① direct mapping

② indirect mapping

③ associative mapping

④ set-associative mapping

....

TIP ㉠ 캐시메모리 : 중앙처리장치(CPU)가 읽어 들인 데이터들로 채워지는 고속의 버퍼 기억장치
   ㉡ 캐시 메모리 사상(Mapping) 종류
   • 직접사상(Direct Mapping) : 캐시메모리와 메인메모리를 똑같은 크기로 나누어 순서대로 매핑을 하는것
   • 연관사상(Associate Mapping) : 메인메모리의 각 블록이 비어있는 캐시 메모리 어디든 적재가 가능
   • 집합 연관사상(Set Associate Mapping)
   − 캐시 메모리가 M대1로 메모리와 매핑된다.
   − 2way라면 캐시 덩어리가 2개 4way라면 캐시덩어리가 4개이다
   − 들어갈 곳은 정해져있으나(직접연관) 덩어리(연관정도)중 아무데나 들어가도 상관없다

4 다음 중 캐시 메모리에 대한 설명으로 옳지 않은 것은?

① 캐시메모리 사상 방식에는 간접사상, 연관사상, 집합연관사상이 있다.

② 직접 사상은 주기억 장치 블록들이 지정된 한 개의 캐시라인으로만 사상될 수 있는 매핑방법이다.

③ 캐시메모리 인출방식에는 요구인출 방식과 선인출 방식이 있다.

④ CPU와 주기억장치의 속도차이를 극복하기 위해서 CPU와 주기억장치 사이에 존재하는 고속의 메모리이다.

....

TIP ㉠ 캐시메모리 사상 방식
   • 각 주기억장치 블록이 어느 슬롯에 적재될 지 결정하는 방식
   • 종류 : 직접사상, 완전-연관사상, 세트-연관사상
   ㉡ 캐시메모리 : 중앙처리장치가 읽어들인 데이터들로 채워지는 버퍼 형태의 고속 기억장치이다.
   ㉢ 캐시메모리 인출 방식에는 요구인출 방식, 선인출 방식이 있다.

Answer 3.② 4.①

5 DMA(Direct Memory Access) 입출력 기능에 대한 다음의 설명 중 가장 옳지 않은 것은?

① 하드웨어 하위시스템이 CPU와 독립적으로 메인시스템 메모리에 접근할 수 있게 해주는 기능이다.

② 장치 컨트롤러가 데이터의 한 블록을 이동 시키는데 이 과정에서 CPU의 개입은 불필요하다.

③ 데이터가 전송되는 동안 CPU는 다른 작업을 수행할 수 있게 되어 CPU 효율성이 향상된다.

④ 메모리 간 복사 또는 데이터 이동에는 쓰일 수 없는 한계가 있다.

....

TIP DMA(Direct Memory Access)
- CPU의 개입없이 입출력 장치와 기억장치 사시의 데이터를 전송하는 접근방식
- CPU의 간섭을 배제하고 메모리와 주변장치를 직접 관리하며 속도가 빠름

6 캐시 기억 장치에서 교체 기법이 불필요하고 캐시 효율이 낮아 질 수 있는 사상 방식으로 가장 옳은 것은?

① 직접
② 간접
③ 완전 – 연관
④ 세트–연관

....

TIP 접 사상은 주기억 장치 블록들이 지정된 한 개의 캐시라인으로만 사상될수 있는 매핑방법

7 다음에서 설명하는 RAID 방식으로 옳은 것은?

데이터의 빠른 입출력을 위해 데이터를 여러 디스크에 분산 저장

① RAID 0
② RAID 1
③ RAID 2
④ RAID 5

....

TIP RAID 0 … 2개 이상의 하드디스크를 이용해 데이터를 나누어 저장하는 스트리핑 방식

Answer 5.④ 6.① 7.①

8 RAID(Redundant Array of Inexpensive Disks)에 대한 설명으로 옳지 않은 것은?

① RAID 1은 디스크 미러링(disk mirroring) 방식으로, 디스크 오류 시 데이터 복구가 가능하지만 디스크 용량의 효율성이 떨어진다.

② RAID 3은 데이터를 비트 또는 바이트 단위로 여러 디스크에 분할 저장하는 방식으로, 디스크 접근 속도가 향상되지는 않지만 쓰기 동작 시 시간 지연이 발생하지 않는다.

③ RAID 4는 데이터를 블록 단위로 여러 디스크에 분할 저장하는 방식으로, 오류의 검출 및 정정을 위해 별도의 패리티 비트를 사용한다.

④ RAID 5는 패리티 블록들을 여러 디스크에 분산 저장하는 방식으로, 단일 오류 검출 및 정정이 가능하다.

TIP RAID(Redundant Array of Inexpensive Disks) : 여러 개의 하드 디스크에 일부중복된 데이터를 나눠서 저장하는 기술
RAID 3 : 바이트단위, 한드라이브에 패리티 정보 저장

---

9 클라우드 컴퓨팅 환경에서 제공되는 서비스로 옳지 않은 것은?

① IaaS(Infrastructure as a Service)

② PaaS(Platform as a Service)

③ SaaS(Software as a Service)

④ OaaS(Operation as a Service)

TIP 클라우드 컴퓨팅(cloud computing) … 인터넷 기반 컴퓨팅의 일종으로 정보를 자신의 컴퓨터가 아닌 인터넷에 연결된 다른 컴퓨터로 처리하는 기술
ⓐ Infrastructure as a service(Iaas)
• 클라우드를 이용해, 서비 지원, IP, 네트워크, 저장 공간, 전력 등
• 컴퓨팅 인프라를 사용하는 데 필요한 자원을 서비스하는 방식
• 인터넷 상에서 단순 데이터 저장 기능만 제공하는 클라우드
  (저장 서버)
ⓑ Platform as a service(Paas) : 서비스를 개발 할 수 있는 안정적인 플랫폼(platform)과 그 환경을 이용하는 응용 프로그램을 개발 할 수 있는 API를 제공하는 서비스 방식
ⓒ Software as a service(Saas) : 모든 서비스가 클라우드에서 이뤄지는 서비스 방식으로, 별도의 소프트웨어 설치 없이, 클라우드 환경에서 소프트웨어를 이용할수 있는 방식(이메일 서비스, MS 오피스 365, 구글 문서 등)

Answer 8.② 9.④

10 비동기 인터럽트(interrupt)에 해당하는 것은?

① 실행 중인 프로세스가 원인인 인터럽트

② 실행 중인 프로세스가 0으로 나누는 명령어를 실행할 경우 발생하는 인터럽트

③ 실행 중인 프로세스 명령어가 시스템 호출(system call)을 요구할 경우 발생하는 인터럽트

④ 다중프로그래밍 운영체제 환경에서 프로세스에 규정된 실행시간(time slice)을 모두 사용했을 경우 발생하는 인터럽트

···

TIP 인터럽트(interrupt) ··· CPU가 현재 진행중인 작업을 일시적으로 중단하고, 더 우선순위가 높거나 긴급한 작업을 처리
　　㉠ 비동기 인터럽트(하드웨어 인터럽트) : 다른 하드웨어 장치가 실행 중인 명령어와 무관하게 생성하는 인터럽트
　　㉡ 동기 인터럽트(예외, 소프트웨어 인터럽트) : CPU가 현재 실행중인 명령어와 관련된 문제나 상황에 의해 발생하는 인터럽트를 의미

11 시스템 소프트웨어에 해당하지 않는 것은?

① Windows

② Microsoft Office

③ Compiler

④ Operating System

···

TIP 시스템 소프트웨어(System Software)
　　㉠ 시스템 운영을 위한 여러 제어, 관리 역할을 하여 하드웨어를 작동하고 운영하는 가장 기본적인 소프트웨어를 말한다. 응용 소프트웨어를 실행하기 위한 플랫폼을 제공한다.
　　㉡ 종류 : 윈도우나 안드로이드, IOS 등의 운영체제는 물론 장치 드라이버, 어셈블러, 컴파일러, 로더, 링크 등을 포함한다.

Answer 10.④ 11.②

12 소프트웨어에 대한 설명으로 옳지 않은 것은?

① 하드웨어에 대응하는 개념으로 우리가 원하는 대로 컴퓨터를 작동하게 만드는 논리적인 바탕을 제공한다.

② 운영체제 등 컴퓨터 시스템을 가동시키는 데 사용되는 소프트웨어를 시스템 소프트웨어라 한다.

③ 문서 작성이나 게임 등 특정 분야의 업무를 처리하는 데 사용되는 소프트웨어를 응용 소프트웨어라 한다.

④ 고급 언어로 작성된 프로그램을 한꺼번에 번역한 후 실행하는 것이 인터프리터 방식이다.

TIP 소프트웨어(Software) … 하드웨어 각 장치들의 동작을 지시하는 제어신호를 만들어서 보내주는 기능과 사용자가 컴퓨터를 사용하는 기술

※ 컴파일러 방식 과 인터프리터 방식

구분	컴파일러 방식	인터프리터 방식
번역 단위	전체 소스코드	한 줄씩
실행 속도	빠름	느림
오류 확인	컴파일 단계에서 오류확인	실행 중 오류확인
운영체제 종속성	있음	없음
실행파일	번역된 기계어	없음(인터프리터 필요)

13 합성곱 신경망(CNN, Convolutional Neural Network) 처리 시 다음과 같은 입력과 필터가 주어졌을 때, 합성곱에 의해 생성된 특징 맵(Feature Map)의 ㉠에 들어갈 값은?

입력 / 필터 / 특징맵

① 3

② 4

③ 5

④ 6

4	4
3	4

14 주기억장치와 CPU 캐시 기억장치만으로 구성된 시스템에서 다음과 같이 기억장치 접근시간이 주어질 때 이 시스템의 캐시 적중률(hit ratio)로 옳은 것은?

> - 주기억장치 접근 시간 : Tm=80ns
> - CPU 캐시 기억장치 접근 시간 : Tc=10ns
> - 기억장치 평균 접근 시간(expected memory access time) : Ta=17ns

① 80% ② 85%

③ 90% ④ 95%

15 병렬처리 방식과 연관된 기술로 옳지 않은 것은?

① Pipelining ② Superscalar

③ VLIW(Very Long Instruction Word) ④ Accumulator

Answer 14.③ 15.④

16 I/O장치에 대한 설명으로 옳지 않은 것은?

① 채널을 이용한 입출력 방식은 데이터의 고속성을 위해 CPU의 계속적인 간섭 없이 직접 I/O장치와 기억장치 사이에 자료를 주고받는다.

② DMA(Direct Memory Access)를 이용한 입출력 방식은 기억장치와 입출력 모듈 간의 데이터 전송을 DMA제어기가 처리하고 CPU가 그 동작을 관리한다.

③ I/O장치는 발생하는 이벤트를 CPU에 알리기 위해 주로 인터럽트를 발생시킨다.

④ I/O장치는 주로 인간 혹은 컴퓨터 외부와의 인터페이스(interface) 역할을 한다.

TIP CPU는 DMA 제어기에게 데이터 전송 명령을 내리고 더 이상 관여하지 않는다. 즉, DMA 제어기가 동작을 관리한다.

17 CPU(중앙처리장치)의 성능 향상을 위해 한 명령어사이클동안여러 개의 명령어를 동시에 처리할 수 있도록 설계한CPU구조는?

① 슈퍼스칼라(Superscalar)

② 분기 예측(Branch Prediction)

③ VLIW(Very Long Instruction Word)

④ SIMD(Single Instruction Multiple Data)

TIP 슈퍼스칼라(superscalar) … CPU 내에 파이프라인을 여러 개두어 명령어를 동시에 실행하는 기술이다. 파이프라인과 병렬 처리의 장점을 모은 것으로, 여러 개의 파이프라인에서 명령들이병렬로 처리되도록 한 아키텍처이다. 여러 명령어들이 대기 상태를 거치지 않고 동시에 실행될 수 있으므로 처리속도가 빠르다.

18 인터럽트 처리를 위한 〈보기〉의 작업이 올바로 나열된 것은?

〈보기〉

㉠ 인터럽트 서비스 루틴을 수행한다.
㉡ 보관한 프로그램 상태를 복구한다.
㉢ 현재 수행 중인 명령을 완료하고 상태를 저장한다.
㉣ 인터럽트 발생 원인을 찾는다.

---

① ㉢ → ㉣ → ㉠ → ㉡
② ㉢ → ㉣ → ㉡ → ㉠
③ ㉣ → ㉢ → ㉠ → ㉡
④ ㉣ → ㉢ → ㉡ → ㉠

TIP 인터럽트 처리 과정
1. 인터럽트 요청 신호 발생
2. 현재 수행중인 명령을 완료하고 상태를 저장 ……… (㉢)
3. 어느 장치가 인터럽트를 요청하였는지 확인 ……… (㉣)
4. 인터럽트 서비스(취급) 루틴을 수행 ………………… (㉠)
5. 보존한 프로그램 상태를 복귀 ……………………… (㉡)

Answer 18.①

19 RISC(Reduced Instruction Set Computer)에 대한 설명으로 옳은 것의 총 개수는?

> ㉠ 칩 제작을 위한 R&D 비용이 감소한다.
> ㉡ 개별 명령어 디코딩 시간이 CISC(Complex Instruction Set Computer)보다 많이 소요된다.
> ㉢ 동일한 기능을 구현할 경우, CISC보다 적은 수의 레지스터가 필요하다.
> ㉣ 복잡한 연산을 수행하려면 명령어를 반복수행하여야 하므로 CISC의 경우보다 프로그램이 복잡해진다.
> ㉤ 각 명령어는 한 클럭에 실행하도록 고정되어 있어 파이프라인 성능을 향상시킬 수 있다.
> ㉥ 마이크로코드 설계가 어렵다.
> ㉦ 고정된 명령어이므로 명령어 디코딩 속도가 빠르다.

① 2개   ② 3개

③ 4개   ④ 5개

TIP ㉠ CISC(Complex Instruction Set Computer)
  • 다양한 길이의 명령어
  • 회로가 복잡하고 동시에 여러 개의 명령어 처리가 어려움
  • 컴파일러 작성이 쉽고 호환성이 좋음
  • 마이크로 프로그래밍 방식
㉡ RISC(Reduced Instruction Set Computer)
  • 고정된 길이의 명령어
  • 명령어 처리 속도가 빠르며 동시에 여러 명령어 처리 가능
  • 파이프라인 성능에 최적화(파이프라인 해저드 주의)
  • 컴파일러 최적화 과정이 복잡하고 코드 효율성이 낮음
  • 많은 수의 범용 레지스터
  • 하드와이어드(Hardwired) 방식

Answer 19.③

20 CISC(Complex Instruction Set Computer)와 RISC(Reduced Instruction Set Computer)에 대한 설명으로 옳지 않은 것은?

① CISC 구조에서 명령어의 길이는 가변적이다.

② 전형적인 RISC 구조의 명령어는 메모리의 피연산자를 직접 처리한다.

③ RISC 구조는 명령어 처리구조를 단순화시켜 기계어 명령의 수를 줄인 것을 말한다.

④ CISC 구조는 RISC 구조에 비해서 상대적으로 명령어 실행 단계가 많고 회로 설계가 복잡하다.

TIP ② 메모리의 피연산자를 직접 처리하는 것은 CISC 구조에 해당한다.

  ㉠ CISC(Complex Instruction Set Computer)
  • 다양한 길이의 명령어
  • 회로가 복잡하고 동시에 여러 개의 명령어 처리가 어려움
  • 컴파일러 작성이 쉽고 호환성이 좋음
  • 마이크로 프로그래밍 방식
  ㉡ RISC(Reduced Instruction Set Computer)
  • 고정된 길이의 명령어
  • 명령어 처리 속도가 빠르며 동시에 여러 명령어 처리 가능
  • 파이프라인 성능에 최적화(파이프라인 해저드 주의)
  • 컴파일러 최적화 과정이 복잡하고 코드 효율성이 낮음
  • 많은 수의 범용 레지스터
  • 하드와이어드(Hardwired) 방식

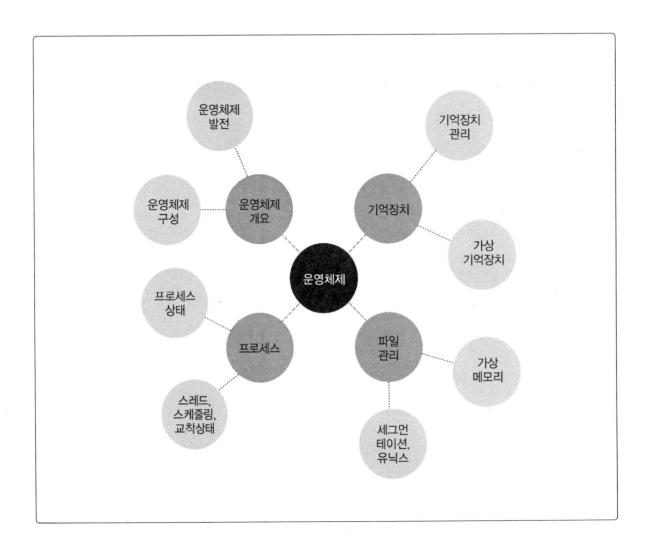

운영체제 구성, 운영체제 발전, 프로세스, 프로세스 상태, 스레드, 교착상태, 기억장치관리, 가상기억장치, 가상메모리, 세그멘테이션, 라운드로빈, 세마포어, FIFO스케줄링, LRU교체기법, 유닉스

03 운영체제

section 1 운영체제의 개요

❶ 운영체제(OS : Operation System)

(1) 운영체제의 정의

운영체제(OS, Operating System)는 컴퓨터와 사용자간의 중계역할을 하는 소프트웨어로 사용자와 하드웨어 사이에서 사용자가 하드웨어를 손쉽게 활용할 수 있도록 하고, 컴퓨터 자원을 효율적으로 관리해주는 중개자 역할을 하는 소프트웨어이다.

(2) 운영체제 종류

운영체제의 종류에는 WIndows 98, Windows10, UNIX, LINUX, MS-DOS등이 있다.

단일 작업 처리 시스템에는 DOS, 다중 작업 처리 시스템에는 WINODWS, UNIX, LINUX등이 사용된다.

주로 WINDOWS는 개인용 UNIX, LINUX는 서버용 운영체제로 사용된다.

(3) 운영체제 목적

운영체제의 목적에는 처리능력 향상, 반환 시간 단축, 사용 가능도 향상, 신뢰도 향상 등이 있다. 처리능력, 반환시간, 사용가능도, 신뢰도는 운영체제의 성능을 평가하는 기준이 된다.

① 반환(응답) 시간(Turnaround Time) 단축
  ㉠ 사용자가 컴퓨터에 어떤 일의 처리를 지시한 후 결과를 얻을 때까지의 시간
  ㉡ 짧을수록 좋음

② 처리능력(Throughput) 향상
  ㉠ 단위 시간 내에 최대한 많은 양의 일을 처리할 수 있게 하는 것
  ㉡ 한 번에 처리할 수 있는 데이터의 양이 많을수록 좋음

③ 신뢰도(Reliability) 향상 … 시스템이 얼마만큼 고장 없이 주어진 기능을 정확하게 수행하는가를 의미

④ 사용가능도(Availability) 향상
  ㉠ 시스템 자원이 요구하는 총 시간에 대해 실제 시스템 자원의 사용 가능한 정도
  ㉡ 어느 정도 신속하고 충분히 지원해 줄 수 있는지의 정도

(4) 운영체제의 기능

① 초기 작업 환경 설정 기능

② 프로세스 관리

③ 입출력 관리 및 파일 관리 기능

④ 사용자에게 편의성 제공

(5) 운영체제의 계층구조

① 인터페이스의 계층구조 … 운영체제는 하드웨어와 사용자 사이에 내부 및 외부 인터페이스를 제공한다. 이러한 인터페이스를 계층 구조로 도식하면 다음과 같다. 운영체제는 마이크로프로그램, 기계어, 제어 프로그램, 명령어 해석기 등으로 구성되어 있으며 최근에는 유틸리티까지 범위를 확대하고 있다.

② 운영체제의 세부 구조
  ㉠ 마이크로프로그램(Micro-program) : ROM이나 PROM에 영구히 기록되는 프로그램을 말하는 것으로 보통 펌웨어(Firmware)를 말하며 마이크로코드(Microcode)라고도 한다.
  ㉡ 기계어(Machine Language) : 기계어는 일련의 0과 1로 표시되며 실행할 명령, 데이터, 기억 장소의 주소 등을 포함한다. 하드웨어를 직접 실행시킬 수 있는 형태로 구성되며 컴퓨터의 모든 하드웨어를 제어하기 위한 다양한 비트 형식의 명령어가 존재
  ㉢ 제어 프로그램(Kernel) : 하드웨어를 제어하는 프로그램으로 메모리, CPU, 단말기, 프린터 등 시스템의 자원 활용도를 높이기 위해 스케줄링과 자료 관리를 하는 핵심 요소
  ㉣ 명령어 해석기(Shell) : 사용자 명령을 입력받아 시스템 기능을 수행하는 명령 해석기로서 사용자와 시스템 간의 인터페이스를 담당하는 프로그램

③ 시스템 소프트웨어의 개념

    ㉠ 시스템 소프트웨어 : 응용 프로그램들을 지원하기 위해 개발된 소프트웨어로 사용자보다는 하드웨어 위주의 소프트웨어이다. 시스템 소프트웨어에는 운영체제(UNIX, MS-DOS, MS-Windows 등)나 유틸리티(컴파일러, 링커, 로더, 매크로 프로세서, 탐색기) 등이 있으며, 규모나 복잡도가 매우 커 일반 사용자들이 개발하기에는 어렵다. 시스템 소프트웨어를 개발하는 도구들에는 시스템 언어(어셈블리어, C언어 등) 및 번역 프로그램(어셈블러, 매크로 프로세서, 컴파일러 등)이 있으며 링커, 로더 등도 여기에 포함된다.

    ㉡ 시스템 소프트웨어 개발 도구

        ㉮ 어셈블러 : 저급 언어(어셈블리어)로 작성된 원시 프로그램을 목적 프로그램(기계어)으로 변환한다.

        ㉯ 매크로 프로세서 : 어셈블리어를 사용하기 쉽도록 명령어들을 문자로 치환해 확장해준다.

        ㉰ 컴파일러 : 고급 언어로 작성된 원시 프로그램을 목적 프로그램으로 변환한다.

        ㉱ 인터프리터 : 고급 언어로 작성된 원시 프로그램을 실행하되 목적 프로그램을 만들지 않고 대화식으로 처리한다.

        ㉲ 링커 : 두 개 이상의 목적 프로그램을 합쳐서 실행 가능한 프로그램으로 만든다.

        ㉳ 로더 : 프로그램을 실행하기 위해 프로그램을 보조 기억 장치로부터 컴퓨터의 주기억장치에 올려놓는다.

    ㉢ 시스템 프로그램의 주요 역할

        ㉮ 프로그램을 기억 장치에 상주시킨다.

        ㉯ 인터럽트를 관리

        ㉰ 기억 장치를 관리

        ㉱ 주변 장치를 관리

        ㉲ 파일들을 관리

> **TIP 사용권에 따른 소프트웨어 분류**
>
> –상용 소프트웨어 : 정식으로 지불을 하고 사용하는 소프트웨어
> –셰어웨어(Shareware) : 일정기간만 사용가능한 소프트웨어. 기간이 지나면 사용못함.
> –프리웨어(Freeware) : 무료로 사용할 수 있는 소프트웨어
> –공개 소프트웨어 : 무료로 사용가능. 소스 자체를 공개(내용을 수정 재배포가능)
> –데모(Demo)버전 : 홍보용 사용기간, 기능은 제한
> –알파(Alpha)버전 : 내부에서 테스트용
> –베타(Beta)버전 : 외부, 개발자가 없는 곳에서 테스트
> –패치(Patch)버전 : 배포된 후 오류수정, 성능향상을 하여 변경시킨 버전

(6) 어셈블러

① **어셈블러의 역할** … 어셈블어로 작성된 소스 프로그램을 기계어(0과 1로 구성된 언어)로 번역(변형)하고 로더(실행 가능한 파일로 만드는 프로그램)에 필요한 정보를 생성

② 어셈블러의 기능
 ㉠ **명령어 생성** : 원시 프로그램에 있는 기호 명령어를 분석해 기계어 명령어로 변경
 ㉡ **기계 주소 할당** : 원시 프로그램에 있는 기호 번지(변수)나 상수의 기억 장소(절대 번지) 할당
 ㉢ **의사 명령어 처리** : 프로그램의 시작과 종료 재배치 정보 등 프로그램의 안내자 역할을 하는 명령어들 처리

③ 어셈블러의 번역 방법
 ㉠ 단일 패스 어셈블러(1-pass Assembler) 기호(Symbol) 테이블을 정의 한 번에 번역하기 때문에 실행 속도가 빠르다.
 ㉡ 프로그램 작성이 어렵다.
 ㉢ 프로그램 크기가 작다.

④ 이중 패스 어셈블러(2-pass Assembler)
 ㉠ 기호 테이블을 이용해 목적 프로그램을 생성한다.
 ㉡ 기호를 정의하기 전에 사용할 수 있어 프로그램 작성이 용이하다.
 ㉢ 대부분 어셈블러는 2-pass 어셈블러를 사용한다.
 ㉣ 두 번의 번역 과정을 거치기 때문에 단일 패스 어셈블러에 비해 실행 속도가 느리다.
 ㉤ 별도의 다른 코드와 결합할 수 있다.
 ㉥ 프로그램의 크기가 크다.

⑤ 어셈블러의 장점
 ㉠ 프로그래머가 기계어로 작성하지 않아도 어셈블리어로 작성한 원시 프로그램을 기계어로 변형(번역)해 준다.
 ㉡ 어셈블리어로 작성된 원시 프로그램은 기계어보다 읽고, 이해하기가 쉽다.
 ㉢ 프로그램의 주소가 기호 번지 (변수 명, 사용자 정의 문자)이다.
 ㉣ 프로그램에 데이터를 사용하기 쉽다.

(7) 운영체제의 구성

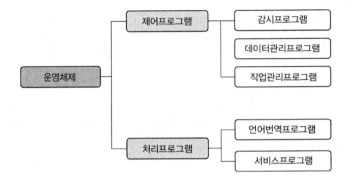

① 제어 프로그램(Control Program)

감시 프로그램 (Supervisor Program)	시스템 전체의 동작 상태를 감독하고 지원하며 제어 프로그램의 중추적 역할을 담당
작업 관리 프로그램 (Job Management Program)	어떤 작업을 처리하고 다른 작업으로의 자동적 이행을 위한 준비와 처리를 수행
데이터 관리 프로그램 (Data Management Program)	주기억 장치와 외부 보조 기억 장치 사이의 데이터 전송, 입출력 데이터와 프로 그램의 논리적 연결, 파일 조작 및 처리 등을 담당

② 처리 프로그램(Process Program)

언어 번역 프로그램 (Language Translation Program)	• 원시 프로그램을 컴퓨터가 알 수 있는 기계어로 변환시키는 프로그램 • 종류 : 컴파일러(Compiler), 어셈블러(Assembler), 인터프리터(interpreter) 등
서비스 프로그램 (Service program)	• 시스템에서 사용 빈도가 높은 프로그램을 미리 개발하여 놓은 프로그램 • 종류 : 연계 편집 프로그램, 로더(Loader), 디버깅 프로그램, 정렬/병합 프로그램, 라이브러리 등
문제 처리 프로그램 (Problem Process Program)	• 컴퓨터 사용자가 필요한 업무에 맞게 개발한 프로그램 • 종류 : 급여 관리, 인사 관리, 회계 관리 등

㉠ 언어 번역 과정 : 원시 프로그램 → 번역 → 목적 프로그램 → 링커 → 로드 모듈 → 로더 → 실행

㉮ Compile and Go 로더 : 번역 프로그램(어셈블러, 컴파일러)과 로더가 하나로 구성되어 번역 프로그램이 로더의역할까지담당하는 방식이다.

㉯ 절대 로더(Absolute Loader)의 수행 주체 : 할당, 연결– 프로그래머, 재배치 – 어셈블러, 적재 – 로더

㉰ 직접 연결 로더(Direct Linking Loader) : 로더가 할당, 연결, 재배치, 적재를 모두 수행하는 일반적인 형태이다.

㉡ 로더(Loader)의 기능

㉮ 할당(Allocation) : 프로그램을 적재할 주기억장치 내의 공간을 할당한다.

㉯ 링킹(Linking) : 목적 프로그램의 기호적 호출을 연결한다.

㉰ 재배치(Relocation) : 재배치가 가능한 주소들을 할당된 기억장치에 맞게 변환한다.

㉱ 적재(Loading) : 로드 모듈을 주기억장치로 읽어 들인다.

③ 매크로 프로세서(Macro Processor)

㉠ 매크로 : 반복되는 부분을 한 개의 이름으로 묶어 사용자가 편리하게 사용할 수 있도록 하는 문장이다.

㉡ 처리 과정 : 매크로 정의 인식 → 매크로 정의 저장 → 매크로 호출 인식 → 매크로 호출 및 매개 변수 치환

❷ 운영체제의 발전 과정 및 운영 방식

(1) 운영체제의 발전 과정

일괄 처리(Batch Processing) ➡ 실시간 처리(Real Time Processing) ➡ 다중 프로그래밍(Multi Programming) ➡ 시분할 처리(Time-Sharing Processing) ➡ 다중 처리(Multi Processing) ➡ 분산 처리(Distributed Processing)

(2) 운영체제의 운영 방식

① **일괄 처리 시스템**(Batch Processing System) ⋯ 처리할 데이터를 한꺼번에 모아 일정한 시간이 경과되거나 일정한 양이 되었을 때 처리하는 방식이다.

> 예 월 급여처리, 연말 정산 처리 등

② **실시간 처리 시스템**(Real Time Processing System) ⋯ 데이터가 발생되는 즉시 처리하는 방식으로 바로 응답을 받아볼 수 있는 시스템이며 항상 온라인을 유지해야 한다.

> 예 항공 및 철도 승차권 예약, 좌석 예약, 은행 온라인 업무, 로봇 제어 등

③ **다중 프로그래밍 시스템**(Multi-Programming System)
   ㉠ 한 대의 컴퓨터 메모리에 여러 개의 프로그램을 동시에 적재(Load)한 후 실행하는 방식이다.
   ㉡ CPU와 I/O(입출력) 장치의 유휴 시간(Idle Time)을 줄여 시스템의 사용 효율을 높일 수 있다.
   ㉢ **시분할 시스템**(TSS : Time Sharing System) : 한 대의 컴퓨터를 동시에 여러 명의 User(사용자)가 대화식의 방식으로 사용하는 시스템이다.

   > 예 라운드 로빈 스케줄링(Round-Robin Scheduling)

   ㉣ **다중 처리 시스템**(Multi-Processing System) : 한 대의 컴퓨터에 중앙 처리 장치(CPU)가 두 개 이상 설치되어 여러 작업을 병행 처리하는 방식이다.
   ㉤ **분산 처리 시스템**(Distributed System) : 분산된 여러 컴퓨터를 네트워크로 연결하여 처리하는 방식이다.

section 3 리눅스

① 리눅스(linux)

(1) 정의

컴퓨터의 운영체제 중 하나로 리누스 토르발스(Linus Torvalds)에 의해 시작된 다중 사용자, 다중 작업을 지원하는 유닉스(UNIX)와 유사한 운영체제

(2) 특징

① **유닉스 기반** … 리눅스 커널 자체가 유닉스의 미닉스(Minix)를 참고하여 개발

② **다중 사용자와 멀티 태스킹을 지원** … 리눅스는 다중 사용자 (하나의 컴퓨터에 여러 사용자가 로그인 및 사용 가능) 와 멀티 태스킹(한번에 여러 프로세스 실행 가능)을 지원

③ **자유 소프트웨어**
  ㉠ 리눅스 자유 소프트웨어 라이센스
  ㉡ 누구나 소스 코드 활용 및 수정, 재배포 가능
  ㉢ 리눅스 커널 및 관련 다양한 소프트웨어를 패키지로 묶어서 배포하는 것을 리눅스 배포판이라고 함(예: ubuntu)

(3) 리눅스 구조

① 리눅스는 리눅스 커널 + 쉘 + 컴파일러 + 다양한 소프트웨어를 포함한 하나의 패키지를 지칭

② 다양한 소프트웨어가 리눅스 커널이 관리하고 있는 시스템 자원을 마구 사용할 경우

③ 시스템 안정성에 심각한 문제가 초래됨

④ 운영체제가 시스템 자원을 관리하고, 다양한 소프트웨어는 리눅스 커널이 제공

⑤ 시스템 콜을 통해 시스템 자원 사용을 요청

⑥ 시스템 콜은 쉘, 다양한 언어별 컴파일러, 라이브러리를 통해 호출되게 됨

⑦ **리눅스 커널은 시스템 자원을 관리**
  ㉠ 프로세스 관리(Process Management)
  ㉡ 메모리 관리(Memory Management)
  ㉢ 파일 시스템 관리(File System Management)

② 디바이스 관리(Device Management)

⑩ 네트워크 관리(Network Management)

section **4** 유닉스(UNIX)

❶ 유닉스(UNIX)

1969년 Bell 연구소에서 개발한 소프트웨어 개발용의 운영체제(OS, Operating System).

초기의 유닉스 운영체제는 어셈블리(Assembly) 언어로 작성되었으나, 같은 연구소의 Dennis Ritchie가 C 언어를 개발한 뒤, 이 언어를 이용하여 유닉스를 다시 만들었다. 그리하여 1973년에 다른 운영체제와는 달리 유닉스는 C언어가 90% 이상이고 나머지가 어셈블리 언어로 작성되어, 고급언어로 작성된 최초의 운영체제가 되었다.

(1) UNIX의 특징

① 주로 서버용 컴퓨터에서 사용되는 운영체제이다.

② 소스가 공개된 개방형 시스템이다.

③ 사용자의 명령으로 시스템이 수행되고 그에 따른 결과를 나타내 주는 대화식 운영체제이다.

④ 다수의 사용자가 동시에 사용할 수 있는 다중 사용자를 지원한다.

⑤ 여러 개의 프로그램을 동시에 작업할 수 있는 다중 작업을 지원한다.

⑥ 90% 이상이 고급 언어인 C로 구성되어 있어서 이식성이 높다.

⑦ 시스템이 모듈화되어 있어 필요에 따라 변경, 확장할 수 있다.

⑧ 가상 메모리를 지원한다.

(2) UNIX의 구성

커널 (Kernel)	• UNIX 시스템의 중심부에 해당한다. • 주기억장치에 적재된 후 상주하면서 실행된다. • 기억 장치 관리(Memory management), 프로세스 관리(Process management), 프로세스간 통신(IPC), 입출력 관리(I/O management), 파일 관리(file management)
셸 (Shell)	• 명령어 해석기이다. • 사용자의 명령어를 인식하여 필요한 프로그램을 호출하고 그 명령을 수행하는 기능을 담당한다. • 쉘의 종류에는 C Shell(프롬프트 : %), Bourn Shell(프롬프트 : $), Korn Shell 등이 있다
유틸리티 (Utility)	• 사용자의 편의를 위한 프로그램이다. • 유틸리티의 종류에는 편집기(vi, ed, ex, emacs 등), 컴파일러, 인터프린터 등이 있다.

(3) UNIX 명령어

① 프로세스 관련 명령어

㉠ fork : 프로세스 생성하거나 복제한다.

㉡ exec : 새로운 프로세스를 수행한다.

㉢ kill : 현재 실행 중인 프로세스를 종료하거나 한 줄 전체를 지운다.

㉣ ps : 현재 실행 중인 프로세스의 상태를 표시한다.

㉤ who : 현재 로그인 중인 각 사용자에 관한 정보를 표시한다.

㉥ ping : 네트워크상의 문제를 진단한다.

② 파일 관련 명령어

㉠ cp : 파일을 복사한다.

㉡ rm : 파일을 삭제한다.

㉢ mv : 파일을 이동하거나 파일의 이름을 바꾼다.

㉣ cat : 파일의 내용을 화면에 표시한다.

㉤ chmod : 파일의 접근 권한을 설정한다.

③ 디렉토리 관련 명령어

㉠ pwd : 현재 작업 중인 디렉토리의 경로를 표시한다.

㉡ ls : 현재 디렉토리 내의 모든 파일을 표시한다.

㉢ mkdir : 디렉토리를 생성한다.

㉣ rmdir : 디렉토리를 삭제한다.

㉤ cd : 디렉토리의 위치를 변경한다.

㉥ tar : 파일과 디렉토리를 하나로 묶는다.

(4) UNIX 파일 시스템

① **부트 블록** … 컴퓨터 가동 블록

② **슈퍼 블록** … 파일 시스템 배치 정보

③ **아이노드**(i-node)

    ㉠ UNIX 파일에 대한 정보를 규정하는 자료 구조이다.

    ㉡ 파일의 이름, 크기, 소유자, 파일의 종류, 파일의 위치 등에 대한 정보를 가진다.

    ㉢ DOS의 FAT(File Allocation Table)와 유사한 개념이다

        ㉮ UID : 사용자 ID (파일 소유자의 식별 번호)

        ㉯ GID : 그룹 ID (파일 소유 그룹의 식별 번호)

        ㉰ Protection : 파일 보호 모드

        ㉱ **파일 링크 수** : 해당 파일을 소유하고 있는 사용자 수

        ㉲ **블록 주소** : 파일의 실제 데이터가 있는 위치

        ㉳ 파일의 크기

        ㉴ 처음 생성 시기(파일이 만들어진 시간)

        ㉵ 마지막 사용 시기(파일을 최후로 접근(Access)한 시간)

        ㉶ 최종 수정 시기(파일의 최종 수정 시간)

        ㉮ **파일 속성**(타입) : 일반 파일(−), 디렉터리(d)

④ **데이터 블록** … 파일이나 디렉터리

section 5 프로세스(Process)

① 프로세스(Process)

프로세스는 일반적으로 프로세스(처리기, CPU)에 의해 처리되는 사용자 프로그램, 시스템 프로그램, 즉 실행 중인 프로그램을 의미하며, 작업, 태스크 라고 한다.

프로세스는 다음과 같이 여러 형태로 정의할 수 있다

① CPU에 의해서 현재 실행되고 있는 프로그램이다.

② PCB의 존재로서 명시되는 것이다.

③ 프로세서(CPU)가 할당되는 개체로서 디스패치가 가능한 단위이다.

④ 지정된 결과를 얻기 위한 일련의 계통적 동작이다.

⑤ 목적 또는 결과에 따라 발생하는 사건들의 과정이다.

⑥ 비동기적 행위를 일으키는 주체이다.

⑦ 프로시저가 활동 중인 것이다.

⑧ 실행 중인 프로시저의 제어 궤적이다.

⑨ CPU가 할당되는 실체이다.

❷ 프로세스 상태 변화

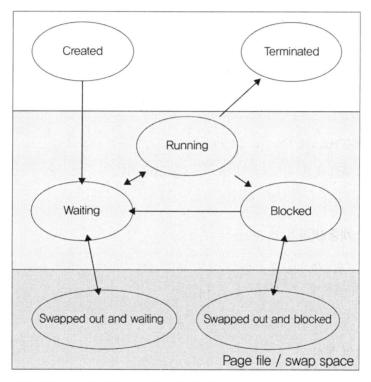

생성(New)	프로세스가 생성은 되었으나 아직 프로세스의 대열에 들어가지 못한 상태
실행(Run)	현재 프로세스가 프로세서(Processor)를 할당받은 상태로 실행 중인 상태
준비(Ready)	프로세스가 CPU를 사용할 수 있는 상태로 CPU가 할당되는 경우 프로세스는 실행(Run) 상태로 전이함
대기(Wait)	프로세스가 어떤 사건이 일어나기를 기다리는 상태로 정지(Halted) 상태, 블록(Block) 상태 등이 있음
종료(Exit)	프로세스가 실행 가능한 관리 상태에서 해제된 상태

(1) 주요 프로세스 상태

하나의 프로세스는 다음과 같이 3가지 주요 상태로 존재하게 된다. 실행 (CPU 사용)을 위해 준비 (Ready) 하고 있는 상태에 있다가 실행 (Run)되며, 실행 중에 있다가도 필요에 따라 대기 (Block)하고 있는 상태로 있게 된다.

① 실행(Run) 상태 ··· 프로세스가 CPU를 차지하여 실행중인 상태이다.

② 준비(Ready) 상태 ··· 프로세스가 CPU를 사용하여 실행될 수 있는 상태이다.

③ 대기(Block, Wait, 보류) 상태 ··· 어떤 사건이 발생하기 전까지는 실행될 수 없는 상태이다.

(2) 프로세스 상태 변화

① 디스패치(Dispatch) ··· 준비 상태에 있는 프로세스 중 하나를 선정하여 CPU를 할당하는 시점이다.

② 할당 시간 종료(Timer Run Out) ··· CPU를 할당받아 실행 중인 프로세스가 할당량을 초과하면 CPU를 다른 프로세스에게 양도 하고 자신은 준비 상태로 전이된다.

③ Wake Up ··· 입출력 작업이 끝나면 대기 상태에서 준비상태로 전이된다.

(3) 프로세스 제어 블록(Process Control Block : PCB)

운영체제가 프로세스에 대한 주요 정보를 저장해 놓은 자료구조이다.

❸ 프로세서 스케줄링(Scheduling)

스케줄링(Scheduling)은 프로세스가 생성되어 실행될 때 필요한 시스템의 여러 자원을 해당 프로세스에게 할당하는 작업을 의미하며 프로세스가 생성되어 완료될 때까지 프로세스는 여러 종류의 스케줄링 과정을 거치게 된다.

(1) 프로세서 스케줄링의 목적

① 자원 할당의 공정성

② 단위시간당 처리량 극대화

③ 예측 가능성 보장

④ 적절한 반환시간 보장

⑤ 오버헤드 최소화

⑥ 자원 사용의 균형 유지

⑦ 실행 대기 시간 방지

⑧ 우선순위

(2) 프로세서 스케줄링 기법

① 비선점(Non-Preemptive) 기법 … 한 프로세스가 자원을 선택 했을 때 다른 프로세스가 해당 자원을 뺏어 올 수 없는 스케줄링

  ㉠ FCFS(First Come First Service, 선입선출) = FIFO(First In First Out)
    ㉮ FCFS는 준비상태 큐(대기 큐, 준비 완료 리스트, 작업 준비 큐, 스케줄링 큐)에 도착한 순서에 따라 차례로 CPU를 할당하는 기법으로, 가장 간단한 알고리즘이다.
    ㉯ 먼저 도착한 것이 먼저 처리되어 공평성은 유지되지만 짧은 작업이 긴 작업을, 중요한 작업이 중요하지 않은 작업을 기다리게 된다.

    > • 대기 시간 : 프로세스가 대기한 시간으로, 바로 앞 프로세스까지의 진행 시간으로 계산
    > • 반환 시간 : 프로세스의 대기 시간과 실행 시간의 합

  ㉡ SJF(Shorted Job First, 단기 작업 우선)
    ㉮ SJF는 준비상태 큐에서 기다리고 있는 프로세스들 중에서 실행 시간이 가장 짧은 프로세스에게 먼저 CPU를 할당하는 기법이다.
    ㉯ 가장 적은 평균 대기 시간을 제공하는 최적 알고리즘이다.
    ㉰ 실행 시간이 긴 프로세스는 실행 시간이 짧은 프로세스에게 할당 순위가 밀려 무한 연기 상태가 발생할 수 있다.

  ㉢ HRN(Hightest Response-ratio Next)
    ㉮ 실행 시간이 긴 프로세스에 불리한 SJF 기법을 보완하기 위한 것으로, 대기 시간과 서비스(실행) 시간을 이용하는 기법이다.
    ㉯ 우선순위 계산 공식을 이용하여 서비스(실행) 시간이 짧은 프로세스나 대기 시간이 긴 프로세스에게 우선순위를 주어 CPU를 할당한다.
    ㉰ 서비스 실행 시간이 짧거나 대기 시간이 긴 프로세스일 경우 우선순위가 높아진다.
    ㉱ 우선순위를 계산하여 그 숫자가 가장 높은 것부터 낮은 순으로 우선순위가 부여된다.
    ㉲ 우선순위 계산식 = (대기시간 + 서비스시간) / 서비스시간

  ㉣ 기한부(Deadline)
    ㉮ 프로세스에게 일정한 시간을 주어 그 시간 안에 프로세스를 완료하도록 하는 기법이다.
    ㉯ 프로세스기 제한된 시간 안에 완료되지 않을 경우 제거되거나 처음부터 다시 실행해야 한다.
    ㉰ 시스템은 프로세스에게 할당할 정확한 시간을 추정해야 하며, 이를 위해서 사용자는 시스템이 요구한 프로세스에 대해 정확한 정보를 제공해야 한다.
    ㉱ 여러 프로세스들이 동시에 실행되면 스케줄링이 복잡해지며, 프로세스 실행 시 집중적으로 요구되는 자원 관리에 오버헤드가 발생한다.

ⓜ 우선순위(Priority)

  ㉮ 준비상태 큐에서 기다리는 각 프로세스마다 우선순위를 부여하여 그 중 가장 높은 프로세스에게 먼저 CPU를 할당하는 기법이다.

  ㉯ 우선순위가 동일할 경우 FCFS 기법으로 CPU를 할당한다.

  ㉰ 우선순위는 프로세스의 종류나 특성에 따라 다르게 부여될 수 있다.

  ㉱ 가장 낮은 순위를 부여받은 프로세스는 무한 연기 또는 기아 상태(Starvation)가 발생할 수 있다

② 선점(Preemptive) 기법 … 현재 실행중인 프로세스를 인터럽트 할 수 있거나 준비 상태로 이동할 수 있는 스케줄링

  ㉠ 선점 우선순위

    ㉮ 준비상태 큐의 프로세스들 중에서 우선순위가 가장 높은 프로세스에게 먼저 CPU를 할당하는 기법이다.

    ㉯ 비선점 우선순위 기법을 선점 형태로 변형한 것으로, 준비상태 큐에 새로 들어온 프로세스의 순위가 높을 경우 현재의 프로세스를 보류하고 새로운 프로세스를 실행한다.

  ㉡ SRT(Shortest Remaining Time)

    ㉮ 비선점 스케줄링인 SJF 기법을 선점 형태로 변경한 기법으로, 선점 SJF 기법이라고도 한다.

    ㉯ 현재 실행중인 프로세스의 남은 시간과 준비상태 큐에 새로 도착한 프로세스의 실행 시간을 비교하여 가장 짧은 실행 시간을 요구하는 프로세스에게 CPU를 할당하는 기법으로, 시분할 시스템에 유용하다.

    ㉰ 준비상태 큐에 있는 각 프로세스의 실행 시간을 추적하여 보유하고 있어야 하므로 오버헤드가 증가한다.

  ㉢ RR(Round Robin)

    ㉮ 시분할 시스템(Time Sharing System)을 위해 고안된 방식으로, FCFS(FIFO) 알고리즘을 선점 형태로 변형한 기법이다.

    ㉯ FCFS 기법과 같이 준비상태 큐에 먼저 들어온 프로세스가 먼저 CPU를 할당받지만 각 프로세스는 시간 할당량(Time Slice, Quantum) 동안만 실행한 후 실행이 완료되지 않으면 다음 프로세스에게 CPU를 넘겨주고 준비상태 큐의 가장 뒤로 배치된다.

    ㉰ 할당되는 시간이 클 경우 FCFS 기법과 같아지고, 할당되는 시간이 작을 경우 문맥 교환 및 오버헤드가 자주 발생되어 요청된 작업을 신속히 처리할 수 없다.

    ㉱ 할당되는 시간의 크기가 작으면 작은 프로세스들에게 유리하다.

  ㉣ 다단계 큐(MQ : Multi-level Queue)

    ㉮ 프로세스를 특정 그룹으로 분류할 수 있을 경우 그룹에 따라 각기 다른 준비상태 큐를 사용하는 기법이다.

    ㉯ 일반적으로 프로세스 우선순위에 따라 시스템 프로세스, 대화형 프로세스, 편집 프로세스, 일괄 처리 프로세스 등으로 나누어 준비상태 큐를 상위, 중위, 하위 단계로 배치한다.

    ㉰ 각 준비상태 큐는 독자적인 스케줄링을 가지고 있으므로 각 그룹의 특성에 따라 서로 다른 스케줄링 기법을 사용할 수 있다.

    ㉱ 프로세스가 특정 그룹의 준비상태 큐에 들어갈 경우 다른 준비상태 큐로 이동할 수 없다.

    ㉲ 하위 단계 준비상태 큐에 있는 프로세스를 실행하는 도중이라도 상위 단계 준비상태 큐에 프로세스가 들어오면 상위 단계 프로세스에게 CPU를 할당해야 한다.

⑩ 다단계 피드백 큐(MFQ : Multi-level Feedback Queue)
  ㉮ 특정 그룹의 준비상태 큐에 들어간 프로세스가 다른 준비상태 큐로 이동할 수 없는 다단계 큐 기법을 준비상태 큐 사이를 이동할 수 있도록 개선한 방법이다.
  ㉯ 적응 기법(Adaptive Mechanism)의 개념을 적용했다.
  ㉰ 각 준비상태 큐마다 시간 할당량을 부여하여 그 시간 동안 완료하지 못한 프로세스는 다음 단계의 준비상태 큐로 이동된다.
  ㉱ 상위 단계 준비상태 큐일수록 우선순위가 높고, 시간 할당량이 적다.
  ㉲ 요구하는 시간이 적은 프로세스, 입출력 중심의 프로세스, 낮은 우선순위에서 너무 오래 기다린 프로세스를 기준으로 높은 우선순위를 할당한다.
  ㉳ 하위 단계 준비단계 큐에 있는 프로세스를 실행하는 도중이라도 상위 단계 준비상태 큐에 프로세스가 들어오면 상위 단계 프로세스에게 CPU를 할당하며, 마지막 단계 큐에서는 작업이 완료될 때까지 RR 스케줄링 기법을 사용한다.

④ 병행 프로세스(Concurrent Process)

(1) 병행 프로세스의 정의

두 개 이상의 프로세스들이 동시에 존재하여 실행 상태에 있는 것을 의미한다.

여러 프로세스들이 독립적으로 실행되는 것을 독립적 병행 프로세스, 서로 협업하며 동시에 실행되는 것을 협동적 병행 프로세스라고 한다.

병행 프로세스는 다중 처리 시스템이나 분산 처리 시스템에서 중요한 개념으로 사용된다.

① 문제점 ⋯ 동시에 두 개 이상의 프로세스를 병행 처리하면 한정된 자원(CPU, Memory, Disk, I/O 장치 등)에 대한 사용 순서 등 여러 가지 문제가 발생

② 해결책
  ㉠ Critical Section(임계구역)
  ㉡ Mutual Exclusion(상호 배제)
  ㉢ 동기화 기법
    ㉮ Semaphore(세마포어)
    ㉯ Monitor(모니터)

(2) 병행 프로세스의 처리

① **임계영역**(Critical Section) … 임계 구역(Critical Section)은 다중 프로그래밍 운영체제에서 여러 개의 프로세스가 공유하는 데이터 및 자원에 대하여 어느 한 시점에서는 하나의 프로세스만 자원 또는 데이터를 사용하도록 지정된 공유 자원(영역)을 의미한다.

    ㉠ 임계 구역에는 하나의 프로세스만 접근할 수 있으며, 해당 프로세스가 자원을 반납한 후에만 다른 프로세스가 자원이나 데이터를 사용할 수 있다.

    ㉡ 임계 구역은 특정 프로세스가 독점할 수 없으며, 임계 영역에서 수행 중인 프로세스는 인터럽트가 불가능하다.

    ㉢ 임계 구역의 자원이나 데이터는 여러 프로세스가 사용해야 하므로 임계 구역 내에서의 작업은 신속하게 이루어져야 한다.

    ㉣ 프로세스가 임계 구역에 대한 진입을 요청하면 일정 시간 내에 진입을 허락해야 한다.

    ㉤ 현재 임계 구역에서 실행되는 프로세스가 없다면 임계 구역 사용을 기다리고 있는 잔류 영역에 있는 프로세스의 사용을 허락해야 하며, 그 이외에 있는 프로세스는 임계 구역에 진입할 수 없다.

    ㉥ **특징**

        ㉮ 특정 프로세스가 독점할 수 없다.

        ㉯ 프로세스가 임계 구역에 대한 진입을 요청하면 일정 시간 내에 진입을 허락해야 한다.

② **상호배제**(Mutual Exclusion)

    ㉠ 상호 배제(Mutual Exclusion)는 특정 프로세스가 공유 자원을 사용하고 있을 경우 다른 프로세스가 해당 공유 자원을 사용하지 못하게 제어하는 기법을 의미한다.

    ㉡ 여러 프로세스가 동시에 공유 자원을 사용할 때 각 프로세스가 번갈아가며 공유 자원을 사용하도록 하는 것으로, 임계구역을 유지하는 기법이다.

    ㉢ **요구조건**

        ㉮ 두 개 이상의 프로세스들이 동시에 임계영역에 있어서는 안된다.

        ㉯ 어떤 프로세스도 임계영역에 들어가는 것이 무한연기 되어서는 안된다.

        ㉰ 임계영역 밖에 있는 프로세스가 다른 프로세스의 임계영역 진입을 막아서는 안된다.

        ㉱ 임계구역 내에서 인터럽트, 교착상태, 무한반복이 발생되지 않도록 해야 함

    ㉣ **구현 기법** : 상호 배제 기법을 구현하기 위한 방법에는 소프트웨어적 구현과 하드웨어적 구현이 있다.

        ㉮ **소프트웨어적 구현 방법**

            • 두 개의 프로세스 기준 : 데커(Dekker) 알고리즘, 피터슨(Peterson) 알고리즘

            • 여러 개의 프로세스 기준 : Lamport의 빵집 알고리즘

        ㉯ **하드웨어적 구현 방법** : Test & Set 기법과 Swap 명령어 기법이 있다.

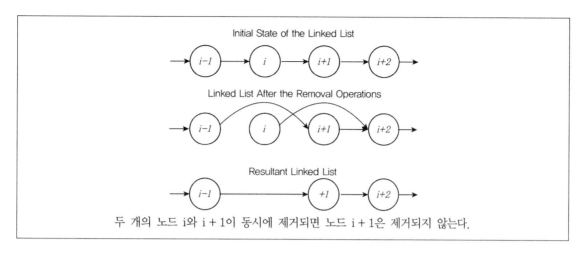

두 개의 노드 i와 i + 1이 동시에 제거되면 노드 i + 1은 제거되지 않는다.

③ **문맥 교환**(Context Switching) … CPU가 할당되는 프로세스를 변경하기 위하여 현재 CPU를 사용하여 실행되고 있는 프로세스의 상태 정보를 저장하고, 앞으로 실행될 프로세스의 상태 정보를 설정한 다음에 CPU를 할당하여 실행되도록 하는 작업이다.

⑤ 동기화 기법(Synchronization)

(1) 동기화 기법의 개요

① 동기화 기법(Synchronization)은 두 개 이상의 프로세스를 한 시점에서는 동시에 처리할 수 없으므로 각 프로세스에 대한 처리 순서를 결정하는 것으로, 상호 배제의 한 형태이다.

② 동기화를 구현할 수 있는 방법에는 세마포어와 모니터가 있다.

(2) 세마포어(Semaphore)

세마포어는 '신호기', '깃발'을 뜻하며, 각 프로세스에 제어 신호를 전달하여 순서대로 작업을 수행하도록 하는 기법이다.

① 특징
  ㉠ Dijkstra (다익스트라)가 제안
  ㉡ P와 V라는 연산에 의해서 동기화유지 및 상호 배제 보장
  ㉢ 여러개의 프로세스가 동시에 값을 수정하지 못함
  ㉣ S는 P와 V연산으로만 접근 가능한 세마포어 변수, 공유 자원의 개수.(0, 사용중 / 1, 사용가능)
  ㉤ S가 2이면 임계구역에 2개의 프로세서가 들어갈 수 있음

(3) 모니터(Monitor)

① 정의

　ㄱ 임계구역과 유사한 개념

　ㄴ 동기화를 구현하기 위한 특수 프로그램 기법으로 특정 공유 자원을 프로세스에게 할당하는데 필요한 데
　　이터와 이 데이터를 처리하는 프로시저로 구성.

② 특징

　ㄱ 자료 추상화, 정보 은폐 개념을 기초로 함

　ㄴ 모니터 내의 공유 자원을 사용하려면 프로세스는 반드시 모니터의 진입부를 호출

　ㄷ 외부의 프로세스는 직접 액세스할 수 없으며, 모니터의 경계에서 상호배제가 시행

　ㄹ 한 순간에 하나의 프로세스만 진입하여 자원을 사용

　ㅁ 모니터에 사용되는 연산은 Wait, Signal

❻ 교착 상태(Deadlock)

(1) 정의

상호 배제에 의해 나타나는 문제점으로, 둘 이상의 프로세스들이 자원을 점유한 상태에서 서로 다른 프로세스가 점유하고 있는 자원을 요구하며 무한정 기다리는 현상을 의미한다.

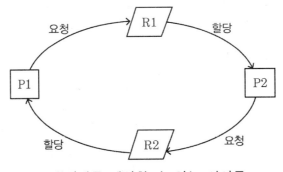

교착상태를 예상할 수 있는 사이클

요청 연결선과 할당 연결선의 연결 상태로 교착상태가 일어날 수 있는지를 판단할 수 있는데, 다른 두 프로세서 끼리 자원의 할당과 요청이 서로를 가리킨다면 교착상태가 일어날 수 있음을 암시한다.

(2) 교착상태와 무한대기 비교

구분	Deadlock(교착상태)	Starvation(기아상태)
정의	다수의 프로세스가 아무 일도 못하고 특정사건 무한대기	특정 프로세스의 우선순위가 낮아서 원하는 자원을 계속 할당 받지 못하는 상태
발생원인	상호배제, 점유와 대기, 비선점, 환형대기	자원의 편중된 분배정책
해결방안	예방, 회피, 발견, 회복	Aging 기법(우선순위 변경)

(3) 교착상태 발생원인

교착상태는 한 시스템에서 다음 네 가지 조건이 동시 성립 시 발생

상호 배제(Mutual Exclusion)	프로세스들이 자원을 배타적으로 점유하여 다른 프로세스가 그 자원을 사용하지 못함
점유와 대기(Hold and Wait)	프로세스가 어떤 자원을 할당 받아 점유하고 있으면서 다른 자원을 요구
비선점(Non-Preemption)	프로세스에 할당된 자원은 사용이 끝날 때까지 강제로 빼앗을 수 없으며, 점유하고 있는 프로세스 자신만이 해제 가능
환형 대기(Circular Wait)	프로세스간 자원 요구가 하나의 원형을 구성

(4) 교착상태 해결 방안

① **교착상태의 예방**(Prevention)

　㉠ **상호배제** : 한 번에 여러 개의 프로세스가 공유 자원을 사용할 수 있도록 함

　㉡ **부분할당** : 프로세스가 실행되기 전에 필요한 모든 자원을 할당해 프로세스 대기를 없애거나 자원이 점유되지 않은 상태에서만 자원을 요구

　㉢ **비선점** : 자원을 점유하고 있는 프로세스가 다른 자원을 요구할 때 점유하고 있는 자원을 반납하고 요구한 자원을 사용하기 위해 기다리게 함

　㉣ **환형대기** : 자원을 선형 순서로 분류해 고유 번호를 할당하고 각 프로세스는 현재 점유한 자원의 고유 번호보다 앞이나 뒤 어느 한쪽 방향으로만 자원을 요구하도록 하는 것

② **회피**(Avoidance)-Banker's Algorithm(은행원 알고리즘) … 교착상태 회피 기법은 교착상태가 발생할 가능성을 배제하지 않고 교착상태가 발생하면 적절히 피해나가는 방법으로, 주로 은행원 알고리즘(Banker's Algorithm)이 사용된다. 다익스트라가 제안한 기법으로, 어떤 자원의 할당을 허용하는지에 관한 여부를 결정하기 전에, 미리 결정된 모든 자원들의 최대 가능한 할당량을 가지고 시뮬레이션 해서 Safe state에 들 수 있는지 여부를 검사한다. 즉 대기중이 다른 프로세스들의 활동에 대한 교착 상태 가능성을 미리 조사하는 것이다.

　㉠ 각 프로세스에게 자원을 할당하여 교착상태가 발생하지 않으며 모든 프로세스가 완료될 수 있는 상태를 안전 상태, 교착상태가 발생할 수 있는 상태를 불안전 상태라고 한다.

ⓛ 은행원 알고리즘을 적용하기 위해서는 자원의 양과 사용자(프로세스) 수가 일정해야 한다.

　　ⓒ 은행원 알고리즘은 프로세스의 모든 요구를 유한한 시간 안에 할당하는 것을 보장한다.

③ 교착상태의 발견(Detection)

　　㉠ 시스템의 상태를 감시하는 알고리즘을 통하여 교착상태를 검사하는 알고리즘 : 시스템의 자원할당 그래프로 교착상태검출(Graph reduction, cycle Detection, Knot detection)

　　ⓛ 교착상태 발생 시 자원할당 소거

④ 교착상태의 회복(Recovery)

　　㉠ Deadlock이 없어질 때까지 프로세스를 순차적으로 Kill하여 제거

　　ⓛ 프로세스 종료비용 최소화 : 우선순위, 진행비용, 복귀비용 등

　　ⓒ 자원의 우선순위 할당 : 희생자 선택, 복귀, 기아상태

section 6 기억장치

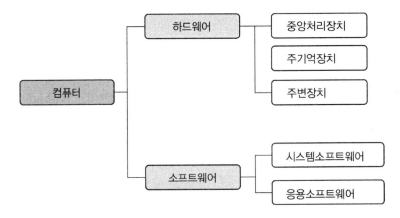

❶ 기억장치 관리 전략

보조 기억장치의 프로그램이 주기억 장치에 적재시키는 시기, 적재위치 등을 지정하여 한정된 주기억 장치의 공간을 효율적으로 사용하기 위한 것으로 반입(Fetch) 전략, 배치(Placement) 전략, 교체(Replacement) 전략이 있다.

② 기억장치 계층 구조의 특징

① 기억장치는 레지스터, 캐시 기억장치, 주기억장치, 보조기억장치가 있다.

② 레지스터가 가장 상위 기억장치이며, 순서대로 보조기억장치가 가장 하위 기억장치이다.

③ 계층 구조에서 상위의 기억장치일수록 접근 속도와 접근 시간이 빠르지만, 기억 용량이 적고 고가이다.

④ 주기억장치는 각기 자신의 주소를 갖는 워드 또는 바이트들로 구성되어 있으며, 주소를 이용하여 액세스할 수 있다.

⑤ 레지스터, 캐시 기억장치, 주기억장치의 프로그램과 데이터는 CPU가 직접 액세스할 수 있으나 보조기억장치에 있는 프로그램이나 데이터는 직접 액세스할 수 없다.

⑥ 보조기억장치에 있는 데이터는 주기억장치에 적재된 후 CPU에 의해 액세스될 수 있다.

③ 기억장치 관리 전략 종류

기억장치의 관리 전략은 보조기억장치의 프로그램이나 데이터를 주기억장치에 적재시키는 시기, 적재 위치 등을 지정하여 한정된 주기억장치의 공간을 효율적으로 사용하기 위한 것으로 반입(Fetch) 전략, 배치(Placement) 전략, 교체(Replacement) 전략이 있다.

(1) 반입(Fetch) 전략

보조 기억장치에 보관중인 프로그램이나 데이터를 언제 주기억 장치로 적재할 것인지를 결정하는 전략이다.

① 요구반입(Demand Fetch) ··· 요구가 있을때 마다 페이지나 세그먼트를 주기억장치로 가져오는 전략

② 예상반입(Anticipatory Fetch) ··· 앞으로 요구될 가능성이 높은 프로그램이나 데이터를 예상하여 주기억장치로 미리 가져오는 전략

(2) 배치(Placement) 전략

프로그램이나 데이터를 주기억장치 내 어디에 둘 것인지 결정하는 전략이다..

① **최초 적합**(First Fit) ··· 첫 번째 배치시키는 방법
　충분한 영역을 찾으면 공간 효율을 따지지 않고 바로 할당하기 때문에 속도가 빠르다.

② **최적 적합**(Best Fit) ··· 단편화를 가장 작게 남기는 분할 영역에 배치시키는 방법
　충분한 영역을 찾고 공간 효율을 따져 할당하기 때문에 속도가 느리다.

③ **최악 적합**(Worst Fit) ··· 단편화를 가장 많이 남기는 분할 영역에 배치시키는 방법
　속도도 느리고 공간효율도 안좋다.

(3) 교체(Replacement) 전략

주기억장치의 모든 영역이 이미 사용중인 상태에서 새로운 프로그램이나 데이터를 주기억장치에 배치하려고 할 때, 이미 사용되고 있는 영역 중에서 어느 영역을 교체해 사용할 것인지를 결정하는 전략으로 FIFO, OPT, LRU, LFU, NUR, SCR 등이 있다.

❹ 페이지 교체 알고리즘

페이지 부재가 발생했을 가상기억장치의 필요한 페이지를 주기억장치에 적재해야 하는데, 이때 주기억장치의 모든 페이지 프레임이 사용 중이면 어떤 페이지 프레임을 선택하여 교체할 것인지를 결정하는 기법이다.
* 페이지 교체 알고리즘에는 OPT, FIFO, LRU, LFU, NUR, SCR 등이 있다.

페이지 프레임이 비어있을 때, 차례대로 페이지를 적재하며 페이지 부재(Page Fault)가 발생하고 페이지 프레임에 빈 공간이 없을 때, 주기억장치에 적재하는 프레임을 교체하는 방식을 결정하는 기법이다.

(1) OPT(Optimal replacement, 최적 교체) = 벨레이디 제안

가장 오랫동안 사용하지 않을 페이지를 교체하는 기법으로 페이지 부재 횟수가 가장 적게 발생하는 효율적인 알고리즘이다.
- 페이지 적중률(Hit Ratio) = 1 - (페이지 부재 횟수 / 참조 횟수)

(2) FIFO(First In First Out)

가장 먼저 들어와서 가장 오래 있었던 페이지를 교체하는 기법으로 이해하기 쉽고, 프로그래밍 및 설계가 간단하다.

(3) LRU(Least Recently Used)

최근에 가장 오랫동안 사용하지 않은 페이지를 교체하는 기법으로 각 페이지마다 계수기(Counter)나 스택(Stack)을 두어 현 시점에서 가장 오랫동안 사용하지 않은 페이지를 교체한다.

(4) LFU(Least Frequntly Used)

사용 빈도가 가장 적은 페이지를 교체하는 기법으로 자주 사용되는 페이지는 사용 횟수가 많아 교체되지 않고 사용된다.

(5) NUR(Not Used Recently)

LRU와 비슷한 알고리즘으로, 최근에 사용하지 않은 페이지를 교체하는 기법으로 최근에 사용되지 않은 페이지는 향후에도 사용되지 않을 가능성이 높다는 것을 전제로, LRU에서 나타나는 시간적인 오버헤드를 줄일 수 있다.

(6) SCR(2차 기회 교체)

가장 오랫동안 주기억장치에 있던 페이지 중 자주 사용되는 페이지의 교체를 방지하기 위한 것으로 FIFO 기법의 단점을 보완하는 기법이다.

❺ 주기억장치 할당기법

프로그램이나 데이터를 실행시키기 위해 주기억 장치에 어떻게 할당할 것인지에 대한 내용이며, 연속 할당기법과 분산 할당 기법으로 분류할 수 있다.

(1) 연속 기억장치 할당(Contiguous Storage Allocation)

프로그램을 주기억 장치에 연속으로 할당하는 기법으로, 단일 할당 기법과 다중 분할 할당 기법이 있다.

① 단일 분할 할당 기법
    ㉠ 오버레이(Overlay) : 부분을 할당
    ㉡ 스와핑(Swapping) : 전체를 할당

② 다중 분할 할당 기법
    ㉠ 고정 분할 할당 기법 : (정적 / Paging)
    ㉡ 동적 분할 할당 기법 : (동적 / Segmentation)

(2) 분산 기억장치 할당(Non-Contiguous Storage Allocation) = 가상기억장치 주로 사용

프로그램을 특정단위의 조각으로 나누어 주기억 장치 내에 분산하여 할당하는 기법으로 페이징 기법과 세그먼테이션 기법이 있다.

(3) 단일 사용자 연속 기억장치의 할당(Single User Contiguous Storage Allocation System)

주기억장치를 운영체제 영역과 사용자 영역으로 나누어 한 순간에는 오직 한명의 사용자만이 주기억장치의 사용자 영역을 사용하는 기법이다.

* 가장 단순한 기법으로 초기의 운영체제에서 사용하던 기법
* 운영체제를 보호하고, 프로그램이 사용자 영역만을 사용하기 위해 운영체제 영역과 사용자 영역을 구분하는 경계 레지스터 (Boundary Register)가 사용된다.
* 프로그램 크기가 작을 경우 사용자 영역이 낭비될 수 있다.

① **오버레이기법** … 실행되어야 할 작업의 크기가 커서 사용자 영역에 수용될 수 없을 때 프로그램을 분할하여 필요한 부분만 교체하는 방법

② **스와핑(Swapping) 기법** … 하나의 프로그램을 주기억장치 전체를 할당하여 사용하다가 다른 새로운 프로그램으로 교체하는 기법으로 주기억장치에 있는 프로그램이 보조기억장치로 이동되는 것을 Swap out, 보조

기억장치에 있는 프로그램이 주기억장치로 이동하는 것을 Swap in이라고 한다.
  ㉠ Swap Out : 주기억장치의 프로그램이 보조기억 장치로 이동함
  ㉡ Swap In : 보조기억장치의 프로그램이 주기억장치로 이동함

❻ 가상기억장치 구현 기법

가상기억장치는 보조기억장치(하드디스크)의 일부를 주기억장치처럼 사용하는 것으로, 용량이 작은 주기억장치를 마치 큰 용량을 가진 것처럼 사용하는 기법.

(1) 페이징 기법

프로그램을 일정한 크기로 나눈 단위를 페이지(Page)라고 하고 페이지 크기로 일정하게 나누어진 주기억장치의 단위를 페이지 프레임(Page Frame)이라고 한다.

> **TIP** 페이지폴트(Page Fault)
> 프로그램 실행 시 참조할 페이지가 주기억장치에 없는 현상을 의미한다.

(2) 세그먼테이션(Segmentation) 기법

가상기억 장치에 보관되어 있는 프로그램을 다양한 크기의 논리적인 단위로 나눈 후 주기억 장치에 적재시켜 실행시키는 기법으로 프로그램을 배열이나 프로그램을 배열이나 함수 등과 같은 논리적인 크기로 나눈 단위를 세그먼트라고 한다.

❼ 가상기억장치 기타 관리 사항

(1) 페이지 크기

① 작을 경우
  ㉠ 단편화가 감소되고, 한 개의 페이지를 주기억장치로 이동하는 시간이 줄어든다.
  ㉡ 불필요한 내용이 주기억장치에 적재될 확률이 적다.
  ㉢ 기억장치 효율이 높다.
  ㉣ 페이지 맵 테이블이 커지고 매핑 속도가 늦어진다.
  ㉤ 디스크 접근 횟수가 많아져서 전체적인 입출력 시간이 늘어난다.

② 클 경우
　　㉠ 페이지 맵 테이블 크기가 작아지고, 매핑 속도가 빨라진다.
　　㉡ 디스크 접근 횟수가 줄어 입출력 효율성이 증가한다.
　　㉢ 단편화가 증가되고, 한 개의 페이지를 주기억장치로 이동하는 시간이 늘어난다.
　　㉣ 프로세스 수행에 불필요한 내용까지도 주기억장치에 적재

(2) 구역성(Locality)

프로세스가 실행되는 동안 일부 페이지를 집중적으로 참조하게 되는 성질이다.

① 스래싱을 방지하기 위한 워킹 셋 이론의 기반이 되었다.

② 집중적으로 사용하는 페이지를 알아내는 방법 중 하나로 가상기억장치 관리의 이론적 근거가 됨

③ 캐시 메모리 시스템의 이론적 근거, 데닝 교수에 의해 구역성의 개념이 증명됨

④ 종류
　　㉠ 시간 구역성(Temporal Locality)
　　　㉮ 프로세스가 실행되면서 하나의 페이지를 일정 시간 동안 집중적으로 액세스 하는 현상
　　　㉯ 한 번 참조한 페이지는 가까운 시간 내에 계속 참조할 가능성이 높음을 의미한다.
　　　㉰ 시간 구역성이 이루어지는 기억장소 : 루프(반복, 순환), 스택, 부 프로그램, 카운팅(1씩 증감), 집계에
　　　　사용되는 변수(기억장소)
　　㉡ 공간 구역성(Spatial Locality)
　　　㉮ 프로세스 실행 시 일정 위치의 페이지를 집중적으로 액세스하는 현상이다.
　　　㉯ 어느 하나의 페이지를 참조하면 그 근처의 페이지를 계속 참조할 가능성이 높음을 의미한다.
　　　㉰ 공간 구역성이 이루어지는 기억장소 : 배열 순회, 순차적 코드의 실행, 프로그래머들이 관련된 변수들을
　　　　서로 근처에 선언하여 할당되는 기억, 같은 영역에 있는 변수를 참조할 때 사용

(3) 워킹 셋(Working Set)

프로세스가 일정 시간 동안 자주 참조하는 페이지들의 집합이다.

① 자주 참조되는 워킹 셋을 주기억장치에 상주시킴으로써 페이지 부재 및 페이지 교체 현상이 줄어들어 프로
　세스의 기억장치 사용이 안정된다.

② 시간이 지남에 따라 자주 참조하는 페이지들의 집합이 변화하기 때문에 워킹셋은 시간에 따라 변경된다.

(4) 페이지 부재 빈도 방식

① 페이지 부재 빈도(PFF : Page Fault Frequency)는 페이지 부재가 일어나는 횟수를 의미한다.

② 페이지 부재율에 따라 주기억장치에 있는 페이지 프레임의 수를 늘리거나 줄여 페이지 부재율을 적정 수준으로 유지하는 방식.

(5) 프리페이징(Prepaging)

처음의 과도한 페이지 부재를 방지하기 위해 필요한 것 같은 모든 페이지를 한꺼번에 페이지 프레임에 적재하는 기법으로 기억장치에 들어온 페이지들 중에서 사용되지 않는 페이지가 많을 수 있다.

(6) 스래싱(thrashing)

① **스래싱(thrashing)의 정의** … 프로세스의 처리 시간보다 페이지 교체에 소요되는 시간이 더 많아지는 현상이다.

② **스래싱(thrashing)의 특징**
   ㉠ 다중 프로그래밍 시스템이나 가상기억장치를 사용하는 시스템에서 하나의 프로세스 수행 과정 중 자주 페이지 부재가 발생함으로써 나타나는 현상이다.
   ㉡ 다중 프로그래밍의 정도가 높아짐에 따라 CPU의 이용률은 어느 특정 지점까지 높아지지만, 다중 프로그래밍의 정도가 더욱 커지면 스래싱이 나타나고 CPU의 이용률이 급격히 감소한다.

③ **스래싱(thrashing) 현상 방지 방법**
   ㉠ 다중 프로그래밍의 정도를 적정 수준으로 유지한다.
   ㉡ 페이지 부재 빈도를 조절하여 사용한다.
   ㉢ Working Set을 유지한다.
   ㉣ 부족한 자원을 증설하고, 일부 프로세스를 중단한다.
   ㉤ CPU 성능에 대한 자료의 지속적 관리 및 분석으로 임계치를 예상하여 운영한다.

9 디스크 스케줄링

보조기억장치에는 자기 디스크, 광 디스크, 자기 테이프 등이 있으나 일반적으로 자기 디스크를 많이 사용하며 사용할 데이터가 디스크 상의 여러 곳에 저장되어 있을 경우 데이터를 액세스하기 위해 디스크 헤드가 움직이는 경로를 결정하는 기법이다.

(1) FCFS(First Come First Served)

① **개념** … 먼저 도착 요청 우선 서비스

② **특징** … 구현이 간단, 오버헤드 발생

(2) SSTF(Shortest Seek Time First)

① 개념 … 짧은거리 요청 우선서비스

② 특징 … 일괄 처리에 유용, 기아 현상 발생

(3) SCAN = 엘레베이터 기법

① 개념 … 헤드 진행 방향 짧은 거리 요청 먼저 서비스, 헤드는 끝에서 방향 전환

② 특징 … 기아 현상 방지, 낮은 응답 편차

(4) C-SCAN(Circular SCAN)

① 개념 … 헤드 항상 바깥 → 안쪽 이동, 안쪽 도달 시 바깥쪽 이동

② 특징 … 대기 시간 균등화, 응답 편차 작음

(5) N-step SCAN

① 개념 … 최초 요청만 서비스, 방향 전환 후 추가 요청 서비스

② 특징 … 현재 큐 요청만 처리

(6) 에션바흐(Eschenbach)기법

① 개념 … C-SCAN처럼 동작, 전체 트랙 회전 시 서비스, 회전위치 따라 요청 재배열

② 특징 … 탐색 시간뿐 아니라 회전 시간 최적화 시도

🔟 회전지연시간 최적화 위한 디스크 스케줄링 기법

(1) SLTF(Shortest Latency Time Fisrt)

① 최단 지연시간 우선

② 요청 중 회전 지연 시간 짧은 요청 우선

③ Sector Queueing

(2) SPTF Shortest Positioning Time First

① 최단 위치결정 시간

② 탐색 + 회전 지연시간 합 가장 짧은 요청

③ 처리량 많고 반응시간 짧은 스케줄링 유리

④ 요청 무기 연기가능

(3) SATF Shortest Access Time First

① 최단 접근시간 우선

② 탐색 + 회전지연 + 전송 시간 합 최소 우선

③ SPTF보다 처리량 많음

section **7** 파일관리

❶ 파일 시스템과 파일

(1) 파일(File)

논리적인 저장 단위, 관련된 정보 자료들의 집합에 이름을 붙인 것으로 컴퓨터 시스템의 편리한 사용을 위해
정보 저장의 일괄된 논리적 관점을 제공한다.

(2) 파일 시스템(File System)

파일 자원을 관리하고, 파일 생성, 삭제, 수정 등 파일 접근과 제어에 대한 책임을 가지는 시스템 소프트웨
어이다.

① 역할
 ㉠ **파일 관리** : 파일 저장, 참조, 공유, 보호 기능 제공
 ㉡ **보조 기억 장소 관리** : 디스크 등에 파일 저장 공간 할당, 가용 공간 관리
 ㉢ **파일 무결성 보장** : 일에 저장된 정보가 손상되지 않도록 보호
 ㉣ **접근 방법 제공** : 저장된 정보에 접근할 수 있는 방법 제공

② 목적
 ㉠ 다양한 형태의 저장 장치에 입출력을 지원한다.
 ㉡ 데이터가 손상, 유실되지 않도록 보호한다.
 ㉢ 처리율 향상을 위해 성능을 최적화한다.

③ 블록(Block)

    ㉠ 파일은 디스크에서 1개 이상의 블록에 저장한다.

    ㉡ 블록은 메모리와 디스크 간의 전송 단위로서, 1개의 블록은 디스크에서 1개 이상의 섹터들로 구성된다.

(3) 디렉터리

① 정의

    ㉠ 디렉터리는 다른 파일들의 이름, 위치 정보 등을 담은 파일이다.

    ㉡ 컴퓨터에 특정 파일을 저장하거나 찾기 위해서는 먼저 디스크 장치에 접근한다.

② 디렉터리의 파일정보

    ㉠ 파일 이름, 형태, 위치, 크기

    ㉡ 읽기/쓰기 현재 위치

    ㉢ 보호를 위한 접근 제어 정보(읽기, 쓰기, 실행 가능 등)

    ㉣ 현재 열린 파일을 사용하는 프로세스 수

    ㉤ 생성, 수정 마지막 접근 시간

(4) 파일 디스크 할당

① **연속 할당 방법** … 각 파일을 디스크의 연속적인 블록들에 할당하는 방법이다. 연속 할당 방법은 순차 접근 (Sequential Access)과 직접 접근(Direct Access, Random Access) 2가지 방법 모두 효율적으로 수행할 수 있다.

    ㉠ **순차 접근** : 파일에 접근할 때, 순차적으로 탐색해 접근한다.

    ㉡ **직접 접근** : 파일에 접근할 때, 접근하고자 하는 파일 위치를 계산해 바로 접근한다.

    ㉢ 외부 단편화가 발생한다.

② **연결 할당 방법**

    ㉠ 1개의 파일을 구성하는 디스크 블록들이 연결 리스트를 이룬다.

    ㉡ 각 블록이 다음 블록에 대한 포인터를 지닌다.

    ㉢ 디렉터리의 각 파일 항목은 파일의 시작 블록을 표시한다.

    ㉣ 불연속 할당 방법이다.

    ㉤ 외부 단편화가 발생하지 않는다.

③ **인덱스 할당 방법**

    ㉠ 인덱스 블록이 메인 메모리 내에 있으면 직접 접근이 가능하다.

    ㉡ 인덱스 구조, 파일 크기, 원하는 블록 위치 등에 따라 성능이 달라진다.

(5) 파일 보호

① **파일보호의 필요성** … 컴퓨터 시스템은 다수의 사용자가 사용하므로, 정보를 저장한 파일은 물리적 손상이나 부적합한 액세스로부터 보호해야 한다.

② **파일보호 방법**

    ㉠ **파일 명명법**(File naming) : 접근할 파일을 명명할 수 없는 사용자는 접근 대상에서 제외한다.

    ㉡ **암호**(Password) : 각 파일을 암호화하여 보호한다.

    ㉢ **액세스 제어**(Access Control) : 사용자에 따라 액세스 할 수 있는 파일, 디렉터리 리스트를 두어 사용자 신원에 따라 서로 다른 액세스 권한을 부여한다.

    ㉣ **액세스 그룹**(Access Group) : 파일에 그룹별 제어 비트를 둔다.

    ㉤ **사용자 권한 지정**(User Permission) : 사용자가 계정을 받을 때부터, 특정 디렉터리 및 파일만 액세스 할 수 있도록 시스템 관리자가 허락한다.

출제예상문제

1 가상 메모리에 대한 〈보기〉의 설명 중 옳은 것을 모두 고른 것은?

〈보기〉
㉠ 인위적 연속성이란 프로세스의 가상주소 공간상의 연속적인 주소가 실제 기억장치에서도 연속성이 보장되어야 함을 의미한다.
㉡ 다중 프로그래밍 정도가 높은 경우, 프로세스가 프로그램 수행시간보다 페이지 교환시간에 더 많은 시간을 소요하고 있다면 스레싱(thrashing) 현상이 발생한 것이다.
㉢ 프로세스를 실행하는 동안 일부 페이지만 집중적으로 참조하는 경우를 지역성(locality)이라 하며, 배열 순회는 공간 지역성의 예이다.
㉣ 프로세스가 자주 참조하는 페이지의 집합을 작업 집합(working set)이라 하며, 작업 직합은 최초 한 번 결정되면 그 이후부터는 변하지 않는다.

① ㉠, ㉡

② ㉠, ㉣

③ ㉡, ㉢

④ ㉡, ㉢, ㉣

TIP ㉠ 인위적 연속성이란 프로세스의 가상주소 공간상의 연속적인 주소가 실제 기억장치에서도 연속성이지 않아도 된다.
㉣ 프로세스가 일정 시간 범위 내에 자주 참조하는 페이지의 집합을 작업 집합(working set)이라 하며, 작업 집합은 현재 프로세스의 실행에 필요한 페이지들의 집합이다. 프로세스가 실행하는 동안 시간에 따라 참조 지역성이 다른 메모리 영역에서 나타나기 때문에 작업 집합은 변하게 된다.

Answer 1.③

2 운영체제 상의 프로세스(process)에 관한 설명으로 옳지 않은 것은?

① 프로세스의 영역 중 스택 영역은 동적 메모리 할당에 활용된다.
② 디스패치(dispatch)는 CPU 스케줄러가 준비 상태의 프로세스 중 하나를 골라 실행 상태로 바꾸는 작업을 말한다.
③ 프로세스 제어 블록(process control block)은 프로세스 식별자, 메모리 관련 정보, 프로세스가 사용했던 중간값을 포함한다.
④ 문맥교환(context switching)은 CPU를 점유하고 있는 프로세스를 CPU에서 내보내고 새로운 프로세스를 받아들이는 작업이다.

TIP 프로세스의 영역 중 힙(heap) 영역은 동적 메모리 할당에 활용된다

3 운영 체제의 발달 과정 순서를 나열한 것으로 가장 옳은 것은?

① 일괄처리 시스템 → 다중모드 시스템 → 시분할 시스템 → 분산처리 시스템
② 일괄처리 시스템 → 시분할 시스템 → 다중모드 시스템 → 분산처리 시스템
③ 시분할 시스템 → 일괄처리 시스템 → 분산처리 시스템 → 다중모드 시스템
④ 시분할 시스템 → 분산처리 시스템 → 일괄처리 시스템 → 다중모드 시스템

TIP 다중모드는 일괄처리와 시분할을 동시에 지원함을 의미한다.
1세대(일괄처리)→ 2세대(시분할)→ 3세대(다중모드)→ 4세대(분산처리) 발달

Answer 2.① 3.②

4 프로세스(Process)와 쓰레드(Thread)에 대한 설명으로 옳지 않은 것은?

① 프로세스 내 쓰레드 간 통신은 커널 개입을 필요로 하지 않기 때문에 프로세스 간 통신보다 더 효율적으로 이루어진다.

② 멀티프로세서는 탑재 프로세서마다 쓰레드를 실행시킬 수 있기 때문에 프로세스의 처리율을 향상시킬 수 있다.

③ 한 프로세스 내의 모든 쓰레드들은 정적 영역(Static Area)을 공유한다.

④ 한 프로세스의 어떤 쓰레드가 스택 영역(Stack Area)에 있는 데이터 내용을 변경하면 해당 프로세스의 다른 쓰레드가 변경된 내용을 확인할 수 있다.

TIP 쓰레드는 스택을 독립적으로 가지므로 다른 쓰레드가 변경된 내용을 확인할 수 없다.

5 UNIX 명령어 ls -l을 수행했을 때의 결과에 대한 설명으로 옳지 않은 것은?

-rwxr-xr-- 2 peter staff 3542 8월 31일 10:00 aaash

① peter라는 사용자는 aaash 파일을 수정할 수 있다.

② staff 그룹 사용자는 aaash 파일을 실행할 수 있다.

③ aaash 파일은 심볼릭 링크(symbolic link)가 2개 있다.

④ 다른 사용자도 이 파일의 내용을 볼 수 있다.

TIP 2는 심볼릭 링크의 개수가 아니라 하드 링크의 개수를 의미한다.

Answer 4.④ 5.③

6 〈보기〉는 0 ~ 199번의 200개 트랙으로 이루어진 디스크 시스템에서, 큐에 저장된 일련의 입출력 요청들과 어떤 디스크 스케줄링(disk scheduling) 방식에 의해 처리된 서비스 순서이다. 이 디스크 스케줄링 방식은 무엇인가? 단, 〈보기〉의 숫자는 입출력할 디스크 블록들이 위치한 트랙 번호를 의미하며, 현재 디스크 헤드의 위치는 트랙 50번이라고 가정한다.

〈보기〉

• 요청 큐 : 99, 182, 35, 121, 12, 125, 64, 66
• 서비스 순서 : 64, 66, 99, 121, 125, 182, 12, 35

---

① FCFS
② C-SCAN
③ SSTF
④ SCAN

....

TIP 서비스 순서를 보면 현재 50번에서 64 – 66 – 99 – 121 – 125 –182 등 한쪽 방향으로 움직이면서 서비스를 다 처리한 뒤, 제일 앞으로 돌아와 12 – 35를 처리하는 것을 볼 수 있다.
이렇게 한쪽 방향으로 움직이며 가는 길에 있는 요청을 처리하고, 한쪽 끝에 다다르면 처음 시작했던 자리로 다시 되돌아가서 다시 한쪽 방향으로 이동하며 요청을 처리하는 것은 C-SCAN 스케줄링 (C-SCAN Scheduling) 기법이다.
• C-SCAN : 요청이 없어도 끝까지 이동하였다가 다시 처음 부분으로 돌아오는 기법
• C-LOOK 스케줄링 : 진행방향에 더 이상 요청이 없으면 그 자리에서 바로 앞으로 되돌아오는 기법
문제에서 199번과 0번 트랙으로 이동한 것이 안 보이므로, CLOOK이라고 생각할 수도 있으나, 문제에 나온 것은 헤더의 이동 경로가 아닌, 서비스 처리 순서이다. 따라서 헤더가 199번, 0번으로 이동했는지 아닌지는 나와있지 않으며, 선택지에 CLOOK도 없으므로, C-SCAN이 답이 된다.
※ 디스크 스케줄링 기법
　㉠ 선입 선처리(first-come-first-served)
　　• 요청이 들어온 순서대로 서비스 하는 방식
　　• 빠른 서비스를 제공하지는 못하고 비효율적
　㉡ 최소 탐색 시간 우선 스케줄링(SSTF Scheduling)
　　• 현재 위치에서 탐색거리가 가장 짧은 요청을 먼저 서비스하는 방식
　　• 일괄처리 시스템에 유용하며, 기아상태 발생 가능성이 있다.
　㉢ SCAN 스케줄링(SCAN Scheduling)
　　• 디스크의 한 끝에서 시작하여 다른 끝으로 왕복 이동하며 가는길에 있는 모든 요청을 처리
　　• 다른 한쪽 끝에 도딜하면 역 빙향으로 이동하면서 오는 길에 있는 요칭을 저리
　　• SSTF의 응답시간 편차를 줄일 수 있음
　㉣ C-SCAN 스케줄링 (C-SCAN Scheduling)
　　• 항상 바깥쪽에서 안쪽으로 움직이며 가는 길에 있는 요청을 처리
　　• 한쪽 끝에 다다르면 처음 시작했던 자리로 다시 되돌아가서 서비스를 시작
　㉤ LOOK 스케줄링 (LOOK Scheduling) : SCAN 기법처럼 디스크를 왕복 이동하며 요청을 처리하나, 진행방향에 더 이상의 요청이 없으면 끝까지 이동하지 않고 역으로 스캔
　㉥ C-LOOK 스케줄링 (C-LOOK Schelduling) : 항상 바깥쪽에서 안쪽으로 움직이며 가는 길에 있는 요청을 처리하되, 진행방향에 더 이상 요청이 없으면 바로 처음으로 돌아가 다시 서비스를 시작

Answer 6.②

Ⓐ N-STEP SCAN : SCAN 스케줄링과 유사하나 디스크 헤드가 이동 중에 새로 들어오는 요청은 무시하고 미리 대기 중인 요청만 처리 SSTF나 SCAN에 비해 응답시간의 분산이 적음

Ⓞ SLTF 스케줄링
 • 회전지연시간 최적화를 위한 알고리즘
 • 디스크 헤드가 특정 실린더에 도착하면 그 실린더 내의 여러 트랙에 대한 요청들을 검사 후, 회전지연시간이 가장 짧은 요청부터 서비스

7 운영체제에서 교착상태(deadlock)가 발생할 필요조건으로 알맞지 않은 것은?

① 환형 대기(circular wait) 조건으로 각 프로세스는 순환적으로 다음 프로세스가 요구하는 자원을 가지고 있다.

② 선점(preemption) 조건으로 프로세스가 소유하고 있는 자원은 다른 프로세스에 의해 선점될 수 있다.

③ 점유하며 대기(hold and wait) 조건으로 프로세스는 할당된 자원을 가진 상태에서 다른 자원을 기다린다.

④ 상호 배제(mutual exclusion) 조건으로 프로세스들은 필요로 하는 자원에 대해 배타적인 통제권을 갖는다.

··

TIP ㉠ 선점 조건 : 선점 조건이 아닌 비선점 조건을 만족해야 한다.
ㄴ 비선점 조건 : 자원 선점 불가이다. 즉, 자원은 강제로 빼앗을 수 없고, 자원 점유하고 있는 프로세스 끝나야 해제 한다.
ㄷ 환형 대기 : 순환 대기라고도 한다. 상대방이 가진 자원을 서로 대기하는 상태를 나타낸다.
ㄹ 점유하며 대기(점유와 대기) : 자원을 최소한 하나 정도 보유하고 다른 프로세스에 할당된 자원 얻으려고 대기하는 프로세스 있어야 한다.
ㅁ 상호 배제 : 자원을 최소 하나 이상 비공유한다. 즉, 한 번에 프로세스 하나만 해당 자원 사용할 수 있어야 한다. 사용 중인 자원을 다른 프로세스가 사용하려면, 요청한 자원 해제될 때 까지 대기한다.

Answer 7.②

8 유닉스 운영체제에서 다음과 같은 파일의 접근권한을 셋자리 숫자로 표기한 것으로 옳은 것은?

> 파일의 소유자는 읽고 쓰고 실행할 수 있지만 파일의 소유자를 제외한 사용자는 실행만 할 수 있다.

① 711   ② 722

③ 744   ④ 644

TIP ① 711
　　　소유자는 읽고 쓰고 실행 : rwx(7)
　　　그룹, 제3자는 실행 : --x(1)
　② 722
　　　그룹, 제3자는 쓰기 : -w-(2)
　③ 744
　　　그룹, 제3자는 읽기 : r--(4)
　④ 644
　　　소유자는 읽고 쓰기 : rw-(6)
　　　그룹, 제3자는 읽기 : r--(4)

9 페이지 교체 알고리즘으로 LRU와 FIFO 알고리즘을 사용하고 페이지 참조의 순서는 다음과 같다. 이 경우, 할당된 프레임의 수가 3개일 때 각각의 알고리즘에서 발생하는 페이지 부재 횟수로 옳은 것은? (단, 초기에는 기억장치가 모두 비어 있다고 가정한다)

> 페이지 참조의 순서 : 3, 1, 2, 4, 1, 4, 3, 2, 1, 2, 3
> 　LRU FIFO

① 5번 6번

② 7번 6번

③ 8번 6번

④ 7번 7번

TIP LRU 부재횟수 → 7번

3	1	2	4	1	4	3	2	1	2	3
3	3	3	4	4	4	4	4	1	1	1
	1	1	1	1	1	1	2	2	2	2
		2	2	2	2	3	3	3	3	3
F	F	F	F				F	F	F	

FIFO 부재횟수 → 7번

3	3	3	1	1	1	2	2	4	3	3
	1	1	2	2	2	4	4	3	1	1
		2	4	4	4	3	3	1	2	2
F	F	F	F			F		F	F	

10 비선점(Non-Preemptive) 스케줄링에 가장 해당하지 않는 것은?

① SRT(Shortest Remaining Time)

② FCFS(First Come First Served)

③ SJF(Shortest Job First)

④ HRN(Highest Response ratio Next)

....

TIP ㉠ 선점 스케줄링 : SRT, RR, MLQ, MLFQ 등

ⓛ 비선점 스케줄링
  • FCFS(First Come First Served)
  • SJF(Shortest Job First)
  • HRN(Highest Response ratio Next)

Answer 10.①

11 다음에서 운영체제에 대한 설명으로 옳은 것만을 고른 것은?

〈 보기 〉

㉠ 운영체제는 중앙처리장치, 주기억장치, 보조 기억장치, 주변장치 등의 컴퓨터 자원을 할당 및 관리하는 시스템 소프트웨어이다.

㉡ 스풀링(spooling)은 CPU와 입출력 장치의 속도 차이를 줄이기 위해 주기억장치의 일부분을 버퍼처럼 사용하는 것이다.

㉢ 비선점(non-preemptive) 방식의 CPU 스케줄링 기법은 CPU를 사용하고 있는 현재의 프로세스가 종료된 후 다른 프로세스에 CPU를 할당하는데 대표적으로 RR(Round Robin) 스케줄링 기법이 있다.

㉣ 가상메모리(virtual memory)는 디스크와 같은 보조기억장치에 가상의 공간을 만들어 주기억장치처럼 활용하도록 하여 실제 주기억장치의 물리적 공간보다 큰 주소 공간을 제공한다.

① ㉠, ㉡   ② ㉠, ㉢

③ ㉠, ㉣   ④ ㉢, ㉣

TIP 운영체제의 주된 역할은 자원 관리와 인터페이스이다.

㉠ 자원 : 중앙처리장치(CPU), 주기억장치 (DRAM), 보조기억장치(HDD or SSD), 주변장치(I/O)를 의미하고, 해당 자원이 유한하기 때문에 이를 사용하려고 하는 프로세스들이 자원을 사용할 수 있도록 관리(할당 및 회수)

㉡ 인터페이스 : 윈도우즈의 GUI처럼 사용자의 요청을 받아 하드웨어 자원에게 전달하고, 하드웨어 자원의 응답을 받아 다시 사용자에게 응답하는 역할

㉢ 가상메모리(Virtual memory)

· 사용자와 논리적 주소(보조기억장치)를 물리적(주기억장치)으로 분리하여 사용자가 주기억장치 용량을 초과한 프로세스에 주소를 지정해서 메모리를 제한 없이 사용

· 할 수 있도록 하는 것이다. 프로그램 전체를 동시에 실행하지 않으므로, 요구한 메모리 전체가 아닌 일부만 적재해도 실행 가능한 원리를 이용

㉣ 스풀링 : CPU와 입출력 장치(프린터)의 속도 차이를 줄이기 위해 보조기억장치(HDD or SSD)의 일부를 버퍼처럼 사용한다. 버퍼링은 CPU와 입출력 장치(키보드)의 속도 차이를 줄이기 위해 주기억장치(DRAM)의 일부를 버퍼처럼 사용

㉤ RR : 자신(프로세스)에게 주어진 시간 할당량(Time quantum or Time slice)만큼 사용하고다른 프로세스에게 CPU를 강제로 내어주어야 하기 때문에 대표적인 선점(Preemptive) 방식이다

Answer   11.③

12 UNIX 시스템에서 커널의 수행 기능에 해당하는 것으로 가장 옳지 않은 것은?

① 프로세스 관리   ② 기억장치 관리
③ 입출력 관리   ④ 명령어 해독

....

TIP 커널에서는 파일 관리, 메모리 관리, 프로세스 스케줄링 등을 수행

13 Unix에서 〈보기〉의 작업을 수행하는 명령어들을 나열한 것 중 가장 옳은 것은?

┌───┐
│   〈 보기 〉   │
│ ㉠ 디렉터리 내의 파일 목록 확인   │
│ ㉡ 현재 실행 중인 프로세스들의 정보를 확인   │
│ ㉢ 현재 실행 중인 특정 프로세스 종료   │
│ ㉣ 파일 또는 디렉터리의 디스크 사용량 확인   │
└───┘

① ㉠ ls   ㉡ netstat   ㉢ bg   ㉣ wc
② ㉠ dir   ㉡ ps   ㉢ bg   ㉣ wc
③ ㉠ ls   ㉡ netstat   ㉢ kill   ㉣ du
④ ㉠ ls   ㉡ ps   ㉢ kill   ㉣ du

....

TIP

ls	파일의 목록을 표시하는 기능을 수행한다.
ps	대부분의 유닉스 계통 운영 체제에서 현재 실행되고 있는 프로세스들을 표시한다(process status).
kill	시스템상에서 동작하고 있는 프로세스에 간단한 메시지를 보내는 명령어이다. 기본적으로 보내는 메시지는 종료 메시지이고 프로세스에 종료하는 것을 요구한다.
du	디렉토리별로 디스크 사용량을 알려주는 명령어이다.
netstat	유닉스, 리눅스, 윈도우에서 전송 제어 프로토콜, 라우팅 테이블, 수많은 네트워크 인터페이스, 네트워크 프로토콜 통계를 위한 네트워크 연결을 보여주는 명령 줄 도구이다. 예를 들면, 현재 내 컴퓨터가 맺고 있는 TCP/UDP 연결 정보를 확인하기 위해 사용한다.
bg	현재 실행중인 프로세스를 백그라운드로 전환하는 명령어이다.
wc	각각의 파일에 대한 줄, 단어, 문자, 그리고 바이트 수를 알려준다.
dir	윈도우에서 ls와 비슷한 역할을 수행한다.

14 다음 중 캐시기억장치 교체 알고리즘에 대한 설명으로 가장 옳지 않은 것은?

① LRU는 최근에 가장 오랫동안 사용되지 않았던 블록을 교체하는 방법이다.

② FIFO는 캐시에 적재된 후 가장 오래된 블록을 먼저 교체하는 방법이다.

③ LFU는 참조 횟수를 기록함으로써 가장 많이 참조된 블록을 교체하는 방법이다.

④ Random은 사용 횟수와 무관하게 임의로 블록을 교체하는 방법이다.

....

TIP • MFU : 참조 횟수를 기록함으로써 가장 많이 참조된 블록을 교체하는 방법
     • LFU : 가장 적게 참조된 블록을 교체

15 임계구역에 대한 설명으로 옳은 것은?

① 임계구역에 진입하고자 하는 프로세스가 무한대기에 빠지지 않도록 하는 조건을 진행의 융통성 (Progress Flexibility)이라 한다.

② 자원을 공유하는 프로세스들 사이에서 공유자원에 대해 동시에 접근하여 변경할 수 있는 프로그램 코드 부분을 임계영역(Critical Section)이라 한다.

③ 한 프로세스가 다른 프로세스의 진행을 방해하지 않도록 하는 조건을 한정 대기(Bounded Waiting)라한다.

④ 한 프로세스가 임계구역에 들어가면 다른 프로세스 는 임계구역에 들어갈 수 없도록 하는 조건을 상호배제(Mutual Exclusion)라 한다.

④ 임계구역 해결 조건 중 하나인 '상호 배제'에 대한 설명이다.

....

TIP ㉠ 상호배제(Mutual Exclusion) : 한 프로세스가 임계구역에 들어가면 다른 프로세스는 임계구역에 들어갈 수 없도록 하는 조건
    ㉡ 한정대기 한정 대기(Bounded Waiting) : 임계구역에 진입하고자 하는 프로세스가 무한대기에 빠지지 않도록 하는 조건
    ㉢ 임계영역(Critical Sction) : 자원을 공유하는 프로세스들 사이에서 한 시점에는 하나의 프로세스만 공유자원에 대해 접근하여 변경할 수 있는 프로그램 코드 부분
    ㉣ 진행의 융통성 : 한 프로세스가 다른 프로세스의 진행을 방해하지 않도록 하는 조건
    ※ 임계구역 해결 조건
     • 상호 배제(mutual exclusion) : 한 프로세스가 임계구역 내에 있을 때 다른 프로세스는 임계구역 에 들어갈 수 없다.
     • 한정 대기(bounded waiting) : 임계구역에 진입하려는 프로세스가 무한대기에 빠지지 않아야 한다.
     • 진행의 융통성(progress flexibility) : 한 프로세스가 다른 프로세스의 진행을 방해하면 안 되며, 임계구역이 비어 있으면 프로세스는 항상 임계구역에 진입할 수 있어야 한다.

Answer 14.③ 15.④

16 블록체인 기술로서, 장애가 있더라도 전체의 3분의 1을 넘지 않는다면 시스템이 정상 작동하도록 하는 기법은?

① 지분증명(Proof of Stake)

② 위임된 지분증명(Delegated Proof of Stake)

③ 작업증명(Proof of Work)

④ 비잔틴 장애 허용(Byzantine Fault Tolerance)

TIP 미리 정해진 정도를 넘지않는 부분에서 어떠한 형태의 장애가 있더라도 정확한 값을 전달할 수 있다.
① 지분증명(Proof of Stake) : 채굴기 없이 본인이 소유한 코인의 지분으로 채굴되는 방식이다. 해당 코인을 가지고 있는 소유자가 현재 보유하고 있는 자산(stake) 양에 비례하여 블록을 생성할 권한을 더 많이 부여되는 방식
② 위임된 지분증명(Delegated Proof of Stake) : 코인 보유자들이 자신들의 작업을 제 3자에게 위임하는 투표 시스템을 가지고 있습니다. 즉, 그들은 자신을 대신해 네트워크를 보호할 몇 명의 대표에게 투표할 수 있습니다.
③ 작업증명(Proof of Work) : 해시연산을 처리하는 하드웨어(GPU, ASIC 채굴기) 등을 사용해서 증명하는 방식이다. 간단하게 말해 하드웨어 장비를 사용해 코인을 채굴하는 것이다. 해시함수에서 나온 출력값을 채굴자들이 하드웨어 장비(GPU, CPU와 같은 컴퓨팅 파워)를 통해 결과를 도출하는 것

17 다중 프로그램 실행 환경에서 일련의 프로세스들이 서로가 가진 자원을 무한정 기다리며 더 이상 진행이 될 수 없는 상태를 일컫는 용어로 가장 옳은 것은?

① deadlock

② pipelining

③ preemption

④ mutual exclusion

TIP 교착 상태를 의미한다.
② pipelining : 하나의 명령어가 실행되는 도중에 다른 명령어 실행을 시작하는 방법으로 동시에 여러 개의 명령어를 실행하는 기법
③ preemption : A라는 프로세스가 B 프로세스가 점유한 자원을 강제로 뺏을 수 있다.
④ mutual exclusion : 병행 프로세스에서 프로세스 하나가 공유 자원 사용 시 다른 프로세스들이 동일한 일을 할 수 없도록 하는 방법

---

18 프로세스의 메모리는 세그먼테이션에 의해 그 역할이 할당되어 있다. 표준 C언어로 작성된 프로그램이 컴파일 후 실행파일로 변환되어 메모리를 할당받았을 때, 이 프로그램에 할당된 세그먼트에 대한 설명으로 옳은 것은?

① 데이터 세그먼트는 모든 서브루틴의 지역변수와 서브루틴종료 후 돌아갈 명령어의 주소값을 저장한다.

② 스택은 현재 실행 중인 서브루틴의 매개변수와 프로그램의 전역변수를 저장한다.

③ 코드 세그먼트는 CPU가 실행할 명령어와 메인 서브루틴의 지역변수를 저장한다.

④ 힙(Heap)은 동적 메모리 할당을 위해 사용되는 공간이고, 주소값이 커지는 방향으로 증가한다.

....

TIP ④ 힙 세그먼트 : 메모리의 낮은 주소에서 높은 주소의 방향(주소값이 커지는 방향)으로 할당되며, 스택 세그먼트는 메모리의 높은 주소에서 낮은 주소의 방향(주소값이 작아지는 방향)으로 할당
- 지역변수 : 스택 세그먼트에 저장되고, 서브루틴 종료 후 돌아갈 명령어 주소는 링크 레지스터(LR, link register)에 저장
- 매개변수 : 스택 세그먼트에 저장되나, 전역변수는 데이터 세그먼트 또는 BSS 세그먼트에 저장
- 코드 세그먼트 : 프로그램 실행 코드가 저장된다.

스택(Stack) 세그먼트
힙(Heap) 세그먼트
BSS 세그먼트
데이터(Data) 세그먼트
텍스트(Text) 세그먼트 = 코드(Code) 세그먼트

- 스택 세그먼트
－프로그램이 실행되는 동안 생성되는 데이터(지역변수, 매개변수등)을 저장하는 영역
－해당 변수들은 함수 호출 시 생성되고 호출된 함수에서만 사용이 가능하며, 함수가 종료되면 이 변수들도 소멸
－쓰기 가능, 크기 가변
- 힙 세그먼트
－필요에 의해 동적으로 메모리를 할당할 때 사용하는 영역
－쓰기 가능, 크기 가변
- BSS 세그먼트
－초기화되지 않은 전역 변수와 정적(static) 변수가 저장되는 영역
－데이터 세그먼트는 초기에 사용할 메모리를 미리 확보하는 반면, BSS 세그먼트는 어느 정도의 메모리를 확보할지 정－보만 미리 할당해놓고 있다가, 나중에 사용할 때 초기화
- 데이터 세그먼트
－(초기화된) 전역변수, 정적 변수, 일반상수, 문자열 등이 저장되는 영역
－해당 데이터들은 어느 함수에서나 호출이 가능하며, 프로그램이 시작될 때 생성되며, 프로그램이 종료될 때 소멸
－쓰기 가능, 크기 고정
- 텍스트(코드) 세그먼트 : 소스파일의 코드가 저장되는 영역이다. 코드가 담겨있기 때문에 쓰기 금지, 크기 고정

Answer 18.④

19 LRU(Least Recently Used) 교체 기법을 사용하는 요구 페이징(demand paging) 시스템에서 3개의 페이지 프레임(page frame)을 할당받은 프로세스가 다음과 같은 순서로 페이지에 접근했을 때 발생하는 페이지 부재(page fault) 횟수로 옳은 것은? (단, 할당된 페이지 프레임들은 초기에 모두 비어 있다고 가정한다.)

페이지 참조 순서(page reference string):
1, 2, 3, 1, 2, 3, 1, 2, 3, 1, 2, 3, 4, 5, 6, 7, 4, 5, 6, 7, 4, 5, 6, 7

① 12번   ② 13번

③ 14번   ④ 15번

TIP 페이지 부재(page fault) 횟수 → 15번

1	2	3	1	2	3	1	2	3	1	2	3	4	5	6	7	4	5	6	7	4	5	6	7
1	1	1	1	1	1	1	1	1	1	1	1	1	4	4	4	7	7	6	6	6	5	5	5
	2	2	2	2	2	2	2	2	2	2	2	2	5	5	5	4	4	7	7	7	6	6
		3	3	3	3	3	3	3	3	3	3	3	6	6	6	5	5	4	4	4	7
f	f	f										f	f	f	f	f	f	f	f	f	f	f	f

20 CPU 스케줄링 기법에 대한 설명으로 옳지 않은 것은?

① 라운드로빈 스케줄링 기법은 선점 방식의 스케줄링 기법이다.

② HRN 스케줄링 기법은 우선순위에 대기 시간을 고려하여 기아 문제를 해결한다.

③ 다단계 큐 스케줄링 기법은 프로세스들을 준비 큐를 다수 계로 구분하며, 각 준비 큐는 자신만의 스케줄링 알고리즘을 별도로 가질 수 있다.

④ 우선순위 스케줄링 기법은 새로 도착한 프로세스를 비롯하여 대기 큐에 남아 있는 프로세스의 작업이 완료되기까지의 남아있는 실행 시간 추정치가 가장 적은 프로세스에 먼저 CPU를 할당한다.

TIP
- SRT(Shortest Remaining Time) 스케줄링 : SJF 스케줄링 기법의 선점 구현 기법으로, 새로 도착한 프로세스를 비롯하여 대기 큐에 남아 있는 프로세스의 작업이 완료되기까지의 남아있는 실행 시간 추정치가 가장 적은 프로세스에 먼저 CPU를 할당한다.
- 우선순위(Priority) 스케줄링 : 각 작업마다 우선순위가 주어지며, 우선 순위가 제일 높은 작업에 먼저 CPU가 할당되는 방법이다. 우선 순위가 낮은 작업은 Indefinite Bolcking 이나 Starvation에 빠질수 있고, 이에 대한 해결책으로 체류 시간에 따라 우선 순위가 높아지는 Aging 기법을 사용할 수 있다
- 라운드 로빈(RR: Round-Robin) 스케줄링 : FIFO 스케줄링 기법을 Preemptive 기법으로 구현한 스케줄링 방법으로 프로세스는 FIFO 형태로 대기 큐에 적재되지만, 주어진 시간 할당량(Time Slice) 안에 작업을 마쳐야 하며, 할당량을 다 소비하고도 작업이 끝나지 않은 프로세스는 다시 대기 큐의 맨 뒤로 되돌아가는 선점 스케줄링 기법이다.
- 시스템이 사용자에게 적합한 응답시간을 제공해 주는 대화식 시분할 시스템에 적합하다.

Answer 19.④ 20.④

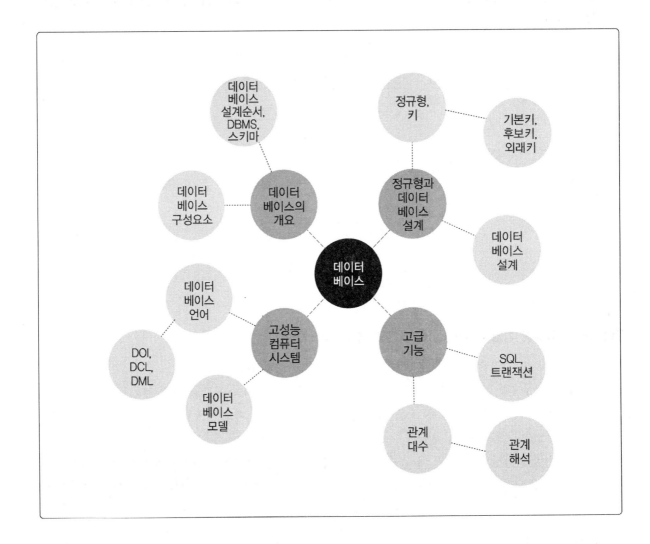

🔍 기출키워드

관계 데이터베이스, SQL, 참조무결성, 개체무결성, 뷰, 키, 관계대수, 내장함수, E-R다이어그램, 정규화
로킹기법, 트랜잭션

04 데이터베이스

section 1 데이터베이스(DataBase)

❶ 데이터베이스의 정의

어느 한 조직의 여러 응용시스템들이 공용할 수도 있도록 통합되고, 저장된 운영 데이터의 집합이다. 통합 데이터, 저장 데이터, 운영 데이터, 공용 데이터가 있다.

(1) 데이터베이스의 특성

① **실시간 접근성**(Real-Time Accessibility) ⋯ 질의에 대한 실시간 처리 및 응답을 처리할 수 있도록 지원한다.

② **계속적인 변화**(Continuous Evolution) ⋯ 삽입, 삭제, 갱신을 통해서 현재의 정확한 데이터를 동적으로 유지한다.

③ **동시 공용**(Concurrent Sharing) ⋯ 여러 사용자가 동시에 공유 가능하다.

④ **내용에 의한 참조**(Content Reference) ⋯ 위치나 주소가 아닌 데이터의 내용, 즉 값에 따라 참조된다.

(2) 데이터베이스 장단점

① 장점
  - ㉠ 데이터의 중복을 최소화
  - ㉡ 데이터를 공동으로 이용
  - ㉢ 데이터의 일관성을 유지
  - ㉣ 데이터의 무결성을 유지
  - ㉤ 데이터의 보안을 유지
  - ㉥ 데이터의 표준화를 범기관적으로 시행

② 단점
  - ㉠ 시스템 규모가 방대하고 구축이 복잡
  - ㉡ 구축 및 운영 비용이 증대
  - ㉢ 예비 및 회복 기법이 복잡

(3) 데이터베이스 구성 요소

① **개체(Entity)**
  ㉠ 데이터베이스가 표현하려고 하는 유형, 무형의 정보대상으로 존재하면서 서로 구별될 수 있는 것이다.
  ㉡ 파일의 구조의 레코드에 대응하는 것으로, 정보를 제공하는 역할을 수행한다.
  ㉢ 서로 연관된 몇 개의 속성으로 구성된다.

② **속성(Attribute)**
  ㉠ 개체의 구성 원소로, 개체의 성질이나 상태를 기술한다.
  ㉡ 파일 구조의 필드에 대응하는 것으로, 데이터의 가장 작은 논리적 단위이다.
  ㉢ 개체 타입 : '학번', '이름', '학과'와 같은 속성 이름으로만 기술된 것이다.
  ㉣ 개체 인스턴스 : 개체를 구성하는 속성들이 실제 값을 가지는 것이다.
  ㉤ 개체 집합 : 개체 인스턴스들의 집합이다.

③ **관계(Relationship)**
  ㉠ 속성 관계 : 한 개체를 기술하는 속성들 간의 관계이다.
  ㉡ 개체 관계 : 개체 집합과 개체 집합 간의 관계이다.

(4) 데이터베이스 설계 순서

① **요구 조건 분석** … 사용자의 요구 조건을 수집하고 분석하여 사용자가 의도하는 데이터베이스의 용도를 파악하는 단계이다.

② **개념적 설계** … 개념 스키마 모델링과 트랜잭션 모델링을 병행적으로 수행하는 단계이다.

③ **논리적 설계** … 개념적 설계 단계에서 만들어진 정보 구조로부터 특정 목표 DBMS가 처리할 수 있는 스키마를 생성하는 단계이다.

④ **물리적 설계** … 목표 DBMS에 맞는 물리적 구조를 설계 단계이다.

⑤ **구현** … 목표 DBMS DLL로 스키마를 작성하여 데이터베이스에 등록하고 응용 프로그램을 위한 트랜잭션을 작성하는 단계이다.

(5) 3단계 데이터베이스의 구조

스키마(Schema)는 데이터베이스에 저장되는 데이터의 구조와 조건들을 명시한 것이다.

3단계 데이터베이스 구조는 데이터베이스의 복잡한 내부구조를 감추고 일반 사용자가 쉽게 이해하고 이용할 수 있도록 제안한 내용이다.

사용자의 관점에서 바라보는 외부 단계, 조직 전체에서 바라보는 개념 단계, 물리적인 저장장치의 관점에서 바라보는 내부 단계로 나뉘어진다.

① 스키마 사이의 대응 관계

    ㉠ **외부/개념 사상**: 외부 스키마와 개념 스키마의 대응 관계, 응용 인터페이스(application interface)라고도 함

    ㉡ **개념/내부 사상**: 개념 스키마와 내부 스키마의 대응 관계, 저장 인터페이스(storage interface)라고도 함

② **데이터 독립성**(data independency) ··· 하위 스키마를 변경하더라도 상위 스키마가 영향을 받지 않는 특성

③ **데이터 사전**(data dictionary) = **시스템 카탈로그**(system catalog) ··· 데이터베이스에 저장되는 데이터에 관한 정보, 즉 메타 데이터를 유지 하는 시스템 데이터베이스

    메타 데이터(meta data): 데이터에 대한 데이터

④ **데이터 디렉터리**(data directory) ··· 데이터 사전에 있는 데이터에 실제로 접근하는 데 필요한 위치 정보를 저장하는 시스템 데이터베이스로 일반 사용자의 접근은 허용되지 않음

section 2 데이터 언어

사용자와 데이터베이스 관리 시스템 간의 통신 수단

(1) 사용 목적

사용 목적에 따라 데이터 정의어, 데이터 조작어, 데이터 제어어로 구분

① **데이터 정의어**(DDL : Data Definition Language) ··· 스키마를 정의하거나, 수정 또는 삭제하기 위해 사용

    예 create, drop, alter

② **데이터 조작어**(DML : Data Manipulation Language) ··· 데이터의 삽입·삭제·수정·검색 등의 처리를 요구하기 위해 사용, 데이터 조작어는 절차적 데이터 조작어와 비절차적 데이터 조작어로 구분할 수 있다.

    ㉠ **절차적 데이터 조작어**(procedural DML): 사용자가 어떤(what) 데이터를 원하고 그 데이터를 얻기 위해 어떻게(how) 처리해야 하는지도 설명

    ㉡ **비절차적 데이터 조작어**(nonprocedural DML): 사용자가 어떤(what) 데이터를 원하는지만 설명, 선언적 언어(declarative language)라고도 함

③ **데이터 제어어**(DCL : Data Control Language) ··· 내부적으로 필요한 규칙이나 기법을 정의하기 위해 사용

    ㉠ 사용 목적

        ㉮ **무결성**: 정확하고 유효한 데이터만 유지

        ㉯ **보안**: 허가받지 않은 사용자의 데이터 접근 차단, 허가된 사용자에 권한 부여

        ㉰ **회복**: 장애가 발생해도 데이터 일관성 유지

        ㉱ **동시성 제어**: 동시 공유 지원

❶ 데이터베이스 관리 시스템(DMBS)

(1) 데이터베이스 관리 시스템(DBMS : Data Base Management System)

파일 시스템의 문제를 해결하기 위해 제시된 소프트웨어 조직에 필요한 데이터를 데이터베이스에 통합하여 저장하고 관리함

① 응용 프로그램과 데이터의 중재자 역할로 모든 응용 프로그램들이 데이터베이스를 공유할 수 있도록 한다.

② 데이터베이스를 관리하고 사용자가 요구하는 데이터를 데이터베이스에서 찾아내어 제공하는 역할을 수행하는 소프트웨어의 총칭이다.

(2) DBMS의 장단점

장점	단점
• 데이터 중복 최소화 • 데이터 공유 (일관성유지) • 일관성, 무결성, 보안성 유지 • 사용자 중심의 데이터 처리 • 데이터 표준화 적용가능 • 데이터 접근 용이 • 데이터 저장공유로 인한 절약	• 데이터베이스 전문가 필요 • DBMS 구축 서버필요 및 유지비 • 백업과 복구 어려움 • 대용량 디스크로 엑세스 집중시 명목 현상으로 과부화 발생 • 대용량 데이터 처리가 어려움

(3) 데이터베이스의 기능

① **정의 기능**(Definition) ⋯ 데이터베이스 구조를 정의하거나 수정할 수 있다.

② **조작 기능**(Manipulation) ⋯ 데이터를 삽입, 삭제, 수정, 검색하는 연산을 할 수 있다.

③ **제어 기능**(Control) ⋯ 데이터를 항상 정확하고 안전하게 유지할 수 있다.

(4) DBMS의 특징

① **데이터 무결성** ⋯ 부적절한 자료가 입력되어 동일한 내용에 대해 서로 다른 데이터가 저장되는 것을 허용하지 않는 성질

② **데이터 일관성** ⋯ 삽입, 삭제, 갱신, 생성 후에도 저장된 데이터가 모순이 없고 동일한 규칙내에 일정해야 하 는 성질

③ **데이터 회복성** … 장애가 발생했을 때 특정 상태로 복구되어야하는 성질

④ **데이터 보안성** … 불법적인 노출과 변경으로부터 보호하는 성질

⑤ **데이터 효율성** … 응답시간, 저장공간 활용들이 최적화 되어야하는 성질

(5) 데이터베이스 관리 시스템의 발전 과정

① 1세대 … 네트워크 DBMS, 계층 DBMS

  ㉠ **네트워크 DBMS** : 데이터베이스를 그래프 형태로 구성한다.

  ㉡ **계층 DBMS** : 데이터베이스를 트리 형태로 구성한다.

② 2세대 … 관계 DBMS

데이터베이스를 테이블 형태로 구성한다.

③ 3세대 … 객체지향 DBMS, 객체관계 DBMS

객체지향의 개념을 활용한 DBMS이다

(6) 데이터베이스 관리 시스템의 주요 구성요소

① **질의 처리기** … 사용자의 데이터 처리 요구를 해석해 처리한다. DDL 컴파일러, DML 프리 컴파일러, DML, 컴파일러 등을 포함한다.

② **저장 데이터 관리자** … 디스크에 저장된 사용자 데이터베이스와 데이터 사전을 관리하고, 여기에 실제로 접근하는 역할을 담당한다.

❷ 스키마(Schema)

(1) 데이터베이스 구성 요소들의 상호 관계를 논리적으로 정한 것으로, 데이터의 구조와 제약 조건에 대해 기술한 것이다.

(2) 데이터베이스를 구성하는 개체, 속성, 관계 등 구조에 대한 정의와 이에 대한 제약 조건들을 기술한 것이다.

(3) 스키마의 종류

외부 스키마 (External Schema)	• 서브 스키마(Sub Schema)라고도 함 • 스키마 전체를 이용자의 관점에 따라 부분적으로 분할한 스키마의 부분집합 • 사용자나 응용 프로그래머가 직접 필요로 하는 데이터 구조를 의미 • 여러 개의 외부 스키마가 존재할 수 있음
개념 스키마 (Conceptual Schema)	• 통상적으로 스키마라고도 함 • 논리적(Logical) 입장에서의 데이터베이스 전체 구조 • 데이터의 모양을 나타내는 도표로서 스키마로 불림 • 각각의 응용 시스템이 필요로 하는 데이터 구조로 하나만 존재함 • 접근 권한, 보안 정책, 무결성 규칙을 명세함
내부 스키마 (Internal Schema)	• 물리적 스키마(Physical Schema)라고도 함 • 물리적 입장에서 액세스하는 데이터베이스 구조를 의미 • 기억장치 내에 실질적으로 구성된 구조를 의미

① **외부 스키마**(External Schema) … 일반 사용자나 응용 프로그래머가 각 개인의 입장에서 필요로 하는 데이터베이스의 논리적 구조

② **개념 스키마**(Conceptual Schema) … 모든 응용에 대한 전체적인 구조

③ **내부 스키마**(Internal Schema) … 물리적 저장장치의 입장에서 본 데이터베이스 구조

(4) 데이터베이스 사용자

① **데이터베이스 관리자**
　㉠ 데이터베이스 시스템의 모든 관리와 운영에 대한 책임을 지고 있는 사람을 의미한다.
　㉡ 데이터베이스 관리자의 역할
　　㉮ 데이터베이스 도입, 운영에 필요한 계획을 수립 및 시행한다.
　　㉯ 스키마를 정의한다.
　　㉰ 데이터의 저장 구조 및 접근 방법을 정의한다.
　　㉱ 사용자들에게 접근 권한을 부여한다.
　　㉲ 데이터 보안에 대한 조치를 시행한다.
　　㉳ 복구 절차와 무결성 유지를 위한 대책을 수립한다.
　　㉴ 데이터 사전을 유지 및 관리한다.
　　㉵ 시스템 감시 및 성능 분석을 한다.

② **응용 프로그래머**
　㉠ 응용 프로그램을 설계하고 개발한다.
　㉡ 일반 사용자의 인터페이스를 제공한다.

③ 일반 사용자 … 데이터의 검색이나 삽입, 삭제, 갱신 작업 등의 목적으로 터미널에서 질의어나 응용 프로그램을 통하여 데이 터베이스의 접근한다.

(5) 데이터 사전(Data dictionary)

① 정의 … 데이터베이스에 저장되는 데이터에 관한 정보를 저장하는 곳을 데이터 사전 또는 시스템 카탈로그(System catalog)라고 한다.

② 특징 … 참고해야 되는 스키마, 사상 정보, 다양한 제약조건 등을 저장하고 있으며 데이터에 대한 데이터(data about data)를 의미해 메타 데이터(Meta data)라고도 한다.

section 4 관계 데이터 모델

❶ 관계 데이터 모델

(1) 정의

하나의 릴레이션(relation)에 개체에 관한 데이터를 넣어서 데이터베이스에 저장한다.

관계 데이터 모델은 2차원 구조의 테이블 형태를 통해 자료를 표현하는 것으로 릴레이션은 데이터들을 2차원 테이블의 구조로 저장한 것을 뜻한다.

> 📢 TIP
> • **하둡**(Hadoop) : 빅데이터를 분할하여 저장하고 처리하기 위한 소프트웨어
> • **빅데이터**(Big Data) : 과거 아날로그 환경에서 생산되던 데이터에 비해 그 규모가 방대하고 생성 주기도 짧으며 수치 데이터뿐만 아니라 문자와 영상 데이터를 포함하는 대규모 데이터
> • **인공지능**(AI) : 인간의 학습능력과 추론능력 그리고 언어이해능력을 컴퓨터 프로그램으로 실현하는 학문 또는 기술
> • **머신러닝**(Machine Learning, 기계학습) : 인공지능에 속한 분야로, 데이터를 통해 기계가 스스로 학습하게 하는 방법을 의미
> • **지도학습**(Supervised Learning) : 훈련 데이터(Training Data)로 부터 예측/추정(prediction, estimation), 분류(classification) 함수를 만들어 내는 기계학습 방법
> • **비지도학습**(Unsupervised Learning) : 관찰한 데이터로 부터 숨겨진 패턴/규칙을 탐색, 찾아내는 기계학습 방법

(2) 릴레이션(Relation) 용어

① 속성(Attribute)

㉠ 릴레이션을 구성하는 각각의 열을 말한다.

ⓛ 개체의 특성이나 상태를 나타낸다.

ⓒ 파일 구조의 필드와 같은 의미이다.

ⓔ 한 릴레이션에서 속성의 수를 차수라고 한다.

② **튜플**(tuple)

㉠ 릴레이션을 구성하는 각각의 행을 말한다.

ⓛ 속성값들의 집합으로 구성된다.

ⓒ 파일 구조의 레코드와 같은 의미이다.

ⓔ 한 릴레이션에서 튜플의 전체 개수를 카디널리티(Cardinality)라고 한다.

③ **도메인**(domain) … 속성이 가질 수 있는 모든 값의 집합을 해당 속성의 도메인이라고 한다.

④ **차수**(degree)

㉠ 릴레이션 하나의 속성 전체 개수를 차수(degree)라고 한다.

ⓛ 모든 릴레이션은 적어도 1개 이상의 차수를 가지고 있어야 한다.

(3) 릴레이션(Relation) 특성

① **속성의 원자성** … 속성은 여러 개의 값을 가질 수 없다. 즉 속성 값은 더는 분해할 수 없는 하나의 값만을 가질 수 있다

② **속성의 무순서**

③ **튜플의 유일성**

④ **튜플의 무순서**

(4) 키(Key)

> **TIP** 키의 특성
> • 유일성(uniqueness) : 하나의 릴레이션에서 모든 튜플은 서로 다른 키 값을 가져야 함
> • 최소성(minimality) : 꼭 필요한 최소한의 속성들로만 키를 구성

① **키(Key)의 종류**

㉠ 기본키(Primary) : 여러 개의 후보키들 중에서 기본적으로 사용하는 대표키다.

<기본키 선택시 고려사항>
1. 널(Null) 값을 가질 수 있는 속성이 포함된 후보키는 부적합
2. 값이 자주 변경되는 속성이 포함된 후보키는 부적합
3. 자릿수가 적은 정수나, 단순 문자열과 같은 단순한 후보키가 적합

ⓛ 슈퍼키(Super)

㉮ 슈퍼키는 유일성의 특성을 만족하는 속성 또는 속성의 묶음이다.

ⓝ 유일성은 슈퍼키가 반드시 가져야하는 기본 특성이다.

ⓓ 유일성이란 하나의 릴레이션에서 키로 지정된 속성 값은 튜플마다 달라야 한다는 의미이다.(키 값이 같은 튜플은 없음)

ⓒ **후보키**(Candidate)

㉮ 후보키는 유일성과 최소성을 만족하는 속성 또는 속성의 묶음이다.

㉯ 최소성은 꼭 필요한 최소한의 속성들로만 키를 구성하는 특성이다.

ⓔ **대체키**(Alternate) : 대체키는 기본키로 선택되지 못한 후보키들이다.

ⓜ **외래키**(Foreign) : 외래키는 어떤 릴레이션에 있는 속성이나 속성의 묶음이 다른 릴레이션의 기본키가 되는 키다.

(5) 무결성 제약 조건(integrity constraint)

데이터의 무결성을 보장하고 일관된 상태로 유지하기 위한 규칙

무결성 : 데이터를 결함이 없는 상태, 즉 정확하고 유효하게 유지하는 것

① **개체 무결성 제약 조건**(entity integrity constraint) ··· 기본키를 구성하는 모든 속성은 null값을 가져서는 안된다는 규칙이다.

② **참조 무결성 제약조건**(referential integrity constraint) ··· 외래키는 참조할 수 없는 값을 가질 수 없다는 규칙이다.

❷ 데이터 모델링

(1) 데이터 모델링

데이터 모델링이란 현실에서 주어진 개념을 컴퓨터 세계의 데이터베이스로 옮기는 작업을 데이터 모델링이라고 한다.

① 개념적 데이터 모델링 + 논리적 데이터 모델링 ⇒ 데이터베이스 설계

② **개체 – 관계 모델** ··· 개체 – 관계 모델은 말 그래도 개체와 개체간의 관계를 이용해서 현실의 세계를 개념적인 구조로 표현하는 방법이다. E–R 다이어그램이라고 한다.

ⓐ **개체** : 개체는 사물이나 사람처럼 구별되는 모든 것을 뜻한다. 개념적 모델링에 중요한 요소이며 저장할 만한 가치가 있는 데이터를 말한다.

ⓑ **속성** : 개체가 가지고 있는 고유한 특성이다.

(2) 관계

개체와 개체가 맺고 있는 연광성으로 대응관계, 매핑을 의미한다. 관계는 3가지 유형으로 1 : 1 일대일, 1 : N 일대다, N : N 다대다로 분류된다.

① 1 : 1 관계 … 개체 X의 인스턴스 하나가 개체 Y의 인스턴스 하나와 관계를 맺을 수 있고 반대로 개체 Y의 인스턴스 하나가 X 개체의 인스턴스 하나와 계를 맺을 수 있다면 두 관계는 일대일의 관계이다.

② 1 : N 관계 … 개체 X의 인스턴스 하나가 개체 Y의 인스턴스 여러 개와 관계를 맺을 수 있지만 개체 Y의 인스턴스는 하나의 개체 X 인스턴스와 관계를 맺을 수 있다.

③ N : N 관계 … 개체 X의 인스턴스 여러 개가 개체 Y의 인스턴스 여러 개와 관계를 맺고 Y의 인스턴스 여러 개가 X의 인스턴스 여러 개와 관계를 맺는 것을 의미한다.

❸ 논리적 데이터 모델

사용자의 입장에서 표현된 개념적 구조를 데이터베이스에 저장할 형태로 표현한 논리적인 구조를 말한다. 사용자가 생각하는 데이터베이스의 모습이고, 논리적 데이터 모델로 표현된 데이터베이스의 논리적 구조가 바로 데이터베이스 스키마이다.

(1) 계층 데이터 모델

계층 데이터 모델은 논리적 구조가 트리형식으로 각각의 개체와 개체간의 관계를 표현한 모델이다. 개체와 개체사이의 관계는 선으로 나타내는데 1 : N관계만 표현할 수 있고, 개체 사이의 관계를 단 하나만 정의할 수 있다.

(2) 네트워크 데이터 모델

네트워크 데이터 모델은 데이터베이스의 논리적 구조가 그래프 또는 네트워크 형식이다. 개체를 표현하고 관계를 표현했고, 개체들의 관계를 화살표로 나타내고 화살표는 1 : N관계만 표현할 수 있다.

❹ 스키마의 구성요소

(1) 속성(Attribute)

릴레이션 스키마의 열

(2) 도메인(Domain)

속성이 가질 수 있는 값의 집합

(3) 차수(Degree)

속성의 개수

section 5 관계 대수(relational algebra)

(1) 관계대수의 정의

원하는 결과를 얻기 위해 데이터의 처리 과정을 순서대로 기술하는 절차 언어(Procedural language)이다.

(2) 일반 집합 연산자

릴레이션이 튜플의 집합이라는 개념을 활용하는 연산자이다.

연산자	기호	표현	의미
합집합	U	RUS	릴레이션이 튜플의 집합이라는 개념을 활용하는 연산자이다.
교집합	∩	R∩S	릴레이션 R과 S의 교집합 반환
차집합	−	R−S	릴레이션 R과 S의 차집합 반환
카티션 프로젝트	X	RXS	릴레이션 R의 각 튜플과 릴레이션 S의 각 튜플을 모두 연결하여 새로운 튜플을 반환

(3) 순수 관계 연산자

릴레이션의 구조와 특성을 이용하는 연산자

연산자	기호	표현	의미
셀렉트	시그마(σ)	σ(조건)(R)	릴레이션 R에서 조건을 만족하는 튜플들을 반환
프로젝트	파이(π)	π(속성리스트)(R)	릴레이션 R에서 주어진 속성들의 값으로만 구성된 튜플들을 반환
조인	⋈	R⋈S	공통 속성을 이용해 릴레이션 R과 S의 튜플들을 연결하여 만들어진 새로운 튜플들을 반환
디비전	÷	R÷S	릴레이션 S의 모든 튜플과 관련이 있는 릴레이션 R의 튜플들을 반환

(4) 확장된 관계 대수 연산자

① 세미 조인 … 조인 속성으로 프로젝트한 릴레이션을 이용해 조인한다.

② 외부 조인 … 결과 릴레이션에 자연 조인 연산에서 제외되었던 모든 튜플을 포함시킨다.

(5) 관계해석(Relational Calculus)

① 정의 … 데이터 모델의 제안자인 코드(E. F. Codd)가 수학의 Predicate Calculus(술어 해석)에 기반을 두고 RDB를 위해 제안

② 특징
  ㉠ 관계 데이터의 연산을 표현하는 방법, 원하는 정보를 정의할 때는 계산 수식 사용
  ㉡ 원하는 정보가 무엇이라는 것만 정의하는 비절차적 특성을 지님
  ㉢ 튜플 관계해석, 도메인 관계해석이 존재
  ㉣ 관계대수로 표현한 식은 관계해석으로 표현 가능
  ㉤ 질의어로 표현

기호	구성요소	설명
∀	전칭 전량자	가능한 모든 튜플에 대하여(For All)
∃	존재 전량자	하나라도 일치하는 튜플이 있음(There Exists)

section 6 SQL(Structured Query Language)

(1) SQL(Structured Query Language) 정의

관계 데이터 언어 중 표준으로 제정된 언어이다. SQL은 관계 대수와 관계 해석을 기초로 한 선언적 형태의 고급데이터 언어라고 할 수 있다

① 데이터 정의문 … 테이블을 생성하고 변경 · 제거하는 기능을 제공
  CREATE, ALTER, DROP

② 데이터 조작문 … 테이블에 새 데이터를 삽입하거나, 테이블에 저장된 데이터를 수정 · 삭제 · 검색하는 기능을 제공
  SELECT, INSERT, DELETE, UPDATE

③ 데이터 제어문 … 보안을 위해 데이터에 대한 접근 및 사용 권한을 사용자별로 부여하거나 취소하는 기능을 제공하는 언어. 데이터베이스 관리자가 주로 사용.
  GRANT, REVOKE, LOCK 등

(2) 발전 역사

① SEQUEL[i](Structured English QUEry Language)에서 유래

② 미국 표준 연구소인 ANSI와 국제 표준화 기구인 ISO에서 표준화 작업을 진행, 계속 수정 및 보완되고 있음

(3) 사용방식

① 대화식 SQL … 데이터베이스 관리 시스템(DBMS – 수업에서는 mssql)에 직접 접근해 질의를 작성하여 실행

② 삽입 SQL … 프로그래밍 언어로 작성된 응용 프로그램에 삽입

(4) 데이터 정의 언어(DDL : Data Definition Language)

```
테이블 생성 : CREATE TABLE
테이블 변경 : ALTER TABLE
테이블 삭제 : DROP TABLE
```

① 테이블 생성

CREATE TABLE 테이블_이름(

속성_이름 데이터_타입 [NOT NULL] [DEFAULT 기본_값]

[PRIMARY KEY (속성_리스트)]

[UNIQUE (속성_리스트)]

[FOREIGN KEY (속성_리스트) REFERENCES 테이블_이름(속성_리스트)] [ON DELETE 옵션] [ON UPDATE 옵션]

[CONSTRANT 이름] [CHECK(조건)]

):

```
RIMARY KEY : 기본키로 사용할 속성 또는 속성의 집합을 지정
UNIQUE : 대체키로 사용할 속성 또는 속성의 집합을  지정, 중복 허용 안됨
FOREIGN KEY~REFERENCES~ : 참조할 다른 테이블과 그 테이블을 참조할 때 사용할 외래키 속성을 지정함
```

② 테이블 변경

㉠ 새로운 속성의 추가 : ALTER TABLE 테이블_이름 ADD 속성_이름 데이터_타입 [NOT NULL] [DEFAULT 기본_값]:

㉡ 기존 속성의 삭제 : ALTER TABLE 테이블_이름 DROP COLUMN 속성_이름:

㉢ 새로운 제약조건의 추가 : ALTER TABLE 테이블_이름 ADD CONSTRAINT 제약조건_이름 제약조건_내용:

㉣ 기존 제약조건의 삭제 : ALTER TABLE 테이블_이름 DROP CONSTRAINT 제약조건_이름:

연구용 관계 데이터베이스 관리 시스템인 SYSTEM R을 위한 언어

> ADD : 새로운 속성(열)을 추가할 때 사용함
> ALTER : 특정 속성의 Default 값을 변경할 때 사용함
> DROP COLUMN : 특정 속성을 삭제할 때 사용함

③ 테이블 삭제

DROP TABLE 테이블_이름:

> CASCADE : 제거할 요소를 참조하는 다른 모든 개체를 함께 제거, 외래키와 관계를 맺고 있는 모든 데이터를 제거하는 참조 무결성 제약 조건을 설정하기 위해 사용됨
> RESTRICT : 다른 개체가 제거할 요소를 참조중일 때는 제거를 취소함

(5) 데이터 조작 언어(DML : Data Manipulation Language)

> 데이터 검색 : SELECT
> 데이터 삽입 : INSERT
> 데이터 수정 : UPDATE
> 데이터 삭제 : DELETE

① 데이터 검색

　㉠ 기본 검색

　　SELECT [ALL | DISTINCT] 속성_리스트

　　FROM 테이블_리스트:

　㉡ 산술식을 이용한 검색

　　SELECT 키워드와 함께 산술식을 제시할 수 있다.

　㉢ 조건 검색

　　SELECT [ALL | DISTINCT] 속서_리스트

　　FROM 테이블_리스트

　　[WHERE 조건]:

　㉣ LIKE를 이용한 검색 : 부분적으로만 알고 있다면 = 대신 LIKE 키워드를 사용한다. LIKE 키워드는 문자열을 이용하는 조건에만 사용할 수 있다.

　㉤ NULL을 이용한 검색 : 검색 조건에서 널 값은 다른 값과 크기를 비교하면 결과가 모두 거짓(False)가 된다.

　㉥ 정렬 검색

　　SELECT [ALL | DISTINCT] 속성_리스트

　　FROM 테이블_리스트

　　[WHERE 조건]

　　[ORDER BY 속성_리스트 [ASC | DESC]]:

ⓐ 집계 합수를 이용한 검색

함수	의미	속성 타입
COUNT	속성 값의 개수	모든 데이터
MAX	속성 값의 최댓값	
MIN	속성 값의 최솟값	
SUM	속성 값의 합계	숫자 데이터
AVG	속성 값의 평균	

ⓞ 그룹별 검색

SELECT [ALL | DISTINCT] 속성_리스트

FROM 테이블_리스트

[WHERE 조건]

[GROUP BY 속성_리스트 [HAVING 조건]]:

[ORDER BY 속성_리스트 [ASC | DESC]]:

ⓩ 여러 테이블에 대한 조인 검색 : 여러 개의 테이블을 연결하여 데이터를 검색하는 것을 조인 검색이라 한다. 조인 검색을 하려면 테이블을 연결해주는 속성이 필요하고 이 속성을 조인 속성이라 한다.

ⓩ 부속 질의문을 이용한 검색 : SELECT 문 안에 또 다른 SELECT 문을 포함할 수 도 있다. SELECT 문 안에 ㅇ들어 있는 SELECT 문을 부속 질의문 또는 서브 질의문(Sub Query)이라 하며 다른 SELECT 문을 포함하는 SELECT 문을 상위 질의문 또는 주 질의문(Main Query)이라 한다.

명칭	위치	영문
스칼라 부속질의	SELECT 절	scalar sub query
인라인 뷰	FROM 절	inline view table subquery
중첩질의	WHERE 절	nested sub query / predocate subquery

② 데이터 삽입

㉠ 데이터 직접 삽입

INSERT

INTO 테이블_이름[(속성_리스트)]

VALUES (속성값_리스트):

㉡ 부속 질의문을 이용한 데이터 삽입

INSERT

INTO 테이블_이름[(속성_리스트)]

SELECT 문:

③ 데이터 수정

UPDATE 테이블_이름

SET 속성_이름1 = 값1, 속성_이름2=값2. …

[WHERE 조건]:

④ 데이터 삭제

DELETE

FROM 테이블_이름

[WHERE 조건]:

(6) 데이터 제어 언어(DCL : Data Control Language)

다수의 사용자가 데이터베이스를 공용하고 정확성을 유지하기 위한 데이터 제어를 정의하고 기술하는 언어이다.

① 데이터의 보안, 무결성, 회복과 밀접한 관련이 있다.

② DCL 명령어의 종류 … GRANT, REVOKE, COMMIT, ROLLBACK가 있다.

ⓐ GRANT

㉮ 사용자에게 조작에 대한 권한을 부여하는 명령문이다.

㉯ 권한 종류 : SELECT, INSERT, DELETE, UPDATE 등이 있다.

ⓑ REVOKE

㉮ 사용자에게 조작에 대한 권한을 취소하는 명령문이다.

㉯ 권한 종류 : SELECT, INSERT, DELETE, UPDATE 등이 있다.

ⓒ COMMIT

㉮ 트랜잭션 실행이 성공적으로 종료되었음을 선언하는 연산이다.

㉯ 변경된 내용을 데이터베이스에 저장할 때 사용한다.

ⓓ ROLLBACK

㉮ 트랜잭션 실행이 실패하였음을 선언하는 연산이다.

㉯ 변경된 내용을 원래의 상태로 되돌릴 때 사용한다.

> **TIP** 트랜잭션
> • 데이터베이스에 대한 일련의 처리를 하나로 모은 작업 단위이다.
> • 데이터베이스의 상태를 변화시키기 위하여 논리적 기능을 수행하는 하나의 작업 단위이다.
> • 하나의 트랜잭션은 COMMIT 되거나 ROLLBACK 되어야 한다.

(7) 뷰

① 뷰(View) ⋯ 다른 테이블을 기반으로 만들어진 가상 테이블(Virtual table)

　㉠ 뷰의 특징

　　㉮ 기본 테이블로 부터 유도된 테이블이기 때문에 기본 테이블과 같은 형태의 구조를 사용, 조작도 기본 테이블과 거의 같음

　　㉯ 가상 테이블이기 때문에 물리적으로 구현이 되지 않음

　　㉰ 논리적 독립성을 제공할 수 있음

　　㉱ 필요 데이터만 뷰로 정의해서 처리할 수 있기 때문에 관리가 용이하고 명령문이 간단해짐

　　㉲ 데이터에 접근하게 하면 뷰에 나타나지 않는 데이터를 안전하게 보호하는 효율적인 기법으로 사용

　　㉳ 기본 테이블의 기본키를 포함한 속성(열) 집합으로 뷰를 구성해야만 삽입, 삭제, 갱신 연산이 가능

　　㉴ 일단 정의된 뷰는 다른 뷰의 정의에 기초가 될 수 있음

　　㉵ 뷰를 정의할 때는 CREATE문, 제거할 때는 DROP문을 사용

　㉡ 뷰의 장단점

장점	• 논리적 데이터 독립성을 제공 • 동일 데이터에 대해 동시에 여러 사용자의 상이한 응용이나 요구를 지원해줌 • 사용자의 데이터 관리를 간단하게 해줌 • 접근 제어를 통한 자동 보안이 제공
단점	• 독립적인 인덱스를 가질 수 없음 • 뷰의 정의를 변경할 수 있음 • 뷰로 구성된 내용에 대한 삽입, 삭제, 갱신 연산에 제약이 따름

② 뷰의 생성

CREATE VIEW 뷰_이름[(속성_리스트)]

AS SELECT 문

[WITH CHECK OPTION]:

③ 뷰의 삭제

DROP VIEW 뷰_이름:

(8) 삽입 SQL

프로그래밍 언어로 작성한 응용 프로그램에 삽입하여 사용하는 SQL 문으로 커서가 필요하다.

커서 : 수행 결과로 반환된 여러 행을 한 번에 하나씩 가르키는 포인터 역할

① 커서가 필요 없는 삽입 SQL ⋯ CREATE TABLE / INSERT / DELETE / UPDATE / 행 하나를 결과로 반환하는 SELECT

② 커서가 필요한 삽입 SQL … 여러 행을 결과로 반환하는 SELECT

트리거 : 데이터 변경문(INSERT, DELETE, UPDATE)이 실행될 때 자동으로 따라서 실행되는 프로시저를 말한다.

(9) 키의 정의

① PRIMARY KEY … 기본키를 지정하는 키워드

예 PRIMARY KEY(고객아이디)

예 PRIMARY KEY(주문고객, 주문제품)

② UNIQUE

  ㉠ 대체키를 지정하는 키워드

  ㉡ 대체키로 지정되는 속성의 값은 유일성을 가지며 기본키와 달리 널 값이 허용됨

    예 UNIQUE(고객이름)

③ FOREIGN KEY

  ㉠ 외래키를 지정하는 키워드

  ㉡ 외래키가 어떤 테이블의 무슨 속성을 참조하는지 REFERENCES 키워드 다음에 제시

  ㉢ 참조 무결성 제약조건 유지를 위해 참조되는 테이블에서 투플 삭제 시 처리 방법을 지정하는 옵션

④ CHECK

  ㉠ 데이터 무결성 제약조건의 정의

  ㉡ 테이블에 정확하고 유효한 데이터를 유지하기 위해 특정 속성에 대한 제약조건을 지정

(10) SQL을 이용한 데이터 조작

① 데이터 검색 … 검색 결과는 테이블 형태로 반환된다.

  ㉠ ALL : 결과 테이블이 튜플의 중복을 허용하도록 지정, 생략 가능

  ㉡ DISTINCT : 결과 테이블이 튜플의 중복을 허용하지 않도록 지정

② AS 키워드는 생략 가능

③ WHERE 조건 검색 … 조건을 만족하는 데이터만 검색

section 7 정규화

① 데이터베이스의 이상현상

(1) 이상(Anomaly)

정규화를 거치지 않은 데이터들은 불필요하게 중복되어 릴레이션 조작 시 예기치 못한 곤란한 현상이 발생함, 이를 이상이라 하며 삽입 이상, 삭제 이상, 갱신 이상이 존재함

(2) 목적

① 불필요한 데이터(data redundancy)를 제거해 불필요한 중복을 최소화한다.

② 삽입/갱신/삭제 시 발생할 수 있는 각종 이상 현상(Anomaly)을 방지하기 위해서, 테이블의 구성을 논리적이고 직관적으로 한다.

③ 이상현상의 종류
   ㉠ 삽입 이상 : 새 데이어를 삽입하기 위해 불필요한 데이터도 함께 삽입해야 하는 문제
   ㉡ 삭제 이상 : 중복 튜플 중 일부만 변경하여 데이터가 불일치하게 되는 모순의 문제
   ㉢ 갱신 이상 : 튜플을 삭제하면 꼭 필요한 데이터까지 함께 삭제되는 데이터 손실의 문제

(3) 데이터베이스의 함수 종속성(Functional Dependency)

A → B이고 B → C일 때 A → C를 만족하는 관계를 의미

함수적 종속은 데이터들이 어떤 기준값에 의해 종속되는 것을 의미

② 정규화

(1) 정규화(Normalization)

① 정의 ··· 함수적 종속성 등의 종속성 이론을 이용하여 잘못 설계된 관계형 스키마를 더 작은 속성의 세트로 쪼개어 바람직한 스키마로 만드는 과정

② 특징
   ㉠ 하나의 종속성이 하나의 릴레이션에 표현될 수 있도록 분해해 가는 과정
   ㉡ 종류 : 제1~5 정규형

(2) 반정규화(De-Normalization)

① **정의** … 시스템의 성능 향상, 개발 및 운영의 편의성 등을 위해 정규화된 데이터 모델을 통합, 중복, 분리하는 과정으로 의도적으로 정규화 원칙을 위배하는 행위

② **특징**
   ㉠ 시스템 성능이 향상되고 관리의 효율성은 증가하지만 데이터의 일관성 및 정확성이 저하될 수 있으며 오히려 성능을 저하시킬 수 있음
   ㉡ 사전에 데이터의 일관성과 무결성을 우선으로 할지, 데이터베이스의 성능과 단순화를 우선으로 할지를 결정해야 함

(3) 시스템 카탈로그(System Catalog)

① **정의** … 시스템 그 자체에 관련이 있는 다양한 객체에 관한 정보를 포함하는 시스템 데이터베이스

② **특징**
   ㉠ 시스템 카탈로그 내의 각 테이블은 사용자를 포함하여 DBMS에서 지원하는 모든 데이터 객체에 대한 정의나 명세에 관한 정보를 유지 관리하는 시스템 테이블
   ㉡ 카탈로그들이 생성되면 데이터 사전(Data Dictionary)에 저장되기 때문에 좁은 의미로는 카탈로그를 데이터 사전이라고도 함

(4) 정규화 과정

① **제1 정규형** … 릴레이션에 속한 모든 속성의 도메인이 원자 값(Atomic Value)으로만 구성되어 있으면 제1 정규형에 속한다.

② **제2 정규형** … 릴레이션이 제1 정규형에 속하고, 기본키가 아닌 모든 속성이 기본키에 완전 함수 종속되면 제2 정규형에 속한다.

③ **제3 정규형** … 릴레이션이 제2 정규형에 속하고 기본키가 아닌 모든 속성이 기본키에 이행적 함수 종속이 되지 않으면 제3 정규형에 속한다.

④ **BCNF 정규형** … 제3 정규화를 진행한 테이블에 대해 모든 결정자가 후보키가 되도록 테이블을 분해하는 것입니다.

⑤ **제4 정규형** … 고급 정규형으로 분류되는 제4 정규형은 릴레이션이 보이스/코드 정규형을 만족하면서, 함수 종속이 아닌 다치 종속(MVD : Multi Valued Dependency)을 제거해야 만족할 수 있다.

⑥ **제5 정규형** … 릴레이션이 제4 정규형을 만족하면서 후보키를 통하지 않는 조인 종속(Join Dependency)을 제거해야 만족할 수 있다.

section 8 트랜잭션(Transaction)

(1) 정의

데이터베이스의 상태를 변환시키는 하나의 논리적 기능을 수행하기 위한 작업의 단위 또는 한꺼번에 모두 수행되어야 할 일련의 연산들을 의미한다.

(2) 특징

① 트랜잭션은 데이터베이스 시스템에서 병행 제어 및 회복 작업 시 처리되는 작업의 논리적 단위이다.

② 사용자가 시스템에 대한 서비스 요구 시 시스템이 응답하기 위한 상태 변환 과정의 작업단위이다.

③ 하나의 트랜잭션은 Commit되거나 Rollback된다.

(3) 트랜잭션의 성질(ACID)

데이터 트랜잭션이 안전하게 수행된다는 것을 보장하기 위해 데이터베이스가 가져야 하는 성질 4가지

① 원자성(Atomicity)
   ㉠ 트랜잭션의 연산은 데이터베이스에 모두 반영되든지 아니면 전혀 반영되지 않아야 한다.
   ㉡ 트랜잭션 내의 모든 명령은 반드시 완벽히 수행되어야 하며, 모두가 완벽히 수행되지 않고 어느 하나라도 오류가 발생하면 트랜잭션 전부가 취소되어야 한다.

② Consistency(일관성)
   ㉠ 트랜잭션이 그 실행을 성공적으로 완료하면 언제나 일관성 있는 데이터베이스 상태로 변환한다.
   ㉡ 시스템이 가지고 있는 고정요소는 트랜잭션 수행 전과 트랜잭션 수행 완료 후의 상태가 같아야 한다.

③ Isolation(독립성, 격리성)
   ㉠ 둘 이상의 트랜잭션이 동시에 병행 실행되는 경우 어느 하나의 트랜잭션 실행중에 다른 트랜잭션의 연산이 끼어들 수 없다.
   ㉡ 수행중인 트랜잭션은 완전히 완료될 때까지 다른 트랜잭션에서 수행 결과를 참조할 수 없다.

④ Durablility(영속성, 지속성) … 성공적으로 완료된 트랜잭션의 결과는 시스템이 고장나더라도 영구적으로 반영되어야 한다.

(4) 트랜잭션 연산

① 커밋(Commit) 연산 … 모든 작업이 성공적으로 처리되면 모든 변경 내용을 한꺼번에 반영시킨다.

② 롤백(Rollback) 연산 … 트랜잭션을 수행하는 데 실패했음을 선언(작업 취소)

(5) 트랜잭션의 상태

① **활동**(Active) ··· 트랜잭션이 실행중인 상태

② **실패**(Failed) ··· 트랜잭션 실행에 오류가 발생하여 중단된 상태

③ **철회**(Aborted) ··· 트랜잭션이 비정상적으로 종료되어 Rollback 연산을 수행한 상태

④ **부분 완료**(Partially Committed) ··· 트랜잭션의 마지막 연산까지 실행했지만, Commit 연산이 실행되기 직전의 상태

⑤ **완료**(Committed) ··· 트랜잭션이 성공적으로 종료되어 Commit 연산을 실행한 후의 상태

(6) 장애와 회복

① **장애**
- ㉠ 트랜잭션 장애 : 트랜잭션 수행 중 오류가 발생하여 정상적으로 수행을 계속할 수 없는 상태
- ㉡ 시스템 장애 : 하드웨어의 결함으로 정상적으로 수행을 계속할 수 없는 상태
- ㉢ 미디어 장애 : 디스크 장치의 결함으로 디스크에 저장된 데이터베이스의 일부 혹은 전체가 손상된 상태

② **회복**
- ㉠ 덤프 : 데이터베이스 전체를 다른 저장 장치에 주기적으로 복사하는 방법
- ㉡ 로그 : 데이터베이스에서 변경 연산이 실행될 때마다 데이터를 변경하기 이전 값과 변경한 이후의 값을 별도의 파일에 기록하는 방법
- ㉢ redo : 가장 최근에 저장한 데이터베이스 복사본을 가져온 후 로그를 이용해 복사본이 만들어진 이후에 실행된 모든 변경 연산을 재실행하여 장애가 발생하기 직전의 데이터베이스 상태로 복구
- ㉣ undo : 로그를 이용해 지금까지 실행된 모든 변경 연산을 취소하여 데이터베이스를 원래의 상태로 복구

(7) 병행제어

① **병행 수행과 병행 제어**
- ㉠ 여러 사용자가 데이터베이스를 동시에 공유할 수 있도록 여러 개의 트랜잭션이 동시에 수행되는 병행 수행(Concurrency)을 지원한다.
- ㉡ 여러 개의 트랜잭션이 병행 수행되면서 같은 데이터에 접근하여 연산을 실행하더라도, 문제가 발생하지 않고 정확한 수행 결과를 얻을 수 있도록 트랜잭션의 수행을 제어하는 것을 병행 제어(Concurrency control) 또는 동시성 제어라고 한다.

② 병행 제어 기법이란?

　　㉠ 병행 수행하면서도 정확한 결과를 얻을 수 있는 직렬 가능성을 보장하는 것이다.

　　㉡ 로킹 기법 : 병행 수행되는 트랜잭션들이 동일한 데이터에 동시에 접근하지 못하도록 lock과 unlock이라는 2개의 연산을 이용해 제어한다.

　　　㉮ lock 연산 : 트랜잭션이 데이터에 대한 독점권을 요청하는 연산

　　　㉯ unlock 연산 : 트랜잭션이 데이터에 대한 독점권을 반환하는 연산

③ 2단계 로킹 규약(Two-phase locking, 2PL) ⋯ 데이터베이스 및 트랜잭션 처리에서 직렬성을 보장하는 동시성 제어 방법이다. 이는 데이터베이스 트랜잭션 스케줄(기록)의 결과 집합 이름이기도 한다. 프로토콜은 트랜잭션에 의해 데이터에 적용되는 잠금을 사용한다. 이는 트랜잭션 수명 동안 다른 트랜잭션이 동일한 데이터에 액세스하는 것을 차단(중지하라는 신호로 해석)할 수 있다.

　　㉠ 확장 단계 : 트랜잭션이 lock 연산만 실행할 수 있고, unlock 연산은 실행할 수 없는 단계

　　㉡ 축소 단계 : 트랜잭션아 unlock 연산만 실행할 수 있고, lock 연산은 실행할 수 없는 단계

출제예상문제

1 SQL에서는 데이터베이스 검색의 성능 및 편의 향상을 위하여 내장함수를 제공한다. 다음 중 SQL의 내장 집계함수(aggregate function)가 아닌 것은?

① COUNT

② SUM

③ TOTAL

④ MAX

TIP TOTAL이라는 내장 집계함수는 존재하지 않는다.
① COUNT : 집계함수로 속성 값의 개수를 계산
② SUM : 집계함수로 속성 값의 합계를 계산
④ MAX : 집계함수로 속성 값의 최댓값을 계산

2 관계데이터베이스 관련 다음 설명에서 ㉠~㉣에 들어갈 용어를 바르게 짝지은 것은?

(㉠) 무결성 제약이란 각 릴레이션(relation)에 속한 각 애트리뷰트(attribute)가 해당 (㉡)을 만족하면서 (㉢)할 수 없는 (㉣) 값을 가져서는 안 된다는 것을 말한다.

	㉠	㉡	㉢	㉣
①	참조	고립성	변경	외래키
②	개체	고립성	참조	기본키
③	참조	도메인	참조	외래키
④	개체	도메인	변경	기본키

TIP 참조 무결성 제약조건은 외래키는 참조할 수 없는 값을 가질 수 없는 규칙이다.

3 다음 E-R 다이어그램을 관계형 스키마로 올바르게 변환한 것은? (단, 속성명의 밑줄은 해당 속성이 기본키임을 의미한다.)

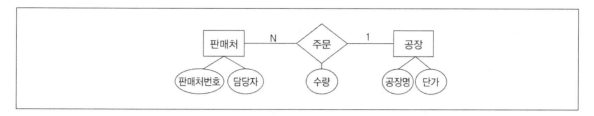

① 판매처(판매처번호, 담당자)
  공장(공장명, 단가, 판매처번호, 수량)

② 판매처(판매처번호, 담당자, 공장명, 수량)
  공장(공장명, 단가)

③ 판매처(판매처번호, 담당자)
  주문(판매처번호, 수량)
  공장(공장명, 단가)

④ 판매처(판매처번호, 담당자)
  주문(공장명, 수량)
  공장(공장명, 단가)

TIP 주문 관계에 판매처(N측), 공장(1측)이므로 1측의 기본키를 N측 릴레이션에 외래키로 추가해야 한다. 1:N 관계이므로 설명속성인 수량을 N측에 추가해도 된다. 만약 주문에 대해 별도의 릴레이션을 생성한다면 외래키로 판매처번호와 공장명을 모두 포함시켜야 하고 기본키는 판매처번호가 되어야 한다.

Answer 3.④

4 데이터베이스 상의 병행제어를 위한 로킹(locking) 기법에 대한 〈보기〉의 설명 중 옳은 것의 총 개수는?

〈보기〉
㉠ 로크(lock)는 하나의 트랜잭션이 데이터를 접근하는 동안 다른 트랜잭션이 그 데이터를 접근할 수 없도록 제어하는 데 쓰인다.
㉡ 트랜잭션이 로크한 데이터에 대해서는 해당 트랜잭션이 종료되기 전에 해당 데이터에 대한 언로크(unlock)를 실행하여야 한다.
㉢ 로킹의 단위가 작아질수록 로크의 수가 많아서 관리가 복잡해지지만 병행성 수준은 높아지는 장점이 있다.
㉣ 2단계 로킹 규약을 적용하면 트랜잭션의 직렬 가능성을 보장할 수 있어서 교착상태 발생을 예방할 수 있다.

① 1개   ② 2개
③ 3개   ④ 4개

TIP 2단계 로킹 규약을 적용하면 트랜잭션의 직렬 가능성을 보장할 수 있지만 교착상태 발생을 막을 수는 없다.

5 관계데이터베이스의 인덱스(index)에 대한 설명으로 옳은 것의 총 개수는?

㉠ 기본키의 경우, 자동으로 인덱스가 생성되며 인덱스 구축 시 두 개 이상의 칼럼(column)을 결합하여 인덱스를 생성할 수 있다.
㉡ SQL 명령문의 검색 결과는 인덱스 사용 여부와 관계없이 동일하며 인덱스는 검색 속도에 영향을 미친다.
㉢ 데이터베이스의 전체적인 성능을 향상시키기 위해서는 테이블의 모든 칼럼(column)에 대하여 인덱스를 생성해야 한다.
㉣ 인덱스는 칼럼(column)에 대하여 생성되며 테이블 내의 데이터를 순차적으로 접근하여 검색 결과를 제공한다.

① 1개   ② 2개
③ 3개   ④ 4개

Answer 4.③ 5.②

6 SQL의 명령을 DDL, DML, DCL로 구분할 경우, 이를 바르게 짝지은 것은?

DDL	DML	DCL
① RENAME	SELECT	COMMIT
② UPDATE	SELECT	GRANT
③ RENAME	ALTER	COMMIT
④ UPDATE	ALTER	GRANT

....

7 트랜잭션의 특성과 이에 대한 설명으로 옳지 않은 것은?

① 원자성(atomicity) : 트랜잭션은 완전히 수행되거나 전혀 수행되지 않아야 한다.

② 일관성(consistency) : 트랜잭션을 완전히 실행하면 데이터베이스를 하나의 일관된 상태에서 다른 일관된 상태로 바꿔야 한다.

③ 고립성(isolation) : 하나의 트랜잭션의 실행은 동시에 실행 중인 다른 트랜잭션의 간섭을 받아서는 안된다.

④ 종속성(dependency) : 완료한 트랜잭션에 의해 데이터베이스에 가해진 변경은 어떠한 고장에도 손실되지 않아야 한다.

TIP 트랜잭션의 특성(ACID)

ㄱ 원자성(Automicity) : 트랜잭션에 포함된 오퍼레이션(작업)들은 모두 수행되거나, 아니면 전혀 수행되지 않아야 한다.

ㄴ 일관성(Consistency) : 트랜잭션이 성공적으로 완료되면, 일관성 있는 상태로 있어야 한다.

ㄷ 고립성, 독립성(Isolation) : 각 트랜잭션은 독립적으로 수행되고, 실행 중 다른 트랜잭션이 끼어들지 않아야 한다.

ㄹ 지속성(Durability) : 성공적으로 수행된 트랜잭션의 결과는 계속해서 유지되어야 한다.

8 직원(사번, 이름, 입사년도, 부서)테이블에 대한 SQL문 중 문법적으로 옳은 것은?

① SELECT COUNT (부서) FROM 직원 GROUP 부서:

② SELECT * FROM 직원 WHERE 입사년도 IS NULL:

③ SELECT 이름, 입사년도 FROM 직원 WHERE 이름='최%':

④ SELECT 이름, 부서 FROM 직원 WHERE 입사년도=(2014, 2015):

TIP • GROUP 부서(X) → GROUP BY 부서(O)→ SELECT COUNT (부서) FROM 직원 GROUP BY 부서:

튜플들을 부서가 같은 것끼리 그룹으로 묶은 뒤, 각 부서별로 튜플 개수를 출력한다.

• 이름 = '최%'(X) → 이름 LIKE '최%'(O)

문자열를 찾을 땐 '=' 기호가 아닌 'LIKE' 표현을 쓴다.

'%'는 문자열을 찾고, '_'는 한 글자만 찾는다.

→ SELECT 이름, 입사년도 FROM 직원 WHERE 이름 LIKE '최%'

이름이 '최'로 시작하는 튜플의 이름과 입사년도를 출력한다.

• 입사년도 = (2014, 2015)(X)

→ 입사년도=2014 OR 입사년도=2015(O)

→ 입사년도 IN(2014, 2015) (O)

둘 이상의 값 중 하나에 맞는 것을 찾을 땐 'OR' 조건식으로 따로 쓰거나, IN 구문으로 묶는다.

→ SELECT 이름, 부서 FROM 직원

WHERE 입사년도 IN(2014, 2015):

입사년도가 2014년이나 2015년인 튜플을 찾아 출력한다.

Answer 7.④ 8.②

9 데이터베이스를 이용한 성적 테이블에서 적어도 2명 이상이 수강하는 과목에 대해 등록한 학생수와 평균점수를 구하기 위한 SQL 질의문을 작성할 경우 빈칸에 적절한 표현은?

[테이블명 : 성적]

학번	과목	성적	점수
100	자료구조	A	90
100	운영체제	A	95
200	운영체제	B	85
300	프로그래밍	A	90
300	데이터베이스	C	75
300	자료구조	A	95

> SELECT 과목, COUNT(*) AS 학생수, AVG(점수) AS 평균점수
> FROM 성적
> GROUP BY 과목

① WHERE SUM(학번) >= 2:

② WHERE COUNT(학번) >= 2:

③ HAVING SUM(학번) >= 2:

④ HAVING COUNT(학번) >= 2:

....

TIP GROUP BY의 조건으로 HAVING을 사용해야하고, 적어도 2명 이상이 수강하는 과목에 대해라는 조건을 만족하려면 COUNT(학번)를 사용
GROUP BY의 조건으로 WHERE는 사용할 수 없다.

10 〈보기〉의 직원 테이블에서 키(key)와 관련된 설명으로 옳지 않은 것은?(단, 사번과 주민등록번호는 각 유일한 값을 갖고, 부서번호는 부서 테이블을 참조하는 속성이며, 나이가 같은 동명이인이 존재할 수 있다)

〈보기〉
직원(사번, 이름, 주민등록번호, 주소, 나이, 성별, 부서번호)
---

① 부서번호는 외래키이다.　　　　　　② 사번은 기본키가 될 수 있다.

③ (이름, 나이)는 후보키가 될 수 있다.　④ 주민등록번호는 대체키가 될 수 있다.

....

TIP 후보키
- 유일성과 최소성을 만족해야 한다.
- 나이가 같은 동명이인이 존재할 수 있으므로, (이름.나이) 속성은 유일성을 만족하지못해 후보키가 될 수 없다.

11 〈보기〉는 관계형 데이터베이스의 정규화 작업을 설명한 것이다. 제1정규형, 제2정규형, 제3정규형, BCNF를 생성하는 정규화 작업을 순서대로 나열한 것은?

〈보기〉
㉠ 결정자가 후보키가 아닌 함수 종속성을 제거한다.
㉡ 부분 함수 종속성을 제거한다.
㉢ 속성을 원자값만 갖도록 분해한다.
㉣ 이행적 함수 종속성을 제거한다.
---

① ㉠ → ㉡ → ㉢ → ㉣　　　　　　② ㉠ → ㉢ → ㉣ → ㉡

③ ㉢ → ㉠ → ㉡ → ㉣　　　　　　④ ㉢ → ㉡ → ㉣ → ㉠

....

TIP ㉢ 제1정규형 → ㉡ 제2정규형 → ㉣ 제3정규형 → ㉠ 제4정규형
- ※ 데이터베이스 정규화(DB normalization) … 관계형 데이터베이스에서 중복을 최소화하기 위해서 데이터를 분할해가며 구조화하는 작업.
- 제1정규형 (1NF) : 도메인이 원자값만으로 되어 있어야 함
- 제2정규형 (2NF) : 부분 함수적 종속 관계를 제거해야 함
- 제3정규형 (3NF) : 이행 함수적 종속 ($x \rightarrow y \rightarrow z$) 제거
- BC(Boyce-codd) 정규형 (BCNF) : 결정자이면서 후보키가 아닌 것 제거
- 제4정규형 : 다치 종속 제거
- 제5정규형 : 조인 종속성 이용

Answer 10.③ 11.④

12 관계형 데이터베이스에 대한 설명으로 옳은 것은?

① 한 릴레이션에는 똑같은 애트리뷰트가 포함될 수 없으며 포함된 애트리뷰트 사이에는 순서가 있다.

② 후보키가 되기 위해서는 유일성과 효율성을 둘 다 만족해야 한다.

③ 2개 이상의 후보키 중에서 기본키로 선택되지 않은 나머지 후보키를 슈퍼키라고 한다.

④ 참조 무결성을 위해 참조 대상이 존재하지 않는 외래키를 허용하지 않는다.

....

TIP NULL은 허용한다.
- 똑같은 속성이 포함될 수 있으며, 포함된 속성 사이에는 순서가 없다.
- 유일성과 최소성을 만족해야 한다.
- 대체키라고 한다.

13 데이터베이스 관리 시스템(DBMS)에 대한 설명으로 옳지 않은 것은?

① 하나의 데이터베이스 시스템에는 하나의 외부 스키마만 존재하며 하나의 외부 스키마를 여러 개의 응용 프로그램이나 여러 명의 사용자가 공용할 수도 있다.

② 개념 스키마는 개체 간의 관계와 제약 조건을 나타낸다.

③ 내부 스키마는 데이터베이스의 물리적 저장 형태를 기술한 것으로 하나만 존재한다.

④ 외부 스키마는 프로그래머나 사용자가 각각의 입장에서 필요로 하는 데이터베이스의 논리적 구조를 정의한 것이다.

....

TIP 여러 개의 외부 스키마가 존재한다(공용 가능).
- 전체 데이터베이스에 어떤 데이터가 저장되는지, 데이터들 간에는 어떤 관계가 존재하고 어떤 제약조건이 존재하는지에 대한 정의뿐만 아니라, 데이터에 대한 보안 정책이나 접근 권한에 대한 정의도 포함한다.
- 전체 데이터베이스가 저장 장치에 실제로 저장되는 방법을 정의한 것이다. 레코드 구조, 필드 크기, 레코드 접근 경로 등 물리적 저장 구조를 정의한다.
- 외부 단계에서 사용자에게 필요한 데이터베이스를 정의한 것이다. 각 사용자가 생각하는 데이터 베이스의 모습, 즉 논리적 구조로 사용자마다 다르다. 서브 스키마(sub schema)라고도 한다.

Answer 12.④ 13.①

14 데이터베이스에서 데이터의 중복성으로 발생하는 다음의 문제와 설명이 가장 옳지 않은 것은?

① 일관성 : 중복된 데이터 간에 내용이 일치하지 않는 상황의 발생
② 보안성 : 중복된 모든 데이터에 동등한 보안 수준 유지에 어려움
③ 경제성 : 저장 공간의 낭비와 반복 작업으로 비용의 증가
④ 무결성 : 제어의 분산으로 연계된 응용프로그램 간의 불일치

TIP 데이터 중복이 발생되면 제어가 분산되어 데이터의 정확성 유지가 어려워진다.
• 중복된 데이터 간에 내용이 일치하지 않으면 일관성이 깨진다.
• 중복으로 인해 보안 유지가 어렵다(중복된 데이터를 모두 완벽히 보호할 수 없음).
• 중복으로 인해 비용이 증가한다(공간과 작업의 낭비).

15 관계 데이터모델의 용어에 대한 설명으로 가장 옳은 것은?

① 도메인 : 하나의 속성이 가질 수 있는 값들의 집합
② 차수 : 하나의 릴레이션에서 튜플의 전체 개수
③ 카디널리티 : 하나의 릴레이션에서 속성의 전체 개수
④ 튜플 : 하나의 개체에 관한 데이터를 2차원 테이블의 구조로 저장한 것

TIP ② 카디널리티 : 하나의 릴레이션에서 튜플의 전체 개수
③ 차수 : 하나의 릴레이션에서 속성의 전체 개수
④ 릴레이션 : 하나의 개체에 관한 데이터를 2차원 테이블의 구조로 저장한 것

Answer 14.④ 15.①

16 3단계 데이터베이스 구조에서 개념 스키마에 대한 설명으로 옳은 것만을 모두 고르면?

> ㉠ 데이터베이스를 운영하는 기관에 소속되어 있는 모든 응용시스템 또는 사용자들이 필요로 하는 데이터를 통합하여 정의한 조직 전체 데이터베이스의 논리 구조를 말한다.
> ㉡ 개념 스키마와 외부 스키마 사이에는 논리적 데이터 독립성이 있어야 한다.
> ㉢ 데이터베이스 내에는 하나의 개념 스키마만 존재한다.
> ㉣ 데이터에 대한 접근권한, 제약조건 등에 대한 정의도 포함한다

① ㉠, ㉡
② ㉠, ㉢
③ ㉡, ㉢, ㉣
④ ㉠, ㉡, ㉢, ㉣

TIP ㉠㉡㉢㉣ 모두 개념 스키마의 기본 개념에 대한 설명이다.

논리적 데이터 독립성 : 외부 스키마와 개념 스키마 사이의 독립성으로, 응용 프로그램에 영향을 주지 않고 논리적 데이터 구조의 변경이 가능한 것을 말한다.

물리적 데이터 독립성 : 개념 스키마와 내부 스키마의 단계의 사상으로, 응용 프로그램에 영향을 주지 않고 물리적 데이터 구조의 변경이 가능하다

• 외부 스키마(External Scheme) = 서브 스키마 = 사용자 뷰(View)

- 사용자나 응용 프로그래머가 각 개인의 입장에서 필요로 하는 데이터베이스의 논리적 구조를 정의한 것이다. 전체 데이터베이스의 한 논리적인 부분으로 볼 수 있으므로 서브 스키마(subschema)라고도 한다.

- 하나의 데이터베이스 시스템에는 여러 개의 외부 스키마가 존재할 수 있으며, 하나의 외부 스키마를 여러 개의 응용 프로그램이나 사용자가 공용할 수 있다.

- 일반 사용자는 질의어(SQL)을 사용하여 DB를 사용하고 응용 프로그래머는 COBOL, C등의 언어를 사용 , DB에 접근한다.

• 개념 스키마(Conceptual Schema) = 전체적인 뷰(View)

- 데이터베이스의 전체적인 논리적 구조로서, 모든 응용 프로그램이나 사용자들이 필요로 하는 데이터를 종합한 종합한 조직 전체의 관점에서 정의한 것으로, 데이터베이스로 하나만 존재한다.

- 개념 스키마는 개체 간의 관계나 제약조건을 나타내고 데이터베이스의 접근 권한, 보안 및 무결성 규칙에 관한 명세를 정의한다.

• 내부 스키마(Internal Schema)

- 물리적 저장장치 입장에서 본 데이터베이스의 물리적인 구조를 정의

- 저장 데이터 항목의 표현 방법, 내부 레코드의 물리적 순서 등을 나타낸다.

- 시스템 프로그래머나 시스템 설계자가 보는 관점의 스키마이다

17 데이터베이스에서 사용되는 NULL에 대한 설명으로 옳은 것만을 모두 고르면?

> ㉠ NULL은 데이터 값이 존재하지 않는다는 것을 나타내는 특별한 표시어(special marker)이다.
> ㉡ NULL인 데이터를 검색할 때 IS NULL을 사용한다.
> ㉢ NULL은 값이 없으므로 0(Zero) 값을 가지고 있다.

① ㉠   ② ㉠, ㉡

③ ㉠, ㉢   ④ ㉡, ㉢

....

TIP ㉠ : 데이터베이스 뿐만 아니라 프로그래밍 언어에서도 해당 표시어를 사용한다.
　　　 ㉡ : NULL인 데이터를 검색할 때 IS NULL을 사용하고, NULL이 아닌 데이터를 검색할 때 IS NOT NULL을 사용한다.

18 다음 〈보기〉의 서원각 테이블에서 학습포인트가 1,000,000원에서 3,000,000원 사이인 고객들의 등급을 '우수학생'으로 변경하고자 〈보기〉와 같은 SQL문을 작성하였다. ㉠과 ㉡에 순서대로 들어갈 내용으로 가장 옳은 것은?

> 〈보기〉
> UPDATE 서원각
> (㉠) 등급 = '우수학생'
> WHERE 학습포인트 (㉡) 1000000 AND 3000000

① SET, IN   ② SET, BETWEEN

③ VALUES, IN   ④ VALUES, BETWEEN

....

TIP UPDATE에는 SET을 사용한다. WHERE에서 ~사이를 지정하기 위해 BETWEEN과 AND를 사용
　　　 • IN : 속성값을 제한할 때 사용
　　　 • VALUES : INSERT와 함께 사용

Answer 17.② 18.②

19 키(Key)란 데이터베이스에서 조건에 만족하는 튜플을 찾거나 순서대로 정렬할 때 다른 튜플들과 구별할 수 있는 유일한 기준이 되는 속성(Attribute)이다. 그 중 릴레이션을 구성하는 모든 튜플에 대해 유일성은 만족하지만 최소성은 만족하지 못하는 키로 옳은 것은?

① 기본키(Primary Key)

② 대체키(Alternate Key)

③ 복합키(Composite Key)

④ 슈퍼키(Super Key)

- -

TIP 슈퍼키(Super Key)는 유일성을 만족한다.
① 기본키(Primary Key) : 후보키 중 기본적으로 사용하기 위해 선택한 키이다.
② 대체키(Alternate Key) : 후보키 중 기본키로 선택되지 못한 키이다.
③ 복합키(Composite Key) : 각 튜플들을 식별할 수 있는 두 개 또는 그 이상의 속성들로 구성된 후보키이다.

20 아래의 서원각 릴레이션에서 등급이 gold이고 나이가 25 이상인 학생들을 검색하기 위해 기술한 <u>관계대수 표현</u>으로 옳은 것은?

〈서원각 릴레이션〉

학생아이디	이름	나이	등급	직업
hohoho	김서원	29	gold	교사
grace	장원우	24	gold	학생
mango	삼돌이	27	silver	학생
juce	서원각	31	fold	공무원
orange	강감찬	23	silver	군인

〈검색결과〉

학생아이디	이름	나이	등급	직업
hohoho	김서원	29	gold	교사
juce	서원각	31	gold	공무워

① σ서원각(등급 = 'gold' $\wedge$ 나이 $\geq$ 25)

② σ등급 = 'gold' $\wedge$ 나이 $\geq$ 25(서원각)

③ π서원각(등급 = 'gold' $\wedge$ 나이 $\geq$ 25)

④ π등급 = 'gold' $\wedge$ 나이 $\geq$ 25(서원각)

- -

TIP ㉠ 셀렉트(SELECT, σ)
- 조건에 만족하는 튜플(행)을 구하는 연산
- 식 : σ〈조건들〉 (릴레이션)
- σ 등급 = 'gold' $\wedge$ 나이 $\geq$ 25(서원각)
㉡ 프로젝트(PROJECT, π)
- 조건을 만족하는 속성을 구하는 연산
- π〈속성〉 (릴레이션)
- 예) π학생아이디, 등급 (서원각)

Answer 19.④ 20.②

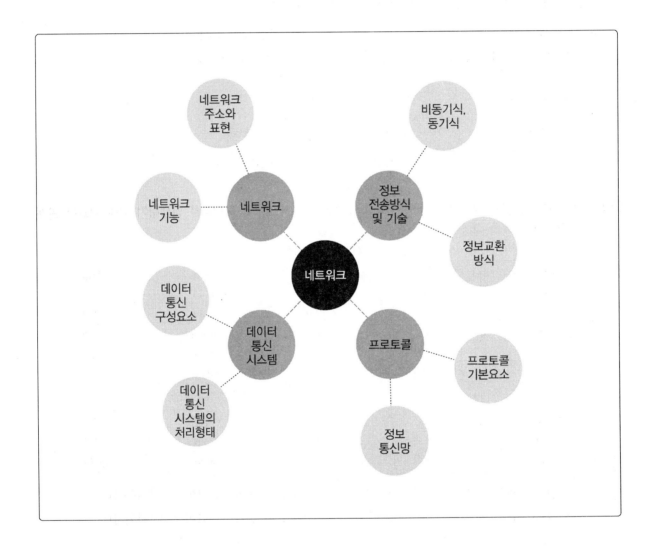

🔍 기출키워드

네트워크 토폴로지, 동기식전송, TCP, IP, IPv6, 라우터, 프로토콜, HTTP, 네트워크 장치, DNS서버

05 데이터 통신과 네트워크

section **1** 데이터 통신

❶ 데이터 통신(Data Communication)

(1) 정의

① 컴퓨터와 원거리에 있는 터미널 또는 다른 컴퓨터를 통신 회선으로 결합하여 정보를 처리하는 시스템을 말함

> **TIP** 데이터(Data) ··· 현실 세계로부터 단순한 관찰이나 측정을 통해 수집한 사실이나 값을 숫자, 문자, 기호 등으로 표현한 것
> **정보(Information)** ··· 어떤 상황에 관한 의사결정을 할 수 있게 하는 지식으로 수많은 데이터 중에 우리에게 필요한 데이터

(2) 데이터통신의 3요소

① **정보원**(Source) ··· 정보를 입력받아 전송하는 장소

② **수신원**(Destination) ··· 전송된 정보를 수신하는 장소

③ **저장 매체**(Transmission Media) ··· 정보원과 수신원을 연결하는 매체(=통신 회선)

(3) 데이터 통신 시스템의 특징

① 고속 · 고품질의 통신 서비스를 제공한다.

② 고성능의 에러 제어 방식을 사용하여 시스템 신뢰도가 높다.

③ 대형 컴퓨터와 대용량 파일을 공동으로 이용할 수 있다.

④ 분산 처리 방법을 활용한다.

⑤ 원격지의 정보처리기기 사이의 효율적으로 정보를 교환한다.

❷ 데이터 통신 시스템의 기본 구성

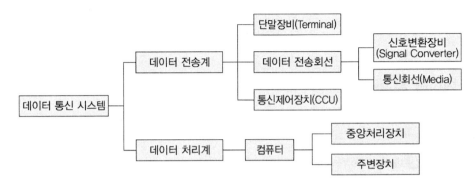

(1) 정의

데이터 통신 시스템은 데이터의 전송을 담당하는 데이터 전송계와 데이터의 처리를 담당하는 데이터 처리계로 구분

(2) 단말장치(DTE : Data Terminal Equipment)

① 통신 시스템과 사용자의 접점에 위치하여 데이터를 입력하거나 처리된 결과를 출력하는 기능을 담당하는 장치

② 단말기, 터미널, 스테이션, 노드 등

지능형(Intelligent) 단말장치	CPU와 저장장치가 내장된 단말장치로 프로그램을 설치하여 단독으로 일정 수준 이상의 작업 처리가 가능
비지능형(Non-Intelligent) 단말장치	입력장치와 출력장치로만 구성되어 단독으로 작업을 처리할 수 있는 능력이 없는 단말장치

(3) 신호변환장치(DCE : Data Circuit Equipment)

단말장치의 신호를 통신 회선에 적합하도록 변경하거나 통신 회선의 신호를 단말장치에 적합하도록 변경히는 장치

(4) 통신 회선 형태

신호 변환 장치	통신 회선 형태	신호 변환
전화(Telephone)	아날로그 회선	아날로그데이터 ↔ 아날로그 신호
모뎀(Modem) = 변복조장치	아날로그 회선	디지털데이터 ↔ 아날로그 신호
코덱(CODEC)	디지털 회선	아날로그데이터 ↔ 디지털 신호
DSU(Data Service Unit)	디지털 회선	디지털데이터 ↔ 디지털 신호

① 모뎀(MODEM, Modulation/Demodulation) ··· 디지털 데이터를 아날로그 신호로 변환하는 변조와 그 반대의 복조 기능 수행

② 코덱(CODEC, Coder/Decoder) ··· 아날로그 데이터를 디지털 신호로 변환(Coder)하거나 그 반대의 과정(Decoder) 수행

③ DSU(Data Service Unit) ··· 전송된 디지털 데이터를 통신 회선에 적합한 디지털 신호로 변환하거나 그 반대의 과정을 수행

❸ 통신회선

(1) 통신 회선은 단말장치에 입력된 데이터 또는 컴퓨터에서 처리된 결과가 실질적으로 전송되는 전송

① 유선매체(유선 선로) ··· 트위스트 페어 케이블과 동축케이블, 광섬유 등

② 무선매체(무선 선로) ··· 라디오파, 지상 마이크로파, 위성 마이크로파 등

(2) 통신제어장치(Communication Control Unit)

데이터 전송 회선과 주 컴퓨터를 연결하는 장치로 통신회선을 통해 직렬로 수신한 데이터를 컴퓨터가 처리하기 쉽게 일정 크기로 묶는 변환 작업을 수행한다.

(3) 컴퓨

① 단말장치에 보낸 데이터를 처리하는 곳으로, 처리된 데이터는 다시 통신 회선을 통해 단말장치로 전달됨

② 컴퓨터

　　㉠ 하드웨어 - 중앙처리장치 / 주변 장치
　　㉡ 소프트웨어 - 시스템 소프트웨어 / 응용 소프트웨어

(4) 기타 통신장치

① 통신 제어 처리 장치(Communication Control Processor) ··· CCU와 마찬가지로 통신 제어 기능을 수행하는데 컴퓨터가 처리하는 메시지 단위의 제어까지 담당하여 컴퓨터 CPU의 부담을 줄여준다.

② 전처리기(Front End Process) ··· 중앙 제어장치 전단에 위치하여 통신 기능을 전담하며 호스트 컴퓨터와 단말 장치 사이에 고속 통신 회선으로 설치됨

(5) DTE/DCE 접속 규격

DTE와 DCE는 서로 다른 하드웨어이며 이들 사이의 접속을 수행하기 위한 규격이 있음

① DTE/DCE 접속 규격의 4가지 특성
   - ㉠ **기계적 특성** : 연결 기기의 크기, 핀 개수 등 물리적인 부분
   - ㉡ **전기적 특성** : 신호의 전압 레벨, 전압 변동, 잡음 마진 등 전기적인 부분
   - ㉢ **기능적 특성** : 각 회선의 의미, 데이터/제어/타이밍 등 수행하는 기능적인 부분
   - ㉣ **절차적 특성** : 데이터 전송을 위한 흐름 순서 정의. 연결 활성화 및 비활성화의 절차 등

② 규격 표준안
   - ㉠ ITU-T 규격
      - ㉮ V 시리즈 : DTE와 아날로그 통신 회선간의 접속 규정을 정의. 공중전화 교환망(PSTN)을 통한 접속 규격. V.24
      - ㉯ X 시리즈 : DTE와 디지털 교환망간의 접속 규정을 정의. 공중 데이터 교환망(PSDN)을 통한 접속 규격. X.25, X.400
   - ㉡ EIA 규격(RS-232C)
      - ㉮ DTE와 DCE간의 물리적 연결과 신호 수준 정의. PSTN을 통한 접속 규격. ISO 2110, V.24, V.28을 사용
      - ㉯ 스탠다드 케이블은 25핀으로 구성, 2번 핀은 송신 데이터 / 3번 핀은 수신 데이터 신호를 취급, 터미널과 컴퓨터 사이에 RS-232C를 이용해 직접 접속하는 모뎀을 NULL 모뎀이라고 함
      - ㉢ ISO 규격(ISO 2110) : PSTN을 통한 접속 규격. 주로 기계적 특성에 대한 규정

section 2 통신회선

❶ 유선 매체

송신자와 수신자 사이의 데이터 흐름을 전자기파로 변환하여 물리적인 경로를 따라 전달

(1) 트위스트 페어 케이블(Twisted-pair Cable:꼬임선)

인접한 두 개의 절연 구리선과 상호 전자기 간섭 현상을 줄이기 위해서 규칙적으로 꼬아서 여러 다발로 묶어 보호용 피복선을 입혀 만든 케이블

① UTP(Unshielded Twisted Pair) 케이블 … 차폐 처리가 안 된 상태에서 서로 꼬여져 있는 케이블

② FTP(Foil Screened Twist Pair Cable) 케이블 ··· 차폐 처리는 되어 있지 않고 알루미늄 은박이 네 가닥의 선을 감싸고 있는 케이블

③ STP(Shielded Twisted Pair) 케이블 ··· 데이터 신호 간섭을 줄이기 위해서 각 쌍들마다 외부 차폐 보호막을 한 형태 즉, 차폐 처리된 선이 두 개씩 꼬인 상태

④ 이더넷(Ethernet)
  ㉠ 가정에서 일반적으로 사용되는 LAN에서 가장 많이 활용되는 기술 규격으로 네크워크를 구성하는 방식
  ㉡ 이더넷은 OSI 모델의 물리 계층에서 신호와 배선, 데이터 링크 계층에서 MAC(media access control) 패킷과 프로토콜의 형식을 정의
  ㉢ 이더넷 기술은 대부분 IEEE 802.3 규약으로 표준화됨
  ㉣ 네트워크에 연결된 각 기기들이 48비트 길이의 고유의 MAC 주소를 가지고 이 주소를 이 용해 상호간에 데이터를 주고 받을 수 있도록 만들어짐
  ㉤ 전송 매체로는 UTP, STP 케이블을 사용하며, 각 기기를 상호 연결시키는 데에는 허브, 스위치, 리피터 등의 장치를 이용

(2) **동축 케이블(Coaxial Cable)**

① 트위스트 페어 케이블과 같이 두 개의 도체로 구성되어 있으나 외부 도체가 내부 도체를 감싸고 있는 구조로 중앙의 동선에 플라스틱 절연제를 씌우고 그 위에 그물모양의 구리망을 두른 형태

② 외부와의 차폐성이 좋으며 간섭 현상이 적은 특성이 있음

③ LAN의 연결, 장거리 전화망, 케이블 TV등에서 주로 사용

④ **동축케이블의 특성**
  ㉠ 수백 미터 이상의 거리에서 10Mbsp이상의 데이터 전송 속도를 낼 수 있음
  ㉡ 아날로그 신호와 디지털 신호 전송 모두에 사용 가능
  ㉢ 트위스트페어 케이블보다 높은 주파수와 빠른 데이터 전송에 효과적
  ㉣ 트위스트페어 케이블 보다 혼선과 간섭에 강함

⑤ **동축케이블의 장점**
  ㉠ 트위스트페어 케이블 보다 잡음에 강함
  ㉡ 폭넓은 주파수 범위를 허용하므로 더 멀리까지 연결가능
  ㉢ 고품질의 신호도 전송가능

(3) 광섬유 케이블(Optical Fiber Cable)

① 지름의 굵기가 0.1mm 정도인 석영(유리섬유)을 케이블 안에 여러 가닥 넣어서 레이저 광의 전반사 현상 (빛의 펄스)을 이용해 데이터를 전송하는 원통형 선로

② 보통, 광섬유는 장거리의 전화망에 사용하고 LAN, MAN, ISDN 과 대도시와 일반도시의 전화 교환기와 연결하는 연결 트렁크(Trunk)로 사용

③ 광섬유 케이블 장단점

    ㉠ 장점

        ㉮ 광대역성 및 고속 정보 전송

        ㉯ 저손실성과 비간섭성

        ㉰ 보안성

        ㉱ 높은 경제성과 소형 경량화

    ㉡ 단점

        ㉮ 접속 어려움

        ㉯ 충격에 약함

        ㉰ 케이블 장애 대책이 금속 케이블보다 어려움

        ㉱ 비전도체로 중계기에 급전을 위한 별도의 기술이 필요

④ 광섬유 케이블 구성 … 내부 물질 코어(Core)와 외부 물질 클래딩(Cladding)

    ㉠ 코어(Core) : 빛이 흐르는 중심부분으로 실제로 빛을 전송하는 영역

    ㉡ 클래딩(Cladding) : 빛의 굴절과 관계된 광섬유 바깥 부분, 빛이 내부로만 흐르도록 코어를 감쌈

⑤ 광 섬유 케이블의 전송특성

    ㉠ 수십 Km 혹은 수백 Km의 장거리전송에 2Gbps의 전송률을 가짐

    ㉡ 다른 케이블에 비해서 크기와 무게가 작고 가벼워 설치가 용이

    ㉢ 다른 전송매체에 비해 감쇠도가 적음

    ㉣ 다른 매체와 전파 간섭이 생기지 않고 도청하기가 어려움

    ㉤ 리피터의 설치 간격(10~100Km)이 다른 매체에 비해 넓음

② 무선매체(무선선로)

지구의 대기 등에서 전자기파를 이용하여 데이터를 전송하는 비유도체

(1) 라디오파(Radio Wave)

파장이 제일 길어서 회절이 잘 일어나 파동이 구석구석 잘 전달

① 주파수 범위가 30MHz~1GHz로 매우 넓어 방송통신용으로 적합

② 라디오, TV를 포함한 무선 통신

③ 경로에 대한 손실과 인접 경고로부터의 간섭 등으로 인한 문제점을 가지고 있어 디지털 통신에서는 전송률이 높지 않음

(2) 마이크로파(Micro Wave)

라디오파보다 파장이 짧으며 많은 정보를 전달, 예) 레이더, 휴대 전화 데이터 통신, 전자레인지

① **지상 마이크로파**(Terrestrial Microwave) ··· 동축케이블과 같은 유선의 전송매체를 사용하기 어려운 강, 도로, 사막 등의 장애물을 가로질러 장거리통신 서비스를 제공하는데 유용

② **위성 마이크로파**(Satellite Microwave) ··· 위성 마이크로파는 위성 마이크로파의 중계국으로 지상에 설치된 두 개 이상의 송수신국 을 서로 연결하기 위하여 사용

---

section 3 데이터 전송방식

① 데이터 전송방식

(1) 베이스밴드(Base Band) 전송

원래의 신호(펄스 파형, 디지털 데이터)를 다른 주파수대역으로 변조하지 않고 전송하는 방식

• **바이폴라**(Bipolar) : 1이 위-아래-위-아래 순으로 교대로 표현

• **맨체스터**(Manchester) : 0은 올라가고 1은 내려감. CSMA/CD LAN의 전송부호

• **보오도트**(Baudot)**코드** : 전신(telex)에 많이 사용

① **특징** ··· 근거리 통신에 적합하고 컴퓨터 주변기기간의 통신 등에 사용

② 베이스 밴드 전송 방식의 유형

   ⊙ 단류 NRZ(Non Return to Zero) : 신호 1에 대해 양(+)의 전압을 주고, 0이면 전압을 주지 않음

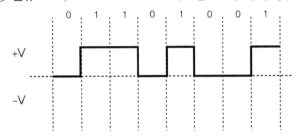

   ⓒ 복류 NRZ : 0은 음(−), 1은 양(+)의 전압을 표현

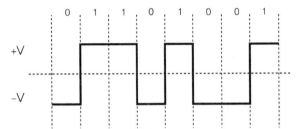

   ⓒ 단류 RZ(Return to Zero) : 신호 1에 대해 양(+)의 전압을, 신호 0이면 전압을 주지 않고 신호 간에는 반드시 전압이 0

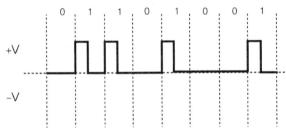

   ⓔ 복류 RZ : 신호 1에 대해 양(+)의 전압을, 신호 0에 대해 음(−)의 전압을 주어 신호 간에는 반드시 전압이 0의 상태를 취하는 방식

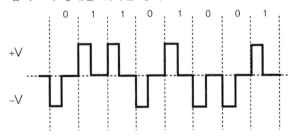

   ⓜ Bipolar(바이폴라, 양극성) 방식 : 신호 0에 대해서는 0V를 유지하고, 1일 때는 양(+), 음(−)을 교대로 표현

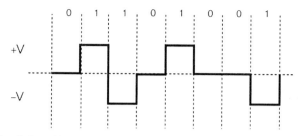

ⓑ 맨체스터(Manchester)

    ㉮ 신호 0에 대해서는 음(−)에서 양(+)으로, 1일 때는 양(+)에서 음(−)으로 상태가 변화는 방식

    ㉯ IEEE 802.3의 CSMA/CD LAN에서의 전송부호로 사용됨

    ㉰ 신호 준위 천이가 매 비트 구간의 가운데서 비트 1에 대해서는 고 준위에서 저 준위로

    ㉱ 천 이하이며 비트 0은 저 준위에서 고 준위로 천이함

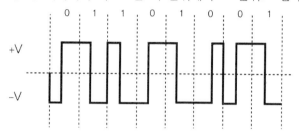

(2) 광대역 전송 (broadband)

① 하나의 전송매체에 여러 채널의 데이터를 실어서 동시에 전송하는 방식

② 특징

    ㉠ 하나의 전송매체로 음성, 데이터, 영상과 같은 멀티미디어 서비스를 제공할 수 있음

    ㉡ 변조작업을 거쳐 전송하므로 장거리 데이터 전송이 가능

    ㉢ 복잡한 기술과 설치시 비용이 비쌈

❷ 신호변환 전송방식

(1) 아날로그 변조

아날로그 데이터 → 아날로그 회선으로 전송

① **진폭변조**(AM) ⋯ 변조파형에 따라 진폭을 변조

② **주파수변조**(FM) ⋯ 변조파형에 따라 주파수를 변조

③ **위상변조**(PM) ⋯ 변조파형에 따라 위상을 변조

❸ PCM(펄스 코드 변조방식) : 아날로그 데이터 → 디지털신호로 전송

표본화(Sampling)-양자화(Quantizing)-부호화(Encoding)-복호화(Decoding)-여파화(Filtering)

(1) 펄스 코드 변조(PCM, Pulse Code Modulation)

화상, 음성, 동영상 비디오, 가상현실 등과 같이 연속적인 시간과 진폭을 가진 아날로그 데이터를 디지털 신호로 변환하는 것

(2) 펄스 코드 변조 순서

표본화(Sampling) ⇨ 양자화(Quantizing) ⇨ 부호화(Encoding)

① **표본화**(Sampling) ··· 연속적인 신호 파형을 일정 시간 간격으로 검출하는 단계

② **양자화**(Quantizing) ··· 표본화에 의해 얻어진 신호를 평준화 시키는 단계

③ **부호화**(Encoding) ··· PAM에서 나타난 펄스 진폭의 크기를 디지털 양으로 변환하는 단계

④ **복호화**(Decoding) ··· PCM 신호를 PAM 신호로 되돌리는 것

(3) 디지털 변조방식 : 디지털 데이터 → 아날로그 신호

① 진폭 편이변조(ASK)

　　㉠ 일정 진폭의 반송신호 유무에 따라 2진 신호를 표현하는 방식의 모뎀

　　㉡ 잡음 등의 레벨 변동에 약함

　　㉢ 1200~2400bps의 속도

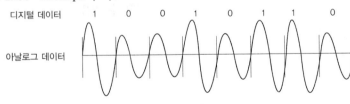

② 주파수 편이변조(FSK)

　　㉠ 부호 0과 1에 각각 다른 주파수를 할당하는 방식

　　㉡ 레벨변동에 영향을 받지 않고 고속전송에 부적합

　　㉢ 비동기식으로 2000bps이하의 속도

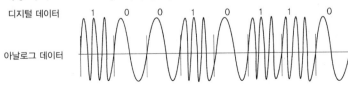

③ 위상 편이변조(PSK)
  ㉠ 일정 주파수와 진폭의 정현파 위상을 2, 3, 8등분으로 나누어 각각 0 또는 1을 대응시키거나 2비트 혹은 3비트씩 한 번에 할당하는 방식
  ㉡ 2400 ~ 4800bps의 속도
  ㉢ 데이터 전송에 가장 적합한 동기방식

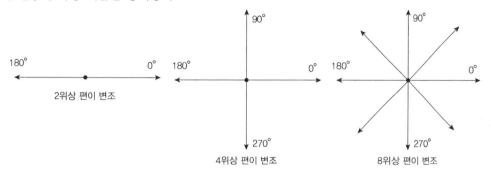

④ **진폭위상편이변조**(QAM, 직교변조) … 진폭편이와 위상편이 변조를 혼합한 방식으로 반송파의 진폭 및 위상을 상호 변환하여 신호를 싣는 변조방식

section 4 전송 제어 방식(Transmission Control)

❶ 전송 제어(Transmission Control)의 개념

데이터의 원활한 흐름을 위해 입출력 제어, 회선 제어, 동기 제어, 오류 제어, 흐름 제어 등을 수행하는 것을 말한다.

전송 제어 절차

회선 접속 → 데이터 링크 확립 → 정보 메시지 전송 → 데이터 링크 종결 → 회선 절단

① **데이터 통신 회선의 접속** … 교환 회선에서 통신회선과 단말기를 물리적으로 접속하는 단계
  ㉠ 일정 주파수와 진폭의 정현파 위상을 2, 3, 8등분으로 나누어 각각 0 또는 1을 대응시키거나 교환 회선을 이용한 포인트 투 포인트(Point-to-Point) 방식이나 멀티 포인트(Multi-Point) 방식으로 연결된 경우에 필요한 단계
  ㉡ 전용 회선을 이용한 포인트 투 포인트 방식으로 연결된 경우 불필요한 단계

② **데이터 링크의 설정**(확립) … 접속된 통신 회선상에서 송수신측 간의 확실한 데이터 전송을 수행하기 위해서 논리적 경로를 구성하는 단계이다.

㉠ 수신 측 호출 → 정확한 수신 측인가 확인 → 수신 측의 데이터 전송 준비 상태 확인 → 송수신 측 입
　　　　장의 확인 → 수신 측 입출력 기기 지정
　　　㉡ 데이터 링크의 설정 방법에는 폴링/셀렉션 방식, 경쟁 방식

③ **정보 메시지 전송** … 데이터를 수신 측에 전송하며, 잡음에 의한 데이터의 오류 제어와 순서 제어를 수행하
　 는 단계

④ **데이터 링크 종결** … 송수신측 간의 논리적 경로를 해제하는 단계

⑤ **데이터 통신 회선의 절단** … 통신 회선과 단말기 간의 물리적 접속을 절단하는 단계

❷ 데이터 링크 제어 프로토콜

① BSC(Binary Synchronous Control) … 프레임에 전송 제어 문자를 삽입하여 전송을 제어하는 문자 위주의
　 프로토콜
　　㉠ BSC의 특징
　　　㉮ 에러제어와 흐름제어를 위해서는 정지-대기 방식을 사용
　　　㉯ 점-대-점(Point-to-Point)링크 뿐만 아니라 멀티 포인트 링크에서도 사용될 수 있음
　　　㉰ 주로 동기전송을 사용하나 비동기 전송방식을 사용하기도 함
　　　㉱ 반이중(Half Duplex)전송만 지원 : 주로 동기식이지만 비동기식 전송 방식도 사용, Point to Point,
　　　　Multi Point 방식에 사용, 오류 제어/흐름 제어를 위해 Stop-and-Wait ARQ 사용, 오류 검출 어렵고
　　　　전송 효율 나쁨
　　㉡ 전송제어 문자
　　　㉮ SYN : Synchronous Idel. 문자 동기
　　　㉯ SOH : Start of Heading. 헤딩의 시작
　　　㉰ STX : Start of Text. 본문의 시작 및 헤딩의 종료
　　　㉱ ETX : End of Text . 본문의 종료
　　　㉲ EOT : End of Transmission. 전송 종료 및 데이터 링크의 해제
　　　㉳ ENQ : EnQuery. 상대편에게 응답 요구
　　　㉴ DLE : Data Link Escape. 데이터 투과성. 전송 제어문자 앞에 삽입하여 전송 제어문자임을 알림.
　　　㉵ ACK : ACKnowledge. 수신된 메시지에 대한 긍정
　　　㉶ NAK : Negative AcKnowledge. 수신된 메시지에 대한 부정

② HDLC(High-level Data Link Control) … 프레임에 데이터 흐름을 제어하고 오류를 검출할 수 있는 비트
　 열을 삽입하여 전송하는 비트 위주의 프로토콜
　　㉠ 전송 효율과 신뢰성이 높음
　　㉡ 정보 전송 단위가 프레임이며, CRC 방식을 이용하여 오류제어 함

ⓒ 전송 제어상의 제어를 받지 않고 문자 코드 종류와 무관하게 투명하게 동작(비트 투과성)

ⓔ 단방향, 반이중, 전이중 모두 사용 가능

ⓜ Go-Back-N ARQ 에러 제어 방식을 사용

ⓑ 데이터 링크 형식은 Point-to-Point, Multi-point, Loop 모두 가능

❸ 회선 제어 방식

(1) 경쟁(Contention) 방식

회선의 접근을 위해 서로 경쟁하는 방식으로 송신 요구를 먼저 한 쪽이 송신권을 갖는 방식

(2) 폴링(Polling)

데이터 통신에서 컴퓨터가 단말기에게 전송할 데이터의 유무를 묻는 방식

(3) 셀렉션(Selection)

멀티 포인트 방식에 있어서 중앙 컴퓨터가 주변의 터미널로 데이터를 전송하고자 하는 경우, 수신측 터미널의 상태를 확인하는 절차

❹ 오류 제어 방식

(1) 자동 반복 요청(ARQ, Automatic Repeat reQuest)

① 통신 경로에서 에러 발생시 수신측은 에러의 발생을 송신 측에 통보하고 송신측은 에러가 발생한 프레임을 재전송한다.

② 정지-대기(Stop-and-Wait) ARQ

　ⓐ 송신 측이 하나의 블록을 전송한 후 수신 측에서 에러의 발생을 점검한 다음 에러 발생 유무 신호를 보내올 때까지 기다리는 방식이다.

　ⓑ 수신 측의 응답이 긍정 응답(ACK)이면 다음 블록을 전송하고, 부정 응답(NAK)이면 앞서 송신했던 블록을 재전송한다.

　ⓒ 전송 효율이 가장 낮고, 오류가 발생한 블록만 재전송하므로 구현 방법이 가장 단순하다.

(2) 연속(Continuous) ARQ, Automatic Repeat reQuest)

① Go-Back-N ARQ

　㉠ 여러 블록을 연속적으로 전송하고, 수신 측에서 부정 응답(NAK)을 보내오면 송신 측이 오류가 발생한 블록부터 모두 재전송한다.

　㉡ 에러가 발생한 블록 이후의 모든 블록을 다시 재전송하는 방식이다.

　㉢ 에러가 발생한 부분부터 모두 재전송하므로 중복 전송의 단점이 있다.

② 선택적 재전송(Selective-Repeat) ARQ

　㉠ 여러 블록을 연속적으로 전송하고, 수신측에서 부정 응답(NAK)을 보내오면 송신측이 오류가 발생한 블록만을 재전송한다.

　㉡ 복잡한 논리 회로와 큰 용량의 버퍼가 필요하다.

(3) 적응적(Adaptive) ARQ, Automatic Repeat reQuest)

① 전송 효율을 최대로 하기 위해서 데이터 블록의 길이를 채널의 상태에 따라 그때그때 상태에 따라서 동적으로 변경하는 방식이다.

② 전송 효율이 제일 좋으나, 제어 회로가 복잡하고 비용이 많이 들어 현재는 거의 사용을 안 한다.

section 5 통신 제어장치(Communication Control Unit)

❶ 통신 제어장치(Communication Control Unit)의 정의

송수신역할의 단말장치와 통신회선의 연결을 도와주는 일을 하고, 컴퓨터와 모뎀 사이에 위치하게 되며 송신이나 수신되는 데이터를 처리하기 좋은 형식으로 바꾸는 역할을 함

① 컴퓨터의 중앙 처리장치와 데이터 전송회선 사이에서 이들을 전기적으로 연결시킴

② 데이터의 오류를 검사하거나 정정하는 등 여러 기능을 수행

③ 컴퓨터의 처리 속도와 전송회선의 속도 사이에 발생하는 차이를 조절해 주기 때문에 통신 제어 처리 장치(Communication Control Processor)라고도 하고, 컴퓨터의 앞쪽에 위치하여 통신 기능을 보강하는 역할도 하므로 전위 처리기(Front End Processor) 라고도 함

❷ RS-232-C

1969년에 제정된 RS-232-C는 현재 가장 널리 알려져 있는 접속 규격으로서, 전송 매체에 아날로그 신호 전송을 주로 담당하는 인터페이스 표준임

V 시리즈	DTE와 아날로그 데이터 전송회선으로 통신하기 위한 접속 표준
X 시리즈	DTE와 디지털 데이터 전송회선으로 통신하기 위한 접속 표준
I 시리즈	DTE와 종합정보통신망(ISDN)과 LAN에서의 사용자 망 접속에 관한 표준

(1) 전송 제어

통신제어장치는 통신 접속을 위한 전송제어 수행을 한다.

① **다중 접속 제어** … 하나의 통신 회선을 여러 개의 단말장치가 공유하는 경우 전송 회선을 선택

② **교환 접속 제어** … 데이터 송·수신을 위한 회선의 설정과 절단

③ **통신 방식 제어** … 단방향, 반이중, 전이중 등의 통신 방식 결정

④ **우회 중계 회선 설정**(경로 설정) … 데이터 송·수신 시 통신 회선에 장애가 발생한 경우 우회 전송이 가능하도록 다른 통신 회선 선택

(2) 동기 및 오류 제어

① **동기 및 오류 제어 수행**
  ㉠ **동기 제어** : 컴퓨터의 처리 속도와 통신 회선상의 전송 속도 차이 조정
  ㉡ **오류 제어** : 통신 회선과 단말장치에서 발생하는 오류 제어
  ㉢ **흐름 제어** : 수신 가능한 데이터의 양을 송신 측에 알려 원활한 정보 전송 가능하도록 조정
  ㉣ **응답 제어** : 수신 정보 확인
  ㉤ **정보 전송 단위의 정합** : 전송 정보 패킷 등의 적당한 길이 단위로 분할 또는 결합
  ㉥ **데이터 신호의 직·병렬 변환** : 통신 회선을 통해 하나씩(직렬) 수신한 데이터를 컴퓨터가 처리하기 쉽게 일정 크기로 묶거나(병렬) 그 반대의 작업 수행
  ㉦ **투과성** : 전송할 실제 데이터에 대한 비트 열에 확장 비트를 부가 또는 소거
  ㉧ **정보 통신 형식의 변환** : 문자 코드, 데이어 형식 등의 변환
  ㉨ **우선권 제어**

(3) 통신 제어장치의 종류

① **통신 제어장치**(CCU : Communication Control Unit) … 전송 문자의 조립과 분행 기능 수행

② **통신 제어 처리 장치**(CCP : Communication Control Processor) … 문자는 물론 메시지의 조립과 분해 기능 수행

③ **전처리기**(FEP : Front End Processor)
　　㉠ 호스트 컴퓨터와 단말기 사이에 고속 통신 회선으로 설치
　　㉡ 통신회선 및 단말기 제어, 메시지 조립과 분해, 전송 메시지 검사 등 수행

(4) **통신 제어장치의 분류**

비트 버퍼 방식	• 비트 단위의 처리만 수행하므로 기능 단순, 컴퓨터 처리 부담 큼 • 일반적으로 컴퓨터에 내장되어 사용됨
문자 버퍼 방식	수신되는 비트를 모아 문자로 조립, 문자를 다시 비트로 분해하는 기능 수행
블록 버퍼 방식	• 수신되는 문자를 다시 모아 블록 단위로 조립, 분해하는 기능 수행 • 하드웨어의 비용 및 컴퓨터의 부하가 문자 버퍼 방식에 별로 경감되지 않으므로 거의 사용하지 않음
메시지 버퍼 방식	• 블록을 모아 메시지의 형태로 조립하고 분해하는 기능 수행 • 컴퓨터 측의 부담이 가장 적지만, 큰 버퍼 필요하고 구조 복잡 • 대규모 데이터 통신 시스템에서 많이 사용됨

---

section 6 네트워크 개요

❶ 네트워크 개념

다수의 시스템을 전송 매체로 연결해 데이터를 교환하는 시스템의 집합으로, 네트워크를 이용하면 원하는 정보를 언제 어디서든 원하는 정보를 주고받을 수 있다.

> **TIP** • 네트워크 관련 용어
> 　－인트라넷 (Intranet) : 조직내에서 업무 수행
> 　－엑스트라넷 (Extranet) : 기업과 외부기업 간에 업무수행
> 　－모뎀 ; 변복조장치(아날로그 → 디지털 (복조), 디지털 → 아날로그 (변조))
> • 네트워크 명령어
> 　－Ping : 지정된 호스트에 대해 네트워크층의 통신이 가능한지 여부를 확인하는 서비스
> 　－Ipconpig : 사용자 자신의 컴퓨터 IP주소 확인 명령
> 　－Tracert : IP주소, 목적지까지 거치는 경로의 수, 각 구간 사이의 데이터 왕복 속도 확인 가능
> 　－Netstat: : 현재 자신의 컴퓨터에 연결된 다른 컴퓨터의 주소나 포트 정보 확인 가능

❷ 프로토콜

컴퓨터 네트워크에서 데이터를 주고받을 때 수행되는 절차이며, 상호 연동되는 시스템이 전송 매체를 통해 데이터를 주고받을 때 따르는 표준화된 규칙이다.

(1) ITU-T 권고 시리즈

① I 시리즈 … ISDN의 표준화를 위한 프로토콜

② X 시리즈 … 공중 데이터 교환망(PSDN)을 통한 데이터 전송을 위한 프로토콜

③ V 시리즈 … 공중 전화 교환망(PSTN)을 통한 데이터 전송을 위한 프로토콜

④ T 시리즈 … 테레마틱 서비스를 위한 프로토콜

❸ OSI 7계층 모델

국제 표준화 단체인 ISO에서 복잡한 네트워크 기능을 서로 연관 있는 그룹끼리 묶어 7계층으로 분할한 계층 모델입이다.

• 하위 계층 : 물리 계층→데이터 링크 계층→네트워크 계층

• 상위 계층 : 전송 계층→세션 계층→표현 계층→응용 계층

> 📢TIP 데이터 단위 … 비트(물리)→프레임(데이터 링크)→패킷(네트워크)→세그먼트(전송)→메시지(세션, 표현, 응용)

(1) 물리 계층(Physical Layer)

① 프로토콜 데이터 단위(PDU) … 비트(Bit)

② 내용 … 전송에 필요한 장치 간의 전기적, 기능적, 절차적, 물리적 특성
  ㉠ 전기적 특성 : 전압레벨 등
  ㉡ 기능적 특성 : 와이어링 맵, 핀의 기능 등
  ㉢ 절차적 특성 : 데이터 전송 절차 등
  ㉣ 물리적 특성 : 케이블 간 물리적 연결 등

③ UTP 케이블 … 로컬 네트워크 구현 시 가장 많이 사용

④ 예 … RS-232C, X.21

(2) 데이터 링크 계층(Data Link Layer)

① **프로토콜 데이터 단위(PDU)** ⋯ 프레임(Frame)
　㉠ 프레임 = 헤더 + 1계층 내용 + 트레일러
　㉡ 헤더 : 송신 장치 및 수신 장치의 주소 포함
　㉢ 트레일러 : 오류 검출 코드 포함

② **내용** ⋯ 두 개의 개방 시스템들 간의 신뢰성 있는 효율적인 정보 전송
　㉠ 프레이밍(Framing) : 물리 계층의 신호를 조합하여 프레임 단위로 처리
　㉡ 흐름 제어(Flow Control)
　㉢ **오류 제어(Error Control)** : 비동기 통신에서는 오류 검출, 동기 통신에서는 오류 검출 및 정정 기능
　㉣ **접근 제어(Access Control)** : 통신 장치에 데이터를 전송할 수 있는지 없는지 결정
　㉤ **동기화(Synchronization)** : 프레임 헤더에는 동기화를 위한 특별한 비트 패턴 제공

③ **MAC(Media Access Control) 주소** ⋯ 장치의 물리적 주소, 장치를 만들 때 장치 내의 ROM에 영구적으로 기입(Burned-in)
　MAC 테이블 : MAC 주소 + 장치 포트의 테이블

④ **예** ⋯ HDLC, ADCC, LLC, LAPB, LAPD

(3) 네트워크 계층(Network Layer)

① **프로토콜 데이터 단위(PDU)** ⋯ 패킷(Packet)
　㉠ 패킷 = IP 프로토콜 헤더 + 2계층 내용
　㉡ IP **프로토콜 헤더(IP Protocol Header)** : IP 주소를 포함

② **내용** ⋯ 개방 시스템들 간 네트워크 연결을 설정·유지·관리·해제, 데이터의 교환 및 중계 기능
　㉠ 패킷 전달(Packet Forwarding) : 종단 간(End-to-End)의 패킷 전달 수행
　㉡ 라우팅(Routing) : 가장 효율적인 패킷 전송 경로 선택
　㉢ 논리적 주소(Logical Address) : 전송 계층으로부터 받은 데이터에 IP 프로토콜 헤더를 붙임

③ IP(Internet Protocol) 주소

④ **예** ⋯ X.25, IP, 프레임 릴레이

(4) 전송 계층(Transport Layer)

① **프로토콜 데이터 단위(PDU)** ⋯ 세그먼트(Segment)
　㉠ 세그먼트 = 세그먼트 헤더 + 3계층 내용
　㉡ 세그먼트 헤더(Segment Header) : 포트 주소, 소켓 주소, 순서 번호 포함

ⓒ 순서 번호(Sequence Number) : 사용자 데이터를 세그먼트로 분할할 때 각 세그먼트에 순서대로 할당한
번호

② 내용 … 종단 시스템(End-to-End) 간에 투명한 데이터 전송, 하드웨어와 소프트웨어의 중간 성격
㉠ 종단 간(End-to-End) 데이터 통신 보장
㉡ 지연(Delay)에 따른 왜곡 및 대역폭 문제 해결
㉢ 동시에 여러 개의 논리적 연결 지원
㉣ 사용자 데이터 분할과 재조립 : 수신 데이터를 순서 번호를 참조하여 재조립하거나 폐기하는 역할

③ 예 … TCP, UDP

(5) 세션 계층(Session Layer)

① 프로토콜 데이터 단위(PDU) … 메시지

② 내용 … 이용자들 간 관련성 유지, 대화 구성 및 동기 제어, 데이터 교환
㉠ 전송 시 동기 점을 삽입하여 메시지를 그룹화
㉡ 데이터 전송 방향(예 : 전이중, 반이중) 결정
㉢ 데이터에 대한 중간 점검 및 복구를 위한 동기 점 생성

③ 예 … NetBIOS
IP 주소와 NetBIOS 이름을 모두 가지고 있는 각각의 컴퓨터는 하나의 호스트 이름에 해당

(6) 표현 계층(Presentation Layer)

① 프로토콜 데이터 단위(PDU) … 메시지

② 내용 … 코드 변환, 암호화, 압축, 구문 검색, 정보형식 변환, 문맥 관리

③ 지원되는 기술 … ASCII, EBCDIC, Binary, ASN.1 등

(7) 응용 계층(Application Layer)

① 프로토콜 데이터 단위(PDU) … 메시지

② 내용 … 사용자(응용 프로그램)가 OSI 환경에 접근할 수 있도록 서비스 제공
전자 사서함, 파일 전송

③ 예 … FTP, SMTP, SNMP, HTTP, HTTPS, TELNET, SSH, APPC(IBM 프로토콜)

하위층	1계층	물리 계층	매체 접근에 따른 기계적, 전기적, 물리적 절차를 규정
	2계층	데이터링크 계층	인접 개방형 시스템 간의 정보 전송 및 오류 제어
	3계층	네트워크 계층	정보 교환, 중계 기능, 경로 선정, 유통 제어 등
	4계층	전송 계층	송수신 시스템 간의 논리적 안정 및 균등한 서비스 제공
상위층	5계층	세션 계층	응용 프로세스 간의 연결 접속 및 동기 제어 기능
	6계층	표현 계층	정보의 형식 설정 및 부호 교환, 암호화, 해독, 압축 등
	7계층	응용 계층	응용 프로세스 간의 정보 교환 및 전자 사서함, 파일 전송 등

TIP IMAP … 로컬 서버에서 프로그램을 이용하여 전자우편을 엑세스하기 위한 표준 프로토콜

section 7 네트워크 분류

❶ 규모에 따른 분류

(1) LAN(Local Area Network)

① 일반적으로 300m 이하의 통신 회선으로 연결된 PC 메인 프레임(main frame)과 워크스테이션의 집합

② 컴퓨터 사이의 전류나 전파 신호가 정확히 전달될 수 있는 거리, 즉 한 기관의 건물에 설치된 컴퓨터 장비를 직원들이 가장 효과적으로 사용할 수 있도록 연결된 고속 통신망

(2) MAN(Metropolitan Area Network)

① LAN을 고속의 백본(backbone)으로 묶은 형태로, LAN수준의 높은 데이터 전송률을 제공

② 일반적으로 MAN이 가능한 지역은 LAN보다는 크지만, WAN보다는 작음, 보통 도시나 큰 캠퍼스를 네트워크 하나로 서로 연결하는 데 사용

(3) WAN(Wide Area Network)

① 지리적으로 흩어진 통신망을 의미

② LAN과 구별하여 더 넓은 지역에서 구성할 수 있는 통신 구조를 나타내는 용어로 사용

③ 지방과 지방, 국가와 국가, 대륙과 대륙처럼 지리적으로 완전하게 떨어진 장거리 지역 사이를 연결하는 네트워크

❷ 위상에 따른 분류

(1) 버스(Bus) 방식

① 버스라 불리는 공통배선을 모든 노트가 고유

② 한 노드에 전송한 메시지가 모든 노드에 전달(broadcasting)

③ 네트워크를 구성하는 노드 수가 적으면 그다지 문제가 되지 않으나, 노드가 많아지면 노드 간 통신 시 충돌로 인해 속 도가 급격히 떨어진다는 단점이 있음

(2) 스타형(Star) 방식

① 중앙 제어 노드가 통신의 모든 제어 관리 - 분산 처리 능력 제한

② 노드 간의 데이터가 다른 노드에 전달되지 않으며, 중앙 노드가 네트워크 성능 좌우

③ 설치가 용이하지만 중앙 제어 노드가 작동을 못하면 네트워크가 정지되는 단점이 있음

(3) 링(Ring) 방식

① 토큰 네트워크가 링형 네트워크의 일종으로, 약간 오래된 대학교의 네트워크 등에서 간혹 찾아볼 수 있음

② 네트워크의 한 노드라도 이상이 생기면 통신망이 정지되고 토큰을 받아야 데이터를 전송할 수 있기 때문에 데이터 전송에 있어 지연 시간이 발생한다는 단점이 있음

(4) 매쉬(Mesh) 방식

① 중앙의 제어 노드에 의한 중계 대신에 각 노드간 점대점 방식으로 직접 연결

② 완전 그물형(Full mesh)과 부분 그물형(partial mesh)

③ 장애 발생 시 대체 경로로 전달 가능

④ 링형과 더불어 네트워크 백본을 구성하는 방식

(5) 트리(Tree) 방식

① 다수의 버스 방식을 허브(스위치)를 이용하여 트리처럼 연결

② 제어와 오류 해결을 각각의 허브에서 수행

③ 허브로 구성되는 경우와 스위치로 구성되는 경우 다르게 동작

Bus   Ring   Star   Extendad Star   Hierarchical   Mesh

❸ 네트워크 관련 장비

(1) 허브(Hub)

물리 계층. 컴퓨팅 자원이 모인 장소

(2) 리피터(Repeater)

물리 계층. 신호 증폭

(3) 브리지(Bridge)

데이터 계층. 신호 전송

(4) 라우터(Router)

네트워크 계층. 경로 설정

iptime 등의 공유기에는 라우터 기능과 게이트웨이 기능이 동시에 있음

(5) 게이트웨이(Gateway)

전송 계층. 서로 다른 프로토콜을 사용하는 호스트를 연결

① 게이트웨이는 #.#.#.1의 ip를 받아 #.#.#.2 ~ #.#.#.255까지의 ip를 터미널에 분배(ipv4 기준)

② iptime 등의 공유기에는 라우터 기능과 게이트웨이 기능이 동시에 있음

section 8 인터넷(Internet)

❶ 인터넷(Internet)

(1) 인터넷의 정의

서로 다른 컴퓨터간에 전송 규약을 사용하여 연결된 모든 네트워크의 집합체로 TCP/IP 프로토콜을 기반으로 전 세계 수 많은 컴퓨터와 네트워크들이 연결된 광범위한 컴퓨터 통신망이다.

(2) 인터넷의 역사

① ARPANET … 군납업체, 관련기관 간에 정보를 공유하기 위해 연결된네트워크 시스템

② 초기에 NCP(Network Control Program)라는 프로토콜을 사용하다가 TCP/IP를 공식적으로 채택

(3) 인터넷의 특징

① 인터넷은 서로 동시에 참여할 수 있는 양방향 통신을 제공한다.

② 메시지를 보내는 사람과 받는 사람 모두 시간에 제약을 받지 않고 컴퓨터가 네트워크에 연결만 되어 있다면 언제든지 메시지를 주고받을 수 있다.

③ 초기 인터넷에서는 텍스트로만 통신이 가능했지만 현재는 이미지, 음성, 동영상 등 다양한 포맷으로 통신이 가능하다.

④ 인터넷은 서로 알 수 없는 익명성을 제공한다.

② TCP/IP(Transmission Control Protocol/Internet Protocol)

① 데이터가 의도된 목적지에 닿을 수 있도록 보장해주는 통신 규약

② 인터넷으로 디바이스를 연결하는 네트워크 프로토콜의 집합이며 개별적인 네트워크 프로토콜로 사용

(1) TCP(Transmission Control Protocol)의 정의

OSI 7Layer중 4계층인 전송계층에 속하는 중요 프로토콜로 네트워크망에 연결된 컴퓨터의 프로그램 간 데이터를 순서대로, 에러 없이 교환할 수 있게 하는 역할이다.

(2) 특징

① **연결 지향 프로토콜**(Connection Oriented Protocol)
   ㉠ 연결 지향형 프로토콜은 송신 측 컴퓨터와 수신 측 컴퓨터가 데이터를 전송하기 전에 먼저 데이터를 송수신할 수 있는 연결 통로를 만들고 데이터를 전송하는 프로토콜을 말한다.
   ㉡ **포트 번호** : 포트는 TCP가 상위 계층으로 데이터를 전달하거나 상위 계층에서 TCP로 데이터를 전달할 때 상호 간에 사용하는 데이터의 이동 통로를 말한다.
   ㉢ **TCP 세그먼트** : TCP 프로토콜은 전송을 위해 바이트 스트림을 세그먼트 단위로 나눈다. 세그먼트란 TCP를 이용하여 두 장치 간에 전달하는 데이터들의 단위를 말한다.

② **신뢰할 수 있는 프로토콜**(Reliable Protocol)
   ㉠ **흐름제어** : 상대방이 받을 수 있을 만큼만 데이터를 효율적으로 전송하는 것
   ㉡ **오류제어** : 데이터의 오류나 누락없이 안전한 전송을 보장
   ㉢ **혼잡제어** : 네트워크의 혼잡 정도에 따라 송신자가 데이터 전송량을 제어하는 것

③ **연결 설정(3-Way 핸드셰이킹)** … TCP/IP 프로토콜을 이용해서, 통신을 하는 응용프로그램이 데이터를 전송하기 전에 먼저 정확한 전송을 보장하기 위해 상대방 컴퓨터와 사전에 세션을 수립하는 과정을 의미

　　㉠ TCP의 3-way Handshaking 과정

　　　㉮ 클라이언트는 서버와의 connection을 연결하기 위해 SYN flag 를 On 시킨 후 패킷 초기 순서 번호 (Initial Sequence Number)를 Sequence Number로 하여 패킷을 서버로 전송한다. 이 과정을 Active-open 이라고 한다.(SYN flag를 ON 시킴)

　　　㉯ 패킷을 전송받은 서버는 SYN에 대한 응답으로 클라이언트에서 보내온 Sequence Number에 1을 더한 값을 ACK Number로 하고 자신의 초기 순서 번호를 Sequence Number로 하여 클라이언트로 보낸다.(SYN flag와 ACK flag를 ON 시킴)

　　　㉰ 클라이언트는 서버의 ACK 패킷을 잘 받았다는 신호로 서버에서 받은 SYN 번호에 1을 더한 값을 ACK 번호로 하여 서버로 전송한다.(ACK flag를 ON 시킴)

④ TCP 구조

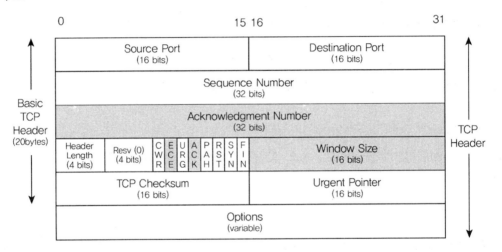

　　㉠ Source Port(16 bits) : 출발지(송신) 포트 번호

　　㉡ Destination Port(16 bits) : 목적지(수신) 포트 번호

　　㉢ Sequence Number(32 bits) : 송신 데이터 순서 번호

　　　㉮ 송신 시 전송하는 데이터의 시작 바이트 순번을 담는다. 바이트 순번은 전송하는 데이터의 바이트 단위로 부여하는 연속된 번호를 의미한다.

　　　㉯ 연결설정 단계에서 초기 순서 번호를 상호간에 주고받는다. 초기 순서 번호는 0부터 시작하는 것이 아니라 임의의 수를 할당해서 사용한다.

　　㉣ Acknowledgment Number(32bits) : 상대방이 다음에 전송할 순서 번호

　　　㉮ 수신 확인 응답(ACK)과 함께 해당 필드에 상대방이 다음에 전송할 순서 번호를 담아서 보낸다.

　　　㉯ HLEN(4bits) : 헤더 길이

　　㉤ 4bits 워드 단위로 표시(20~60bytes)하며 기본 헤더 20bytes와 옵션 헤더 최대 40bytes로 구성된다.

ⓑ Reserved(4bits) : 예약

ⓢ Control Flags(6bits)

ⓞ URG(Urgent pointer is valid) : 긴급 데이터 설정

ⓩ ACK(Acknowledgment is valid) : 수신 확인 응답(ACK) 설정

ⓒ PSH(Request for push) : 송수신 버퍼에 있는 데이터를 즉시 처리

ⓚ RST(Reset the connection) : 연결 중단(강제 종료)

ⓣ SYN(Synchronize sequence numbers) : 연결 설정

ⓟ FIN(Terminate the connection) : 연결 종료 (정상 종료)

ⓗ Window size(16bits)

    ㉮ 수신측에서 송신측에 보내는 Receiver window size로 수신버퍼의 여유공간 크기를 의미한다. · 송신측
에서는 상대방의 여유 공간 크기를 통해서 흐름제어를 수행할 수 있다.

    ㉯ 따라서 송신측에서는 상대방의 윈도우 사이즈 범위 내에서 수신측의 수신 확인 응답(ACK)을 기다리지
않고 연속적으로 전송할 수 있는데 이를 슬라이딩 윈도우 제어방식이라 한다.

ⓐ Checksum(16bits) : 헤더를 포함한 전체 세그먼트에 대한 오류를 검사하기 위한 필드

ⓑ Urgent Pointer(16bits) : 세그먼트가 긴급 데이터(URG 플래그 설정)를 포함하고 있는 경우에 사용되는
필드로 긴급 데이터의 위치값을 담고 있다.

⑤ TCP 헤더 정보

필드	크기	내용
송수신자의 포트 번호	16	TCP로 연결되는 가상 회선 양단의 송수신 프로세스에 할당되는 포트 주소
시퀀스 번호 (Sequence Number)	32	송신자가 지정하는 순서 번호, 전송되는 바이트 수를 기준으로 증가 SYN = 1 : 초기 시퀀스 번호가 된다. ACK 번호는 이 값에 1을 더한값 SYN = 0 : 현재 세션의 이 세그먼트 데이터의 최초 바이트 값의 누적 시퀀스 번호
응답 번호(ACK Number)	32	수신 프로세스가 제대로 수신한 바이트 수를 응답하기 위해 사용
데이터 오프셋 (Data Offset)	4	TCP 세그먼트의 시작 위치를 기준으로데이터의 시작 위치를 표현(TCP 헤더의 크기)
예약 필드(Reserved)	6	사용을 하지 않지만 나중을 위한 예약 필드이며 0으로 채워져야한다.
제어 비트(Flag Bit)	6	SYN, ACK, FIN 등의 제어 번호
윈도우 크기(Window)	16	수신 윈도우의 버퍼 크기를 지정할 때 사용. 0이면 송신 프로세스의 전송 중지
체크섬(Checksum)	16	TCP 세그먼트에 포함되는 프로토콜 헤더와 데이터에 대한 오류 검출 용도
긴급 위치(Urgent Pointer)	16	긴급 데이터를 처리하기 위함, URG 플래그 비트가 지정된 경우에만 유효

⑥ TCP 제어비트 정보

종류	내용
ACK	응답 번호 필드가 유효한지 설정할 때 사용하며 상대방으로부터 패킷을 받았다는 걸 알려주는 패킷. 클라이언트가 보낸 최초의 SYN 패킷 이후에 전송되는 모든 패킷은 이 플래그가 설정되어야 한다.
SYN	연결 설정 요구. 동기화 시퀀스 번호. 양쪽이 보낸 최초의 패킷에만 이 플래그가 설정되어 있어야 한다. TCP 에서 세션을 성립할 때 가장먼저 보내는 패킷, 시퀀스 번호를 임의적으로 설정하여 세션을 연결하는 데에 사용되며 초기에 시퀀스 번호를 보내게 된다.
PSH	수신 애플리케이션에 버퍼링된 데이터를 상위 계층에 즉시 전달할 때 사용
RST	연결의 리셋이나 유효하지 않은 세그먼트에 대한 응답용으로 사용
URG	긴급 위치를 필드가 유효한지 설정 (긴급한 데이터는 다른 데이터에 비해 우선순위가 높음)
FIN	세션 연결을 종료시킬 때 사용되며 더 이상 전송할 데이터가 없을 때 연결 종료 의사 표시

(3) IP(Internet Protocol)

① **정의** … 인터넷에서 컴퓨터의 위치를 찾아서 데이터를 전송하기 위해 지켜야 할 규약

② **특징** … 4개의 숫자로 구성되며 숫자의 크기에 따라 IPv4(32비트, 각 숫자는 1바이트), IPv6(128비트, 각 숫자는 4바이트)로 나닙니다.

 ㉠ Network Layer에서 호스트의 주소지정과 패킷 분할 및 조립 기능을 담당

 ㉡ 물리적으로 떨어진 두 호스트가 데이터를 정확하게 송수신하기 위해 IP 주소를 사용

③ IP(Internet Protocol)**주소**

 ㉠ **고정 IP** : 컴퓨터가 고정적으로 가지고 있는 IP로 한 번 부여받으면 반납하기 전까지 변하지 않는다.

 ㉡ **유동 IP** : 컴퓨터에 고정된 IP를 부여하지 않고 IP 갱신 주기가 되었을 때 ISP로부터 할당받는 IP

 ㉢ **공인 IP** : 외부에 공개된 IP

 ㉣ **사설 IP** : 외부에서 접근할 수 없는 IP

> **TIP** IP 주소(총 32비트)
> −A class ~ E class까지 존재
> −D class : 멀티캐스트 용
> −E class : 실험적 주소이며 공용되지 않음

❸ TCP/IP 4계층

네트워크(인터넷)상에서 데이터를 주고받기 위해 모든 컴퓨터들이 가지는 각자의 주소를 의미

주요 프로토콜	TDP/IP 프로토콜 계층모델	OSI 계층모델	
TELNET, FTP, SNMP, DHCP 등	Application	Application	
		Presentation	
		Session	
SCTP, TCP, UDP	Transport	Transport	
IGMP ICMP IP ARP	Internet (IP 계층)	Network	
	Link (Network Access)	Data Link	
		Physical	

(1) 네트워크 액세스 계층(Network Access Layer)

① OSI 7계층의 물리계층과 데이터 링크 계층에 해당

② TCP/IP 패킷을 네트워크 매체로 전달하는 것과 네트워크 매체에서 TCP/IP 패킷을 받아들이는 과정을 담당

③ 에러 검출 기능(Detecting errors), 패킷의 프레임화(Fraimg packets)

④ 네트워크 접근 방법, 프레임 포맷, 매체에 대해 독립적으로 동작하도록 설계

⑤ 물리적인 주소로 MAC을 사용

⑥ LAN, 패킷망, 등에 사용됨

(3) 2계층 인터넷 계층(Internet Layer)

① OSI 7계층의 네트워크 계층에 해당

② 어드레싱(addressing), 패키징(packaging), 라우팅(routing) 기능을 제공

③ 네트워크상 최종 목적지까지 정확하게 연결되도록 연결성을 제공하게 됨

④ 프로토콜 종류 – IP, ARP, RARP

(3) 3계층 전송 계층(Transport Layer)

① OSI 7계층의 전송 계층에 해당

② 애플리케이션 계층의 세션과 데이터그램(datagram) 통신서비스 제공

③ 통신 노드 간의 연결을 제어하고, 신뢰성 있는 데이터 전송을 담당한다.

④ 프로토콜종류- TCP, UDP

(4) 4계층 응용 계층(Application Layer)

① OSI 7계층의 세션 계층, 표현 계층, 응용 계층에 해당한다.

② 프로그램(브라우저)가 직접 인터액트하는 레이어. 데이터를 처음으로 받는 곳

③ 다른 계층의 서비스에 접근할 수 있게 하는 애플리케이션을 제공

④ 애플리케이션들이 데이터를 교환하기 위해 사용하는 프로토콜을 정의

⑤ HTTP, SMTP등의 프로토콜을 가진다.

⑥ TCP/UDP 기반의 응용 프로그램을 구현할 때 사용한다.

⑦ 프로토콜종류- FTP, HTTP, SSH

❹ TCP와 UDP

(1) 정의
OSI 표준모델과 TCP/IP 모델의 전송계층에서 사용되는 프로토콜

(2) UDP(User Datagram Protocol) 정의
RFC 768 문서에 정의된 비연결 지향 프로토콜

(3) UDP의 단점

① 데이터의 신뢰성이 없다.

② 의미있는 서버를 구축하기위해서는 일일이 패킷을 관리해주어야 한다.

(4) UDP의 특징

① TCP(연결 지향 프로토콜)와 달리 패킷이나 흐름 제어, 단편화 및 전송 보장 등의 기능은 제공하지 않는다.

② 최소한의 에러 체크만 하는 매우 단순한 프로토콜이며 신뢰성이 낮다.

③ UDP는 연결 설정 및 제어 기능이 빠지는 대신 빠른 처리가 가능하며 실시간성을 요구하는 서비스에 적합하다.

④ UDP 헤더의 크기(8바이트)는 TCP 헤더의 크기(20바이트)보다 작다.

⑤ UDP를 사용하는 대표적인 응용 계층 프로토콜에 DNS(Domain Name System), DHCP(Dynamic Host Configuration Protocol), SNMP 등이 있다.

(3) 포트 번호

필드	크기	내용
송신자의 포트 번호	16	데이터를 보내는 어플리케이션의 포트 번호
수신자의 포트 번호	16	데이터를 받을 어플리케이션의 포트 번호
데이터의 길이	16	UDP 헤더와 데이터의 총 길이
체크섬(Checksum)	16	데이터 오류 검사에 사용

❺ TCP와 UDP 비교

구분	TCP	UDP
연결방식	연결형서비스	비 연결형 서비스
패킷 교환 방식	가상 회선 방식	데이터그램 방식
전송 순서	전송 순서 보장	전송 순서가 바뀔 수 있음
수신 여부 확인	수신 여부를 확인함	수신 여부를 확인하지 않음
통신 방식	1:1 통신만 가능	1:1 / 1:N / N:N 통신 모두 가능
신뢰성	높음	낮음
속도	느림	빠름

❻ IGMP(Internet Group Management Protocol)

(1) 정의

서브넷(로컬 네트워크) 상의 멀티캐스팅 멤버십 제어(그룹 관리)를 위한 프로토콜

(2) 특징

① 그룹 멤버십을 관리하는 프로토콜이다.

② 멀티캐스트 라우터 그룹 멤버들의 리스트를 생성하고 갱신한다.

③ 멀티캐스트 라우터에게 네트워크에 연결된 호스트와 라우터들의 멤버십 상태 정보를 제공한다.

section 9 · IPv4와 IPv6

❶ IP(Internet Protocol) 주소

네트워크 환경에서 컴퓨터(노드)간 통신하기 위해 각 컴퓨터에 부여된 네트워크상의 주소

(1) IP주소의 특징

① OSI 7계층 중에서 3계층인 네트워크 계층에서 생성 및 사용되는 IP 주소는 네트워크 환경에서 내 컴퓨터의 주소

② IP는 네트워크 주소와 호스트 주소로 구분되며 하나의 네트워크상에 여러 호스트 주소가 존재

(2) IP주소의 규칙

① 네트워크(Network)에서 스마트폰이나 PC 등, 각각의 디바이스를 구별하는 정보

② IP 주소 ··· 네트워크(Network) 주소와 호스트(Host) 주소
   ㉠ 네트워크(Network) 주소 : IP 주소가 속한 Network
   ㉡ 호스트(Host) 주소 : 네트워크(Network) 속에서 호스트(Host)를 구별하는 번호

❷ IPv4(Internet Protocol Version 4)

(1) 정의

인터넷에 연결된 각 장치의 연결을 식별하기 위해 TCP/IP 프로토콜 그룹의 IP 계층에서 사용되는 식별자를 IP 주소

① (.)마침표로 구분되며 4개의 8비트 필드로 구분된 십진수로 작성

② 각 8비트 필드는 IPv4 주소에서 1바이트를 나타내며 IPv4 주소의 바이트를 나타내는 이러한 형식은 점으로 구분된 십진수 형식이라고도 한다.
   ㉠ A 클래스 = 최고위의 Class : 1~126 범위의 IP주소를 가지며, 두 번째, 세 번째, 네 번째 단위의 세 숫자는 A Class가 자유롭게 네트워크 사용자에게 부여가 가능한 IP이다.
   ㉡ B 클래스 = 두 번째로 높은 단위의 Class : IP 구성에서 첫 번째 단위의 세 숫자는 128 – 191 가운데 하나를 가지며 두 번째 단위의 세 숫자는 B Class가 접속할 수 있는 네트워크를 지시한다.

ⓒ C 클래스＝최하위의 Class : 첫 번째 단위의 세숫자는 192~233 가운데 하나를 가지며 두 번째와 세 번째 단위의 세 숫자는 C Class가 접속할 수 있는 네트워크를 지시한다. C Class에서 자유롭게 부여할 수 있는 IP는 마지막 네 번째 단위의 254개이다.

(2) IPv4주소 구조

① IPv4는 3개의 클래스로 구성이 나뉘어진다.

② 각각의 10진수는 $0 \sim 2^8 - 1$의 범위를 가진다.

③ 약 43억개의 IP주소를 만들 수 있다.

④ IPv4는 3개의 클래스로 구성이 나뉘어진다. (A, B, C)

🔊 **TIP** 서브넷 마스크

IP 주소에서 네트워크 주소와 호스트 주소를 구분하기 위해 사용
(서브넷 마스크 계산 : IP와 서브넷 마스크의 2진수 논리 AND연산)

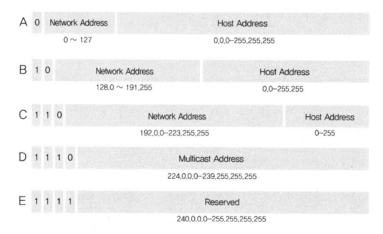

(3) CIDR(Classless Inter-Domain Routing)

① 정의 … 기존의 네트워크 클래스인 A, B, C 클래스 별로 IP 주소를 구분하지 않고, 네트워크 식별자 범위를 자유롭게 지정하여 Supernetting, Subnetting을 지원할 수 있게 하는 주소지정 관리 방식

② 특징

ⓐ 주소 재할당 개념, 32bit 모든 구간에서 서브넷팅하여 필요한 수만큼 IP 할당

ⓑ 기존 Class기반 주소에서 Class를 제외하고 32bit 전체에 대해 Network과 Host 재설정 주소 구조

ⓒ 기존 Class 기반 주소에 비해 주소 손실을 줄여 주고, Router에는 구조화된 주소할당으로 인해 Routing Table을 줄여 Packet Delay 감소

③ CIDR의 표기법

기존 표기법	IP : 192.168.100.100	서브넷 마스크 : 255.255.255.0 (2진수 : 11111111.11111111.11111111.00000000)
CIDR 표기법	192.168.100.100/24 ('24'는 Prefix라고 하며, 서브넷 마스크 길이인 '1'의 개수)	

④ CIDR의 활용 기법
  ㉠ Supernetting : C Class(24bit)를 서브넷(Subnet)으로 분리하여 IP 자원 사용 효율성 증대
  ㉡ 서브넷팅(Subnetting) : IP주소 낭비를 방지하기 위해 네트워크를 분할하여 효율적으로 사용하는 개념
    ㉮ 네트워크 영역 : 내부적으로 자유롭게 통신이 가능한 영역(호스트들을 모은 네트워크를 지칭하는 주소)
    ㉯ 호스트 영역 : 한 네트워크 내에서 서로를 구분하는 주소, 호스트를 개별적으로 관리

❸ IPv6(Internet Protocol version 6)

(1) 정의
IP주소의 부족 현상을 해결하기 위한 차세대 IP주소체계

(2) IPv6 주소 특징
① IPv4의 주소 공간을 4배 확장한 것으로 128bit 체계의 16진수로 표기하며, 4개의 16진수를 콜론(:)으로 구분

② IPv4에서는 옵션 필드의 구성이 제한적인데 비해 IPv6에서는 확장헤더를 이용하여 IPv4보다 훨씬 다양하고 안정된 옵션을 사용할 수 있음

③ 라우터의 부담을 줄이고, 네트워크 부하를 분산시킴.

④ 보안, 인증, 라벨링, 데이터 무결성, 데이터 비밀성 제공

⑤ 특정 흐름의 패킷들을 인식하고, 확장된 헤더에 선택사항들을 기술할 수 있음

⑥ IPv6 종류 … 유니캐스트, 애니 캐스트, 멀티 캐스트

(3) 주소체계
① 유니캐스트(Unicast) … 일대일 통신의 형태로서 한 인터페이스에 패킷을 전달하는 주소 형태

② 멀티캐스트(Multicast) … 지정된 모든 인터페이스에 패킷을 전달하는 주소 유형

③ 애니캐스트(Anycast) … 특정한 송신자와 그 근처에 있는 소수의 수신자들 간의 통신 지원

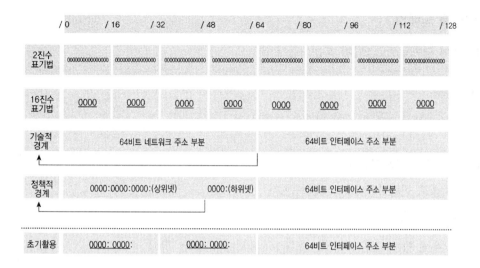

④ IPv4주소 및 IPv6주소 비교

구분	IPv4	IPv6
주소길이	32비트	128비트
표시방법	8비트씩 4부분으로 10진수로 표시 예) 202.30.64.22	16비트씩 8부분으로 16진수로 표시 예) 2001:0230:abcd:ffff:0000:0000:ffff:1111
주소개수	약 43억개	약 43억×43억×43억×43억개
주소할당	A, B, C 등 클래스 단위의 비순차적 할당	네트워크 규모 및 단말기 수에 따른 순차적 할당
품질제어	지원 수단 없음	등급별, 서비스별로 패킷을 구분할 수 있어 품질보장이 용이
보안기능	IPsec 프로토콜 별도 설치	확장기능에서 기본으로 제공
플러그 앤드 플레이	지원 수단 없음	지원 수단 있음
모바일IP	상단히 곤란	용이
웹캐스팅	곤란	용이

❺ 인터넷 도메인

WWW를 제외하여 일반적으로 2단계 혹은 3단계 계층으로 구성

(1) 도메인(Domain)

IP 주소를 사람이 이해하기 쉬운 문자 형태로 표현한 것

(2) DNS(Domain Name System)

도메인명을 IP 주소로 변환하거나 그 역을 수행하는 서비스

① 인터넷 도메인은 WWW를 제외하여 일반적으로 2단계 혹은 3단계 계층으로 구성

② 도메인의 최우측에 있는 부분이 최상위 도메인 (예 : .com, .net, .kr)

③ 일반 최상위 도메인(Generic Top-Level Domain, gTLD)
　　㉠ 특정한 조직 계열에 따라 사용되는 최상위 도메인
　　㉡ 2단계, 초기 형태인 .com, .net에 이어 .biz, .info, .mobi, .jobs 등 생성

④ 국가코드 최상위 도메인(Country Code Top-Level Domain, ccTLD) : 3단계(→ 2단계) … ISO에서 규정한 ISO 3166-1 국가코드 표준을 기준으로 각 국가마다 할당된 최상위 도메인

⑤ .kr에서 두 번째로 오는 내용 … .co(영리기업), .go(국가기관), .pe(개인)

---

section **10** 월드와이드웹(World Wide Web, WWW, W3)

❶ 월드와이드웹(World Wide Web, WWW, W3)의 정의

인터넷에 연결된 컴퓨터들을 통해 사람들이 정보를 공유할 수 있는 전 세계적인 정보 공간

(1) 하이퍼텍스트(HyperText)

참조(하이퍼링크)를 통해 독자가 한 문서에서 다른 문서로 즉시 접근할 수 있는 텍스트

❷ URL(Uniform Resource Locator)

인터넷에 존재하는 여러 서버들이 제공하는 자원에 접근할 수 있는 주소를 표현하기 위한 것

> URL = 프로토콜명://사이트 주소/파일 디렉토리/파일명

❸ 모바일 컴퓨팅(mobile computing)

(1) 모바일 컴퓨팅 정의

휴대형 컴퓨터, 디지털 무선통신장치, 스마트폰 등의 모바일 기기를 사용하여, 언제 어디서나 이동하면서도 자유롭게 컴퓨터 업무와 네트워크에 접속할 수 있는 환경의 이동식 컴퓨팅

(2) 특징

① 휴대폰이나 스마트폰을 이용하여 이용자가 언제 어디서나 실시간으로 정보 검색과 통신을 할 수 있도록 지원하여 주는 특성

② 무선 단말기를 가진 사용자는 언제 어디서나 필요한 곳에서 연결할 수 있고, 특별한 경우에는 특정 인물이나 시간대를 제한하여 접근할 수 있도록 함

③ 모바일 컴퓨팅은 무선 보안기술을 사용하므로 유선 인터넷망에서의 보 안보다 훨씬 높은 수준의 안전한 보안성을 유지해야 함

④ 언제 어디서나 사용자가 원하는 즉시 스마트폰으로 인터넷에 연결하여 사용할 수 있어야 함

(3) 무선 네트워크 기술

네트워크 노드 간 무선 데이터 연결을 사용하는 컴퓨터 네트워크

① **와이브로** … 무선 광대역 인터넷 기술로, 휴대형 단말기를 통해 언제, 어디서나, 정지 및 이동 중에도(Wifi에는 없는 와이브로만의 특화된 장점)고속으로 인터넷에 접속하여 필요한 정보나 멀티미디어 콘텐츠를 이용할 수 있도록 하는 기술

② **와이파이**(Wi-Fi) … 가장 널리 사용되는 무선 네트워크 기술 중 하나입니다. IEEE 802.11 표준을 기반으로 하며, 고속 데이터 전송과 광범위한 커버리지를 제공합니다. Wi-Fi는 가정, 사무실, 공공장소 등 다양한 환경에서 널리 사용되고 있다.

③ **와이맥스** … 와이파이의 최대 단점(유효 범위가 협소하고, 이동하면서 사용하기에는 제한적이라는 점)을 극복하고, 넓은 지역에서 무선광대역네트워크를 구축하기 위한 새로운 무선 데이터통신 기술이 요구됨에 따라 등장

④ **무선 PAN** … 무선개인 영역 네트워크(WPAN)는 전선이나 케이블을 사용하지 않고 연결된 장치 그룹
  ㉠ Bluetooth : 근거리 무선 통신 기술로, 주로 주변 기기 간의 데이터 전송에 사용
  ㉡ NFC : 매우 짧은 거리에서 데이터를 교환하는 기술로, 주로 모바일 결제 및 인증 시스템에 사용된다. NFC는 스마트폰이나 태블릿과 같은 기기끼리의 간편한 데이터 공유와 결제를 가능하게 한다.
  ㉢ ZigBee : 저전력 소비와 메시 네트워킹 기능을 제공하는 무선 통신 기술로, 주로 스마트 홈 및 산업용 IoT 장치에 사용된다. Zigbee는 확장 가능하고 안정적인 네트워크 구성을 지원하여 다양한 환경에서 활용

④ 사물 인터넷(Internet of Things)

(1) 사물 인터넷(Internet of Things)의 개념
인터넷을 통해 데이터를 다른 기기 및 시스템과 연결 및 교환할 목적으로 센서, 소프트웨어, 기타 기술을 내장한 물리적 객체(사물)의 네트워크

> **TIP** SET(Secure Electronic Transaction) … 인터넷을 통한 전자상거래를 안전하게 할 수 있도록 보장해 주는 보안 프로토콜

(2) 사물인터넷의 3대 주요기술
① **센싱 기술(Sensing)** … 전통적인 온도/습도/열/가스/조도/초음파 센서 등에서부터 원격 감지, SAR, 레이더, 위치, 모션, 영상 센서 등 유형 사물과 주위 환경으로부터 정보를 얻을 수 있는 물리적 센서

② **유무선 네트워크 기술** … IOT의 유무선 통신 및 네트워크 장치로는 기존의 WPAN, Wi-Fi, 3G/4G/LTE, Bluetooth, Ethernet, BcN, 위성통신, Microware, 시리얼 통신, PLC 등, 인간과 사물, 서비스를 연결시킬 수 있는 모든 유·무선 네트워크를 의미

③ **서비스 인터페이스 기술** … IOT 서비스 인터페이스는 IOT의 주요 3대 구성 요소(인간·사물·서비스)를 특정 기능을 수행하는 응용서비스와 연동하는 역할

(3) 웹 서비스(Web Service)
외부에서 이용할 수 있도록 부품화된 웹 기반의 응용 프로그램
① SOAP(Simple Object Access Protocol) … 서비스 간의 표준 메시징 프로토콜
② WSDL(Web Service Description Language) … 웹 서비스의 인터페이스 명시. 일반적으로 XML 사용

③ UDDI(Universal Description, Discovery and Integration) … 웹 서비스들의 등록과 검색. 전화번호부 같은 개념

(4) 인터넷 서비스

① WWW(World Wide Web) … 인터넷 상의 다양한 정보를 거미줄처럼 연결, HTTP 사용

   HTTP : 하이퍼텍스트 전송 프로토콜

② E-mail

   ㉠ SMTP : 메일 전송에 사용하는 프로토콜
   ㉡ POP3 : 메일 수신에 사용하는 프로토콜
   ㉢ MIME : 웹 브라우저가 지원하지 않는 각종 멀티미디어를 실행시켜 주는 프로토콜
   ㉣ IMAP방식 : 전자우편의 제목을 읽을 때 해당 내용을 전송하기 위해 사용하는 프로토콜

   > **TIP** 불건전 메일
   > • OPT-In mail : 사전에 허가를 받고 보내는 광고성 이메일이다.
   > • 스팸메일 : 불특정 다수에게 동의 없이 보내는 광고성 메일, 정크 메일(Junk Mail)이라고도 한다.
   > • 폭탄메일 : 상대방에게 지속적으로 크기가 큰 메일을 보내는 것으로, 메일 서버를 마비시킬 수도 있어 법적으로 처벌을 받게 된다.

   > **TIP** 블루투스(Bluetooth) … 근거리 무선 접속을 지원하기 위해 사용되는 대표적인 통신 기술

③ FTP(File Transfer Protocol) … 원격 파일 전송 프로토콜

④ 텔넷(Telnet) … 원격으로 컴퓨터를 자신의 것처럼 사용할 수 있도록 해 주는 서비스

⑤ 아키(Archie) … FTP 사이트가 관리하는 데이터베이스, 쉬운 정보 검색을 가능하게 함

⑥ 고퍼(Gopher) … 메뉴 방식을 통해 정보 검색을 쉽게 하는 서비스

⑦ 유즈넷(USENET) … 공통의 관심사를 가진 유저들이 의견을 주고받을 수 있게 하는 서비스

   > **TIP** 쿠키 … 특정 웹 사이트 접속시 반복적으로 사용되는 접속정보를 가지고 있는 파일

❶ 멀티미디어(Multimedia) 정의

동영상, 텍스트, 그래픽, 사운드 등의 다양한 형식의 정보를 디지털로 통합해 전달하는 매체 혹은 시스템

(1) 특징

① **디지털화**(Digitalization) ··· 여러 종류의 정보를 컴퓨터로 처리하기 위해서 디지털 방식으로 변환하여 처리한다.

② **상호작용성** ··· 정보 제공자와 사용자 간의 의견을 통한 상호 작용에 의해 데이터가 전달된다.

③ **비선형성**(Non-Linear) ··· 데이터가 사용자의 선택에 따라 다양한 방향으로 처리된다.

④ **정보의 통합성**(Integration) ··· 텍스트, 그래픽, 사운드, 동영상, 애니메이션 등의 여러 미디어를 통합하여 처리한다.

> **TIP** 스트리밍 기술
> 웹에서 멀티미디어 데이터 다운로드와 동시에 멀티미디어를 재생해 주는 기술

❷ 멀티미디어 구성요소

(1) 이미지와 그래픽

① **이미지**
  ㉠ 픽셀의 2차원 맵(행렬)으로 구성, 비트맵(Bitmap) 또는 래스터(Raster)이미지
  ㉡ 비트맵 이미지 : 픽셀의 집합으로 이루어진 그림을 0과 1로 표현하여 나타내는 표현 방식
    ㉮ 영상이 컬러이면 한 개의 픽셀 당 24비트를 할당, 흑백인 경우 1비트를 할당
    ㉯ 화면의 한 픽셀에 대한 정보는 비트들의 그룹으로 표현되고 전체 그래픽은 이러한 그룹들의 배열로 표현
    ㉰ 비트맵은 픽셀의 집합이므로 영상에 대한 회전, 확대 축소 등의 독립적인 연산은 불가능
    ㉱ 사진이나 비디오 정지 화면과 같이 매우 복잡하고 많은 객체들로 구성된 이미지의 경우, 명령어의 집합을 사용하는 벡터 방식으로는 표현하기 어려우며 주로 비트맵 방식으로 표현

② **그래픽** ··· 선, 사각형, 원 등을 이용하여 그려진 것, 벡터(Vector) 이미지
  ㉠ 벡터 이미지(벡터 방식) : 도형의 특성을 나타내는 명령어의 집합으로 영상을 표현하는 방식 주로 그래픽 편집기 프로그램을 이용하여 작성

⑦ 벡터 방식에 사용되는 명령어 : 선의 종류, 도형의 종류, 위치, 특성 등을 구분하여 정의

⑭ 이미지 : 비트맵 방식으로 표현된 그림 스캐너나 디지털 카메라와 같은 입력 장치를 이용하여 생성된 그림

⑮ 그래픽 : 벡터 방식의 그림 Flash, Illustrator와 같은 컴퓨터 소프트웨어를 통하여 생성된 그림

③ 이미지의 압축

ㄱ 압축 : 정보(information)를 가능한 최소한의 비트로 표현하는 기술, 불필요한 중복성(redundancy)를 줄이는 것

ㄴ 특징 : 압축된 데이터는 저장 공간의 절약적인 측면뿐 아니라 통신을 이용한 전송에 있어서도 빠른 전송을 위해 더 유리함

> **TIP** 정지 영상 데이터 … BMP, GIF, JPEG, PNG

③ GIF(Graphic Interchange Format) 압축

ㄱ 정의 : 이미지 파일 전송은 많은 시간을 요구하며 이를 해결하기 위해 컴퓨서브(Compuserve)라는 미국의 온라인 회사에서 개발한 8비트 컬러의 압축 파일 포맷인 GIF는 일찍부터 사용됨

ㄴ 특징

⑦ 최대 256색으로 표현되기 때문에 로고나 아이콘, 버튼 등 간단한 일러스트 등의 색의 수가 적은 이미지에 주로 사용

⑭ PNG와 마찬가지로 투과 가능, JPEG와는 다르게 저화질로 저장해도 원래의 화질로 돌아가는 것이 가능

⑮ 애니메이션 이미지를 만드는게 가능

④ JPEG(Joint Photographic Experts Group) 압축

ㄱ 정의 : 컬러 사진의 압축을 위하여 고안된 후, 1992년 국제 표준으로 확정되어 손실(Lossy) 압축과 무손실(Lossless) 압축의 두 가지 기법을 따로 정의

ㄴ 특징

⑦ 손실 압축 방법을 사용하여 저장되는 이미지 형식의 한 유형

⑭ 다양한 색을 필요로 하는 사진이나 그라데이션과 같이 색을 다양하게 변화하는 이미지의 보존에 적절

⑮ 풀컬러 1670만 색까지 다루는 것이 가능한 확장자

⑯ 그림 크기에 독립적으로 구현, 영상의 내용이나 해상도에 상관없이 어떤 그림에도 적용될 수 있음

⑰ 확장자 : '.jpg' 또는 '.jpeg'

⑤ PNG(Portable Network Graphics)

ㄱ 정의 : 무손실 압축 포맷을 채택하였으며, 256색에 한정된 GIF의 한계를 극복하여 32비트 트루컬러를 표현

ㄴ 특징

⑦ JPEG와 같이 풀컬러 1670만 색을 다루는 것이 가능

⑭ 이미지를 투과하는 것이 가능

(2) 비디오(Video)

영상, 동영상 또는 동화상이라고도 하며, 여러 장의 정지 화상이 연속적으로 모여서 영화와 같이 움직이는 화상을 생성 화면의 크기와 초당 프레임 수로 구분

① **완전화면(Full screen) 비디오** … 전체화면을 차지하는 비디오

 ㉠ **완전모션(Full motion) 비디오** : 초당 30프레임을 지원하는 비디오

 ㉡ **프레임(Frame)** : 비디오를 구성하고 있는 이미지 하나 하나

 ㉢ **비디오의 크기** : 이미지 프레임의 크기와 초당 프레임 수를 곱한 값으로 표현, 컴퓨터나 TV 비디오는 초당 30프레임, 영화의 경우에는 초당 24프레임이 필요

② **비디오 압축**

 ㉠ **압축의 목적** : 이미지의 질 유지, 데이터 양 최소화

 ㉡ **비디오 압축 시 고려사항** : 초당 필요 프레임 수, 압축률에 따른 화질의 변화, 압축 및 복원 속도, 부가적인 HW/SW 소요 여부, 통신채널의 전송

③ **MPEG(Moving Picture Experts Group)** … 동영상과 오디오에 관한 국제 표준의 압축부호화 규격으로 이러한 MPEG가 사용되는 목적에 따라 MPEG1, MPEG2등과 같이 일련의 번호를 붙여 구분한다.

 ㉠ 비디오 전화용, 디지털 저장 매체용 압축방식으로 구분

 ㉡ 영화와 CD 수준 사운드의 동기화에 대한 표준안으로 구성

> **TIP** 스트리밍(Streaming) … 인터넷을 바탕으로 사용자들에게 각종 비디오, 오디오 등의 디지털 정보를 제공하는 기술

(3) 사운드

① **사운드 데이터** … 공기 분자의 진동을 나타내는 하나의 파형(waveform)

② **사람이 소리를 듣는 과정** … 음원에서 물체 진동 → 매체(공기)의 압력을 변화시키면서 생성 → 변화가 파형의 형태로 우리 귀에 전달

③ **사운드의 기본 구성**

 ㉠ **주파수**

  ㉮ 초당 주기의 반복 횟수, 헤르쯔(Hz) 단위로 표현, 주기와 주파수는 반비례 관계임

  ㉯ 주파수가 높으면 고음, 낮으면 저음 ∴주파수는 소리의 높낮이 결정

  ㉰ **주파수의 범위**

   • 초저음파 : 0Hz ~ 20Hz

   • 가청주파 : 20Hz ~ 20KHz

   • 초 음 파 : 20KHz ~ 1GHz

   • 극초음파 : 1GHz ~ 10THz

ⓛ 진폭

　　㉮ 파형의 기준선에서 최고점까지의 거리, 소리의 크기(음의 세기)와 밀접한 관계 – 진폭이 크면 큰소리, 작으면 작은 소리, 음의 세기를 나타내는 단위 dB

　　㉯ 음색 : 실제 음의 여러 가지 주파수와 진폭성분이 합쳐져 있는 복잡한 형상 때문에 독특한 음 으로 들리는 것

❸ 디지털 오디오(Digital Audio)와 미디(MIDI)

(1) 디지털 오디오(Digital Audio) 정의

사운드 재생을 위한 디지털 신호로 아날로그 – 디지털 변환회로, 디지털 – 아날로그 변환회로, 기억 장치, 전송을 포함한다.

① 원음에 충실하기 위해서는 많은 용량이 필요

② 음악 CD수준의 3분 정도의 음악을 위해서 약 30MB 필요

(2) 미디(MIDI)

전 악기와 다른 기계(컴퓨터 등)간에 정보를 주고받기 위해 만든 통신 프로토콜(protocol)

① 실제 소리는 갖지 않고 연주 방법과 연주시기에 대한 정보를 가짐

② 3분 정도의 미디 음악을 듣기 위해서 약 8KB 필요

❹ 디지털로의 변환

(1) 샘플링

① 아날로그 파형을 디지털 형태로 변환하기 위해 표본을 취하는 것, 단위 Hz

② 샘플링 비율(Sampling Rate) … 1초 동안에 취한 샘플링 수(디지털화하는 횟수)

(2) 양자화(Quantization)

단위 시간 당의 신호의 크기를 나타내는 것으로 아날로그 신호를 디지털화 하는 단계에서 미세한 시간 단위마다 그 크기를 측정해 이를 2진수로 나타냄

샘플링 사이즈(Sampling Size) or 샘플비트(Sample bit) … 양자화 할 때 크기의 세분화 정도

❺ 애니메이션

연속적으로 이어지는 그림을 화면에 빠르게 표시함으로써 사람의 눈 에는 물체가 움직이는 것처럼 보이게 하는 잔상효과를 이용

(1) 잔상효과(Persistence of Vision)

이미지가 이미 사라졌음에도 불구하고 사람의 눈이나 뇌에 계속 남아 있으려는 경향

(2) 3차원 그래픽

① 2차원 그래픽의 단점을 보완하기 위해 생겨난 것으로 물체의 입체감, 질감, 공간상에 존재하는 모든 물체에 대한 원근감 표현 가능

② 하나의 3차원 그래픽을 제작하기 위해 모델링(modeling), 렌더링(rendering), 애니메이션(animation)이라고 하는 복잡한 작업과정이 필요함

(3) 컴퓨터 애니메이션과 특수 효과의 종류

① 스프라이트 애니메이션 (Sprite-Based Animation)

② 벡터 애니메이션 (Vector Animation)

③ 키 프레임과 트위닝 (Key-frame and Tweening)

④ 모핑 (Morphing)

⑤ 로토스코핑 (Rotoscoping)

⑥ 미립자 시스템 (Particle System)

> **TIP** 그래픽 데이터 표현 방식
> - **비트맵**(Bitmap) **– 포토샵**
> - 점 (화소)로 이미지 표현
> - 사진과 같은 사실적인 이미지 표현 가능
> - 고해상도를 표현하는데 적합하지만, 이미지 확대시 계단 현상 발생
> - 파일 형식 : BMP, TIF, GIF, JPEG...
> - **벡터**(Vector)
> - 점과 점을 연결하는 직선이나 곡선을 이용하여 이미지를 표현하는 방식
> - 계단 현상 발생X, 고해상도 표현 적합X
> - 파일 형식 : AI, WMF, CDR
> - **PNG** : 인터넷에서 이미지를 표현하기 위해 제정한 그래픽 형식.
> - **PCX** : Zsoft사의 PC Paintbrush에서 사용하는 형식. 스캐너/팩스/DTP에서 지원함
> - **DXF** : 오토 캐드에서 사용되는 자료 교환 방식
> - **TIF/TIFF** : 호환성이 좋아 응용 프로그램 간의 데이터 교환용으로 사용
> - **WMF** : Windows에서 기본적으로 사용하는 벡터 파일 형식

⑥ 멀티미디어 컨텐츠란?

(1) 컨텐츠(Contents)의 정의

각종 매체가 인터넷과 컴퓨터 통신 등을 통해, 디지털 방식으로 청중(audience) 또는 최종 소비자(end-users)에게 제공하는 정보나 그 내용물이다.

(2) 멀티미디어 컨텐츠의 특징

① CD-ROM, 웹, DVD, 휴대전화 등에 의해 제공

② 모든 데이터를 0과 1로 처리하는 디지털 방식으로 데이터 저장, 상호작용 여부

③ 정보 이용자가 정보를 제공받고, 필요할 경우 정보를 제공할 수도 있음(상호작용 가능), 정보의 이용성

④ 시공간의 제약 없이 자유롭게 원하는 정보 검색 가능 → 정보 이용성 높음, 내용 수정의 용이성

⑤ 내용 수정이 용이하고 그 비용의 기존의 방식에 비해 저렴함

> **TIP 멀티미디어 그래픽**
> - **디더링** : 제한된 색상을 조합하여 새로운 색을 만듦
> - **모핑** : 2개의 이미지를 부드럽게 연결
> - **렌더링** : 3차원 그래픽에서 화면에 그린 물체의 모형에 명암과 색상을 입혀 사실감을 더해줌
> - **안티앨리어싱** : 그림의 경계선을 부드럽게 해줌
> - **인터레이싱** : 대략적인 모습에서 점차 자세한 모습으로

출제예상문제

1 〈보기〉의 설명에 해당하는 네트워크 장비는?

〈보기〉
- OSI 계층 모델의 네트워크 계층에서 동작하는 장비이다.
- 송신측과 수신측 간의 가장 빠르고 신뢰성 있는 경로를 설정·관리하며, 데이터를 전달하는 역할을 한다.
- 주로 같은 프로토콜을 사용하는 네트워크간의 최적경로 설정을 위해 패킷이 지나가야 할 정보를 테이블에 저장하여 지정된 경로를 통해 전송한다.

---

① 게이트웨이(gateway)
② 브리지(bridge)
③ 리피터(repeater)
④ 라우터(router)

TIP 라우터(router) : 네트워크 계층에서 작동하며 경로를 설정하는 장비
- ㉠ 1계층 리피터 (Repeater) : 물리계층 상에서 세그먼트를 단순 연결신호 연장, 증폭 장치
- ㉡ 1계층 허브 (Hub)
  - 한꺼번에 여러 대의 컴퓨터를 케이블로 연결하는 장치
  - 각 회선을 통합적으로 관리
- ㉢ 2계층 브리지 (Bridge) : 리피터의 기능을 포함하며, 신호 증폭뿐만 아니라 네트워크 분할을 통해 트래픽을 감소, 물리적으로 다른 네트워크를 연결
- ㉣ 2계층 스위치 (Switch)
  - 브리지의 발전된 형태
  - 훨씬 향상된 네트워크 속도
  - 데이터를 필요로 하는 컴퓨터에만 전송
- ㉤ 3계층 라우터 (Router)
  - 경로 설정
  - 데이터의 흐름 제어
- ㉥ 4~7계층 게이트웨이 (Gateway)
  - 프로토콜이 다른 네트워크를 연결, 프로토콜 변환
  - 응용계층을 연결하여 데이터 형식의 변환

Answer 1.④

2 다음 중 네트워크 장비에 대한 설명으로 가장 옳지 않은 것은?

① 라우터(router)는 데이터 전송을 위한 최선의 경로를 설정한다.

② 브리지(bridge)는 한 개의 네트워크를 연결하여 데이터를 전송하는 역할을 한다.

③ 게이트 웨이(Gateway)는 네트워크에서 서로 다른 프로토콜 간의 통신을 가능하게 해주는 중요한 기능이다.

④ 허브(hub)는 물리계층에서 동작하는 장비로 네트워크상에서 데이터를 전송하는 장치이다.

....

TIP 브리지(bridge) … 네트워크 상에서 데이터 전송을 관리하는 장치로 여러 개의 네트워크를 연결하여 데이터를 전송하는 역할을 한다.

3 패킷 교환 네트워크에 대한 설명으로 옳지 않은 것은?

① 패킷 크기는 옥텟(Octet) 단위로 사용한다.

② 네트워크로 전송되는 모든 데이터는 송수신지 정보를 포함하는 패킷들로 구성된다.

③ 패킷 교환 방식은 접속 방식에 따라 데이터그램 방식과 가상회선 방식이 있다.

④ 패킷 교환 네트워크에서는 동시에 2쌍 이상의 통신이 불가능하다.

....

TIP 회선 교환 방식	패킷 교환 방식
① 두 지점 간 지정된 경로를 통해서만 전송하는 교환방식이며, 물리적으로 연결된 회선은 정보전송이 종료될 때까지 계속된다. ② 음성데이터를 전송하는 PSTN에서 사용하는 방법이며, 일단 연결이 이루어진 회선은 다른 사람과 공유하지 못하고 당사자만 이용이 가능하여 회선의 효율이 낮아진다는 단점이 있다.	① 메시지를 패킷 단위로 분할 한 후 논리적 연결에 의해 패킷을 목적지에 전송하는 교환하는 방식이며, 동일한 데이터 경로를 여러 명의 사용자들이 공유할 수 있다. ② 패킷 교환 방식은 접속 방식에 따라 데이터그램 방식과 가상회선 방식이 있다.

4 무선 LAN의 종류 중에 가장 전송속도가 느린 것은?

① 802.11b

② 802.11a

③ 802.11g

④ 802.11n

....

TIP 11a보다 11b가 먼저 시작되었다.

※ 빠른 속도 … 11n > 11g > 11a > 11b

Answer 2.② 3.④ 4.①

5 무선주파수를 이용하며 반도체 칩이 내장된 태그와 리더기로 구성된 인식시스템은?

① RFID   ② WAN

③ Bluetooth   ④ ZigBee

> **TIP** ① RFID(Radio Frequency Identification) … 무선주파수를 이용하여 사람이나 사물을 식별하여 인식하는 기술로, 반도체 칩과 안테나가 내장된 RFID 태그와 그 태그 정보를 판독하기 위한 리더기로 구성되어 있다.
> ② WAN(Wide Area Network, 광역 통신망) … LAN과 LAN을 연결하여 구성한 넓은 범위의 통신 네트워크를 의미
> ③ Bluetooth(블루투스) … 보통 수 미터에서 수십 미터 사이의 범위의 정보기기 사이에서, 전파를 이용해서 간단한 정보를 교환하는 통신
> ④ ZigBee(지그비)
> • 소형, 저전력의 디지털 라디오를 이용해 구성한 개인 통신망
> • EEE 802.15 표준을 기반으로 만들어짐

6 네트워크 장비에 대한 설명으로 옳지 않은 것은?

① 허브(hub)는 여러 곳으로부터 들어 온 데이터를 다른 여러 곳으로 보내는 역할을 하는 장비로, 더미 허브(dummy hub)와 스위칭 허브(switching hub)가 있다.

② 리피터(repeater)는 네트워크의 전송거리를 연장하기 위하여 사용하는 장비로, 장거리 전 송으로인해 약해진 신호를 재생하여 전송해 준다.

③ 브리지(bridge)는 동일한 기관의 두 개 이상의 LAN의 분할된 세그먼트를 서로 연결하여 하나의 네트워크로 만드는 장비로, 네트워크에 흐르는 프레임의 물리주소를 필터링 한다.

④ 게이트웨이(gateway)는 다른 네트워크로 들어가는 입구 역할을 하거나 나가는 출구 역할을 하는장비로, 모뎀 (modem)이 있다.

> **TIP** • 게이트웨이 : 설명은 맞지만 모뎀은 게이트웨이가 아니다(게이트웨이는 모든 계층의 정보를 이용한다). 모뎀은 아날로그 신호를 디지털 신호로 바꿔주거나 아날로그 신호를 디지털 신호로 바꿔주는 역할을 수행한다.
> • 허브 : 2계층 정보를 이용하는 L2 스위치이다.
> -더미 허브는 패킷을 받으면 다른 모든 포트들로브로드캐스팅을 하고,
> -스위칭 허브는 학습된 포트(해당 MAC이 있는 포트)로 보낸다.

Answer 5.① 6.④

7 네트워크 교환 방식 중 데이터를 전송하기 전에 통신을 원하는 호스트가 연결 경로를 미리 설정하는
방식에 해당되는 것은?

① 회선 교환 네트워크   ② 패킷 교환 네트워크

③ 메시지 교환 네트워크   ④ 데이터그램 교환 네트워크

....

TIP 회선 교환 … 교환기를 통해 통신 회선을 설정하여 직접 데이터를 교환하는 방식
　　 예 일반전화

8 네트워크 기술에 대한 설명으로 옳지 않은 것은?

① IPv6는 인터넷 주소 크기가 128 비트이고 호스트 자동 설정기능을 제공한다.

② 광대역통합망은 응용 서비스별로 약속된 서비스 레벨 보증(Service Level Agreement) 품질 수
준을 보장해줄 수 있다.

③ 모바일 와이맥스(WiMAX)는 휴대형 단말기를 이용해 고속 인터넷 접속 서비스를 제공하는 무선
망 기술이다.

④ SMTP(Simple Mail Transfer Protocol)는 사용자 인터페이스 구성방법을 지정하는 전송 계층
프로토콜이다.

....

TIP SMTP는 전자메일 전송을 위한 응용 계층 프로토콜이다.
　　 전송 계층 프로토콜로는 TCP나 UDP가 있다.

IPv6	IPv4
6비트씩 8자리, 총 128비트(16바이트)호스트 주소 자동 설정 기능: IPv6 호스트는 IPv6 네트워크에 접속하는 순간 자동적으로 네트워크 주소를 부여 받는다.	네트워크 관리자로부터 IP 주소를 부여받아 수동으로 설정

　　 ② 광대역통합망(BCN, Broadband Convergence Network) : 통신, 방송, 인터넷이 융합된 품질 보장형, 광대역 멀티미디어 서비
스를 언제 어디서나 끊김없이 안전하게 광대역으로 이용할 수 있는 차세대 통합 네트워크
　　　 • 통합 네트워크에서의 다양한 서비스 제공
　　　 • 표준화된 개방형 네트워크 구조
　　　 • 패킷 기반의 통합형 네트워크
　　　 • 품질 보장형 광대역 서비스
　　　 • 일반화된 이동성(Mobility) 제공
　　 ③ 모바일 와이맥스(Mobile WiMAX, 와이브로(WiBro))
　　　 • 한국전자통신연구원과 삼성전자가 개발한 무선 광대역 인터넷 기술로, 휴대전화처럼 언제 어디서나 이동하면서 초고속인터넷
을 이용할 수 있는 서비스
　　　 • 국제 표준은 IEEE 802.16e 이다.

Answer 7.① 8.④

9 다음 내용에 적합한 매체 접근 제어(MAC) 방식은?

> • I EEE 802.11 무선랜에서 널리 사용된다.
> • 채널이 사용되지 않는 상태임을 감지하더라도 스테이션은 임의의 백오프 값을 선택하여 전송을 지연시킨다.
> • 수신 노드는 오류 없이 프레임을 수신하면 수신 확인 ACK 프레임을 전송한다.

① GSM   ② CSMA/CA
③ CSMA/CD   ④ LTE

....

TIP ② CSMA/CA : IEEE 802.11을 사용한다. 무선이기 때문에 충돌보다는 회피를 목적으로 한다.
　　 ① GSM : 유럽의 대표적인 이동통신 시스템인 GSM은 세계에서 가장 널리 사용되고 있으며, 기술적으로는 TDMA를 기본으로 하고 있다.
　　 ③ CSMA/CD : IEEE 802.3을 사용한다. 유선이기 때문에 회피보다는 충돌을 목적으로 한다.
　　 ④ LTE : HSDPA(WCDMA(3G)를 확장한 고속 패킷 통신규격) 보다 한층 진화된 휴대전화 고속무선 데이터 패킷통신규격이다. HSDPA의 진화된 규격인 HSPA+와 함께 3.9세대 무선통신규격

10 네트워크의 전송 데이터 오류 검출에 대한 설명으로 옳지 않은 것은?

① 체크섬(checksum)은 1의 보수 방법을 사용한다.
② 순환중복검사(CRC)는 모듈로-2 연산을 주로 사용한다.
③ 전송할 데이터에 대한 중복 정보를 활용하여 오류를 검출한다.
④ 단일 패리티 비트를 사용하는 패리티 검사는 홀수 개의 비트에 오류가 발생하면 오류를 발견할 수 없다.

....

TIP 패리티 비트 : 짝수 개의 비트에 오류가 발생하면 오류를 발견할 수 없다.
　　 • 체크섬 : 1의 보수 혹은 2의 보수 방법을 사용
　　 • CRC : 모듈로-2 연산(XOR)을 주로 사용
　　 • 중복 정보 : 여기서 중복(redundancy)이란 체크섬이나 CRC를 이야기한다. 데이터와 중복 정보를 함께 보내고 수신 쪽에서는 중복 정보를 이용하여 데이터를 확인

Answer　9.②　10.④

11 무선 네트워크 방식에 대한 설명으로 옳은 것은?

① 블루투스(Bluetooth)는 동일한 유형의 기기 간에만통신이 가능하다.

② NFC방식이 블루투스 방식보다 최대 전송 속도가 빠르다.

③ NFC방식은 액세스 포인트(access point) 없이 두 장치 간의 통신이 가능하다.

④ 최대 통신 가능거리를 가까운 것에서 먼 순서로 나열하면 Bluetooth < Wi-Fi < NFC < LTE 순이다.

TIP • NFC와 블루투스 모두 액세스 포인트 없이 장치간 통신이 가능하다.
   • 블루투스는 다른 기기와도 통신이 가능하다. 가장 일반적으로 쓰이는 건 스마트폰과 헤드셋, 스마트폰과 노트북, 노트북과 키보드 등이다.
   • 블루투스 방식이 훨씬 빠르다. NFC는 수백Kbps 수준이지만, 블루투스는 이론상 최대 24Mbps, 일반적으로는 최대 2Mbps까지 가능하다.
   • NFC < 블루투스 < Wi-Fi < LTE : NFC는 10cm 이내로 거의 접촉하는 정도에서만 사용 가능(대표적으로 모바일 교통카드) 블루투스는 보통 10m 이내(노트북과 헤드셋 또는 스마트폰) 최근엔 40m까지 늘어날 전망이다.Wi-Fi는 최대 50 ~ 100m 이내 (강의실이나 지하철 와이파이)LTE는 수km에서 수 백km까지 가능(기지국과 스마트폰)

12 컴퓨터 네트워크에서 게이트웨이(gateway)에 대한 설명으로 옳은 것은?

① 디지털 신호와 아날로그 신호 사이의 변환을 담당하는 장치이다.

② 디지털 신호를 멀리 전송할 수 있도록 신호를 증폭하는 역할을 한다.

③ 둘 이상의 LAN을 연결하여 하나의 네트워크로 연결해주는 장치이며, 데이터링크 계층에서만 동작한다.

④ 서로 다른 통신 프로토콜을 사용하는 네트워크 사이를 연결하여 데이터를 교환할 수 있도록 하는 역할을 한다.

TIP • 게이트웨이(gateway) : 내부 네트워크(동일 프로토콜 사용)에서 외부 네트워크(이종 프로토콜 사용)로 나가는 통로 역할을 한다.
   • 모뎀(Modem) : 디지털 신호와 아날로그 신호 사이의 변환을 담당하는 장치이다.
   • 리피터(Repeater) : 디지털 신호를 멀리 전송할 수 있도록 신호를 증폭하는 역할을 한다.
   • 브리지(Bridge) : 둘 이상의 LAN을 연결하여 하나의 네트워크로 연결해주는 장치이며, 데이터링크 계층에서만 동작한다.

Answer 11.③ 12.④

13 다음에서 설명하는 네트워크 구조는?

- 구축 비용이 저렴하고 새로운 노드를 추가하기 쉽다.
- 네트워크의 시작과 끝에는 터미네이터(Terminator)가 붙는다.
- 연결된 노드가 많거나 트래픽이 증가하면 네트워크 성능이 크게 저하된다.

---

① 링(Ring)형　　　　　　　　　② 망(Mesh)형

③ 버스(Bus)형　　　　　　　　　④ 성(Star)형

TIP

　　　　망형　　　　트리형　　　링형　　　성형　　　버스형(선형)

- 링(ring)형 : 고리처럼 순환형으로 구성된 형태로서 네트워크 재구성이 수월하다.
- 트리형 : 스타형의 변형으로 스타형처럼 트리에 연결된 노드는 네트워크상의 통신을 제어하는 중앙 허브에 연결한다.
- 메시형 : 노드가 1:1로 연결되기 때문에 네트워크 규머가 커질수록 통신 회선 수가 기하급수적 으로 증가한다.
- 스타형 : 각 노드가 허브에 연결되어 있기 때문에 허브가 고자나면 전체 네트워크가 영향을 받는다(single point of failure).
- 버스형 : 하나의 회선에 여러 개의 노드가 연결되어 있는 형태로써, 노드가 많아지면 충돌이 발생해서 전송 속도가 늦어진다.

---

14 LTE(Long-Term Evolution) 표준에 대한 설명으로 옳은 것만을 모두 고르면?

㉠ 다중입력 다중출력(MIMO) 안테나 기술을 사용한다.

㉡ 4G 무선기술로서 IEEE 802.16 표준으로도 불린다.

㉢ 음성 및 데이터 네트워크를 통합한 All-IP 네트워크 구조이다.

㉣ 다운스트림에 주파수 분할 멀티플렉싱과 시간 분할 멀티플렉싱을 결합한 방식을 사용한다.

---

① ㉠, ㉢　　　　　　　　　　　② ㉡, ㉣

③ ㉠, ㉢, ㉣　　　　　　　　　④ ㉠, ㉡, ㉢

TIP ㉠ LTE는 단일 안테나는 물론 다중입력다중출력(MIMO) 안테나 기술도 지원한다.

　　㉢ LTE는 all-IP 망으로 사용자의 음성을 포함한 모든 트래픽은 IP 패킷으로 전달된다.

　　㉣ LTE는 주파수 분할 방식(FDD)과 시간 분할 방식(TDD)를 모두 지원한다.

- LTE가 4G 무선기술인 것은 맞으나, IEEE 802.16은 광대역 무선 네트워크(Wireless broadband)를 위한 표준이다.

Answer　13.④　14.③

15 CSMA/CD(Carrier Sense Multiple Access with Collision Detection)에 대한 설명으로 옳은 것만을 고르면?

> ㉠ 버스형 토폴로지에 많이 사용한다.
> ㉡ 데이터 전송 시간 및 충돌에 의한 데이터 지연 시간을 정확히 예측할 수 있다.
> ㉢ 데이터를 전송하기 전에 통신회선의 사용 여부를 확인하고 전송하는 방식이다.
> ㉣ 전송할 데이터가 없을 때에도 토큰이 통신회선을 회전하면서 점유하는 단점이 있다

① ㉠, ㉢   ② ㉠, ㉣

③ ㉡, ㉢   ④ ㉡, ㉣

TIP ㉠ CSMA/CD는 버스형과 트리형을 사용한다.
㉢ 보통 간략하게 CSMA/CD는 데이터가 충돌하는 것을 감지하는 방식
※ 토큰링(token ring) 방식 … IEEEE 802.5 표준 프로토콜이며, 토큰이 통신회선을 회전하면서 토큰을 소유한 단말기만 전송을 수행하는 방식이다. 토큰링 방식에서는 토큰이 끊임없이 회전하며 각 단말기의 데이터 전송 여부를 확인하기 때문에, 전송할 데이터가 없을 때도 통신회선을 회전하며 점유하는 문제가 발생한다.

16 네트워크 구성 형태에 대한 설명으로 옳지 않은 것은?

① 메시(mesh)형은 각 노드가 다른 모든 노드와 점대점으로 연결되기 때문에 네트워크 규모가 커질수록 통신 회선수가 급격하게 많아진다.
② 스타(star)형은 각 노드가 허브라는 하나의 중앙노드에 연결되기 때문에 중앙노드가 고장나면 그 네트워크 전체가 영향을 받는다.
③ 트리(tree)형은 고리처럼 순환형으로 구성된 형태로서 네트워크 재구성이 수월하다.
④ 버스(bus)형은 하나의 선형 통신 회선에 여러 개의 노드가 연결되어 있는 형태이다.

TIP • 링(ring)형 : 고리처럼 순환형으로 구성된 형태로서 네트워크 재구성이 수월하다.
• 트리형 : 스타형의 변형으로 스타형처럼 트리에 연결된 노드는 네트워크상의 통신을 제어하는 중앙 허브에 연결한다.
• 메시형 : 노드가 1:1로 연결되기 때문에 네트워크 규모가 커질수록 통신 회선수가 기하급수적으로 증가한다.
• 스타형 : 각 노드가 허브에 연결되어 있기 때문에 허브가 고자나면 전체 네트워크가 영향을 받는다(single point of failure).
• 버스형 : 하나의 회선에 여러 개의 노드가 연결되어 있는 형태로써, 노드가 많아지면 충돌이 발생해서 전송 속도가 늦어진다.

Answer 15.① 16.③

17 다음의 설명과 무선 PAN 기술이 옳게 짝지어진 것은?

> (가) 다양한 기기 간에 무선으로 데이터 통신을 할 수 있도록 만든 기술로 에릭슨이 IBM, 노키아, 도시바와 함께 개발하였으며, IEEE 802.15.1 규격으로 발표되었다.
>
> (나) 약 10 cm 정도로 가까운 거리에서 장치 간에 양방향 무선 통신을 가능하게 해 주는 기술 로 모바일 결제 서비스에 많이 활용된다.
>
> (다) IEEE 802.15.4 기반 PAN기술로 낮은 전력을 소모 하면서 저가의 센서 네트워크 구현에 최적의 방안을 제공하는 기술이다.

	(가)	(나)	(다)		(가)	(나)	(다)
①	Bluetooth	NFC	ZigBee	②	ZigBee	RFID	Bluetooth
③	NFC	RFID	ZigBee	④	Bluetooth	ZigBee	RFID

> **TIP** • 블루투스(Bluetooth) : 1994년에 에릭슨이 최초로 개발한 디지털 통신 기기를 위한 개인 근거리 무선 통신 산업 표준
> 2.4~2.485GHz의 UHF(극초단파)를 이용하여 전자 장비 간의 짧은 거리(10m)의 데이터 통신 방식을 규정
> • NFC
> −13.56MHz의 대역을 가지며, 아주 가까운 거리(10cm)의 무선 통신을 하기 위한 기술
> −현재 지원되는 데이터 통신 속도는 초당 424 킬로비트다. 교통, 티켓, 지불 등 여러 서비스에서 사용할 수 있다.
> • 지그비(ZigBee)
> −소형, 저전력 디지털 라디오를 이용해 개인 통신망을 구성하여 통신하기 위한 표준기술
> −ZigBee 장치는 메시 네트워크(각각의 노드가 네트워크에 대해 데이터를 릴레하는 네트워크 토폴로지) 방식을 이용. 여러 중간 노드(10m)를 거쳐 목적지까지 데이터를 전송함으로써 저전력임에도 불구하고 넓은 범위의 통신이 가능

18 이동 애드혹 네트워크(MANET)에 대한 설명으로 옳지 않은 것은?

① 전송 거리와 전송 대역폭에 제약을 받는다.

② 노드는 호스트 기능과 라우팅 기능을 동시에 가진다.

③ 보안 및 라우팅 지원이 여러 노드 간의 협력에 의해 분산 운영된다.

④ 동적인 네트워크 토폴로지를 효율적으로 구성하기 위해 액세스 포인트(AP)와 같은 중재자를 필요로 한다.

> **TIP** MANET … 기존 네트워크인 AP를 이용할 수도 있고 이용하지 않을 수도 있지만 AP를 중재자로 사용하지는 않는다. AP를 사용하는 경우는 MANET의 끝단에서 네트워크에 연결하기 위함이지 MANET의 중간에서 중재자로 사용하려는 것은 아니다.

Answer 17.① 18.④

19 네트워크 토폴로지(Topology) 중 버스(Bus) 방식에 대한 설명으로 옳지 않은 것은?

① 버스 방식은 네트워크 구성이 간단하고 작은 네트워크에 유용하며 사용이 용이하다.

② 버스 방식은 네트워크 트래픽이 많을 경우 네트워크 효율이 떨어진다.

③ 버스 방식은 통신 채널이 단 한 개이므로 버스 고장이 발생 하면 네트워크 전체가 동작하지 않으므로 여분의 채널이 필요하다.

④ 버스 방식은 노드의 추가·삭제가 어렵다.

....

TIP 버스(Bus) 방식 … 노드를 공유 케이블에 연결하기만 하면 되기 때문에 노드의 추가 및 삭제가 쉽다. 다만, 서로 배치해야 하는 거리가 있어 재구성이 어렵고 결함이 어디에서 발생했는지 찾기가 어렵다(결함분리).

20 네트워크의 전송 데이터 오류 검출에 대한 설명으로 옳지 않은 것은?

① 체크섬(checksum)은 1의 보수 방법을 사용한다.

② 순환중복검사(CRC)는 모듈로-2 연산을 주로 사용한다.

③ 전송할 데이터에 대한 중복 정보를 활용하여 오류를 검출한다.

④ 단일 패리티 비트를 사용하는 패리티 검사는 홀수 개의 비트에 오류가 발생하면 오류를 발견할 수 없다.

....

TIP • 패리티 비트 : 짝수 개의 비트에 오류가 발생하면 오류를 발견할 수 없다.
• 체크섬 : 1의 보수 혹은 2의 보수 방법을 사용한다.
• CRC : 모듈로-2 연산(XOR)을 주로 사용한다.
• 중복 정보 : 여기서 중복(redundancy)이란 체크섬이나 CRC를 이야기

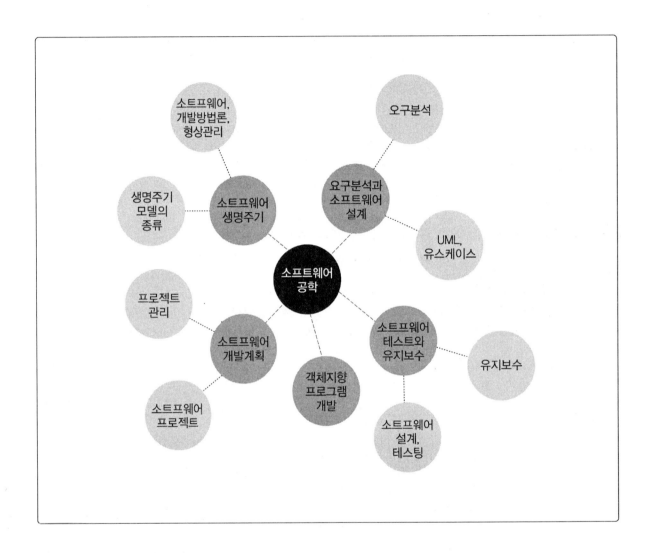

소프트웨어, 개발방법론, 형상관리

오구분석

생명주기 모델의 종류

소프트웨어 생명주기

요구분석과 소프트웨어 설계

UML, 유스케이스

소프트웨어 공학

프로젝트 관리

소프트웨어 개발계획

소프트웨어 테스트와 유지보수

유지보수

객체지향 프로그램 개발

소프트웨어 프로젝트

소프트웨어 설계, 테스팅

🔍 기출키워드

애자일개발, 프로토타입, 기능점수, 결합도, 화이트박스테스트, 블랙박스 테스트, 디자인 패턴, UML, 소프트웨어 아키텍처, 소프트웨어 개발 방법론

06 소프트웨어 공학

section 1 소프트웨어 공학(software engineering)

1 소프트웨어(S/W, Software)와 시스템

(1) 개요

소프트웨어(S/W, Software)는 하드웨어를 동작시켜 사용자가 작업을 편리하게 수행하도록 하는 프로그램과 자료 구조 등을 총칭

(2) 특징

① **상품성** … 개발된 소프트웨어는 상품화되어 판매된다.

② **견고성** … 일부 수정으로 소프트웨어 전체에 영향을 줄 수 있다.

③ **복잡성** … 개발 과정이 복잡하고, 비표준화 되어 이해와 관리가 어렵다.

④ **순응성** … 사용자의 요구나 환경에 적절히 변경할 수 있다.

⑤ **비가시성** … 소프트웨어의 구조가 외관으로 나타나지 않고, 코드 속에 숨어있다.

⑥ **비마모성** … 사용에 의해 마모되거나 소멸되지 않는다.

⑦ **비제조성** … 하드웨어처럼 제작되지 않고, 논리적인 절차에 맞게 개발된다.

⑧ **비과학성** … 조직, 인력, 시간, 비용, 절차 등이 중심이 된다.

(3) 소프트웨어의 분류

① 기능에 의한 분류   시스템 소프트웨어와 응용 소프트웨어로 분류

② 사용 분야에 의한 분류 프로그래밍용, 문서작성용, 통신용, 분산처리용, 멀티미디어용, 소프트웨어 개발용 등

③ 개발 과정의 성격에 따른 분류   프로토타입(Prototype), 프로젝트(Project) 산출물, 패키지(Package)

④ 정보처리 방법에 따른 분류   일괄 처리 소프트웨어, 온라인 소프트웨어, 실시간 소프트웨어 등

(4) 시스템

공통의 목적이나 목표를 달성하기 위하여 여러 가지 상호 관련된 요소들을 유기적으로 결합한 것

시스템의 구성요소에는 입력, 처리(제어), 출력, 피드백(출력 → 입력)

소프트웨어는 독립적으로 존재할 수 없으므로 컴퓨터를 기반을 하는 여러 시스템과 관련을 맺어 상호 작용한다.

(5) 소프트웨어 위기

여러 가지 원인에 의해 소프트웨어 개발 속도가 하드웨어 개발 속도를 따라가지 못해 소프트웨어에 대한 사용자들의 요구사항을 처리할 수 없는 문제가 발생

① 위기의 원인
    ㉠ 소프트웨어 특징에 대한 이해부족
    ㉡ 소프트웨어의 관리 부재
    ㉢ 프로그래밍에만 치중

② 위기의 결과
    ㉠ 개발 인력 부족과 인권비 상승, 성능 및 신뢰성 부족
    ㉡ 개발 기간 지연 및 비용 증가, 유지보수가 어렵고, 이에 따른 비용 증가
    ㉢ 소프트웨어 생산성 저하, 품질 저하

❷ 소프트웨어 공학(SE: Software Engineering)

소프트웨어의 위기를 극복하기 위한 방안으로 연구된 학문이다.

(1) 소프트웨어의 개발, 운용, 유지보수, 폐기 처분에 대한 체계적인 접근 방안(IEEE의 소프트웨어 공학 표준 용어 사전)

(2) 지정된 비용과 기간 내에 소프트웨어를 체계적으로 생간하고 유지 보수하는데 관련된 기술적이고 관리적인 원리(Fairly)

(3) 과학적인 지식을 소프트웨어 설계와 제작에 응용, 이를 개발 운용, 유지 보수하는데 필요한 문서 작성 과정(Boehm)

(4) 소프트웨어 공학은 제품을 단지 생산하는 것이 아니라 가장 경제적인 방법으로 양질의 제품을 생산하는 것

③ 계층화 기술

관리자가 소프트웨어 개발 과정을 제어하고, 기술진이 고품질의 소프트웨어를 구축할 수 있도록 하는 기술을 의미. 계층화 기술에는 도구, 방법, 절차가 있다.

(1) 도구(Tool)

절차와 방법을 자동 또는 반자동으로 처리하는 기능을 제공하는 것, 대표적으로 CASE(Computer Aided Software Engineering) 사용

(2) 방법(Method)

소프트웨어를 구축하는 기술적인 방법을 제공하는 것

(3) 절차(Process)

소프트웨어 공학의 기반이 되는 것으로, 소프트웨어 개발에 사용되는 개발방법과 도구가 사용되는 순서를 의미, 계층화 기술들을 결합시켜 합리적이고 적절한 방법으로 소프트웨어를 개발하고 유지시키는 역할을 한다.

> **TIP** 소프트웨어 공학의 기본원칙
> - 현대적인 프로그래밍 기술을 계속적으로 적용
> - 개발된 소프트웨어의 품질이 유지되도록 지속적 검증
> - 소프트웨어 개발 관련 사항 및 결과에 대한 명확한 기록을 유지

section 2 소프트웨어 생명주기(Software Development Life Cycle : SDLC)

① 정의

소프트웨어 개발부터 폐기까지 전 과정을 하나의 생명주기로 정의하고 단계별 공정을 체계화한 모델

(1) 특징
① 효율적 자원사용
② 산출물 표준화
③ 프로젝트 관리

(2) 구성요소

① **계획** ⋯ 시스템이 갖추어야 할 기능 파악 및 비즈니스 타당성 검토

② **분석** ⋯ 사용자의 요구사항을 구체적으로 분석하고 파악

③ **설계** ⋯ 시스템 골격을 형성하는 모듈간의 구조 및 인터페이스 설계

④ **구현** ⋯ 정해진 설계 내용을 프로그래밍 언어로 표현하는 단계

⑤ **테스트** ⋯ 실행 프로그램의 오류를 발견하고 수정하는 테스트 단계

⑥ **운영/유지보수** ⋯ 사용자가 직접 운영하고 운영 시 발생 가능한 문제점을 수정/보완하는 단계

(3) 소프트웨어 생명 주기 모형

① **폭포수 모형**(Waterfall Model) ⋯ 분석, 설계, 개발, 구현, 시험, 납품 과정을 순차적으로 진행하는 생명주기 모델

　㉠ **장점** : 모형의 적용 경험과 성공사례가 많고, 단계별 정의가 분명, 전체 공조의 이해가 용이하며 단계별 산출물이 정확하여 개발 공정 기준점을 잘 제시함

　㉡ **단점**

　　㉮ 개발 과정중에 발생하는 새로운 요구를 반영하기 어렵다.

　　㉯ 단계별로 오류 없이 다음 단계로 진행해야 하는데, 현실적으로 오류없이 진행하기 어렵다.

> 문제정의 → 개발계획 수립 → 요구분석 → 기본설계 → 상세설계 → 프로그래밍 → 단위시험 → 통합시험 → 시스템 시험 → 인수시험 → 운영 및 유지보수

- **계획 단계** : 사용자의 문제를 정의하고 전체 시스템이 갖추어야 할 기본기능과 성능요건을 파악하여, 이를 개발코자하는 소프트웨어의 기본요구로 전환시킨다.
- **분석 단계** : 사용자의 문제를 구체적으로 이해하고 소프트웨어가 담당해야 하는 정보영역을 정의한다. 의사소통 기술이 필수적이다.
- **설계 단계** : 소프트웨어의 구조와 그 성분을 명확하게 밝혀 구현을 준비하는 단계이다. 외부 시스템 및 사용자와의 인터페이스를 중시하는 외부설계와 시스템 내부를 설계하는 내부설계로 분류되기도 하고 전체적인 구조와 데이터 알고리즘을 설계하는 단계를 분리해 기본설계와 상세설계로 분류하기도 한다.
- **구현 단계** : 프로그래밍을 하는 단계이다. 각 모듈의 코딩과 디버깅이 이루어지고 그 결과를 검증하는 단위 시험 혹은 모듈 시험을 실시한다.
- **시험 단계** : 개발된 모듈을 통합시키며 시험하는 통합시험, 완성된 시스템으로서의 요구사항을 완벽히 반영시켰는가를 알아보는 시스템 시험, 그리고 사용자가 직접 자신의 사용 현장에서 검증해 보는 인수 시험 등이 있다.
- **운영 및 유지보수 단계** : 소프트웨어를 직접 이용하고 이용상에 나타나는 문제점들을 수정하거나 새로운 기능을 추가해 보다 유용한 소프트웨어로 발전시키는 단계이다.

② **프로토타입 모형**(Prototype Model, 원형모형) ··· 시스템의 핵심 기능이나 위험성이 높은 기능을 시제품으로 먼저 만들어 평가한 후 구현하는 점진적 개발 방법

   ㉠ **장점** : 요구사항을 충실히 반영하고, 변경이 용이하며 최종 결과물이 만들어지기 전에 의뢰자가 모형을 볼 수 있음

   ㉡ **단점** : 미리 제작된 소프트웨어를 사용할 경우 실제 소프트웨어와 차이가 발생할 수 있어 사용자에게 혼란을 줄 수 있으며 단기간에 제작해야 하기 때문에 비효율적인 언어나 알고리즘을 사용할 수 있음

③ **나선형 모형**(Spiral Model, 점진적 모형) **– 보헴**(Boehm) ··· 보헴이 제안한 것으로, 폭포수 모델과 프로토타입 모델의 장점을 선택적으로 수용하고 위험분석을 추가하여 만든 모델

계획 → 위험분석 → 개발 → 고객평가 순으로 진행

   ㉠ **장점** : 가장 현실적인 모형으로 대규모 프로젝트나 큰 시스템에 적합하며 점진적 개발 과정이 반복되므로 누락되거나 추가된 요구사항을 첨가할 수 있으며 정밀하고, 유지보수 과정이 필요 없다.

   ㉡ **단점** : 위험성 평가에 크게 의존하기 때문에 이를 발견하지 않으면 반드시 문제가 생김. 비교적 최신기법이므로 널리 사용되지 않음

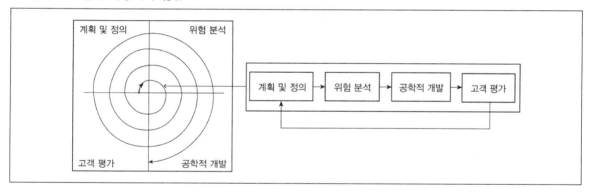

④ **4GT 모형**(4세대 기법)

   ㉠ 4세대 언어를 이용하여 개발자가 조사한 요구사항 명세서로 부터 원시 코드를 자동으로 생생할 수 있게 해주는 모형으로 설계 단계를 축소하고, 요구 분석 단계에서 구현 단계로 전환할 수 있는 비절차적 모형

   ㉡ **장, 단점** : 설계 단계를 단축할 수 있고, 4세대 언어를 사용하므로 원시 코드를 자동 생성하며 중, 소형 소프트웨어 개발에 사용하면 개발 시간이 감소되지만, 대규모에서는 자동화로 인해 더 많은 시간이 소요된다.

⑤ **점증적 모델**(Iterative & Incremental) ··· 사용자의 요구사항 일부분 혹은 제품의 일부분을 반복적으로 개발하여 점진적으로 최종 시스템을 완성하는 방법

⑥ **RAD 모델**(Rapid Application Development) ··· 1~3개월의 짧은 개발 주기 동안 소프트웨어를 개발하기 위한 순차적 프로세스 모델로 **빠른** 개발을 위해 CASE 도구(Tool)등을 활용하여 수행

⑦ V 모델(V-Model) … 폭포수 모델의 확장된 형태로 생명주기 단계별로 상응하는 테스트 단계가 존재

ㄱ V 형태로 진행 : 아래 방향으로 진행하다가 코딩 단계를 거치면서 위로 향함

ㄴ 테스트 작업을 단계별로 구분하므로 책임 소재가 명확함

ㄷ V 모델의 단계

㉮ 요구사항 정의 : 시스템의 요구사항을 수집하고 명세

㉯ 시스템 설계 : 요구사항을 기반으로 시스템의 구조와 구성을 설계

㉰ 소프트웨어 개발 : 설계된 구조를 기반으로 소프트웨어를 개발

㉱ 통합 및 검증 : 개발된 소프트웨어를 통합하고, 시스템이 요구사항을 만족하는지 · 검증

㉲ 시스템 테스트 : 시스템 전체를 대상으로 요구사항을 충족하는지 테스트

㉳ 인수 테스트 : 최종 사용자 또는 고객이 시스템을 검증

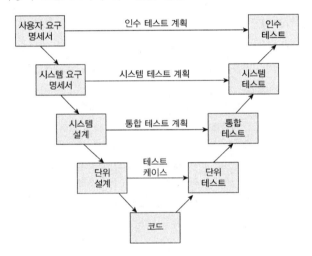

❶ 프로젝트 관리(Project Management)

주어진 기간 내에 최소의 비용으로 사용자를 만족시키는 시스템을 개발하기 위한 전반적인 활동 소프트웨어 개발 계획을 세우고 분석, 설계 구현 등 작업을 통제하며 소프트웨어 프로젝트를 성공적으로 수행하기 위해서 수행할 작업의 범위, 필요한 자원, 수행 업무, 이정표, 비용, 추진 일정들을 알아야 한다.

(1) 프로젝트 관리 대상

① 계획 관리 … 프로젝트 계획, 비용 산정, 일정 계획, 조직 계획

② 품질 관리 … 품질 통제, 품질 보증

③ 위험 관리 … 위험 식별, 위험 분석 및 평가, 위험 관리 계획, 위험 감시 및 조치

(2) 효과적인 프로젝트 관리를 위한 3P

① 사람(Person)

② 문제(Problem)

③ 프로세스(Process)

(3) 프로젝트 관리의 구성 단계

① 착수(Initiating) … 프로젝트 및 수행단계의 요건정의

② 계획(Planning) … 범위계획, 범위정의, 활동정의, 원가산정, 예산수입, 품질, 조직, 인력계획, 위험계획 등 프로젝트 관련사항 계획

③ 실행(Executing) … 프로젝트 관리 계획서에 정의한 작업을 완료하기 위해 수행

④ 감독 및 통제(Monitoring and Controlling) … 진행에 관련 사항을 감시하고 통제(성과보고, 범위 · 일정 · 원가 · 품질 등 통제)

⑤ 종료(Closing)
  ㉠ 행정종료 : 프로젝트 종료를 위한 업무수행
  ㉡ 계약종료 : 공급자와의 계약을 종결

❷ 프로젝트 계획 수립

프로젝트 계획은 프로젝트가 수행되기 전에 소프트웨어의 개발 영역 결정, 필요한 자원, 비용, 일정 등을 예측하는 작업

• 관리자가 자원, 비용, 일정 등을 합리적으로 예측할 수 있도록 프로젝트 틀을 제공

• 소프트웨어 개발 과정에서 발생할 수 있는 여러 가지 위험성을 최소화 할 수 있음

• 프로젝트 계획 수립 후에는 시스템 정의서와 프로젝트 계획서 가 산출됨

(1) 소프트웨어 개발 영역(Scope, 범위) 결정

프로젝트 계획 수립의 첫 번째 업무로, 개발될 소프트웨어 영역을 결정하는 것으로 소프트웨어 개발 영역을 결정하는 주요 요소에는 처리될 데이터와 소프트웨어에 대한 기능, 성능, 제약조건, 인터페이스 및 신뢰도 등이 있다

(2) 자원 추산

개발에 필요한 자원을 예측하며 인적 자원, 재사용 소프트웨어 자원, 환경 자원 등이 있음

(3) 소프트웨어 프로젝트 추산

비용 예측

(4) 프로젝트 계획 수립 시 고려사항

프로젝트 복잡도, 규모, 구조적 불확실성 정도, 과거 정보의 가용성, 위험성

❸ 소프트웨어 프로젝트 추산

소프트웨어 프로젝트 추산은 프로젝트를 수행하는 데 필요한 소프트웨어의 직, 간접적인 비용을 예측하는 작업

(1) 프로젝트 비용 결정 요소

① **프로젝트 요소** ··· 어떤 소프트웨어를 개발할 것인가에 따라 비용이 달라질 수 있다(제품의 복잡도, 시스템의 크기, 요구되는 신뢰도 등).

② **자원 요소** ··· 개발에 필요한 각종 자원들의 투자 정도에 따라 비용이 달라질 수 있다(인적 자원, 하드웨어 자원, 소프트웨어 자원 등).

③ **생산성 요소** ··· (개발자의 능력, 경험 및 주어진 개발 기간 등)개발 비용과 시스템 크기, 신뢰도, 개발 기간 의 관계

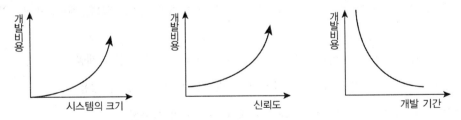

④ 비용 산정 기법

(1) 하향식 산정 기법

과거 유사한 경험을 바탕으로 전문 지식이 많은 개발자들이 참여한 회의를 통해 비용을 산정하는 비과학적인 방법

① 프로젝트의 전체 비용을 산정한 후 각 작업별로 비용을 세분화

② 전문가 감정 기법, 델파이 기법 등

(2) 상향식 산정 기법

프로젝트의 세부적인 작업 단위별로 비용을 산정한 후 집계하여 전체 비용을 산정방법

① LOC(원시 코드 라인 수) 기법, 개발 단계별 인월수 기법, 수학적 산정기법

② LOC기법 … 소프트웨어 각 기능의 원시 코드 라인수의 비관치, 낙관치, 기대치를 측정하여 예측치를 구하고 이를 비용으로 산정하는 기법으로 측정이 용이하고 이해하기 쉬워 많이 사용된다.

> 노력(인원) = 개발기간 * 투입인원 = LOC / 1인당 월평균 생산 코드 라인수
> 개발비용 = 노력(인월) * 단위비용(1인당 월평균 인건비)
> 개발기간 = 노력(인월) / 투입인원
> 생산성 = LOC / 노력(인월)

(노력/기간 = 필요 인원수)

⑤ 수학적 산정 기법

(1) COCOMO모형

보헴이 제안, 원시 프로그램의 규모인 LOC(원시 코드 라인 수)에 의한 비용산정기법

① 개발할 소프트웨어의 규모(LOC)를 예측한 후 이를 소프트웨어 종류에 따라 다르게 책정되는 비용 산정공식에 대입하여 비용을 산정

② 비용 견적의 강도 분석 및 비용 견적의 유연성이 높아 소프트웨어 개발비 견적에 널리 통용

③ 같은 규모의 프로그램이라도 그 성격에 따라 비용이 다르게 산정

④ 비용 산정 결과는 프로젝트를 완성하는 데 필요한 노력(Man-Month)으로 나타남

⑤ 소프트웨어 개발 유형

    ㉠ **조직형**(Organic Mode) : 5만라인 이하 중, 소규모의 소프트웨어로 일괄 자료 처리나 과학기술 계산용, 비즈니스 자료처리용으로 5만 라인 이하의 소프트웨어를 개발하는 유형

    ㉡ **반분리형**(Semi-Detached Mode) : 30만 라인 이하

    트랜잭션 처리 시스템이나 운영체제, 데이터베이스 관리 시스템 등의 30만 라인이하의 소프트웨어를 개발하는 유형

    ㉢ **내장형**(Embedded Mode) : 30만 라인 이상

    최대형 규모의 트랜잭션 처리 시스템이나 운영체제 등 30만 라인 이상의 소프트웨어를 개발하는 유형

⑥ COCOMO 모형의 종류

    ㉠ **기본형**(Basic) : 소프트웨어의 크기와 개발 유형만을 이용하여 비용을 산정하는 모형

    ㉡ **중간형**(Intermediate) : 기본형의 공식을 토대로 사용하나, 제품의 특성, 컴퓨터의 특성, 개발요원의 특성, 프로젝트의 특성의 15가지 요인에 의해 비용을 산정하는 모형

        ㉮ **제품의 특성** : 요구되는 신뢰도, 데이터베이스 크기, 프로그램 복잡도

        ㉯ **컴퓨터의 특성** : 수행 시간의 제한, 기억장소의 제한 가상 기계의 안전성, Turn Around Time

        ㉰ **개발요원의 특성** : 분석가의 능력, 개발 분야의 경험, 가상 기계의 경험, 프로그래머의 능력, 언어의 경험

        ㉱ **프로젝트 특성** : 소프트웨어 도구의 이용, 프로젝트 개발 일정, 최신 프로그래밍 기법의 이용

    ㉢ **발전형**(Detailed)

      – 중간형을 보완하여 만들어진 방법

      – 개발 공정별로 보다 자세하고 정확하게 노력을 산출하여 비용을 산정하는 모형

(2) Putnam 모형

생명 주기 예측 모형　소프트웨어 생명 주기의 전 과정 동안에 사용될 노력의 분포를 가정해주는 모형

① 푸트남이 제안한 것으로 생명 주기 예측 모형이라고 함

② 시간에 따른 함수로 표현되는 Rayleigh-Norden곡선의 노력 분포도를 기초

③ 대형 프로젝트의 노력 분포 산정에 이용되는 기법

(3) 기능 점수 모형(FP: Function Point) 모형

① 소프트웨어의 기능을 증대시키는 요인별로 가중치를 부여하고, 요인별 가중치를 합산하여 총 기능 점수를 산출하며 총 기능 점수와 영향도를 이용하여 기능 점수를 구한 후 이를 이용하여 비용을 산정하는 기법

② 자동화 추정 도구 … 비용 산정의 자동화를 위해 개발된 도구

    ㉠ SLIM … Rayleigh-Norden 곡선과 Putnam 예측 모델을 기초로 하여 개발된 자동화 도구

    ㉡ ESTOMACS : 다양한 프로젝트와 개인별 요소를 수용하도록 FP 모형을 기초로 하여 개발된 자동화 추정 도구

❻ 프로젝트 일정 계획

프로젝트 일정 계획은 프로젝트의 프로세스를 이루는 소작업을 파악하고 예측된 노력을 각 소작업에 분배하여, 소작업의 순서와 일정을 정하는 것으로 WBS, PERT/CPM, 간트 차트등이 사용된다.

(1) 기본원칙

분할, 상호 의존성, 시간 할당, 노력 확인, 책임성, 정의된 산출물, 이정표

(2) 사람-노력 관계와 노력 분배

① **사람-노력** … 소규모의 개발 프로젝트에서는 한 사람이 요구사항을 분석하고, 설계, 코딩, 테스트까지 수행할 수 있다.

② **브룩스(Brooks)의 법칙** … 프로젝트 진행중에 새로운 인력을 투입할 경우 작업 적응 기간과 부작용으로 인해 일정을 더욱 지연시키고, 프로젝트에 혼란을 가져오게 된다.

(3) 노력 분배

예측된 노력을 각 개발 과정에 분배할 때는 40-20-40규칙을 권장

분석과 설계 40%, 코딩 20%, 테스트 40%를 분배한다는 의미

① **WBS**(Work Breakdown Structure, 업무 분류 구조) … 개발 프로젝트를 여러 개의 작은 관리 단위(소작업)로 분할하여 계층적으로 기술한 업무 구조로 일정 계획의 첫 단계에서 작업을 분할할 때 사용되는 방법

② **PERT/CPM** … 프로젝트의 지연을 방지하고 계획대로 진행하게 하기위한 일정을 계획하는 것으로, 대단위 계획의 조직적인 추진을 위해 자원의 제약하에 비용을 적게 사용하면서 초단시간 내 계획 완성을 위한 프로젝트 일정 방법

　㉠ PERT/CPM 네트워크를 통해 계산될 수 있는 경계 시간들

　　㉮ 모든 선행 작업들이 가능한 최단시간 내에 완성될 때 한 작업이 시작될 수 있는 가장 빠른 시간

　　㉯ 최소의 프로젝트 완료 시간이 지연되기 전에 작업 개시를 위한 가장 늦은 시간

　㉡ PERT(Program Evaluation and Review Technique, 프로그램 평가 및 검토 기술) : 프로젝트에 필요한 전체 작업의 상호 관계를 표시하는 네트워크로 각 작업별로 낙관적인 경우, 가능성이 있는 경우, 비관적인 경우로 나눠 각 단계별 종료 시기를 결정하는 방법

　　㉮ 과거의 경험이 없어서 소요 시간 예측이 어려운 소프트웨어에서 사용

　　㉯ 노드와 간선으로 구성되며 원 노드에는 작업을, 간선에는 낙관치, 기대치, 비관치 표시

　　㉰ 결정경로, 작업에 대한 경계시간, 작업 간의 상호 관련성 등을 알 수 있음

③ CPM(Critical Path Method, 임계 경로 기법) … 프로젝트 완성에 필요한 작업을 나열하고 작업에 필요한 소요 기간을 예측하는데 사용하는 기법으로 노드와 간선으로 구성된 네트워크로 노드는 작업을, 간선은 작업 사이의 전후 의존 관계를 나타낸다.

    ㉠ 각 작업의 순서와 의존 관계, 어느 작업이 동시에 수행될 수 있는지를 한눈에 볼 수 있다.

    ㉡ 경영층의 과학적인 의사 결정을 지원하며, 효과적인 프로젝트의 통제를 가능하게 해줌

④ 간트 차트(Gantt Chart) – 시간선(Time-Line)차트 … 프로젝트의 각 작업들이 언제 시작하고 언제 종료되는지에 대한 작업 일정을 막대 도표를 이용하여 표시하는 프로젝트 일정표로 중간 목표 미달성 시 그 이유와 기간을 예측할 수 있게 한다.

    ㉠ 사용자와의 문제점이나 예산의 초과 지출 등도 관리할 수 있게 한다.

    ㉡ 자원 배치와 인원 계획에 유용하게 사용된다.

    ㉢ 다양한 형태로 변경하여 사용할 수 있다.

    ㉣ 이정표, 작업 일정, 작업 기간, 산출물로 구성

❼ 프로젝트 조직 구성 계획

(1) 분산형 팀 구성 – 민주주의식 팀 구성

① 팀원 모두가 의사 결정에 참여하는 비이기적인 구성방식

② 여러 사람의 의사를 교류하므로 복잡하고 이해되지 않는 문제가 많은 장기 프로젝트 적합

(2) 중앙 집중형 팀 구성 – 책임 프로그래머 팀 구성

한 관리자가 의사 결정을 하고 팀 구성원들은 그 결정에 따르는 구성방식으로 의사결정이 빠르고 의사 교환 경로를 줄일 수 있다.

① 소규모 프로젝트에 적합

② 구성원 – 책임프로그래머, 프로그래머, 프로그램 사서, 보조 프로그래머

(3) 계층적 팀 구성

분산형과 중앙 집중형 팀 구성을 혼합한 형태로 5~7명의 초급 프로그래머를 작은 그룹으로 만들어 각 그룹을 고급 프로그래머가 관리

① 기술 인력이 관리를 담당하게 되며 좋은 기술력을 사장시킬 수 있다.

② 기술 인력이 업무 관리 능력을 갖춰야 한다는 단점이 있음

❽ 위험 관리(Risk Analysis)

프로젝트 추진 과정에서 예상되는 각종 돌발 상황(위험)을 미리 예상하고 이에 대한 적정한 대책을 수립하는 일련의 활동을 의미

(1) 위험의 범주

프로젝트 위험(Project Risk), 기술 위험(Technical Risk), 비지니스 위험(Business Risk)

(2) 위험의 종류

① 인력 부족, 예산 관리, 일정 관리, 사용자 요구 사항 변경 등

② 알려진 위험(Known Risk), 예측 가능한 위험(Predictable Risk), 예측 불가능한 위험

③ 예측 가능한 위험 항목 – 제품 크기, 고객 특성, 개발환경, 비지니스 영향, 프로세스 정의, 구축할 기술, 기술진의 규모와 경험

(3) 위험 관리 절차

위험 식별 → 위험 분석 및 평가 → 위험 관리 계획 → 위험 감시 및 조치

① **위험 식별** … 알려지거나 예측 가능한 위험 요소를 파악하는 작업

② **위험 분석 및 평가**
　　㉠ 프로젝트에 내재한 위험 요소를 인식하고 그 영향을 분석하는 활동,
　　㉡ 위험 추산 작업을 통해 수행, 위험 추산을 위해 위험표 작성
　　㉢ 위험 내용 → 위험 범주 → 발생확률 → 영향력 → 위험 감시 및 조치

③ **위험 관리 계획**

④ **위험 감시 및 조치** … 위험 회피, 위험 감시, 위험 관리 및 비상 계획 수립

　* 위험표(risk table)의 사항 : 위험 발생 확률, 위험의 내용 및 종류, 위험에 따르는 영향력
　* 위험 모니터링 : 위험 요소 징후들에 대하여 계속적으로 인지하는 것

❶ 소프트웨어 품질 보증

(1) 소프트웨어 품질(Quality)

주어진 요구사항을 만족시키는 능력을 갖추고 있는 소프트웨어의 측정 가능한 기능 및 특성을 의미

① **설계 품질** ··· 설계자가 한 품목을 위해 규정한 특성

② **일치 품질** ··· 설계 내용들이 개발 과정에서 지켜지는 정도

(2) 품질 표준(목표)

명확하게 정의된 소프트웨어의 특성을 의미하며, 소프트웨어의 품질을 평가하는 기준 항목으로 사용

(3) 소프트웨어 운영 특성

정확성(Correctness), 신뢰성(Reliability), 효율성(Efficiency), 무결성(Integrity), 사용 용이성(Usability)

(4) 소프트웨어 변경 수용 능력

유지보수성(Maintainability), 유연성(Flexibility), 시험 역량(Testability)

(5) 소프트웨어 적용 능력

이식성(Portability), 재사용성(Reusability), 상호운용성(Interoperability)

(6) 소프트웨어 품질보증(SQA Software Quality Assurance

어떠한 소프트웨어가 이미 설정된 요구사항과 일치하는가를 확인하는 데 필요한 개발 단계 전체에 걸친 계획적이고 체계적인 작업

❷ 정형 기술 검토(FTR : Formal Technical Review)

가장 일반적인 검토 방법으로 소프트웨어 기술자들에 의해 수행되는 소프트웨어 품질 보증 활동으로 검토 회의(Walkthrough), 검열(Inspections) 등 있다.

(1) 검토 지침 사항

① 논쟁과 반박을 제한한다.

② 해결책이나 개선책에 대해서 논하지 말라.

③ 참가자의 수를 제한하고 사전 준비를 강요하라.

④ 검토될 확율이 있는 가 제품에 대한 체크 리스트를 개발하라.

⑤ 자원과 시간 일정을 할당하라.

⑥ 검토의 과정과 결과를 재검토하라.

(2) 검토 회의(Walkthrough)

소프트웨어 개발의 각 단계에서 개최하는 기술평가 회의로, 소프트웨어 구성 요소와 같은 작은 단위를 검토하는 것

① 오류의 조기 검출을 목적으로 하여 발견된 오류는 문서화한다.

② 검출된 오류는 검토 회의 기간 동안에 해결하지 않고 미뤄 뒀다가 검토 회의 후에 해결

③ 3~5명이 검토에 참여해야 하며 검토 회의 시간은 두 시간 이내로 해야한다.

(3) 검열(Inspections, 심사)

① 검토 회의를 발전시킨 형태로, 소프트웨어 개발 단계에서 산출된 결과물의 품질을 평가하며 이를 개선시키는 데 사용

② 검열 팀은 관련 분야에 대해 훈련을 받은 1~4명의 요원으로 구성되며, 검열자는 검열 항목에 대한 체크리스트를 이용하여 작업을 수행

(4) 기타 품질 보증 활동

검증(Verification), 확인(Validation), 인증(Certification), 소프트웨어 시험(Test), 오류 수정(Debugging)

❸ 소프트웨어의 신뢰성과 가용성

(1) 소프트웨어의 신뢰성
프로그램이 주어진 환경에서 주어진 시간 동안 오류 없이 작동할 확률을 의미

(2) 소프트웨어 가용성
한 프로그램이 주어진 시점에서 요구사항에 따라 운영되는 확률을 의미

(3) 신뢰성과 가용성 측정
① MTBF(Mean Time Between Failure)
  ㉠ 평균 고장 간격, 수리가 가능한 시스템이 고장난 후부터 다음 고장 날 때까지 평균시간
  ㉡ TBF = MTTF + MTTR

② MTTF(Mean Time To Failure)
  ㉠ 평균 가동 시간, 수리가 불가능한 시스템의 사용 시점부터 고장이 발생할 때까지의 가동 시간 평균, 고장 평균 시간이라고도 함
  ㉡ 가동중인 시간들의 합 / 가동 횟수

③ MTTR(Mean Time To Repair)
  ㉠ 평균 수리 시간, 시스템에 고장이 발생하여 가동하지 못한 시간들의 평균
  ㉡ 고장중인 시간들의 합 / 고장 횟수

(4) 가용성 측정
시스템의 총 운용 시간 중 정상적으로 가동된 시간의 비율

④ 소프트웨어 형상 관리

(1) 형상 관리(SCM Software Configuration Management)

소프트웨어 개발 과정에서소프트웨어 변경 사항을 관리하기 위해 개발된 일련의 활동이다. 변경의 원인을 알아내고 제어하며, 적절히 변경되고 있는지 확인하여 해당 담당자에게 통보한다.

(2) 소프트웨어 형상 항목(SCI : Software Configuration Item)

① 시스템 명세서, 프로젝트 계획서, 소프트웨어 요구사항 명세와 실행 가능한 프로토 타입

② 예비 사용자 메뉴얼, 설계 명세서, 원시 코드 목록, 테스트 계획, 절차, 시험사례, 결과

③ 운영과 설치에 필요한 매뉴얼

④ 실행 프로그램, 데이터베이스 기술서 – 스키마, 파일구조, 초기내용

⑤ 구축된 사용자 메뉴얼, 유지보수 문서 – 변경 요청서, 변경 처리 보고서

⑥ 소프트웨어 공학을 위한 표준과 절차

(3) 형상 관리 기능

① **형상식별** ··· 관리 대상의 이름과 관리 번호를 부여하고, 계층(Tree)로 구분해 수정 및 추적이 용이하도록 한다.

② **버전제어** ··· 소프트웨어 업그레이드나 유지보수 과정에서 생성된 버전의 형상 항목을 관리하고, 이를 위해 특정 절차와 도구를 결합시킨다.

③ **형상감사** ··· 기준선의 무결성을 평가하기 위해 확인, 검증 과정을 통해 공식적으로 승인

④ **형상 기록** ··· 위의 절차에 따른 내용을 기록하고 보고서를 작성

(4) 소프트웨어 형상 관리 도구

① 공유폴더 방식(SCCS, RCS, PVCS, QVCS 등)

② 서버/클라이언트 방식(Subversion(SVN), CVS, CVSNT, Clear Case, CMVC, Perfoce 등)
   Subversion(SVN) : 클라이언트/서버 구조로 서버(Repository)에 최신 버전의 파일과 변경 내역이 관리된다.

③ 분산저장소 방식(Git, Gnu arch, DCVS, Bazzar, Mercurial, TeamWare, Bitkeeper등)
   Git : 분산 버전 관리 시스템 으로 2개의 저장소, 즉 로컬저장소와 원격저장소(Github)가 존재한다.

section 5 요구사항 분석

❶ 요구사항 분석

(1) 요구사항 분석의 개요

소프트웨어 개발의 실제적인 첫 단계로 개발 대상에 대한 사용자의 요구 사항을 이해하고 문서화하는 활동

(2) 요구사항 분석 작업

① **문제인식** … 사용자와의 면담, 설문 조사 및 협조, 각종 문서 검토 등을 통하여 사용자의 요구사항 찾기

② **평가와 종합** … 추출된 요구사항에 대한 정보를 평가하고 여러 가지 해결책을 종합한다.

③ **모델 제작** … 평가와 종합을 바탕으로 자료와 제어의 흐름, 기능 처리, 동작 행위, 정보 내용 등을 이해하기 쉽도록 모델로 작성한다.

④ **문서화와 검토** … 요구사항 분석 명세서 작성, 소프트웨어 기능, 성능, 제약 조건등에 대하여 기술 검토

(3) 요구사항 분석의 어려움

① **대화 장벽** … 사용자와 개발자의 지식 배경의 다양화, 영어 불일치 등으로 의사소통 곤란

② **시스템의 복잡도** … 소프트웨어 체계화를 위해 새로운 개념이 필요하지고, 시스템 규모와 대상이 광범위해짐에 따라 난이도 증가에 대한 소프트웨어의 복잡화

③ **요구의 변경** … 사용자 생각의 부정확성, 생각의 반복된 변경

④ **요구 명세화의 어려움** … 중복 현상, 애매모호함, 시험의 어려움, 과거의 다른 현재 상황등의 내포에 따라 요구 명세서 작성이 어려움

❷ 구조적 분석 기법

자료 흐름도(DFD), 자료 사전(DD), 소단위 명세서(Mini-Spec), 개체 관계도(ERD), 상태 전이도(STD), 제어 명세서 등

(1) 구조적 분석 도구

① **자료 흐름도**(DFD : Data Flow Diagram) – 버블차트
- ㉠ 요구사항 분석에서 자료의 흐름 및 변환 과정과 기능을 도형 중심으로 기술하는 방법
- ㉡ 시스템안의 프로세스, 자료 저장소 사이에 자료의 흐름을 나타내는 그래프로 자료 흐름과 기능을 모델화하는 데 적합
- ㉢ 자료 흐름도 구성 요소 표기법
  - ㉮ **처리기**(Process) : 입력된 데이터를 원하는 형태로 변환하여 출력하기 위한 과정→원(O)로 표시
  - ㉯ **데이터 흐름**(Data Flow) : DFD의 구성요소(프로세스, 데이터 저장소, 외부 엔터티)들간의 주고 받는 데이터 흐름을 나타냄 → 화살표(→)로 표시
  - ㉰ **데이터 저장소**(Data Store) : 데이터가 저장된 장소 → 평행선(=)로 표시, 평행선 안에는 장소의 이름을 넣음
  - ㉱ **단말**(Terminator) : 프로세스 처리 과정에서데이터가 발생하는 시작과 종료를 나나탬 → 사각형(ㅁ)표시, 사각형 안에는 외부 엔터티의 이름을 넣음

② **자료 사전**(DD: Data Dictionary) ⋯ 자료 흐름도에 있는 자료를 더 자세히 정의하고 기록한 것이며, 이처럼 데이터를 설명하는 데이터를 데이터의 데이터 또는 메타 데이터(Meta Data)라고 한다.

```
㉠ =
   자료의 정의→ ~로 구성되어있다는 것을 의미
   정의는 주석을 사용하여 의미 기술
   자료 흐름과 자료 저장소에 대한 구성 내역 설명, 원소에 대해 값이나 단위를 나타냄
㉡ +
   자료의 연결(and, along with)
㉢ ( )
   자료 생략 가능
㉣ { }
   자료의 반복→ 좌측엔 최소 반복, 우측엔 최대 반복 횟수
   디폴트로 최소는 0 / 최대는 무한대
㉤ [ ]
   자료의 선택
   택일 기호 [ | ]는 ' | '로 분리된 항목 중 하나가 선택된다는 것을 표시
```

③ 소단위 명세서(Mini-Spec) – 프로세스 명세서 … 세분화된 자료 흐름도에서 최하위 단계 버블(프로세스)의 처리 절차를 기술한 것으로 프로세스 명세서라고도 한다. 자료 흐름도를 지원하기 위해 작성

④ 개체 관계도(ERD : Entity Relationship Diagram) … 시스템에서 처리되는 개체와 개체의 구성과 속성, 개체 간의 관계를 표현하여 자료를 모델화 하는데 사용
  ㉠ 개체(Entity) : 소프트웨어에 의해 인식되는 여러 종류의 자료
  ㉡ 속성(Attribute) : 개체에 관련된 특성
  ㉢ 관계(Relationship) : 개체 간에 존재하는 상호작용

⑤ 상태 전이도(STD : State Transition Diagram) … 시스템에 어떤 일이 발생할 경우 시스템의 상태와 상태 간의 전이를 모델화 한 것으로, 상태 전이도를 통해 개발자는 시스템의 행위를 정의할 수 있다
  상태 전이도에서 사각형은 시스템의 상태를, 화살표는 상태 전이를 나타낸다.

③ 요구사항 분석 CASE와 HIPO

(1) 요구사항 분석을 위한 CASE(자동화 도구)
요구사항을 자동으로 분석하고, 요구 사항 분석 명세서를 기술하도록 개발된 도구이다.

① 종류 … SADT, SREM, PSL/PSA, TAGS, EPOS

(2) HIPO(Hierarchy Input Process Output)
시스템의 분석 및 설계를 문서화할 때 사용되는 기법으로 시스템 실행 과정인 입력, 처리, 출력 기능을 나타낸다.

① 체계적인 문서 관리가 가능하고, 기호, 도표 등을 사용하므로 보기 쉽고 이해 쉽다

② 기능과 자료의 의존 관계를 동시에 표현할 수 있다. 변경, 유지 보수가 용이하다.

③ 기본 시스템 모델은 입력, 처리, 출력으로 구성

④ HIPO의 종류
  ㉠ 가시적 도표(Visual Table of Contents) – 도식 목차 : 시스템의 전체적인 기능과 흐름을 보여주는 계층 구조도
  ㉡ 총체적 도표(Overview Diagram) – 총괄 도표, 개요 도표 : 프로그램을 구성하는 기능을 기술한 것, 입력, 처리, 출력을 기술
  ㉢ 세부적 도표(Detail Diagram) – 상세 도표 : 총체적 도표에 표시된 기능을 구성하는 기본 요소들을 상세히 기술

❸ 설계

(1) 구조적 설계 기법

구조적 분석 기법의 결과물인 자료 흐름도 등으로 부터 소프트웨어의 기능(자료 구조)와 프로그램 구조, 묘듈을 설계하기 위한 전략, 평가 지침 및 문서화 도구를 제공하는 체계화된 기법

자료 흐름도(DFD), 자료 사전(DD), 개체 관계도(ERD), 소단위 명세서(Mini-Spec)등이 준비된 이후에 설계한다.

① **설계의 개요** … 요구사할 분석 단계의 산출물인 요구사항 분석 명세서의 기능이 실현되도록 알고리즘과 그 알고리즘에 의해 처리될 자료 구조를 문서화하는 것

    ㉠ **데이터 설계** : 요구사항 분석 단계에서 생성된 정보를 소프트웨어를 구현하는 데 필요한 자료 구조를 문서화하는 것

    ㉡ **구조(아키텍처) 설계** : 소프트웨어를 구성하는 모듈 간의 관계와 프로그램 구조를 정의하는 것

    ㉢ **인터페이스 설계** : 소프트웨어와 상호 작용하는 시스템, 사용자 등과 어떻게 통신하는지를 기술

    ㉣ **절차(프로시저) 설계** : 모듈이 수행할 기능을 절차적 기술로 바꾸는 것

② **설계의 기본 원리**

    ㉠ **모듈화(Modularity)**

        ㉮ 소프트웨어를 모듈 단위로 나누는 것

        ㉯ 확장성, 융통성, 경제성 등이 향상

    ㉡ **추상화(Abstraction, 개념화)**

        ㉮ 전체적이고 포괄적인 개념을 설계한 후 세분화하여 구체화시켜 나가는 설계 방법

        ㉯ 기능 추상화, 제어 추상화, 자료 추상화

    ㉢ **단계적 정제(Stepwise Refinement)** : 하향식 설계 전략, 문제를 상위의 중요 개념으로 부터 하위의 개념으로 구체화시키는 분할기법, 추상화의 반복에 의해 세분화된다.

    ㉣ **정보 은닉(Information Hiding)**

        ㉮ 한 모듈 내부에 포함된 절차와 자료들이 정보가 감추어져 다른 모듈이 접근하거나 변경하지 못하도록 하는 기법

        ㉯ 수정, 시험, 유지보수 용이

    ㉤ **프로그램 구조(Program Structure)** : 모듈의 계층적 구성을 나타내는 것, 제어 계층 구조라고도 한다. 트리구조의 다이어그램으로 표기

        ㉮ **공유도(Fan-In)** : 어떤 모듈을 제어(호출)하는 모듈의 수 – 위

        ㉯ **제어도(Fan-Out)** : 어떤 모듈에 의해 제어되는 모듈의 수 – 아래

        ㉰ 깊이(Depth), 넓이(Width), 주종적 모듈(위), 종속적 모듈(아래)

❹ 자료구조

(1) 바람직한 설계의 특징

① 독립적인 기능적 특성을 가진 요소로 구성되어야 함

② 모듈 구조, 즉 특정 기능 또는 부기능을 수행하는 논리적 요소들로 분리되는 구조를 가짐

③ 요소(모듈)간의 효과적인 제어를 위해 설계에서 계층적 자료 조직이 제시되어야 함

④ 자료와 프로시저에 대한 분명하고 분리된 표현을 포함해야 함

⑤ 모듈간의 외부 게체 간의 연결 복잡성을 줄이는 인터페이스를 가져야 함

⑥ 요구사항 분석에서 얻어진 정보를 이용하여 반복적인 방법으로 이루어져야 함

⑦ 요구사항을 모두 구현해야 하고, 유지보수가 용이해야 함

⑧ 적당한 모듈의 크기를 유지하고, 모듈 간의 상관성(결합도)는 낮추고, 응집도는 높인다.

⑨ 전체적이고 포괄적인 개념을 설계한 후 차례대로 세분화하여 구체화시켜 나간다.

section 6 모듈과 모듈화

❶ 모듈화

소프트웨어를 각 기능별로 분할하는 것을 의미, 각 기능별로 분할 한 것을 모듈이라고 한다.

(1) 모듈의 기능적 독립성

① 소프트웨어를 구성하는 각 모듈의 기능이 독립됨을 의미

② 모듈화, 추상화, 정보은닉의 부산물이다.

③ 기능적으로 독립된 모듈은 특정 기능을 수행하고, 다른 모듈과의 간단한 인터페이스만을 가지므로 개발이 쉽고 재사용이 가능

④ 독립성이 높은 모듈일수록 수정하더라도 다른 묘듈에게 영향을 미치지 않으므로, 오류가 발생하더라도 쉽게 발견할 수 있고, 해결할 수 있다.

⑤ 모듈의 독립성은 결합도와 응집도에 의해 측정되며, 독립성을 높이려면 모듈의 결합도를 약하게 하고 응집도를 강하게 하며 모듈의 크기를 작게 만들어야 한다.

(2) 결합도(Coupling)

결합도는 모듈 간에 상호 의존하는 정도 또는 두 모듈 사이의 연관 관계를 의미

> 자료결합도 → 스탬프결합도 → 제어결합도 → 외부결합도 → 공통결합도 → 내용결합도
>
> 결합도 약함 ————————————————————————————————→ 결합도 강함
>
> (→ 결합도가 강해질수록 독립성은 낮아짐)

① **자료 결합도**(Data Coupling) … 모듈 간의 내용을 전혀 알 필요가 없는 상태로서 한 모듈의 내용을 변경하더라도 다른 모듈에는 전혀 영향을 미치지 않는 가장 바람직한 결합도

② **스탬프 결합도**(Stamp Coupling) … 두 모듈이 동일한 자료 구조를 조회하는 경우의 결합도, 자료 구조의 어떠한 변화는 그것을 조회하는 모든 모듈 및 변화되는 필드를 실제로 조회하지 않는 모듈에까지도 영향을 미치게 된다.

③ **제어 결합도**(Control Coupling) … 어떤 모듈이 다른 모듈 내부의 논리적인 흐름을 제어하기 위해 제어 신호를 이용하여 통신하거나 제어요소를 전달하는 결합도

④ **외부 결합도**(External Coupling) … 외부로 선언한 데이터를 다른 모듈에서 참조할 때의 결합도
　　㉠ **공통 결합도**(Common Coupling) : 공유되는 공통 데이터 영역을 여러 모듈이 사용할 때의 결합도
　　㉡ **내용 결합도**(Content Coupling) : 다른 모듈의 내부 기능 및 그 내부 자료를 직접 참조하거나 수정할 때의 결합도

(3) 응집도(Cohesion)

정보 은닉 개념을 확장한 것으로 모듈 안의 요소들이 서로 관련되어 있는 정도
즉, 모듈이 독립적인 기능으로 정의되어 있는 정도를 의미
기능적응집도 → 순차적응집도 → 교환적응집도 → 절차적응집도 → 시간적응집도→ 논리적응집도 → 우연적응집도

① **기능적 응집도**(Functional Cohesion) … 모듈 내부의 모든 기능 요소들이 단일 문제와 연관되어 수행될 경우의 응집도

② **순차적 응집도**(Sequential Cohesion) … 모듈 내 하나의 활동으로부터 나온 출력 데이터를 그 다음 활동의 입력데이터로 사용할 경우 응집도

③ **교환적 응집도**(Communication Cohesion) … 동일한 입력과 출력을 사용하여 서로 다른 기능을 수행하는 구성요소들이 그 기능을 순차적으로 수행할 경우의 응집도

④ **절차적 응집도**(Procedural Cohesion) ⋯ 모듈이 다수의 관련 기능을 가질 때 모듈 안의 구성 요소들이 그 기능을 순차적으로 수행할 경우의 응집도

⑤ **시간적 응집도**(Temporal Cohesion) ⋯ 특정 시간에 처리되는 몇 개의 기능을 모아 하나의 모듈로 작성할 경우의 응집도

⑥ **논리적 응집도**(Logical Cohesion) ⋯ 유사한 성격을 갖거나 특정 형태로 분류되는 처리 요소들로 하나의 모듈이 형성되는 경우의 응집도

⑦ **우연적 응집도**(Coincidental Cohesion) ⋯ 모듈 내부의 각 구성 요소들이 서로 관련 없는 요소로만 구성된 경우의 응집도

(4) 효과적인 모듈화 설계방안

① 결합도는 줄이고 응집도는 높여서 모듈의 독립성을 높인다.

② 모듈의 제어 영역 안에서 그 모듈의 영향 영역을 유지시킨다.

③ 복잡도와 중복성을 줄이고 일관성을 유지시킨다.

④ 모듈의 기능은 예측이 가능해야 하며 지나치게 제한적이어서는 안 된다.

⑤ 유지보수가 용이해야 한다.

⑥ 모듈 크기는 시스템의 전반적인 기능과 구조를 이해하기 쉬운 크기로 분해한다.

⑦ 하나의 입구와 하나의 출구를 갖도록 해야 한다.

⑧ 인덱스 번호나 기능 코드들이 전반적인 처리 논리 구조에 예기치 못한 영향을 끼치지 않도록 모듈 인터페이스를 설계해야 한다.

6 설계 방법

(1) 자료 설계

설계의 첫 번째 작업으로, 요구사항 분석에서 생성된 여러 모델들을 소프트웨어를 구현하는 데 필요한 자료 구조로 변환하는 것

(2) 구조 설계

프로그램의 구조를 개발하고, 소프트웨어 구성 요소들 간의 관계를 정의하는 것

① **구조적 설계 절차 – 나옴** … 정보 흐름의 유형설정 → 흐름의 경계를 표시 → 자료 흐름도를 프로그램 구조로 사상 → 제어 계층을 분해시켜서 정의 → 경험적 방법으로 구체화

② **DFD(자료 흐름도)를 프로그램 구조로 사상시키는 방법**
　㉠ 요구사항 분석에서 작성한 DFD를 프로그램 구조로 사상시키는 방법
　㉡ 변환 분해 접근법, 거래 분해 접근법

③ **구조 도표**(Structure Chart, 설계 구조도) … 소프트웨어 기능을 몇 개의 고유 기능으로 분할하여 블랙 박스로 나타내고 블랙 박스 간의 인터페이스를 계층 구조로 표현한 것

(3) 인터페이스 설계

소프트웨어와 상호 작용하는 시스템, 사용자 등과 어떻게 통신하는지를 기술하는 과정, 소프트웨어와 모듈 사이, 소프트웨어와 정보 생산자, 소비자 사이, 사용자 사이의 인터페이스 설계로 나눌 수 있다.

① **사용자 인터페이스 설계 시 오류 메시지나 경고에 관한 지침**
　㉠ 메세지 내용은 이해하기 쉬워야 한다.
　㉡ 오류 회복을 위한 구체적인 설명이 제공되어야 한다.
　㉢ 소리나 색 등을 이용하여 듣거나 보기 쉽도록 의미를 전달해야 한다.
　㉣ 오류로 인해 발생될 수 있는 부정적인 내용은 절대 사용해서는 안된다.

② **절차(프로시저) 설계**
　㉠ 데이터 설계, 아키텍처 설계, 인터페이스 설계가 이루어진 후 수행되는 설계 작업으로 모듈이 수행할 기능을 절차적 기술로 바꾸는 것
　㉡ 그래픽 설계 표기법 : 흐름도, N-S차트가 있다(순차, 선택, 반복).
　　㉮ **흐름도**(FlowChart) : 박스는 처리 단계, 다이아몬드는 논리조건, 화살표는 제어 흐름을 나타내며 순차, 선택, 반복을 나타내줄 수 있다.
　　㉯ **N-S차트**(Nassi-Schneiderman Chart) : 논리의 기술에 중점을 둔 도형을 이용한 표현 방법으로 박스 다이어그램, Chapin Chart라고도 하며 순차, 선택 및 다중 선택, 반복 등의 제어 논리 구조를 표현

④ **프로그램 설계 언어**(PDL : Program Design Language) : 설계 언어를 이용하여 구조적 프로그래밍의 제어 구조를 기술 하는 것으로 현재 프로그래밍 언어와 유사한 서술적 표현에 의하여 프로그램, 설계, 시스템의 검토에 사용하고, 문서화 기법으로도 사용된다.

❼ 구현

구현 단계는 설계 단계에서 생성된 설계 명세서를 컴퓨터가 알 수 있는 모습으로 변환하는 과정, 프로그래밍 또는 코딩단계라고 한다.

① **프로그래밍 언어**

  ㉠ 1세대 언어 : 기계어, 어셈블리어와 같은 저급언어

  ㉡ 2세대 언어 : FORTRAN, ALGOL, COBOL, BASIC

  ㉢ 3세대 언어 : 범용 언어, 인공지능용 언어, 객체지향형 언어, 실시간 시스템언어 등

  ㉣ 4세대 언어 : 비절차적 언어, 자연언어, 사용자 중심 언어, 프로토 타입 언어, 질의어

② **프로그래밍 언어 선정 기준** … 친밀감, 프로그램 구조, 언어의 능력, 프로그램 길이, 이식성, 처리의 효율성, 과거의 개발 실적, 대상 업무의 성격 등

③ **코딩 스타일 = 코딩의 표준화** … 코딩 방법의 일관성을 유지하고 좋은 코딩을 위해 제시된 표준을 코딩 스타일이라고 함

  ㉠ 프로그램 논리를 명확하게 작성, 지나치게 기교를 부리지 않는다.

  ㉡ 수식은 간결하고 직접적으로 표현, 임시 변수의 사용은 금지

  ㉢ 혼동을 초래하는 변수명은 사용하지 말고, 일관성 있는 변수명을 사용

④ **구조적 프로그래밍** … 순차(Sequence), 선택(Selection), 반복(Iteration)

  ㉠ 순차, 선택, 반복을 사용하면 프로그램의 복잡도가 줄어들고, 유지보수가 용이

  ㉡ 분기(GOTO)없이 프로그래밍하여 읽고, 테스트하기 쉽다.

  ㉢ 오류 없는 프로그램 구성으로 품질을 향상시킴

❶ 객체지향 소프트웨어 공학

현실 세계의 개체를 속성과 메소드가 결합된 형태의 객체로 표현하는 개념으로 객체간의 메시지 통신을 통해 시스템을 구현하는 개발 방법

(1) 객체지향 기법의 구성요소

① **객체(Object)** ··· 데이터와 데이터를 처리하는 함수를 묶어 놓은 하나의 소프트웨어 모듈
  ㉠ 데이터 : 객체가 가지고 있는 정보, 속성, 상태, 분류 등을 나타냄
  ㉡ 함수 : 객체가 수행하는 기능, 객체의 상태를 참조하거나 변경하는 수단이 되는 것으로, 메소드, 서비스, 동작연산이라고 함

② **클래스(Class)** ··· 공통된 속성과 연산을 갖는 객체의 집합으로 객체의 일반적인 타입을 의미
  ㉠ 동일 클래스에 속한 각각의 객체를 인스턴스라 하며, 클래스로부터 새로운 객체를 생성하는 것을 인스턴스화라고 한다.
  ㉡ 하나 이상의 유사한 객체들을 묶어 공통된 특성을 표현한 데이터 추상화를 의미

③ **메세지(Message)** ··· 객체들 간에 상호작용하는데 사용되는 수단, 객체에게 어떤 행위를 하도록 지시하는 명령 또는 요구사항(오퍼레이션(operation)은 속성(attribute)를 변화시킴)

(2) 객체지향 기법의 기본 원칙 – 중요

① **캡슐화(Encapsulation)** ··· 데이터와 데이터를 처리하는 함수를 하나로 묶는 것을 의미, 캡슐화된 객체들은 재사용하며 객체의 세부 내용을 알 필요가 없으므로 인터페이스가 단순해지고, 객체간의 결합도 감소되어 자료부분과 연산 부분 등 정보처리에 필요한 기능을 한 테두리로 묶는 것

② **정보은닉(Information Hiding)** ··· 다른 객체에게 자신의 정보를 숨기고 자신의 연산만을 통하여 접근을 허용하는 것으로 유지보수와 소프트웨어 확장시 오류를 최소화할 수 있다.
  ㉠ 목적 : 고려되지 않은 영향들을 최소화

③ **추상화(Abstraction)** ··· 불필요한 부분을 생략하고 객체의 속성 중 가장 중요한 것에만 중점을 두어 모델화

④ **상속성(Inheritance)** ··· 이미 정의된 상위 클래스의 모든 속성과 연산을 하위 클래스가 물려받는 것으로 상위 클래스의 속성과 연산을 하위클래스가 공유할 수 있기 때문에 객체와 클래스의 재사용, 즉 소프트웨어의 재사용을 증대시키는 개념

⑤ **다형성(Polymorphism)** … 메시지에 의해 객체가 연산을 수행하게 될 때 하나의 메세지에 대해 각 객체가 가지고 있는 고유한 방법으로 응답할 수 있는 능력을 의미하며 많은 상이한 클래스들이 동일한 메소드명을 이용하는 능력

(3) 객체지향 기법의 생명 주기와 분석

① **객체지향 기법의 생명주기** … 개발 과정 사이에서 같은 용어와 개념을 사용하여 분석, 설계, 구현 단계 사이의 전환이 쉬우므로 각 과정이 명확하게 순차적으로 이루어지지 않는다.

② **객체지향 분석(OOA : Object Oriented Analysis)** … 사용자의 요구사항을 분석하여 요구된 문제와 관련된 모든 클래스, 이와 연관된 속성과 연산, 그들 간의 관계 등을 정의하여 모델링하는 작업

(4) 객체지향 분석의 방법론

① **Rumbaugh(럼바우) 방법** … 가장 일반적으로 사용되는 방법. 객체 모델, 동적 모델, 기능 모델로 나누어 수행하는 방법으로 모든 소프트웨어 구성 요소를 그래픽 표기법을 이용하여 모델링하는 기법으로 객체 모델링 기법(OMT : Object-Modeling Technique)라고도 한다.

　㉠ **객체 모델링(Object Modeling) – 정보 모델링** : 정보 모델링이라고도 하며, 시스템에서 요구되는 객체를 찾아내어 속성과 연산 식별 및 객체들 간의 관계를 규정하여 객체 다이어그램으로 표시하는 것

　　* 순서 = 객체와 클래스를 식별 → 클래스에 대한 자료사전 작성 → 클래스 간의 관계를 정의 → 객체 속성 및 연결 관계를 정의 → 클래스를 계층화하고 모듈로 정의 → 생성된 모형을 반복적으로 검증

　㉡ **동적 모델링(Dynamic Modeling)** : 상태 다이어그램을 이용하여 시간의 흐름에 따른 객체들 간의 제어 흐름, 상호 작용, 동작 순서 등이 동적인 행위를 표현하는 모델링

　　* 순서 = 사건의 상호 작용 순서에 대한 시나리오 작성 → 시나리오를 역할과 시간에 따라 표기한 후 사건 추적도 작성 → 사건 추적도를 사건 발생자의 관계로 설명하는 사건 흐름도를 작성 → 사건과 상태를 연결시킨 상태도를 작성

　㉢ **기능 모델링(Functional Modeling)**

　　㉮ 자료 흐름도를 이용하여 다수의 프로세스들 간의 자료 흐름을 중심으로 처리 과정을 표현

　　㉯ 어떤 데이터를 입력하여 어떤 결과를 구할 것인지 표현

　　* 순서 = 외부와 시스템 간의 입, 출력 자료를 정의 → 자료 흐름도 상세화 → 프로세스 기능에 대한 정의를 기능 명세서로 작성 → 제약 조건을 파악 → 최적화 기준 명세화

② **Booch(부치) 방법**

　㉠ 미시적(Micro) 개발 프로세스와 거시적(Macro) 개발 프로세스를 모두 사용하는 분석방법

　㉡ 클래스와 객체들을 분석 및 식별하고 클래스의 속성과 연산을 정의

③ **Jacobson 방법** … Use Case(사용 사례)를 강조하여 사용하는 분석 방법

④ **Coad와 Yourdon 방법** … E-R 다이어그램을 사용하여 객체의 행위를 모델링하여, 객체 식별, 구조 식별, 주제 정의, 속성과 인스턴스 연결 정의, 연산과 메세지 연결 정의 등의 과정으로 구성하는 기법

(5) 객체지향 설계, 구현, 테스트

① 객체지향 설계(OOD : Object Oriented Design)
  ㉠ 객체지향 분석을 사용해서 생성한 여러 가지 분석 모델을 설계 모델로 변환하는 작업
  ㉡ 시스템 설계와 객체 설계를 수행
  ㉢ 럼바우, 부치, 윌리엄 로렌스의 객체지향 설계 방법 제안 – 럼바우 가장 많이 사용

② 설계 단계의 순서 ··· 문제정의 → 요구 명세화 → 객체 연산자 정의 → 객체 인터페이스 결정 → 객체구현

③ 럼바우의 객체지향 설계
  ㉠ 시스템 설계 : 전체적인 시스템 구조를 설계하는 것으로 분석 단계의 분석 모델을 서브시스템으로 분할하고, 시스템의 계층을 정의하며 분할 과정 중에서 성능의 최적 방안, 문제 해결 전략, 자원 분해 등을 확정하는 것
    절차 : 서브 시스템으로 분할 → 동적 모델을 분석하여 객체들의 병행수행 가능성 파악 → 서브시스템을 하드웨어와 태스크에 할당 → 자원 관리 방법 및 공동 자원의 접근 방법을 결정 → 시스템의 제어 방식을 결정 → 경계 조건의 처리 방법을 결정 → 우선순위를 결정
  ㉡ 객체 설계 : 분석 단계에서 만들어진 클래스, 속성, 관계, 메세지를 이용한 통신들을 설계 모델로 제작하고 상세화하여 구체적인 자료 구조와 알고리즘을 정의
    절차 : 객체 모델링, 동적 모델링을 통합하고 연산을 파악 → 연산을 구현하기 위해 알고리즘을 설계 → 자료에 대한 접근 경로 최적화 → 외부와 상호작용하기 위한 제어 방식을 구현 → 클래스 구조를 조정하여 상속성 향상 → 관계를 설계하고, 객체의 표현 방법을 결정 → 클래스의 관계를 단일 모듈로 생성 → 문서화

④ 부치의 객체지향 설계 ··· 자료 흐름도를 사용해서 객체를 분해하고, 객체들 간의 인터페이스를 찾아 Ada 프로그램으로 변환시키는 방법

⑤ 윌리엄 로렌스의 객체지향 설계 ··· 추상화, 상속성, 메세지, 그리고 다른 OOD 개념들을 직접 지원해 주는 기능을 갖추고 있는 Smalltalk와 같은 프로그래밍 언어로 소프트웨어 개발하기 위한 기법

⑥ 객체지향 구현 ··· 설계 단계에서 생성된 설계 모델과 명세서를 근거로 하여 코딩하는 단계. 객체는 순차적으로 또는 동시적으로 구현될 수 있다.

❷ 객체지향 프로그래밍(OOP : Object Oriented Programming)

새로운 개념의 모듈 단위, 즉 객체라는 단위를 중심으로 프로그램을 개발하는 기법

현실에 가까운 방식을 사용하여 이해하기 쉽고 조작하기 쉬운 프로그램을 개발가능

유지보수가 쉽고 재사용이 가능하고, 이미 개발된 프로그램을 이용해 빠르게 확장 프로그램을 개발할 수 있음

객체 기반 언어 – Ada, Actor와 같이 객체의 개념만을 지원하는 언어
클래스 기반언어 – Clu와 같이 객체와 클래스의 개념을 지원하는 언어
객체 지향성 언어 – 객체, 클래스, 상속의 개념을 모두 지원 Smalltalk, C++, Objective C

(1) 객체지향 테스트

① **클래스 테스트** ⋯ 구조적 기법에서의 단위 테스트와 같은 개념으로 가장 작은 단위로 캡슐화된 클래스나 객체를 검사

② **통합 테스트** ⋯ 객체를 몇 개 결합하여 하나의 시스템으로 완성시키는 과정에서의 검사로 스레드 기반 테스트와 사용 기반 테스트로 분류

③ **확인 테스트** ⋯ 사용자 요구사항에 대한 만족 여부를 검사

④ **시스템 테스트** ⋯ 모든 요소들이 적합하게 통합되고 올바른 기능을 수행하는 검사

section 8 UML(Unified Modeling Language)

❶ UML(Unified Modeling Language)

시스템 분석, 설계, 구현 등 시스템 개발 과정에서 시스템 개발자와 고객 또는 개발자 상호 간의 의사소통이 원활하게 이루어지도록표준화한 대표적 객체지향 모델링 언어

(1) UML의 구성요소

① **사물** ⋯ 다이어그램 안에서 관계가 형성될 수 있는 대상들

② **관계** ⋯ 사물과 사물 사이의 연관성을 표현

③ **다이어그램** ⋯ 사물과 관계를 도형으로 표현

연관관계	양방향 관계인 경우 실선으로 표현, 아니면 화살표	⟶
집합관계	포함하는 쪽에 속이 빈 마름모	⟶◇
포함관계	집합관계의 특수한 형태로 포함하는 쪽에 속이 채워진 마름모	⟶◆
일반화관계	하나의 사물이 다른 사물에 비해 더 일반적인지 구체적인지 표현	⟶▷
의존관계	필요에 의해 짧은 시간만 연관을 유지하는 관계	⟶
실체화 관계	그룹화 하는 관계, 사물에서 기능쪽으로 속이 빈 점선 화살표	⟶▷

(2) UML의 특징

① **가시화** … 소프트웨어의 개념 모델을 시각적인 그래픽 형태로 표기하고, 표기법에 사용하는 심벌에 명확한 정의를 부여하는 것이다. 이것을 통해 개발자들은 원활한 소통을 할 수 있다.

② **명세화** … 정확하고, 명백하며, 완전한 모델을 만드는 것을 말한다. UML은 소프트웨어 개발을 위한 분석, 설계, 구현 각 단계에서 필요한 모델을 정확하고 완전하게 명세하는 역할을 한다.

③ **구축** … 다양한 프로그래밍 언어로 표현하는 것 입니다. 또한 이미 구축되어 있는 소스코드를 UML로 역변환하여 분석하는 역공학(Reverse Engineering)도 있다.

④ **문서화** … 요구사항을 표현하고 시스템을 테스트하는 언어도 제공한다.

(3) UML(Unified Modeling Language) 종류

Uml 다이어그램은 클래스, 시퀀스, 유즈케이스등 구조와 행위dp 따라 총14개의 다이어그램이 있으며 개발하는 시스템의 유형과 규모에 따라서 필요한 다이어그램을 선택하여 사용한다.

① **구조 다이어그램(Structure Diagram)** … 클래스 다이어그램, 객체 다이어그램, 복합체 구조 다이어그램, 배치 다이어그램, 컴포넌트 다이어그램, 패키지 다이어그램

클래스(Class) 다이어그램	클래스와 클래스가 가지는 속성, 클래스 사이의 관계를 표현(대표적)
객체 다이어그램	• 클래스가 속한 사물들, 즉 인스턴스를 특정 시점의 객체와 객체 사이의 관계로 표현 • 럼바우(Rumbaugh) 객체지향 분석 기법에서 객체 모델링에 활용
컴포넌트 다이어그램	• 실제 구현 모듈인 컴포넌트 간의 관계나 컴포넌트 간의 인터페이스를 표현 • 구현 단계에서 사용
배치 다이어그램	• 결과물, 프로세스, 컴포넌트 등 물리적 요소들의 위치를 표현 • 구현 단계에서 사용
복합체 구조 다이어그램	클래스나 컴포넌트가 복합 구조를 갖는 경우 그 내부 구조를 표현
패키지(Package) 다이어그램	유스케이스나 클래스 등의 모델 요소들을 그룹화한 패키지들의 관계를 표현

② **행위 다이어그램(Behavior Diagram)** … 활동 다이어그램, 상태 머신 다이어그램, 유즈 케이스 다이어그램, 상호작용 다이어그램

유스케이스 다이어그램	• 사용자의 요구를 분석하는 것으로, 기능 모델링 작업에 사용함 • 사용자와 사용 사례로 구성됨
시퀀스 다이어그램	상호 작용하는 시스템이나 객체들이 주고받는 메시지를 표현함
커뮤니케이션 다이어그램	동작에 참여하는 객체들이 주고받는 메시지와 객체들 간의 연관 관계를 표현함
상태 다이어그램	하나의 객체가 자신이 속한 클래스의 상태 변화 혹은 다른 객체와의 상호 작용에 따라 상태가 어떻게 변화하는지를 표현함
활동 다이어그램	시스템이 어떤 기능을 수행하는지 객체의 처리 로직이나 조건에 따른 처리의 흐름을 순서에 따라 표현함
상호작용 개요 다이어그램	상호작용 다이어그램 간의 제어 흐름을 표현함
타이밍 다이어그램	객체 상태 변화와 시간 제약을 명시적으로 표현함

㉠ 유스케이스 다이어그램 : 유스케이스 다이어그램은 사용자와 다른 외부 시스템들이 개발될 시스템을 이용해 수행할 수 있는 기능을 사용자의 관점에서 표현한 것이다.

구성요소	내용
시스템(System) 시스템 범위	시스템 내부의 유스케이스들을 사각형으로 묶어 시스템의 범위를 표현한 것
액터	• 시스템과 상호작용을 하는 모든 외부 요소 • 주로 사람이나 외부 시스템을 의미함 • 주액터 : 시스템을 사용함으로써 이득을 얻는 대상으로 주로 사람이 해당됨 • 부액터 : 주액터의 목적 달성을 위해 시스템에 서비스를 제공하는 외부 시스템으로, 조직이나 기관 등이 될 수 있음
유스케이스	사용자가 보는 관점에서 시스템이 액터에게 제공하는 서비스나 기능을 표현한 것
관계	• 유스케이스 다이어그램에서 관계는 액터와 유스케이스, 유스케이스와 유스케이스 사이에서 나타날 수 있음 • 유스케이스에서 나타날 수 있는 관계 : 포함(include) 관계, 확장(extends) 관계, 일반화(Generalization) 관계

㉡ 활동 다이어그램

   ⑦ 활동 다이어그램은 사용자의 관점에서 시스템이 수행하는 기능을 처리 흐름에 따라 순서대로 표현한 것이다.

   ⑭ 하나의 유스케이스 안에서 혹은 유스케이스 사이에 발생하는 복잡한 처리의 흐름을 명확하게 표현할 수 있다.

㉢ 시퀀스 다이어그램

   ⑦ 시퀀스 다이어그램은 어떠한 순서로 어떤 객체들과 어떻게 상호 작용하는지 과정을 표현하는 다이어그램이다.

   ⑭ 장점 : 현재 존재하는 시스템이 어떠한 시나리오로 움직이고 있는지를 나타냄

ⓔ 상태 다이어그램

　　㉮ 객체들 사이에 발생하는이벤트에 의한 객체들의 상태 변화를 표현

　　㉯ 특정 객체가 어떤 이벤트에 의해 상태 변환 과정이 진행되는지 확인한다.

ⓜ 스테레오 타입(Stereotype)

　　㉮ 스테레오 타입은 UML표현하는 기본 기능 외에 추가적인 기능을 표현하는 것이다.

　　㉯ 길러멧(Guilemet)이라고 부르는 겹화살괄호(≪≫) 사이에 표현할 형태를 기술한다.

≪include≫	연결된 다른 UML 요소에 대해 포함 관계에 있는 경우
≪extend≫	연결된 다른 UML 요소에 대해 확장 관계에 있는 경우
≪interface≫	인터페이스를 정의하는 경우
≪exception≫	예외를 정의하는 경우
≪constructor≫	생성자 역할을 수행하는 경우

(4) 정적 모델링

정적 모델링은 사용자가 요구한 기능을 구현하는데 필요한 자료들의 논리적인 구조를 표현한 것으로 시스템에 의해 처리되거나 생성될 객체들 사이에 어떤 관련이 있는지를 구조적인 관점(View)에서 표현한다.

• 객체(Object)들을 클래스(Class)로 추상화하여 표현한다.

• UML을 이용한 정적 모델링의 대표적인 것이 클래스 다이어그램이다

① 클래스 다이어그램(Class Diagram) ··· 시간에 따라 변하지 않는정적모델링(객체들의공통 구조와 동작들을 추상화한 것)의대표적인 UML 구조 다이어그램

구성요소	내용
클래스 (Class)	• 각각의 객체들이 갖는 속성와 오퍼레이션)동작)을 표현한 것 • 일반적으로 3개의 구획(Compartment)으로 나눠 클래스의 이름, 속성, 오퍼레이션을 표기함 • 속성(Attribute): 클래스의 상태나 정보를 표현함 • 오퍼레이션(Operation): 클래스가 수행할 수 있는 동작으로, 함수(메소드, Method)라고도 함
제약조건	• 속성에 입력될 값에 대한 제약조건이나 오퍼레이션 수행 전후에 지정해야 할 조건이 있다면 이를 적음 • 클래스 안에 제약조건을 기술할 때는 중괄호 { }를 이용함
관계 (Relationships)	• 관계는 클래스와 클래스 사이의 연관성을 포현함 • 클래스 다이어그램에 표현하는 관계에는 연관 관계, 집합 관계, 포함 관계, 일반화 관계, 의존 관계가 있음

② 패키지(Package) 다이어그램 … 패키지 다이어그램은 유스케이스나 클래스 등의 요소들을 그룹화한 패키지 간의 의존 관계를 표현한 것으로 대규모 시스템에서 주요 요소 간의 종속성을 파악하는 데 사용한다.

구성요소	내용
패키지(Package)	객체들을 그룹화한 것 • 단순 표기법: 패키지 안에 패키지 이름만 표현 • 확장 표기법: 패키지 안에 요소까지 표현
객체(Object)	유스케이스, 클래스, 인터페이스, 테이블 등 패키지에 포함될 수 있는 다양한 요소들
의존 관계(Dependency)	• 패키지와 패키지, 패키지와 객체 간을 점선 화살표로 연결하여 표현함 • 스테레오 타입을 이용해 의존 관계를 구체적으로 표현할 수 있음 • 의존 관계의 표현 형태는 사용자가 임의로 작성할 수 있으며, 대표적으로 import와 access가 사용됨 • ≪import≫ : 패키지에 포함된 객체들을 직접 가져와서 이용하는 관계 • ≪include≫ : 인터페이스를 통해 패키지 내의 객체에 접근하여 이용하는 관계

section 9 디자인 패턴(Design Pattern)

❶ 디자인 패턴(Design Pattern)

디자인 패턴(Design Pattern)은 소프트웨어 공학의 소프트웨어 설계에서 공통으로 발생하는 문제에 대해 자주 쓰이는 설계 방법을 정리한 패턴이다.

(1) 디자인 패턴의 장점

① 같이 협업하는 개발자가 디자인 패턴에 대한 내용을 숙지하고 있다면, 개발자간의 원활한 소통이 가능하다.

② 소프트웨어 구조 파악이 쉽고, 재사용을 통한 개발 시간을 단축할 수 있다.

③ 설계 변경 요청에 대한 유연한 대처가 가능합니다.

④ 엔터프라이즈 시스템이 확장될 때 용이하고, 개발 소요 시간 및 유지보수 시간 단축이 가능하다.

(2) 디자인 패턴의 단점

① 디자인 패턴에 대해 숙지하기 위한 초기 투자 비용의 부담이 반드시 필요하다.

② 객체 지향 설계 및 구현이 필요하므로, 객체 지향의 개념에 대한 이해가 반드시 필요하다.

(3) 디자인 패턴(Design Pattern)의 종류

① **생성 패턴** ··· 객체를 생성하는 것과 관련된 패턴으로, 객체의 생성과 변경이 전체 시스템에 미치는 영향을 최소화 하고, 코드의 유연성을 높여준다.

    ㉠ **싱글톤(Singleton) 패턴** : 클래스의 인스턴스가 하나임을 보장하고 접근할 수 있는 전역적인 접근점을 제공하는 패턴(디자인 패턴의 가장 기초)

    ㉡ **추상팩토리(Abstract Factory) 패턴** : 구체적인 클래스를 지정하지 않고 관련성이 있거나, 독립적인 객체들을 생성하기 위한 인터페이스를 제공하는 패턴

    ㉢ **빌더(Builder) 패턴** : 복학 객체의 생성과정과 표현과정을 분리시켜 동일한 생성과정에서 다양한 표현을 생성할 수 있는 패턴

    ㉣ **팩토리 메서드(Factory Method) 패턴** : 객체를 생성하는 인터페이스를 정의하지만, 인스턴스를 만드는 클래스는 서브클래스에서 결정하도록 하는 패턴

    ㉤ **원형(Prototype) 패턴** : 생성할 객체의 종류를 명시하는 데 원형이 되는 예시물을 이용하고 새로운 객체를 이 원형들을 복사함으로써 생성하는 패턴

② **구조 패턴** ··· 프로그램 내의 자료구조나 인터페이스 구조 등 프로그램의 구조를 설계하는 데에 활용될 수 있는 패턴을 의미합니다. 클래스, 객체들의 구성을 통해서 더 큰 구조를 만들 수 있게 한다. 큰 규모의 시스템에서는 많은 클래스들이 서로 의존성을 가지게 되는데, 이런 복잡한 구조를 개발하기 용이하게 만들고 유지보수를 더욱 더 간편하게 만들어 주는 것이 바로 이 '구조 패턴'에 해당하는 것들이다.

    ㉠ **적응자 패턴(Adapter or Wrapper)** : 클래스의 인터페이스를 사용자가 기대하는 다른 인터페이스로 변환하는 패턴으로, 호환성이 없는 인터페이스 때문에 함께 동작할 수 없는 클래스들이 함께 작동하도록 해주는 패턴

    ㉡ **브리지 패턴(Bridge)** : 구현부에 추상층을 분리하여 각자 독립적으로 변형할 수 있도록 하는 패턴

    ㉢ **컴포지트 패턴(Composite)** : 객체들의 관계를 트리 구조로 구성하여 부분-전체 계층을 표현하는 패턴으로, 사용자가 단일 / 복합객체 모두 동일하게 다루도록 하는 패턴

    ㉣ **Decorator 패턴** : 주어진 상황 및 용도에 따라 어떤 객체에 책임을 덧붙이는 패턴

    ㉤ **Facade 패턴** : 서브시스템에 있는 인터페이스 집합에 통합된 하나의 인터페이스를 제공한다. 서브시스템을 좀 더 쉽게 사용하기 위해 고수준의 인터페이스를 정의한다.

    ㉥ **Proxy 패턴** : 어떤 다른 객체로 접근하는 것을 통제하기 위해 그 객체의 매니저 또는 자리 채움자를 제공하는 패턴

③ **행위 패턴** ··· 반복적으로 사용되는 객체들의 상호작용을 패턴화시킨 것으로 클래스나 객체들이 상호작용하는 방법과 책임을 분산하는 방법을 제공

    ㉠ **Chain of Responsibility 패턴** : 요청을 처리하는 기회를 하나 이상의 객체에 부여하여 요청을 보내는 쪽과 받는 쪽의 결합을 피하는 패턴

ⓛ 커맨드(Command) 패턴 : 요청을 객체로 캡슐화하여 서로 다른 사용자의 매개변수화, 요청 저장 또는 로깅, 연산의 취소를 지원하게 만드는 패턴

ⓒ 인터프리터(Interpreter) 패턴 : 주어진 언어에 대해서 문법을 위한 표현수단을 정의하고, 해당 언어로 된 문장을 해석하는 해석기를 사용하는 패턴

ⓡ Iterator 패턴 : 내부 표현부를 노출하지 않고 어떤 객체 집합의 원소들을 순차적으로 접근할 수 있는 방법을 제공하는 패턴

ⓜ Mediator 패턴 : 한 집합에 속해있는 객체들의 상호 작용을 캡슐화하는 객체를 정의하는 패턴

ⓗ 옵저버(Observer) 패턴 : 객체들 사이에 1 : N의 의존관계를 정의하여 어떤 객체의 상태가 변할 때, 의존관계에 있는 모든 객체들이 통지받고 자동으로 갱신될 수 있게 만드는 패턴

ⓢ 상태(State) 패턴 : 객체의 내부 상태가 변경될 때 행동을 변경하도록 허락하여 객체는 자신의 클래스가 변경되는 것처럼 보이게 된다.

ⓞ 스트레이트지(Strategy) 패턴 : 동일 계열의 알고리즘들을 정의하고, 각각 캡슐화하며 이들을 상호교환 가능하도록 만드는 것이다. 알고리즘을 사용하는 사용자로부터 독립적으로 알고리즘이 변경될 수 있도록 하는 패턴

ⓩ 템플릿(Template) 패턴 : 객체의 연산에서 알고리즘의 뼈대만 정의하고, 나머지는 서브클래스에서 이루어지게 하는 패턴

ⓩ 비지터(Visitor) 패턴 : 객체구조를 이루는 원소에 대해 수행할 연산을 표현한다. 방문자는 연산에 적용할 원소의 클래스를 변경하지 않고 새로운 연산을 재정의 할 수 있다.

section 10 소프트웨어 시험

❶ 검사 기법(Test)

소프트웨어 품질 보증 활동의 하나로, 소프트웨어에 대한 요구사항의 만족도 및 예상 결과와 실제 결과의 차이점을 여러 방법을 사용하여 검사하고 평가하는 일련의 과정을 의미

검사 기법
• 최소한의 시간과 노력으로 대부분의 오류를 찾아내기 위해검사 사례(Test Case)를 설계
• 화이트박스 테스트, 블랙박스 테스트

(1) 화이트박스 테스트

모듈의 원시 코드를 오픈시킨 상태에서 원시 코드의 논리적인 모든 경로를 검사하여 검사 사례를 설계하는 방법으로 설계된 절차에 초점을 둔 구조적 테스트로, 프로시저 설계의 제어 구조를 사용하여 검사 사례를 설계

① 제어 구조에 따라 선택, 반복, 등 분기점 부분들을 수행함으로써 논리적 경로를 제어, 기초 경로 검사, 제어 구조 검사등

  ⓐ **기초 경로 검사**(Basic Path Testing) : TomMcCabe가 제안 한 것으로 대표적인 화이트 박스 테스트 기법. 검사 사례 설계자가 절차적 설계의 논리적 복잡성을 측정할 수 있게 해주고, 이 측정 결과는 실행 경로의 기초를 정의하는데 지침으로 사용

    ㉮ **기초 경로 검사 절차**
    • 설계나 원시 코드를 기초로 하여 흐름도를 작성
    • 흐름도의 논리적 복잡도를 측정
    • 독립 경로들의 기초 집합을 결정
    • 기초 집합의 각 경로를 실행시키는 검사 사례를 선정
    ㉯ **제어 흐름도 = 제어 흐름을 표현하기 위해 사용되는 그래프**
    • 노드(원) = 절차적 명령문을 나타낸다.
    • 화살표 = 제어의 흐름
    • 영역 = 화살표와 노드로 둘러싸인 구역, 외부 구역도 하나의 영역으로 포함
    ㉰ **순환 복잡도 = 한 프로그램의 논리적인 복잡도를 측정하기 위한 소프트웨어의 척도로, 제어 흐름도 이론에 기초를 둔다.**
    • 제어 흐름도 G에서 순환 복잡도 V(G)는 다음과 같은 방법으로 계산
      → 순환 복잡도는 제어의 흐름도의 영역 수와 일치하므로 영역 수를 계산
      → $V(G) = E - N + 2$ (E 화살표 수, N 노드의 수)

  ⓑ **제어 구조 검사**
    ㉮ **조건 검사**(Condition Testing) : 모듈 내에 있는 논리적 조건을 검사하는 검사 사례 설계 기법
    ㉯ **루프 검사**(Loop Testing) : 반복구조에 초점을 마추어 실시하는 검사 사례 설계 기법
    ㉰ **데이터 흐름 검사**(Data Flow Testing) : 변수의 정의와 사용 위치에 초점을 맞춰 실시하는 검사 사례 설계 기법

(2) 블랙박스 테스트(기능검사)

소프트웨어가 수행할 특정 기능을 알기 위해 각 기능이 완전히 작동하는지 입증하는 검사

부정확하거나 누락된 기능, 인터페이스 오류, 자료 구조나 외부 데이터베이스 접근에 따른 오류, 행위나 성능 오류, 초기화와 종료 오류 등을 발견하기 위해 사용되며 테스트 과정 후반부에 적용

① **동치 분할 검사**(Equivalence Partitioning Testing) – **동등 분할 기법** … 입력 자료에 초점을 맞춰 검사 사례를 만들고 검사하는 방법

② **경계값 분석**(Boundary Value Analysis) … 동치 분할 검사를 보완하기 위한 검사, 입력 조건의 경계값을 검사 사례로 선정하여 검사

③ 원인-효과 그래프 검사(Cause-Effect Graphing Testing) … 입력 데이터 간의 관계와 출력에 영향을 미치는 상황을 체계적으로 분석하여 효용성 높은 검사 사례를 선정하여 검사하는 기법

④ 오류 예측 검사(Fault Based Testing) = Mutation Testing … 과거의 경험이나 확인자의 감각으로 검사, 보충적 검사 기법

⑤ 비교 검사(Comparison Testing) … 여러 버전의 프로그램에 동일한 검사 자료를 제공하여 동일한 결과가 출력되는지 검사

❷ 검사 전략

검사 단계 순서 … 단위검사 → 통합검사 → 검증검사 → 시스템검사

(1) 단위(코드) 검사(Unit Test)
프로그램의 기본 단위인 모듈(코드) 수준에서 시작

화이트 박스 테스트 기법을 사용

(2) 통합(설계) 검사(Integration Test)
단위 검사 후 모듈을 결합하여 전체 시스템에 대해 검사

비점진적 통합 방식, 점진적 통합방식

① 비점진적 통합방식 – 빅뱅 통합 검사 … 단계적으로 통합하는 절차없이 모든 모듈이 미리 결합되어 프로그램 전체를 검하는 방법

② 점진적 통합방식 – 하향식, 상향식, 혼합식 통합 방식 … 모듈 단위로 단계적으로 통합하면서 검사하는 방법
  ㉠ 하향식 통합 검사(Top Down Integration Test) : 상의 모듈에서 하위 모듈 방향으로 통합하면서 검사
    절차
    • 주요 제어 모듈을 드라이버로 사용하고, 주요 제어 모듈의 종속 모듈들은 스터브로 대체
    – 깊이 우선 또는 넓이 우선등의 통합 방식에 따라 종속 스터브(Stub)들이 실제 모듈로 교체
    – 모듈이 통합될 때 마다 검사를 실시
    • 새로운 오류가 발생하지 않음을 보증하기 위해 회귀 심사를 실시
    * 스터브(Stub) – 시험용 모듈
  ㉡ 상향식 통합 검사(Bottom Up Integration Test) : 하위 모듈에서 상위 모듈 방향으로 통합하면서 검사
    절차
    • 하위 모듈들을 클러스터(Cluster)로 결합
    • 검사 사례 입, 출력을 조정하기 위해 드라이버를 작성

- 클러스터를 검사
- 드라이버를 제거하고, 클러스터는 프로그램 구조의 상위로 이동하여 결합
  * 클러스터(Cluster) – 종속 모듈의 그룹
- ⓒ **혼합식 통합 검사 – 샌드위치식 통합 검사 방법** : 하위 수준에서는 상향식 통합, 상위수준에서는 하향식 통합을 사용

⑶ 검증(요구사항) 검사

사용자의 요구사항을 충족시키는가를 검사

① **형상검사** … 소프트웨어 구성 요소, 목록, 유지보수를 지원하기 위해 필요한 모든 사항들이 제대로 표현되었는지 검사하는 기법

② **알파검사** … 개발자의 장소에서 사용자가 개발자 앞에서 행사하는 검사기법, 통제된 장소(환경변화x)

③ **베타검사** … 선정된 최종 사용자가 여러 명의 사용자 앞에서 행하는 검사 기법
　실 업무를 가지고 사용자가 직접 시험하는 것

④ **시스템 검사** … 개발된 소프트웨어가 컴퓨터 시스템에서 완벽하게 수행되는지를 검사
- ㉠ **복구검사** : 올바르게 복구 되는지를 확인하는 검사
- ㉡ **보안검사** : 부적당한 침투로부터 시스템을 보호할 수 있는지를 확인하는 검사
- ㉢ **강도검사** : 비정상적인 양, 빈도 등의 자원을 요구하는 환경에서 실행시키는 검사
- ㉣ **성능검사** : 소프트웨어의 실행 시간을 검사, 전체적인 검사

⑤ **디버깅**(Debugging)
- ㉠ 오류를 찾은 후 그 오류를 수정하는 과정
- ㉡ 성공적인 테스킹의 결과로 발생
- ㉢ 심리적인 요소 때문에 수행 힘듦
- ㉣ 체계적인 접근 제안됨

section 11 유지보수(Maintenance)

❶ 유지보수(Maintenance)

개발된 소프트웨어의 품질을 항상 최상의 상태로 유지하기 위한 것으로 소프트웨어 개발 단계 중 가장 많은 노력과 비용이 투입되는 단계

(1) 유지보수 목적

소프트웨어의 수명을 연장

(2) 유지보수 유형

① 수정 유지 보수(Corrective Maintenance) … 소프트웨어 구축 시 테스트 단계에 미처 발견하지 못한 잠재적인 오류를 찾아 수정한다.

② 예방적 유지 보수(Preventive Maintenance) … 소프트웨어의 잠재적인 오류발생에 대비하여 미리 예방수단을 강구해 두는 유지보수

③ 완전형 유지 보수(Perfective Maintenance) … 기존 기능과 다른 새로운 기능을 추가하거나, 기존 기능을 개선 등

④ 적응형 유지 관리(Adaptive Maintenance) … 운영체제, 하드웨어와 같은 프로그램 환경변화에 맞추기 위해 수행하는 유지보수

* 완전화 보수가 업무량 및 비용의 비중이 가장 크다.

(3) 유지보수 절차

① 유지보수 과정 … 유지 보수 요구 → 현 시스템에 대한 이해 → 수정 및 시험 순으로 반복해서 일어남

② 유지보수의 비용

　ⓐ 유지 보수 단계에서 필요한 비용은 소프트웨어 개발 비용중 약 70%를 차지

　ⓑ 분석, 평가, 설계 변경, 코딩 등의 생산적인 활동과 프로그램과 자료 구조의 이해, 인터페이스의 특성 파악, 성능 측정 등의 실험 활동에 따라 달라질 수 있다.

　ⓒ 일반적으로 BL방법에 의해 산정

$M = P + Ke^{(c-d)}$	M : 유지보수를 위한 노력(인원/월)　c : 복잡도 P : 생산적인 활동에 드는 비용　d : 소프트웨어에 대한 지식의 강도 K : 통계값에서 구한 상수　e : 지수(exp)

③ 유지보수의 부작용
  ㉠ 코딩 부작용 : 코딩 내용의 변경으로 인해 발생
  ㉡ 자료 부작용 : 자료나 자료구조의 변경으로 인해 발생
  ㉢ 문서화 부작용 : 자료 코드에 대한 변경이 설계 문서나 사용자가 사용하는 메뉴얼에 적용되지 않은 경우
    ㉮ 외계인 코드(Alien Code)
      • 아주 오래 전에 개발되어 유지보수 작업이 매우 어려운 프로그램을 의미
      • 일반적으로 15년 이전에 개발된 프로그램을 의미
    ㉮ 방지 방법 : 문서화 철저

section 12 3R

완성된 소프트웨어를 기반으로 3R을 통해 소프트웨어의 생산성을 극대화 하는 기법

❶ 소프트웨어 재사용(Software Reuse)

이미 개발되어 인정받은 소프트웨어의 전체 혹은 일부분을 다른 소프트웨어 개발이나 유지에 사용하는 것

소프트웨어 개발의 품질과 생산성을 높이기 위함

클래스, 객체 등의 소프트웨어 요소는 소프트웨어 재사용성을 크게 향상

(1) 재사용이 가능한 요소

전체 프로그램, 부분 코드, 응용 분야에 관한 지식, 논리적인 데이터 모형, 프로세스 구조, 시험 계획 등

① 재사용의 이점 … 개발 시간과 비용 단축, 품질 향상, 생산성 향상

② 재사용 도입의 문제점
  ㉠ 어떤 것을 재사용할 것인지 선정
  ㉡ 시스템에 공통적으로 사용되는 요소들을 발견
  ㉢ 프로그램 표준화 부족

③ 재사용 방법 … 재사용 방법에는 합성중심, 생성 중심 방법이 있음

❷ 소프트웨어 재공학(Software Re-engineering)

새로운 요구에 맞도록 기존 시스템을 이용하기보다 나은 시스템을 구축하고, 새로운 기능을 추가하여 소프트웨어 성능을 향상시키는 것

유지보수 생산성 향상을 통해 소프트웨어 위기를 해결하는 방법

(1) 재공학의 목표

유지보수성 및 기술 향상, 생산성 향상, 소프트웨어 수명 연장, 소프트웨어 요소들을 추출하여 정보 저장소에 저장하는 것을 주된 목적으로 하여, 다음과 같은 목표를 가진다.

복잡한 시스템을 다루는 방법 구현, 다른 뷰의 생성, 잃어버린 정보의 복구 및 제거, 부작용의 발견, 고수준이 추상, 재사용 용이

(2) 소프트웨어 재공학의 주요 활동

분석(Analysis), 개조(Restructuring), 역공학(Reverse Engineering), 이식(Migration)

* 유지보수 측면에서 예방 유지 보수의 위기를 해결하고자 함

(3) 역공학(Reverse Engineering)

기존 소프트웨어를 분석하여 개발 과정과 처리과정을 설명하는 분석 및 설계 정보를 재발견하거나 다시 만들어 내는 작업, 정공학과 반대 방향으로 기존 코드를 복구하는 방법

현재 프로그램으로 부터 데이터, 아키텍처, 그리고 절차에 관한 분석 및 설계 정보를 추출하는 과정

코드 역공학 = 코드 → 흐름도 → 자료 구조도 → 자료 흐름도 순으로 재성

데이터 역공학 = 코드 → 자료사전 → 개체 관계도 순으로 재생

section 13 CASE(Computer Aided Software Engineering)

① CASE

소프트웨어 개발 과정에서 사용되는 요구 분석, 설계 구현, 검사 및 디버깅 과정 전체 또는 일부를 컴퓨터와 전용 소프트웨어 도구를 사용하여 자동화하는 것이다.

(1) CASE 사용의 이점

① 소프트웨어 개발의 시간 단축, 비용 절감, 품질 향상, 간편한 유지보수

② 생산성 향상 , 생산, 운용 활동을 효과적으로 관리, 통제

③ 품질과 일관성을 효과적으로 제어, 표준화 확립

④ 모듈의 재사용성 향상, 문서화도 쉽게 할 수 있음

(2) CASE 분류

① 상위(Upper) CASE

　㉠ 소프트웨어 생명 주기의 전반부에서 사용되는 것으로, 문제를 기술하고 계획하며 요구 분석과 설계 단계를 지원하는 CASE

　㉡ SREM, PSL/PSA, SERA, FOUNDATION

② 하위(Lower) CASE

　㉠ 소프트웨어 생명 주기의 하반부에서 사용되는 것으로 코드의 작성과 테스트, 문서화 하는 과정을 지원하는 CASE

　㉡ 구문 중심 편집기, 코드 생성기 등

③ 통합(Integrate) CASE

　㉠ 소프트웨어 생명 주기에 포함되는 전체 과정을 지원하기 위한 CASE, 공통의 정보 저장 장소와 통일된 사용자 인터페이스를 사용하여 도구들을 통합

　㉡ IEF, POWERTOOLS, TAGE/IORL, TEAMWORK 등

④ 정보 저장소

　㉠ 소프트웨어를 개발하는 과정 동안 모아진 정보를 보관하여 관리하여 관리하는 곳

　㉡ CASE 정보 저장소, CASE 데이테버이스, 요구사항 사전, 저장소라고 함

　㉢ 초기 소프트웨어 개발 환경에서는 사람이 정보 저장소 역할을 했지만 오늘날에는 데이터베이스가 정보 저장소 역할을 담당

② 사용의 이점

㉮ 도구들과 생명 주기 활동, 사용자들, 응용 소프트웨어들 사이의 통신과 소프트웨어 시스템의 정보 공유를 향상

㉯ 시스템 구성 요소들과 시스템 정보가 정보 저장소에 의해 관리되므로 유지 보수성 향상

㉰ CASE 도구들 간에 정보 교환이 쉽고, 사용자가 쉽게 새로운 도구를 추가 가능

㉱ 통합 CASE 도구 사용 가능, 생명 주기 정보 재사용, 시스템의 이식과 변환을 용이

* 자동화 예측 도구들 중 Rayleigh-Norden 곡선과 Putnam의 예측 모델에 기반을 둔 것은 SLIM이다.

출제예상문제

1 소프트웨어 테스트에 대한 설명으로 옳지 않은 것은?

① 통합 테스트는 단위 테스트가 끝난 모듈들을 통합하여 모듈 간의 인터페이스 관련 오류가 있는 지를 찾는 검사이다.

② 테스트의 목적은 소프트웨어 요구사항의 만족도 및 예상 결과와 실제 결과의 차이점을 파악함으로써 소프트웨어의 오류를 찾아내는 것이다.

③ 화이트 박스 테스트는 프로그램 원시 코드의 논리적 구조를 체계적으로 점검하며, 프로그램 구조에 의거하여 검사한다.

④ 블랙박스 테스트에는 기초 경로(basic path), 조건 기준(condition coverage), 루프(loop) 검사, 논리 위주(logic driven) 검사 등이 있다.

TIP	화이트박스 테스트	블랙박스 테스트
	기초 경로(basic path), 조건 기준(condition coverage), 루프 (loop) 검사, 논리 위주(logic driven) 검사 등	등 분할, 경곗값 분석, 상태 전이, 원인 결과 그래프 등

2 UML의 클래스 다이어그램에서 클래스 사이의 관계에 대한 설명으로 옳지 않은 것은?

① 일반화(generalization) 관계는 일반화한 부모 클래스와 실체화한 자식 클래스 간의 상속 관계를 나타낸다.

② 연관(association) 관계에서 다중성(multiplicity)은 관계 사이에 개입하는 클래스의 인스턴스개수를 의미한다.

③ 의존(dependency) 관계는 한 클래스가 다른 클래스를 참조하는 것으로 지역변수, 매개변수등을 일시적으로 사용하는 관계이다.

④ 집합(aggregation) 관계는 강한 전체와 부분의 클래스 관계이므로 전체 객체가 소멸되면 부분 객체도 소멸된다.

TIP 집합 관계는 전체 개념(whole)과 부분 개념(part) 사이의 관계이다. 전체 객체가 소멸되도 부분 객체는 소멸되지 않는다.

Answer 1.④ 2.④

3 다음에서 설명하는 소프트웨어 아키텍처의 유형으로 옳은 것은?

> • 사용자 인터페이스를 시스템의 비즈니스 로직 부분과 분리하는 구조
> • 결합도(coupling)를 낮추기 위한 소프트웨어 아키텍처 패턴 구조
> • 디자인 패턴 중 옵서버(observer) 패턴에 해당하는 구조

① 클라이언트-서버(client-server) 아키텍처

② 브로커(broker) 아키텍처

③ MVC(Model-View-Controller) 아키텍처

④ 계층형(layered) 아키텍처

TIP • Model(모든 데이터 상태와 로직을 처리, Java Beans)
  • View(모델이 제공한 데이터를 사용자에게 보여주는 역할, JSP)
  • Controller(뷰와 모델 사이에서 전달자 역할, Servlet)
  ① 클라이언트-서버(client-server) 아키텍처 : 웹 서버 시스템 등에 사용
  ② 브로커(broker) 아키텍처 : 메시지 브로커 소프트웨어 등에 사용된다. 서버는 자신의 기능들(서비스 및 특성)을 브로커에 넘겨
    주며(publish), 클라이언트가 브로커에 서비스를 요청하면 브로커는 클라이언트를 자신의 레지스트리에 있는 적합한 서비스로
    리디렉션한다.
  ④ 계층형(layered) 아키텍처 : 데이터베이스 시스템, TCP/IP 시스템 등에 사용

4 〈보기〉는 모듈화를 중심으로 한 소프트웨어 설계방법에 대한 설명이다. 빈칸의 내용을 올바르게 나열한 것은?

> 〈보기〉
> • 결합도(coupling)와 응집도(cohesion)는 모듈의 (㉠)을 판단하는 기준이다.
> • 결합도란 모듈 (㉡)의 관련성을 의미하며, 응집도란 모듈 (㉢)의 관련성을 의미한다.
> • 좋은 설계를 위해서는 결합도는 (㉣), 응집도는 (㉤) 방향으로 설계해야 한다

	㉠	㉡	㉢	㉣	㉤
①	독립성	사이	내부	작게	큰
②	독립성	내부	사이	크게	작은
③	추상성	사이	내부	작게	큰
④	추상성	내부	사이	크게	작은

Answer 3.③ 4.①

TIP 응집도(cohesion)는 모듈 내부의 기능들이 관련되어 있는 정도, 결합도(coupling)는 모듈과 모듈 간의 상호 의존 정도를 나타낸 것이다. 응집도는 높을수록, 결합도는 낮을수록 좋다.

ⓧ 독립성

ⓛ 사이

ⓒ 내부

ⓔ 작게

ⓜ 큰

※ 응집도(cohesion) 높은(좋은) 순서

- 기능적 응집도(Functional Cohesion) : 모듈 내부의 모든 기능요소들이 단일한 목적을 위해 수행되는 경우
- 순차적 응집도(Sequential Cohesion) : 모듈 내에서 한 기능 요소로부터 나온 출력값을 다른 기능 입력값으로 사용할 경우
- 교환적(통신적) 응집도(Communication Cohesion) : 동일한 입력과 출력을 사용하여 다른 기능을 수행하는 활동들이 모여있을 경우
- 절차적 응집도(Procedural Cohesion) : 모듈이 다수의 관련 기능을 가질 때 모듈 안의 구성 요소들이 그 기능을 순차적으로 수행할 경우
- 시간적 응집도(Temporal Cohesion) : 연관된 기능이라기보다 특정 시간에 처리되어야 하는 활동들을 한 모듈에서 처리할 경우
- 논리적 응집도(Logical Cohesion) : 유사한 성격을 갖거나 특정형태로 분류되는 처리 요소들이 한 모듈에서 처리되는 경우
- 우연적 응집도(Coincidental Cohesion) : 모듈 내부의 각 구성요소들이 연관이 없는 경우

5 다음 중 객체지향 언어의 특징으로 알맞지 않은 것은?

① 상속성

② 다형성

③ 구조화

④ 추상화

TIP ③ 구조화 : C언어의 특징(divide and conquer)이다. 큰 문제는 작은 문제로 쪼개서 해결할 수 있다는 개념이다. 여기서, 큰 문제는 해결해야 하는 문제를 의미하고, 작은 문제는 함수 단위로 쪼개는 것을 의미

① 상속성 : 객체 지향의 주요 특징 중의 하나이다. 하나의 클래스(슈퍼 클래스)를 다른 클래스(서브 클래스)가 상속해서 사용하는 것을 의미한다. 서브 클래스는 상속된 슈퍼 클래스의 멤버 변수와 멤버 함수를 사용할 수 있고(따로 구현하지 않아도 되고), 자신만의 멤버 변수와 멤버 함수를 만들어 사용할 수 있다.

② 다형성 : 객체 지향의 주요 특징 중의 하나이다. 같은 이름의 메소드가 클래스 혹은 객체에 따라 다르게 구현되는 것이다.

- 다형성 사례는 메소드 오버로딩(한 클래스 내에서 같은 이름이지만 다르게 작동하는 여러 메소드)과 메소드 오버라이딩(슈퍼 클래스의 메소드를 동일한 이름으로 서브 클래스마다 다르게 구현)이 있다.

④ 추상화 : 객체 지향의 주요 특징인 캡슐화에 포함되는 내용이다. 체의 속성, 오퍼레이션 등의 세부 사항(구현)은 차후에 생각하는 것을 의미한다. 이를 달리 표현하면 객체로부터 핵심적인 개념 또는 기능을 간추려 내는 것을 말한다. 예로 추상 클래스를 들 수 있다.

Answer 5.③

6 객체지향 소프트웨어 개발 및 UML Diagram에 대한 설명이다. ㉠~㉢에 들어갈 내용을 바르게 짝지은 것은?

- (㉠)은/는 외부에서 인식할 수 있는 특성이 담긴 소프트웨어의 골격이 되는 기본 구조로, 시스템 전체에 대한 큰 밑그림이다. 소프트웨어 품질 요구 사항은 (㉠)을/를 결정하는 데 주요한 요소로 작용한다.
- (㉡)은/는 두 개 이상의 클래스에서 동일한 메시지에 대해 객체가 다르게 반응하는 것이다.
- (㉢)은/는 객체 간의 메시지 통신을 분석하기 위한 것으로 시스템의 동작을 정형화하고 객체들의 메시지 교환을 시각화한다.

	㉠	㉡	㉢
①	소프트웨어 아키텍처	다형성	시퀀스 모델
②	유스케이스	다형성	시퀀스 모델
③	클래스 다이어그램	캡슐화	상태 모델
④	디자인 패턴	캡슐화	상태 모델

....

TIP • 소프트웨어 아키텍처 : 소프트웨어의 구성요소들 사이에서 유기적 관계를 표현하고 소프트웨어의 설계와 업그레이드를 통제하는 지침과 원칙이다.
- 다형성
- 같은 이름의 메소드가 클래스 혹은 객체에 따라 다르게 구현되는 것
- 다형성 사례는 메소드 오버로딩(한 클래스 내에서 같은 이름이지만 다르게 작동하는 여러 메소드)과 메소드 오버라이딩(슈퍼 클래스의 메소드를 동일한 이름으로 서브 클래스마다 다르게 구현)이 있다.
- 시퀀스 모델 : Instance(객체) 들이 어떻게 상호작용을 하는지를 묘사하는 다이어그램(모델)이다(동적인 특성을 가짐).
- 유스케이스 : 특정 시스템 혹은 개체 내에서 기능을 표현한다.
- 클래스 다이어그램 : Class 관련 요소들의 여러 가지 정적인 관계를 시각적으로 표현한 다이어그램이다(정적인 특성을 가짐).
- 캡슐화 : 객체를 캡슐로 싸서 내부를 볼 수 없게 하는 것이다. 객체의 가장 본질적인 특징으로 외부의 접근으로부터 객체를 보호한다.
- 상태 모델 : 특정 개체의 동적인 행위를 상태와 그것들 간의 transition을 통해 묘사하는 다이어그램(모델)이다(동적인 특성을 가짐).
- 디자인 패턴 : 여러 가지 문제에 대한 설계 사례를 분석하여 서로 비슷한 문제를 해결하기 위한 설계들을 분류하고, 각 문제 유형별로 가장 적합한 설계를 일반화해 패턴으로 정립한 것을 의미

Answer 6.①

7 〈그림〉은 전자계산기(Calculator)를 객체지향적으로 분석한 다이어그램이다. 어떤 다이어그램인가?

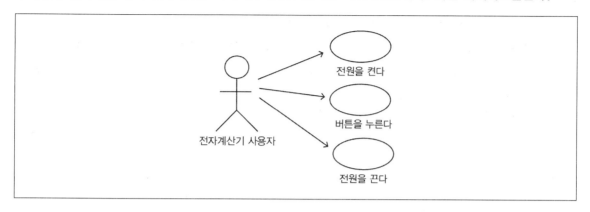

① Usecase Diagram
② Sequence Diagram
③ State Diagram
④ Class Diagram

．．

TIP ① Usecase : 특정 시스템 혹은 개체 내에서 기능을 표현하는 use case(전원을 켠다, 버튼을 누른다, 전원을 끈다)들과 그 외부
의 actor(전자계산기 사용자)들 간의 관계(상호작용)를 표현한 다이어그램이다.
② Sequence : Instance 들이 어떻게 상호작용을 하는지를 묘사하는 다이어그램이다.
③ State : 특정 개체의 동적인 행위를 상태와 그것들간의 transition을 통해 묘사하는 다이어그램이다.
④ Class : Class 관련 요소들의 여러 가지 정적인 관계를 시각적으로 표현한 다이어그램이다.

8 다음 중 소프트웨어 규모를 예측하기 위한 기능점수 (function point)를 산정할 때 고려할 사항으로 가
장 옳지 않은 것은?

① 원시 코드 라인 수(Line Of Code)
② 외부입력(External Input)
③ 외부조회(External inQuiry)
④ 내부논리파일(Internal Logical File)

．．

TIP 기능 점수(소프트웨어의 기능이 얼마나 복잡한가를 상대적인 점수로 표현하는 것으로 라인수와 무관하게 기능이 많으면 규모도
크고 복잡도도 높다고 판단한다)
소프트웨어 비용 산정 기법 중 수학적 산정 기법에 해당
• 원시 코드 라인 수
－소프트웨어 비용 산정 기법 중 상향식 산정 기법에 해당
－원시 코드 라인 수의 비관치, 낙관치, 중간치를 측정 후 예측치를 구해 비용을 산정
• 외부 입력 : 데이터베이스에 데이터를 등록하거나, 수정/삭제하는 기능이다.
• 외부 조회 : 로직이 필요 없고 DB에 존재하는 데이터를 찾아 그대로 표시만 해주는 기능이다.
• 내부 논리 파일 : 사용자가 등록/수정/삭제/조회를 하기 위한 기능 수행의 대상이다.

Answer 7.① 8.①

9 소프트웨어 테스트에 대한 설명으로 옳지 않은 것은?

① 베타(beta) 테스트는 고객 사이트에서 사용자에 의해서 수행된다.

② 회귀(regression) 테스트는 한 모듈의 수정이 다른부분에 미치는 영향을 검사한다.

③ 화이트 박스(white box) 테스트는 모듈의 내부 구현보다는 입력과 출력에 의해 기능을 검사한다.

④ 스트레스(stress) 테스트는 비정상적으로 과도한 분량 또는 빈도로 자원을 요청할 때의 영향을 감사한다.

....

TIP 입력값과 출력값을 통해 테스트하는 방식은 블랙박스(black box)테스트

화이트박스(white box) 테스트는 소프트웨어 내부 구현과 소스코드를 분석하는 테스트 기법

• 알파(alpha) 테스트 : 기업 내부에서 관련자들끼리 자체 테스트하는 방식

• 베타(beta) 테스트 : 고객이나 유저 등 외부 사용자들을 대상으로 테스트하는 방식

• 회귀(regression) 테스트

－이미 테스트된 프로그램의 테스트를 반복하는 것으로, 결함 수정이후 새롭게 발견되거나 이전에 발견되지 않았던 또 다른 결함을 발견하는 테스트

－한 모듈의 수정이 다른 모듈이나 전체 시스템에 영향을 미쳐 버그를 발생시키지는 않는지, 기존 버그가 재발하지는 않는지, 기존버그 수정으로 인해 이전에 없던 새로운 버그가 발생하지는 않는지 등을 테스트

• 스트레스(stress) 테스트

－시스템이 한계점에 도달할 정도의 과부하 상태에 이를 때 어떻게 작동하는지를 테스트하는 것

－시스템의 실패를 확인하고 모니터링하는 과정이 정상적으로 이루어지는지, 민감한 정보나 보안상의 문제가 노출되지 않는지, 장애조치와 복구 절차가 효과적인지 등을 테스트

10 ㉠, ㉡에 들어갈 단어를 바르게 연결한 것은?

기존 현실 세계의 객체에서 불필요한 속성을 제거하고, 중요한 정보만 클래스로 표현하는 일종의 모델링 기법으로 객체지향 프로그래밍에서는 클래스를 통해서 ㉠ 을/를 지원하고 있다. 객체의 상세한 내용을 객체 외부에 철저히 숨기고 단순히 메시지만으로 객체와의 상호작용을 하게 하는 것을 ㉡ (이)라고 말한다.

	㉠	㉡
①	추상화	다형성
②	추상화	캡슐화
③	다형성	캡슐화
④	상속	다형성
⑤	캡슐화	추상화

Answer 9.③ 10.②

11 소프트웨어 생명주기 모형에 대한 설명으로 옳지 않은 것은?

① 나선형 모형 : 보헴(Boehm)이 제안한 것으로, 폭포수 모형과 프로토타입 모형의 장점에 위험분석 기능이 추가된 모델이다.

② V-모형 : 개발 작업과 검증 작업 사이의 관계를 명백히 드러내 놓은 폭포수 모델의 변형으로 각 개발 단계의 테스트에 중점을 둔다.

③ 애자일 기법 : 개발팀이 설계와 문서화보다는 소프트웨어 자체에 초점을 맞추도록 한다.

④ UP 모형 : 반복적이고 점진적인 소프트웨어 개발을 지원하며, 프로그램의 모든 요구사항을 초기에 완전히 파악하도록 요구한다.

12 소프트웨어 디자인 패턴(design pattern)에 대한 설명 중 가장 옳지 않은 것은?

① 생성(creational)패턴, 구조(structural)패턴, 행위(behavioral)패턴 등으로 분류할 수 있다.

② 각기 다른 소프트웨어 모듈이나 기능 간의 설계 또는 해결책 간의 공통되는 요소를 재사용할 수 있게 해준다.

③ 소스나 기계 코드로 바로 전환될 수 있는 완성된 디자인을 제공함으로써 소프트웨어 개발 효율을 향상하게 한다.

④ 어댑터 패턴(adapter pattern)은 클래스의 인터페이스를 다른 인터페이스로 변환하는데 활용되며, 비호환적 인터페이스를 갖춘 클래스들이 함께 작동하도록 지원한다.

TIP 디자인 패턴
- 서브 아키텍처로써 완성된 디자인을 제공하지 않는다.
- 디자인 패턴은 생성, 구조, 행위로 구분된다.
- 소프트웨어 설계에서 자주 발생하는 문제에 대한 일반적이고 반복적인 해결책을 말한다.
- 기존 클래스를 재사용할 수 있도록 중간에서 맞춰주는 역할하고, 호환성이 없는 기존 클래스의 인터페이스를 변환해 재사용할 수 있도록 해준다.

13 소프트웨어 개발 생명 주기(Software Development Life Cycle)의 순서로 옳은 것은?

① 계획 → 분석 → 설계 → 구현 → 테스트 → 유지보수
② 분석 → 계획 → 설계 → 구현 → 테스트 → 유지보수
③ 분석 → 계획 → 설계 → 테스트→ 구현 → 유지보수
④ 계획 → 설계 → 분석 → 구현 → 테스트 → 유지보수

TIP SDLC(소프트웨어 개발 생명 주기)의 순서는 다음과 같다.
- 계획
  - 사용자는 소프트웨어의 필요성을 파악하고, 이를 개발하기 위한 타당성을 먼저 검토한다.
  - 소프트웨어 개발이 타당하다면, 사용자는 이를 제안 요청서에 의해 개발자에게 요청한다.
- 분석 : 요구 분석의 목적은 최종 시스템의 기능, 성능, 사용의 용이성, 이식성 등을 파악하는 것이다.
- 설계 : 설계에는 시스템 구조 설계, 프로그램 설계 그리고 인터페이스 설계 등이 있다. 시스템 구조설계는 시스템을 이루는 각 모듈과의 관계와 전체적인 구조를 설계하는 것이고, 프로그램 설계는 각 모듈 안에서의 처리 절차나 알고리즘을 설계하는 것을 말한다.
- 구현 : 프로그래밍을 하는 단계로 각 모듈의 코딩과 디버깅이 이루어지고, 그 결과를 검증하는 단위(모듈) 시험(unit test – test case)을 실시한다.
- 테스트 : 개발된 각 모듈들을 통합시키며 시험하는 통합 시험(integration test), 사용자의 요구사항(성능)을 만족하는지 알아보는

Answer 12.③ 13.①

시스템 시험(system test), 그리고 사용자가 직접 자신의 사용 현장에서 시스템을 검증해 보는 인수 시험(acceptance test) 등이 있다.

- 유지보수 : 사용자가 개발된 소프트웨어를 인수(acceptance)하여 이용하면서 문제점을 발견하였을 경우, 이를 수정하거나 새로운 기능을 추가해 더욱 유용한 소프트웨어로 발전시키는 단계

14 다음에 해당하는 CMMI(Capability Maturity Model Integration)모델의 성숙 단계로 옳은 것은? (단, 하위 성숙 단계는 모두 만족한 것으로 가정한다)

- 요구사항 개발
- 기술적 솔루션
- 제품 통합
- 검증
- 확인
- 조직 차원의 프로세스 개선
- 조직 차원의 프로세스 정립
- 조직 차원의 교육훈련
- 통합 프로젝트 관리
- 위험관리
- 의사 결정 분석 및 해결

---

① 2단계

② 3단계

③ 4단계

④ 5단계

....

TIP CMMI 레벨에 따른 프로세스 영역 구성

구분	Process Mgm	Project Mgmt	Engineerin	Support
레벨5	조직 혁신 및 이행			원인분석 및 해결
레벨4	조직 프로세스 성과	정량적 프로젝트 관리		
레벨3	조직 프로세스 중점 조직 프로세스 정의 조직 훈련	통합 프로젝트관리 위험관리 통합 공급자 관리 통합 팀 구성	요구사항 개발 기술 솔루션 제품통합 Verification Validation	의사결정 분석 및 해결 통합조직환경
레벨2		프로젝트 계획 프로젝트 감시 및 통제 공급자 계약관리	요구사항 관리	형상관리 프로세스 및 품질보증 측정 및 분석

Answer 14.②

15 소프트웨어 테스트 방법 중 한 모듈의 수정이 다른 부분에 영향을 끼칠 수도 있다고 생각하여 수정 전 모듈 뿐 아니라 관련된 모듈까지 문제가 없는지 검사하는 테스트 방법은?

① 회귀 테스트(Regression Test)

② 인수 테스트(Acceptance Test)

③ 통합 테스트(Integration Test)

④ 단위 테스트(Unit Test)

....

TIP 한 모듈의 수정이 다른 부분에 영향을 끼칠 수도 있다고 생각하여 수정된 모듈뿐 아니라 관련된 모듈까지 문제가 없는지 테스트한다.
　② 인수 테스트(Acceptance Test) : 시스템이 예상대로 동작하는지 확인하고, 요구 사항에 맞는지 확신하기 위해 하는 테스트하고, 시스템을 인수하기 전 요구 분석 명세서에 명시된 대로 모두 충족시키는지를 사용자가 테스트한다.
　③ 통합 테스트(Integration Test) : 단위 테스트가 끝난 모듈을 통합하는 과정에서 발생할 수 있는 오류를 찾는 테스트이고, '모듈 간의 상호작용이 정상적으로 수행되는가' 테스트하는 것이다.
　④ 단위 테스트(Unit Test) : 프로그램의 기본 단위인 모듈의 테스트이고, 모듈 개발 완료한 후 명세서의 내용대로 정확히 구현되었는지를 테스트한다.

16 소프트웨어 공학의 개발 과정에 대한 설명으로 옳지 않은 것은?

① 계획 – 목표를 세우고 달성하기 위하여 체계적인 진행 상황 관리를 할 수 있도록 행동 방안을 마련한다.

② 요구사항 문서화 – 사용자의 요구사항을 명세서로 작성하는 과정으로 프로젝트에 관계된 모든 사람이 이해하기 쉽게 작성해야 한다.

③ 설계 – 요구사항을 반영하여 설계서를 작성하는 과정으로 변화에 쉽게 적응할 수 있고 유지보수가 용이하도록 작성해야 한다.

④ 구현 – 프로그램을 제작 및 구현하는 단계로 보통 본 과정에서 완벽히 제작하여 시험 단계를 생략한다.

....

TIP 구현에서 완벽히 제작한다고 하더라도 문제가 없을 수는 없으므로 시험 단계를 생략할 수 없다.

Answer 15.① 16.④

17 다음 중 소프트웨어 프로토타이핑(Prototyping)에 대한 설명으로 가장 옳지 않은 것은?

① 개발자가 구축할 소프트웨어의 모델을 사전에 만드는 공정으로서 요구사항을 효과적으로 유도, 수집한다.

② 프로토타입은 기능적으로 제품의 하위 기능을 담당하는 작동 가능한 모형이다.

③ 프로토타이핑에 의해 만들어진 프로토타입은 폐기될 수 있고, 재사용될 수도 있다.

④ 적용사례가 많고, 가장 오래됐으며 널리 사용되는 방법으로 결과물이 명확하므로 가시성이 매우 좋다.

- -

TIP ④ 적용사례가 많고, 가장 오래됐으며 널리 사용되는 방법으로 결과물이 명확하므로 가시성이 매우 좋다. → 폭포수 모델
※ 프로토타이핑 모델 … 개발 착수 시점에 요구가 불투명할 때, 실험적으로 실현 가능성을 타진해 보고 싶을 때, 혁신적인 기술을 사용해 보고 싶을 때 사용한다.

18 다음 〈보기〉의 UML 다이어그램 중 시스템의 구조 (structure)보다는 주로 동작(behavior)을 가장 잘 묘사하는 다이어그램들만 고른 것은?

> 〈 보기 〉
> ㉠ 클래스 다이어그램(Class Diagram)
> ㉡ 상태 다이어그램(State Diagram)
> ㉢ 시퀀스 다이어그램(Sequence Diagram)
> ㉣ 패키지 다이어그램(Package Diagram)
> ㉤ 배치 다이어그램(Deployment Diagram)

① ㉠, ㉣
② ㉢, ㉣
③ ㉡, ㉤
④ ㉡, ㉢

- -

TIP ㉡ 상태 다이어그램(State Diagram) : 특정 개체의 동적인 행위를 상태와 그것들 간의 transition을 통해 묘사하는 다이어그램(동적)
㉢ 시퀀스 다이어그램(Sequence Diagram) : Instance 들이 어떻게 상호작용을 하는지를 묘사하는 다이어그램(동적)
㉠ 클래스 다이어그램(Class Diagram) : Class 관련 요소들의 여러 가지 정적인 관계를 시각적으로 표현한 다이어그램(정적)
㉣ 패키지 다이어그램(Package Diagram) : 관련된 클래스를 패키지로 grouping하여 의존도를 낮추기 위하여 사용(정적)
㉤ 배치 다이어그램(Deployment Diagram) : 물리적인 컴퓨터 및 장비 등의 하드웨어 요소들과 그것에 배치되는 소프트웨어 컴포넌트, 프로세스 및 객체들의 형상을 묘사하는 다이어그램(정적)

Answer 17.④ 18.④

19 다음 중 소프트웨어 테스트에 대한 설명으로 가장 옳지 않은 것은?

① 스트레스 테스트(Stress Test)는 비정상적으로 과도한 분량 또는 빈도로 자원을 요청할 때의 영향을 감사한다.

② 시스템 테스트(System Test)는 모듈들이 통합된 후 넓이 우선 방식 또는 깊이 우선 방식을 사용 하여 테스트한다.

③ 단위 테스트(Unit Test)는 개별적인 모듈에 대한 테스트이며 테스트 드라이버(Test Driver)와 테스트 스텁(Test Stub)을 사용할 수 있다.

④ 인수 테스트(Acceptance Test)는 인수 전에 사용자의 요구사항이 만족되었는지 테스트한다.

．．．

TIP ② 통합테스트 : 모듈들이 통합된 후 넓이 우선 방식 또는 깊이 우선 방식을 사용 하여 테스트
• 시스템 테스트(System Test) : 시스템 전체가 정상적으로 작동하는지를 체크하고, 모듈이 모두 통합된 후 사용자의 요구 사항들을 만족하는지 테스트한다.

Answer 19.②

20 소프트웨어 개발 프로세스 모델에 대한 설명으로 가장옳지 않은 것은?

① 폭포수(Waterfall) 모델은 단계별 정형화된 접근 방법 및 체계적인 문서화가 용이하다.
② RAD(Rapid Application Development) 모델은CASE(Computer Aided Software Engineering) 도구를 활용하여 빠른 개발을 지향한다.
③ 나선형(Spiral) 모델은 폭포수(Waterfall) 모델과 원형(Prototype) 모델의 장점을 결합한 모델이다.
④ 원형(Prototype) 모델은 고객의 요구를 완전히 이해하여 개발을 진행하는 것으로 시스템 이해도가 높은 관리자가 있는 경우 유용하다.

TIP ④ 프로토타이핑(prototyping) 모델(= 원형 모델) : 요구 분석이 정확하지 않을 때, 개발의 일부분만을 원형(프로토타입, prototype) 으로 개발하여 사용자에게 제공하여 시험 사용하게 한 뒤, 이를 통해 요구를 분석하고 점검·평가·개선 작업을 통해 개발하는 모델이다. 요구를 완전히 이해한 상태에서 개발을 진행하는 것은 폭포수 모델 등 고전적인 모델이다.
- 폭포수 모델(waterfall model) : 단계별 순차적인 과정을 통한 개발론으로, [타당성 검토 – 계획 – 요구 분석 – 설계 – 구현 – 시험 – 유지보수]의 단계를 가진다.
- RAD(Rapid Application Development) 모델 : 짧은 개발주기(60일~90일) 동안 소프트웨어를 개발하기 위한 순차적 프로세스 모델로서, 빠른 개발을 위해 CASE 도구 사용
- 나선형 모델(Spiral Model, 점진적 모형) : 폭포수 모형과 프로토타입 모형의 장점에 위험 분석 기능을 추가한 모델각 단계별 나선 모양을 그리며 반복 수행한다.
  1. 요구 사항 및 위험 분석
  2. 계획 및 건축가 반복
  3. 구현
  4. 테스트 및 확인

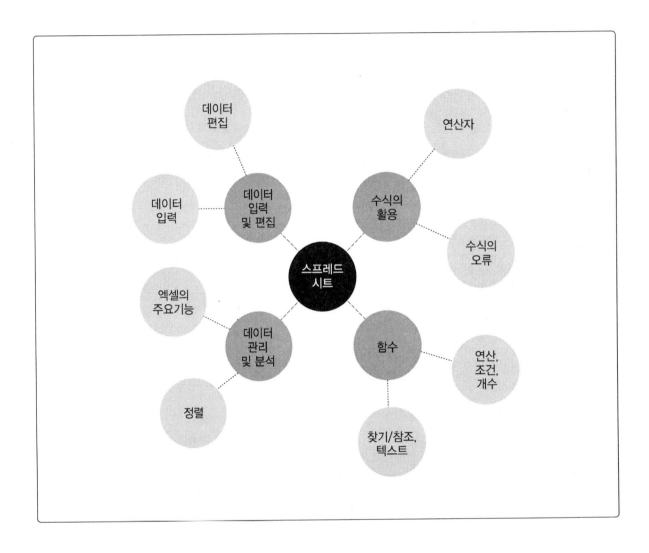

Q 기출키워드

엑셀 서식의 표시, 셀서식, 형식코드, HLOOKUP, VLOOKUP, PV, INDEX, SUM,LEN, ROUNDDOWN

CHAPTER 07 스프레드시트

section 1 데이터 입력 및 편집

1 스프레드시트 개념

(1) 컴퓨터를 이용하여 각종 계산관련 업무를 처리하는 것으로 전자회계장부라고도 불린다.

(2) 수학적 함수나 통계 처리와 같은 수치 자료 계산을 행과 열이 만나 생기는 사각형 모양의 셀에 입력, 계산, 검색 등을 하여 빠르고 쉽게 처리하는 소프트웨어이다.

(3) 종류

MS-EXCEL, 훈민시트, 로터스, 쿼트로프로, 멀티플랜, 비지칼크 등

(4) 스프레드시트의 기능

① 데이터의 입력과 수치 데이터의 계산 기능 및 데이터가 변경되면 자동으로 재계산하는 기능이다.

② 차트 작성 기능과 문서 작성 기능이 있다.

③ 입력 데이터를 이용한 데이터 검색, 정렬, 추출, 분석 등 데이터베이스 관리 기능이다.

④ 그림, 클립아트, 지도와 같은 다양한 개체 삽입 기능이다.

⑤ 반복적인 작업을 간단히 처리할 수 있는 매크로 기능이다.

⑥ 각종 수학식 및 통계 관련 함수를 제공한다.

⑦ 스프레드시트에 슬라이드 쇼 기능은 지원되지 않는다.

(5) 스프레드시트의 화면 구성

① 통합 문서

   ㉠ 저장되는 엑셀 파일로, 최대 255개의 워크시트를 가질 수 있다.

   ㉡ 확장자는 .xls이다.

      ㉮ 워크시트(Worksheet)

        • 작업지로서, 사용자가 데이터를 입력하는 공간이다.

        • 65,536개의 행과 256개의 열이 있다.

      ㉯ 셀(Cell) : 행과 열이 만나서 이루는 사각형으로, 데이터가 입력되는 기본 단위이다.

   ㉢ 입력과 편집

      ㉮ 새 통합 문서를 처음 저장할 경우 [Office 단추]–[저장]을 실행한 다음 [다름 이름으로 저장] 대화상자에서 저장 위치와 파일 이름, 형식 등을 지정한다.

      ㉯ 한 번 이상 저장한 문서를 다른 이름으로 저장할 경우 [Office 단추]–[다른 이름으로 저장]을 실행한 다음 이름을 변경해서 저장하면 된다.

      ㉰ 저장 옵션 : [다른 이름으로 저장] 대화상자에서 [도구]–[일반 옵션]을 클릭한 후 다음과 같은 저장 옵션을 설정할 수 있다

❷ 데이터 입력

(1) 문자 데이터의 입력

① 기본적으로 셀의 왼쪽으로 정렬된다.

② 한 셀에 두 줄 이상의 문자열을 입력할 때는 Alt + Enter 를 누르고 입력한다.

③ 범위로 설정한 모든 셀에 동일한 데이터를 입력할 때는 Ctrl + Enter를 누른다.

④ 숫자를 문자열로 입력해야 하는 경우에는 인용 부호(')를 숫자 앞에 붙인다.

(2) 숫자 데이터의 입력

① 기본적으로 셀의 오른쪽으로 정렬된다.

② 숫자로 사용될 수 있는 문자에는 0부터 9까지의 수와 +, −, 쉼표(,), ₩, \$, %, 소수점(.), 지수 기호(E, e)가 있다.

③ 분수의 경우 중간에 공백을 입력한다.(1/2 입력시 → 0 1/2)

④ 음수 앞에는 − 기호를 입력하거나 괄호( )로 묶는다.

⑤ 입력한 숫자가 열 너비보다 길면 지수 형식이나 '#####'로 표시되므로 열 너비를 늘려서 숫자를 정상적으로 표시한다.

(3) 날짜/시간 데이터의 입력

① 기본적으로 셀의 오른쪽으로 정렬된다.

② **날짜 데이터** … 하이픈(−)이나 슬래시(/)를 이용하여 연, 월, 일을 구분한다.

③ **시간 데이터** … 콜론(:)을 이용하여 시, 분, 초를 구분한다.

④ 연도를 두 자리로 입력하는 경우 연도가 30 이상이면 1900년대로 인식되고, 연도가 29 이하이면 2000년대로 인식한다.

⑤ 오늘 날짜는 Ctrl + :, 현재 시간은 Ctrl + Shift + :를 눌러 입력한다.

(4) 수식의 입력

① 수식을 입력할 때는 = 또는 + 기호를 먼저 입력한 후 입력해야 한다.

② [수식]−[수식 분석]−[수식 표시]를 선택하면 셀에 입력한 수식이 그대로 표시된다.

❸ 데이터 수정

(1) 셀을 누르거나 수식 입력줄에서 마우스로 클릭하여 커서를 표시한 후 데이터를 수정하고 Enter를 누른다.

(2) 여러 셀을 한번에 똑같은 데이터로 수정할 때는 Ctrl + Enter를 이용한다.

(3) [Office 단추]−[Excel 옵션]−[고급]에서 '셀에서 직접 편집 허용'의 체크를 해제하면 마우스를 더블 클릭하여 셀의 내용을 수정할 수 없다.

(4) 셀에 입력된 수식을 간단히 값으로 변경하려면 해당셀의 편집상태에서 F9를 누른다.

❹ 데이터 삭제

(1) 내용 지우기
[홈]-[편집]-[지우기]-[내용 지우기]를 클릭하거나 Delete, Space Bar를 눌러 셀에 입력된 내용만 지움

(2) 서식 지우기
[홈]-[편집]-[지우기]-[서식 지우기]를 선택하여 셀에 적용된 서식만 지움

(3) 모두 지우기
[홈]-[편집]-[지우기]-[모두 지우기]를 선택하여 셀 내용과 서식, 메모 등을 한 번에 지움(4) 선택하여 붙여넣기

① 복사한 데이터를 여러 가지 옵션을 적용하여 붙여넣는 기능으로, [잘라내기]를 실행한 상태에서 실행할 수 없다.

② 데이터를 복사한 다음 바로 가기 메뉴의 [선택하여 붙여넣기]를 실행하거나 [Excel 옵션]-[사용자 지정]에서 [선택하여 붙여넣기]를 '빠른 실행 도구 모음 사용자 지정'으로 추가한 다음 해당 도구를 클릭해 실행할 수 있다.

(5) 붙여넣기
① **모두** … 원본 데이터를 그대로 복사함(일반붙여넣기와 동일함)

② **수식** … 서식은 제외하고, 수식만 복사함

③ **값** … 서식은 제외하고, 화면에 표시된 값만 복사함

④ **서식** … 입력된 데이터는 복사하지 않고 설정된 셀 서식만 복사함([서식 복사] 도구를 이용해 선택한 셀의 서식만 복사하거나 더블클릭해서 연속해서 서식을 적용시킬 수 있음)

⑤ **메모** … 삽입된 메모만 복사함

⑥ **유효성 검사** … 설정된 유효성 검사만 복사함

⑦ **원본 테마 사용** … 원본 데이터에 적용된 테마를 복사함

⑧ **테두리만 제외** … 테두리만 제외하고 나머지는 전부 복사함

⑨ **열 너비** … 복사한 셀에 적용되어 열 너비만 선택한 셀에 적용함

⑩ **수식 및 숫자 서식** … 수식과 숫자 모두 복사함

⑪ **값 및 숫자 서식** … 값과 숫자 모두 복사함

(6) 연산

복사한 데이터와 붙여 넣고자 하는 셀에 입력되어 있는 데이터를 지정한 연산자로 연산한 후 결과를 표시함

(7) 내용 있는 셀만 붙여넣기

복사한 셀에 빈 셀이 포함되어 있을 때 붙여 넣고자 하는 셀에 이미 데이터가 입력되어 있다면, 복사한 셀을 무시하고 기존의 셀 내용을 그대로 유지함

(8) 행/열바꿈

여러 셀을 복사했을 때 행과 열을 바꾸어 붙여넣음

(9) 연결하여 붙여넣기

① 복사한 셀을 연결하여 붙여 넣는 것으로 원래 셀의 내용이 변경되면 자동으로 붙여 넣은 셀의 내용이 변하게 함

② [A1] 셀의 내용을 복사한 경우 =$A$1과 같이 붙여줌

5 데이터 자동 채우기

자동 채우기 기능은 채우기 핸들을 드래그하여 데이터를 입력하는 기능이다.

6 데이터 찾기(Ctrl + F)

[홈]-[편집]-[찾기 및 선택]-[찾기]를 실행하여 데이터를 검색한다.

7 이름 정의

(1) 셀 범위 이름을 정의하여 이동하거나 셀 범위 지정 및 수식에서 이름으로 사용한다.

(2) 영역을 지정하여 선택한 후 [수식]-[정의된 이름]-[이름 정의]를 실행하여 이름을 지정한다.

(3) 첫 글자는 문자(영문, 한글)나 밑줄 또는 'W' 중 하나 로 시작해야 하며 숫자로 시작될 수 없다.

(4) 공백을 포함할 수 없으며, 셀주소의 형식이 될 수 없다.

(5) 최대 255자까지 지정할 수 있으며, 대소문자를 구분 하지 않는다.

(6) 이름 지우기

[수식]–[정의된 이름]–[이름 관리자]를 선택한 다음 삭제할 이름을 체크하고 [삭제] 단추를 클릭한다.

(7) 수식에 사용된 이름을 지우거나 인식할 수 없는 텍스트를 수식에 사용하면 오류(#NAME? 오류)가 발생한다.

⑧ 셀서식(Ctrl+1)

(1) [표시형식] 탭

숫자	소수점 이하 자릿수, 1000 단위 구분기호(콤마), 음수의 표기 형식을 설정하고 음수의 경우 빨간색 으로 표시되게 하거나 괄호로 표시함 소수 자릿수를 2로 지정 : 123456789 → 123456789.00
통화	소수점 이하 자릿수, 통화 기호, 음수의 표기 형식을 설정함 소수 자릿수를 3, 기호를 한국어로 지정 : 123456789 → 123,456,789.000)
회계	소수점 이하 자릿수와 통화 기호를 설정함 소수 자릿수를 2, 기호를 한국어로 지정 : 123456789 → 123,456,789.00)
분수	셀에 입력된 소수를 분수 데이터로 표시하고자 할 때 사용함 형식을 한 자릿수 분모로 지정 : 123456789 → 123456789)
텍스트	입력한 숫자에 텍스트 서식을 적용하여 입력한 그대로 표시함 123456789 → 123456789)
기타	입력한 숫자에 텍스트 서식을 적용하여 입력한 그대로 표시함 123456789 → 123456789)
사용자 지정	기존의 형식을 직접 수정해서 사용함

(2) [맞춤] 탭 – 텍스트 조정

텍스트 줄 바꿈	셀의 내용이 한 줄로 모두 표시되지 않을 경우 여러 줄로 나누어 표시함
셀에 맞춤	셀의 내용이 한 셀에 모두 표시되지 않는 경우 글자의 크기를 줄여 모든 내용이 셀 안에 표시되도 록 설정함
셀 병합	선택한 여러 셀을 하나의 셀로 만드는 과정이며, 선택한 범위의 가장 위쪽 또는 왼쪽의 셀 데이터만 남고 나머지 셀 데이터는 모두 지워짐

❶ 수식과 함수의 정의

(1) 수식

상수나 셀 데이터를 연산자를 사용하여 연산시킨 후 연산의 결과를 작업지에 표시하기 위한 것

① 항상 '='이나 '+'로 시작되어야 함

② **셀 참조** ⋯ 수식에서 셀 주소를 사용

③ **함수**

  ㉠ 엑셀에서 미리 정의해 둔 수식. 이름부분과 인수부분으로 구성

  ㉡ 수식은 수식기호, 함수명, 인수, 연산자, 셀 참조와 범위, 상수 등으로 구성

(2) 수식의 입력 방법

① **셀에서 직접 입력** ⋯ 셀에 수식 입력 기호(= 또는 +)를 먼저 입력하고 직접 수식의 내용을 입력

② **수식 입력 도구를 사용**

  ㉠ 수식 입력 단추를 클릭하여 수식의 결과값을 보면서 입력할 수 있음

  ㉡ 수식의 입력을 끝낼 때는 확인 단추, 체크표시 단추 또는 [Enter]를 누름

  ㉢ 수식의 입력을 취소할 때는 [취소]단추 또는 [Esc]를 누름

(3) 연산자의 종류

① 산술 연산자

+	덧셈	*	곱셈
−	뺄셈	%	백분율
/	나눗셈	^	지수

② 비교 연산자

=	같다	>=	크거나 같다
>	크다	<=	작거나 같다
<	작다	<>	같지 않다

③ 문자열 연산자

& : 두 개의 문자열을 결합

④ 참조 연산자

:	A1:B10	A1번지 부터 B10번지까지의 범위를 참조
,	B1:B5, C1:C5	앞, 뒤의 범위를 모두 참조하는 결합연산자
공백	A5:E7 B2:C10	앞, 뒤의 범위 중 중복되는 범위의 셀만 참조하는 교차 연산자

⑤ 연사자의 우선 순위 … 수식에 여러 개의 연산자가 사용되었을 때는 우선 순위에 따라 계산되며 똑같은 순위의 연산자가 사용되었을 때는 왼쪽부터 계산되어 결합

연산 순위	기호	비고
1	:	참조 연산자
2	,	
3	공백	
4	−	음수
5	%	백분율
6	^	지수
7	* 와 /	곱셈과 나눗셈
8	+ 와 −	덧셈과 뺄셈
9	&	두 문자열을 연결
10	=, 〈, 〉, 〈=, 〉=, ◇	비교 연산자

❷ 셀 참조

셀 참조의 종류 : 상대 참조, 절대 참조, 혼합 참조, [F4]키로 변환

(1) 셀 참조 지정의 예

입력	참조 범위
A1	A1 셀을 참조
A1, A10, A20	A1 셀, A10 셀, A20 셀을 참조
C1:C10	C1 셀에서 C10까지의 셀 범위를 참조
B1:B10, D1:D10	B1에서 B10까지, D1에서 D10까지의 셀 범위를 참조
1:1	1행 전체를 참조
A:A	A열 전체를 참조
1:5	1행에서 5행까지의 모든 셀을 참조
A:C	A열에서 C열까지의 모든 셀을 참조
B2:D5 C1:C20	두 개의 범위 중 겹치는 셀을 참조 – C2에서 C5까지의 셀 범위를 참조

(2) 다른 시트에 있는 셀을 참조

시트 이름과 셀 주소 사이는 !로 연결하며 시트 이름에 공백이 있을 경우에는 작은 따옴표로 시트 이름을 묶어 주어야 함

예 'SHEET1' 시트에서 A1에서 A5까지의 셀 범위를 참조할 경우 ⇒ SHEET1!A1:A5

　'상품 재고'시트에서 B10을 참조할 경우 ⇒ '상품 재고'!B10

(3) 다른 통합 문서의 셀을 참조

참조하려는 통합문서의 이름은 [ ]로 구분하여 표시, 파일이름 중간에 공백이 있을 때는 작은 따옴표로 구분

예 'STOCK' 파일의 'SHEET1'에서 C1~C5까지를 참조 ⇒ [STOCK.XLS]SHEET1!C1:C5

　'1학년 1반' 파일의 '중간고사' 시트에서 A10셀을 참조 ⇒ [1학년 1반.XLS]중간고사!A10

(4) 상대 참조

① 셀 주소에 $ 기호를 붙이지 않고 단순한 형태로 사용하는 것

② 상대 참조로 사용된 셀 주소는 복사했을 때 복사된 거리만큼 자동으로 참조하는 셀의 주소를 변경

(5) 절대 참조

① 열 번호와 행 번호 앞에 각각 $를 붙여 표시, 예 $A$1

② 수식을 복사했을 때 참조하고 있는 셀의 주소가 변하지 않고 항상 같은 곳을 참조하는 것

③ [F4]를 누르면 상대 참조 형식을 절대 참조, 혼합 참조, 상대 참조 유형에 맞게 주소가 변경

(6) 혼합 참조

① 열만 절대 참조하는 경우와 행만 절대 참조하는 경우가 있음, 예 $A1 or A$1

② 열만 절대 참조할 경우 다른 열로 복사했을 때 열 주소는 변하지 않고 행 주소만 변경, 행만 절대 참조할 경우 다른 행으로 복사했을 때 행 주소는 변하지 않고 열 주소만 변경

(7) 순환 참조

① 수식에서 현재 입력하고 있는 셀을 참조하는 것

② [도구]-[옵션]-[계산]탭에서 '반복 계산' 옵션을 설정하지 않으면 오류가 발생

(8) 셀 범위를 이름으로 지정하여 참조하기

특정한 셀 범위에 이름을 지정하여 수식에서 참조하면 해당 범위의 셀 값이 참조되어 계산됨

❸ [삽입]-[이름]-[정의] 메뉴

셀 범위에 이름을 지정하는 이유는 참조하고 있는 셀 범위에 대한 의미를 보다 분명히 하기 위함

(1) [삽입]-[이름]-[작성] 메뉴를 이용하여 이름 지정

이름으로 사용할 문자열과 이름으로 지정하고자 하는 범위를 설정한 후 [삽입]-[이름]-[작성]을 실행하면 설정된 범위에서 이름으로 사용할 셀의 위치를 지정하고 [확인] 단추를 클릭한다.

(2) 이름 상자를 이용하여 셀 범위에 이름 지정

이름상자에 지정한 셀 범위의 이름을 입력하면 해당 영역이 선택된다.

(3) 이름 작성의 조건

① 문자나 밑줄, \ 중 하나로 시작, 숫자로 시작될 수 없음

② 공백을 포함할 수 없음

③ 최대 255자까지 지정할 수 있음

④ 대소문자를 구분하지 않음

(4) 이름 지우기

① 이름 정의 대화 상자에서 삭제 단추를 눌러 지정된 이름 삭제

② 수식에 사용된 이름을 지우면 해당 수식에 오류가 발생

(5) 이름 상자를 이용하여 빠른 범위 설정

이름 상자의 목록 화살표를 클릭

(6) 이름을 사용하여 계산하기

수식에 해당 이름을 직접 입력하거나 [삽입]-[이름]-[붙여넣기]를 실행하여 대화상자에서 붙여넣을 이름을 선택

(7) 표 형태의 자료에서 행/열 이름 사용

엑셀에서는 표 형태일 경우 이름을 정의하지 않고 행의 제목 또는 열의 제목에 해당하는 문자열을 수식에 넣어도 해당 범위를 자동으로 참조하여 계산함

❹ 셀 참조 분석

수식에서 참조하고 있는 셀이나 현재 셀에 참조되고 있는 수식이 입력되어 있는 셀을 연결선으로 표시하여 참조의 관례를 명확히 분석하는 기능

(1) 참조하는 셀 연결선 표시 : [도구]-[분석]-[참조하는 셀 추적]

현재 셀에 입력된 수식에서 참조하고 있는 셀을 추적하는 추적 선을 표시하여 준다.

(2) 참조되는 셀 연결선 표시 : [도구]-[분석]-[참조되는 셀 추적]

현재 셀이 특정한 셀에 입력된 수식에서 참조되고 있는지 알아보고자 할 때 사용하는 기능

(3) 오류 값의 추적 : [도구]-[분석]-[오류 추적]

셀 참조를 사용하고 있는 수식이 입력되어 있는 셀에서 오류가 발생하였을 경우 참조하고 있는 셀을 연결선으로 표시하여 오류의 원인을 분석할 수 있는 기능

(4) 오류 값의 종류

#####	셀에 입력된 숫자 값이 너무 커 셀 안에 나타낼 수 없거나 수식의 결과가 너무 길어 셀 안에 모두 표시할 수 없을 때 발생
#NULL!	공백 연산자를 이용하여 두 개의 영역을 교차하는 셀 참조를 지정할 때 지정된 두 영역에 교차하는 영역이 없을 때 발생
#DIV/0!	특정한 숫자를 0으로 나누는 수식을 입력하였을 때 발생
#VALUE!	수식에서 잘못된 인수나 피연산자를 사용하였을 경우에 발생
#REF!	유효하지 않은 셀 참조를 지정하였을 때 발생
#NAME!	인식할 수 없는 문자열을 수식에 사용했을 경우나 수식에서 참조하고 잇는 이름을 삭제하였을 경우에 발생
#NUM!	수식이나 함수에 숫자와 관련된 문제가 있을 때 발생
#N/A	함수나 수식에 사용할 수 없는 값을 지정했을 때 발생

(5) 연결선 삭제 : [도구]-[분석]-[연결선 모두 삭제]

① 참조 관계를 표시해주는 모든 연결선이 삭제

② 분석 도구 모음을 이용하면 시트에 표시된 여러 개의 연결선 중 하나만 선택하여 삭제할 수 있음

section 2 함수

❶ 함수

엑셀에서 사용자가 특정한 계산을 하는데 보다 편리하게 할 수 있도록 미리 정의되어 있는 수식을 의미, 사용자는 사용 용도에 맞는 함수에 지정된 인수를 입력하면 결과를 얻을 수 있음

(1) 특징

① 함수는 이름과 인수로 구성, 인수의 구분은 콤마(,)로 한다.

② **함수 입력 방법** … 함수명과 인수를 직접 입력하는 방법, [삽입]-[함수]메뉴를 사용하는 방법, 표준 도구 모음에 있는 함수 마법사를 사용하는 방법

③ **함수의 중첩** … 함수의 인수로 함수를 사용하는 것을 의미하며 7단계 중첩까지 사용 가능

❷ 함수 마법사의 사용

[삽입]-[함수] or 표준 도구 모음의 [함수 마법사] 도구를 클릭

(1) 인수

① 숫자, 수식, 함수, 문자열, 논리값, 배열, 셀 참조 등이 사용될 수 있으며 함수에 따라 사용될 수 있는 인수의 종류 및 인수의 개수가 제한될 수 있음

② 문자열이 함수의 인수로 사용될 때는 이중 따옴표로 해당 문자열을 묶어 주어야 하며 함수식의 전체길이가 1,024자가 넘지 않는 범위에서 최대 30개까지의 인수를 사용할 수 있음

(2) 함수 종류

① 날짜/시간 함수

함수명	설명	형식
DATA()	인수로 입력된 숫자를 날짜로 반환할 때 사용	= DATE(연도, 월, 일)
NOW()	시스템에 설정된 오늘 날짜와 현재 시간을 자동으로 표시	= NOW()
TODAY()	시스템에 설정된 오늘 날짜를 자동으로 삽입	= TODAY()

② 수학/삼각 함수

함수명	설명
SUM()	인수로 입력된 숫자들의 합계를 구해주는 함수 [형식] = SUM(숫자 or 셀범위)
ABS()	인수의 절대값을 구해주는 함수 [형식] = ABS(숫자 or 셀)
INT()	인수에서 소수점을 버리고 가장 가까운 정수를 구해주는 함수 [형식] = INT(숫자 or 셀 주소)
ROUND()	인수를 지정한 자릿수로 반올림하는 함수 [형식] = ROUND(반올림할 인수, 소수점 아래의 자릿수)
ROUNDDOWN()	인수를 지정한 자릿수만큼 내려주는 함수 [형식] = ROUNDDOWN(내림하려는 수, 내림하려는 자릿수)
ROUNDUP()	인수를 지정하는 자릿수만큼 올려주는 함수 [형식] = ROUNDUP(올림하려는 수, 올림하려는 자릿수)
SUMIF()	표나 배열 범위에서 조건에 만족하는 데이터들만 합계를 구할 열로 설정된 열에서 합계를 구해주는 함수 [형식] = SUMIF(조건을 비교할 범위, 합계를 구할 범위)

MOD()	숫자1를 숫자2로 나누었을 때 나머지를 구하는 함수 [형식] = MOD(숫자1, 숫자2)
RAND()	0에서 1사이의 난수값을 입력해 주는 함수 [형식] =RAND()
EXP()	입력한 수를 밑수로 한 e의 누승값을 구해주는 주는 함수 [형식] =EXP(숫자)

▌기출예제 ①

✔ **다음 수식의 결과가 나머지와 다른 것은?**

① =MOD(10,3)+ROUND(4.456,0)

② =ROUNDUP(4.35,0)+IF(NOT(0),1,0)

③ =TRUNC(5.5)

④ =INT(ABS(−5.3))

TIP

	A	B
1	1번	5
2	2번	6
3	3번	5
4	4번	5

✔ **다음 중 수식의 결과 값이 다르게 표시되는 것은 어느 것인가?**

① =ROUNDUP(3.54, 1)

② =ROUND(3.54, 1)

③ =ROUNDDOWN(3.54, 1)

④ =INT(3.54)+0.5

TIP

	A	B
1	1번	3.6
2	2번	3.5
3	3번	3.5
4	4번	3.5

✔ **다음 중 함수의 사용 결과가 다른 것은?**

① =ROUND(3.45 , 0)

② =ROUNDUP(3.45 , 0)

③ =ABS(−3)

④ =INT(3.45)

TIP

	A	B
1	1번	3
2	2번	4
3	3번	3
4	4번	3

답 ②, ①, ②

☑ 다음 중 수식 '=INT(12.5*3)'의 결과 값으로 옳은 것은?

① 37

② 37.5

③ 38

④ 38.5

 TIP

A1				fx	=INT(12.5*3)
	A	B	C	D	E
1	37				

☑ 다음 중 입력된 수식의 결과 값으로 옳지 않은 것은?

① =int(17.55) → 18

② =round(12.345,2) → 12.35

③ =min(12,25,3) → 3

④ =roundup(278575,-3) → 279000

TIP

	A	B
1	1번	17
2	2번	12.35
3	3번	3
4	4번	279000

☑ 다음 중 함수식과 그 결과 값으로 옳지 않은 것은?

① 수식 : =LEFT("computer",3) 결과 : com

② 수식 : =RIGHT("computer",3) 결과 : ter

③ 수식 : =INT("computer") 결과 : 8

④ 수식 : =MID("computer",4, 3) 결과 : put

 TIP

	A	B
1	1번	com
2	2번	ter
3	3번	#VALUE!
4	4번	put

☑ 다음 중 수식과 그 결과과 옳지 않은 것은?

① =MAX(20,4,30,5) → 30

② =COUNT(20,4,TRUE,5) → 4

③ =SUM(5,20,4,30,5) → 64

④ =MID("도서출판 서원각",5,3) → 민국 서

TIP

	A	B
1	1번	30
2	2번	4
3	3번	64
4	4번	서원

답 ①, ①, ③, ④

③ 통계 함수

함수명	설명
AVERAGE()	인수의 평균을 구해주는 함수 [형식] = AVERAGE(숫자or셀 범위)
COUNT()	인수 중 숫자의 개수를 세어주는 함수 [형식] = COUNT(숫자or셀 범위)
COUNTA()	인수로 입력된 데이터의 개수를 세어주며 인수가 셀 범위일 경우 공백 셀을 제외한 데이터가 입력된 모든 셀의 개수를 세어주는 함수 [형식] = COUNTA(셀 범위)
COUNTIF()	특정한 조건을 만족하는 셀의 개수를 세어주는 함수 [형식] = COUNTIF(개수를 셀 범위, "조건")
MAX()	인수로 입력된 숫자 중 가장 큰 숫자를 구해주는 함수 [형식] = MAX(숫자나 숫자가 입력된 셀 범위)
MIN()	인수로 입력된 숫자 중 최소값을 구해주는 함수 [형식] = MIN(숫자나 숫자가 입력된 셀 범위)
MOD()	숫자1를 숫자2로 나누었을 때 나머지를 구하는 함수 [형식] = MOD(숫자1, 숫자2)
RAND()	0에서 1사이의 난수값을 입력해 주는 함수 [형식] =RAND()
EXP()	입력한 수를 밑수로 한 e의 누승값을 구해주는 주는 함수 [형식] =EXP(숫자)

| 기출예제 3

☑ 다음 중 수식의 실행 결과가 다르게 나타나는 것은?

① =POWER(2, 5)
② =SUM(3, 11, 25, 0, 1, -8)
③ =MAX(32, -4, 0, 12, 42)
④ =INT(32.2)

	A	B
1	1번	32
2	2번	32
3	3번	42
4	4번	32

답 ③

④ 찾기/참조 영역 함수

함수명	설명
CHOOSE()	특정한 인수 범위에서 번호에 해당하는 값을 찾아주는 함수 [형식] = CHOOSE(찾을 인수의 번호, 인수 범위)
HLOOKUP()	셀 범위나 배열에서 찾을 값에 해당하는 열을 찾은 후 행 번호에 해당하나 셀의 값을 구하는 함수 [형식] = HLOOKUP(찾을 값, 셀 범위 또는 배열, 행 번호, 찾을 방법)
INDEX()	특정한 셀 범위나 배열에서 행 번호와 열 번호에 해당하는 자료를 구해주는 함수 [형식] = INDEX(셀 범위나 배열, 행 번호, 열 번호)
VLOOKUP()	셀 범위나 배열에서 찾을 값에 해당하는 행을 찾은 후 열 번호에 해당하는 셀이 값을 구하는 함수 [형식] = VLOOKUP(찾을 값, 셀 범위 또는 배열, 열 번호, 찾을 방법)

| 기출예제 ④

✔ [A1] 셀에 '220701-1234567'과 같이 주민등록번호가 입력되어 있을 때, 이 셀의 값을 이용하여 [B1] 셀에 성별을 '남' 또는 '여'로 표시하고자 한다. 다음 중 이를 위한 수식으로 옳은 것은? (단, 주민등록번호의 8번째 글자가 1이면 남자, 2이면 여자임)

① =CHOOSE(MID(A1,8,1), "남","여")

② =HLOOKUP(A1, 8, B1)

③ =INDEX(A1, B1, 8)

④ =IF(RIGHT(A1,8)="1", "남", "여")

	A	B	C
1	1번	220701-1234567	남
2	2번	220701-1234567	#N/A
3	3번	220701-1234567	#VALUE!
4	4번	220701-1234567	여

답 ①

⑤ 데이터베이스 함수 … 특정한 데이터베이스 범위에서 합계나 평균, 개수 등을 구해주는 함수

함수명	설명
DAVERAGE()	데이터베이스 범위의 특정 열에서 지정한 조건과 일치하는 데이터들의 평균을 구해주는 함수 [형식] = DAVERAGE(데이터베이스 범위, 열 번호, 조건 범위)
DSUM()	데이터베이스 범위의 특정 열에서 지정한 조건과 일치하는 데이터들의 합계를 구해주는 함수 [형식] = DSUM(데이터베이스 범위, 열 번호, 조건 범위)
DCOUNT()	데이터베이스 범위의 특정 열에서 지정한 조건과 일치하는 데이터들의 개수를 구해주는 함수 [형식] = DCOUNT(데이터베이스 범위, 열 번호, 조건 범위)
DMAX()	데이터베이스 범위가 특정 열에서 지정한 조건과 일치하는 데이터 중 최대값을 구해주는 함수 [형식] = DMAX(데이터베이스 범위, 열 번호, 조건 범위)
DMIN()	데이터베이스 범위의 특정 열에서 지정한 조건과 일치하는 데이터 중 최소값을 구해주는 함수 [형식] = DMIN(데이터베이스 범위, 열 번호, 조건 범위)

⑥ 문자열 함수

함수명	설명
LEFT()	문자열의 왼쪽에서 지정된 개수만큼의 문자열을 잘라내어 결과로 구해주는 함수 [형식] = LEFT(문자열, 잘라낼 개수)
RIGHT()	문자열의 오른쪽에서 지정된 개수만큼의 문자열을 잘라내어 결과로 구해주는 함수 [형식] = RIGHT(문자열, 잘라낼 개수)
MID()	문자열의 중간에서 지정된 개수 만큼을 잘라내는 함수 [형식] = MID(문자, 시작 문자열 번호, 잘라낼 개수)
LOWER()	문자열을 모두 소문자로 전환 [형식] = LOWER(문자열)
UPPER()	문자열을 모두 대문자로 전환 [형식] = UPPER(문자열)
PROPER()	문자열에 있는 각 단어의 첫 글자만 대문자로 전환하고 나머지는 문자는 모두 소문자로 전환 [형식] = PROPER(문자열)

⑦ 논리 함수

함수명	설명
AND()	인수로 입력된 논리식들이 모두 참일 때만 결과값을 TRUE로 구해주는 함수 [형식] = AND(논리식1, 논리식2, 논리식3..)
OR()	인수로 입력된 논리식 중 하나라도 참이면 결과값을 TRUE로 구해주는 함수 [형식] = OR(논리식1, 논리식2,논리식3..)
IF()	인수로 입력한 논리식이 참일 때의 값과 거짓 일 때의 값을 구별하여 구해주는 함수 [형식] = IF(논리식, 참일 때의 값, 거짓일 때의 값)
NOT()	논리식의 결과를 역으로 되돌려주는 함수 [형식] = NOT(논리식)

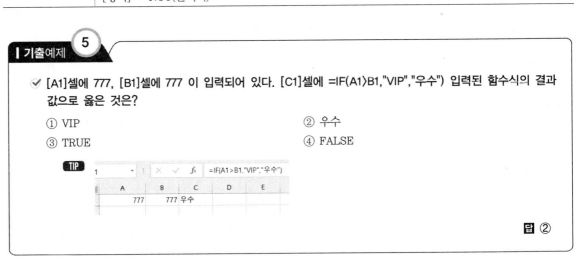

┃기출예제┃ 5

✓ [A1]셀에 777, [B1]셀에 777 이 입력되어 있다. [C1]셀에 =IF(A1>B1,"VIP","우수") 입력된 함수식의 결과값으로 옳은 것은?

① VIP
② 우수
③ TRUE
④ FALSE

TIP

	A	B	C	D	E
1	777	777	우수		

fx =IF(A1>B1,"VIP","우수")

답 ②

⑧ 배열 수식

　　㉠ 배열이란 표 형태로 표현될 수 있는 값의 집합을 의미

　　㉡ 배열 수식을 입력할 때는 수식을 입력한 후 [Ctrl]+[Shift]+[Enter]를 눌러 입력

　　㉢ 배열의 종류

　　　㉮ **1차원 배열** : 한 개의 행이나 열을 갖는 배열을 의미

　　　㉯ **2차원 배열** : 행과 열 모두 2개 이상을 갖는 배열을 의미

출제예상문제

1 워크시트의 [A6]셀과 [A7]셀에 아래와 같이 입력하였다. [A6]과 [A7]의 결과값을 순서대로 바르게 나타낸 것은?

[A6] 셀 : =HLOOKUP(11, B1:D5, 3)
[A7] 셀 : =VLOOKUP("나", A2:D5, 4, TRUE)

	A	B	C	D
1		10	20	30
2	가	10원	50원	90원
3	나	20원	60원	100원
4	다	30원	70원	110원
5	라	40원	80원	120원

① 20원, 100원
② 20원, 120원
③ 60원, 100원
④ 60원, 120원

TIP =HLOOKUP(11, B1:D5, 3)
B1:D1 영역에서 11을 넘지 않고 가장 가까운 값을 찾으면 10이다.
B1:D5 영역에서 10의 열[B1:B5]을 찾고 이 중 3번째 행의 값(20원)을 찾는다. =VLOOKUP("나", A2:D5, 4, TRUE)
A2:A5 영역에서 나와 똑같은 값을 찾아 그 행인 A3:D3 영역을 얻는다.
A3:D3 영역에서 4번째 열의 값(100원)을 찾는다.

Answer 1.①

2 워크시트에서 [D1] 셀에 =$A$1+$B2를 입력한 후 [D1]셀을 복사하여 [D5] 셀에 붙여넣기 했을 때 [D5] 셀에 표시될 수 있는 결과로 옳은 것은?

	A	B	C
1	1	2	3
2	2	4	6
3	3	6	9
4	4	8	12
5	5	10	15

① 1
② 7
③ 9
④ 15

TIP

	A	B	C	D
1	1	2	3	5
2	2	4	6	7
3	3	6	9	9
4	4	8	12	11
5	5	10	15	1

$A$1은 절대 참조이므로 변하지 않으므로 1을 사용한다.
$B2는 혼합 참조로서 D1에서 D5로 바뀌면 $B6이 되므로 0을 사용한다.
이 둘을 더하면 1이 된다.

3 워크시트에서 수식 =VLOOKUP(LARGE(C4:C11,3), C4:F11, 4, 0)에 의해 표시될 수 있는 결과로 옳은 것은?

	A	B	C	D	E	F
1			**2024년 1월 판매현황 분석**			
2						
3	상품명	판매단가	초과/부족수량	목표수량	판매수량	판매금액
4	공기청정기	150	10	100	110	16500
5	김치냉장고	85	13	15	28	2380
6	드럼세탁기	90	-5	35	30	2700
7	스마트TV	150	13	45	58	8700
8	의류건조기	230	5	20	25	5750
9	인덕션오븐	120	20	30	50	6000
10	무선청소기	70	8	30	38	2660
11	식기세척기	150	-10	40	30	4500

① 58

② 2,380

③ 8,700

④ 16,500

TIP

	A	B	C	D	E	F
1			**2024년 1월 판매현황 분석**			
2						
3	상품명	판매단가	초과/부족수량	목표수량	판매수량	판매금액
4	공기청정기	150	10	100	110	16500
5	김치냉장고	85	13	15	28	**2380**
6	드럼세탁기	90	-5	35	30	2700
7	스마트TV	150	13	45	58	8700
8	의류건조기	230	5	20	25	5750
9	인덕션오븐	120	20	30	50	6000
10	무선청소기	70	8	30	38	2660
11	식기세척기	150	-10	40	30	4500

LARGE(C4:C11,3) : C4:C11에서 3번째로 큰 값을 의미하므로 13이 된다.
VLOOKUP(13, C4:F11, 4, 0) : C4:F11의 4번째 열(판매금액)에서 13을 조건으로 찾는 것이므로 처음으로 일치하는 2,380을 반환한다.

Answer 3.②

4 엑셀 시트를 이용해 수식을 실행한 결과, 값이 나머지와 다른 것은?

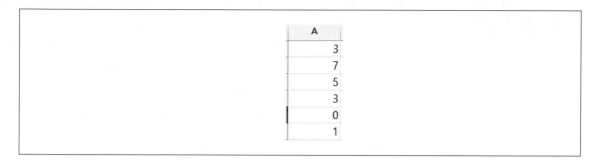

① =GCD(A1, A6)

② =MEDIAN(A1:A6)

③ =MODE(A1:A6)

④ =POWER(A1, A6)

TIP GCD(3, 1)은 최대 공약수를 구하는 함수이다. 결과는 1이다.

MEDIAN(3:1)
• 중간값을 구하는 함수
  결과는 입력의 개수가 홀수개이면 중간 위치를 중간값으로 구하고, 입력의 개수가 짝수개면 중앙에 있는 2개의 값을 평균한다.
  결과는 3(=(3+3)/2)이다.
• MODE(3:1)
  최빈값을 구하는 함수이다.
  결과는 3(3의 빈도가 제일 높음).
• POWER(3, 1)
  거듭 제곱을 구하는 함수이다.
  결과는 3(=3¹)

5 엑셀에서는 서로 다른 시트 사이에 셀 참조가 가능하다. 아래 그림에서 Sheet2의 시금치 가격을 VLOOKUP함수를 사용하여 Sheet1에서 가져오고자 한다. 이를 위해 Sheet2의 B3 셀에 입력할 수식으로 알맞은 것은?

sheet1

	A	B	C	D
1	상품명	산지	생산자	가격
2	오이	청주	김철수	500
3	배추	울산	황인용	2000
4	무우	김제	김영운	1500
5	시금치	평창	나윤로	1000
6	상추	대전	김윤철	700
7				

‹ › Sheet1 Sheet2 +

sheet2

	A	B	C
1	상품명	가격	
2	무우		
3	시금치		
4			
5			
6			
7			

‹ › Sheet1 Sheet2

① =VLOOKUP(시금치,Sheet1!A2:D6,4,0)

② =VLOOKUP(시금치,A2:A6,5,0)

③ =VLOOKUP(A3,Sheet1!A2:D6,4,0)

④ =VLOOKUP(A3,Sheet1!A2:A6,5,0)

....

 TIP

A	B
상품명	가격
무우	
시금치	1000

VLOOKUP 함수

세로로 검색하여 원하는 데이터를 찾는 함수로 4개의 인수를 가지고 있다.

=VLOOKUP (찾고자 하는 값, 검색할 테이블 범위, 반환할 값이 들어있는 자리(열), 유사한 값 여부) 먼저 찾고자 하는 값은 시금치이며, 시트2의 A3셀의 값이다.

=VLOOKUP (A3, , ,)값을 검색할 테이블 범위는 시트1의 A2:D6 이다.

=VLOOKUP (A3, Sheet1!A2:D6, ,) 반환받고자 하는 값은 가격이므로 검색할 테이블 범위의 4번째 열에 들어있는 값이다.

1은 상품명을, 2는 산지를, 3은 생산자를, 4는 가격을 반환한다.

=VLOOKUP (A3, Sheet1!A2:D6, 4,)

마지막 인수 '유사한 값 여부'는 0(FALSE)를 입력하면 검색값이 정확하게 일치해야만, 1(TRUE)를 입력하면 검색값이 유사한 것도 반환한다.

문제에서는 선택지 전부 0으로 쓰여 있으므로 답과는 상관없다.

=VLOOKUP(A3,Sheet1!A2:D6,4,0)

1번 결과

A	B
상품명	가격
무우	
시금치	#NAME?

2번 결과

A	B
상품명	가격
무우	
시금치	#NAME?

4번 결과

A	B
상품명	가격
무우	
시금치	#REF!

6 MS Excel의 워크시트에서 D4셀에 =RIGHT(C4,LEN(C4)−4)&"****"을 입력했을 때 결과 값으로 알맞은 것은?

	A	B	C	D
1	이름	학번	연락처	
2	서원각	202-4101	010-7777-7777	
3	김서원	202-4102	010-7123-1234	
4	최서원	202-4103	010-1234-7777	

① ****2119−9019

② 019−2119−****

③ 019−****−9019

④ 2119−9019****

TIP

A	B	C	D
이름	학번	연락처	
서원각	202-4101	010-7777-7777	
김서원	202-4102	010-7123-1234	
최서원	202-4103	010-1234-7777	1234-7777****

LEN(C4) : C4 텍스트에서 문자의 개수를 세어준다.

C4는 010-1234-7777이므로 문자의 개수는 13개이다.

RIGHT(C4, LEN(C4)−4) : C4 텍스트의 오른쪽에서 문자수(9개=14개−4개)만큼의 문자를 추출한다.

추출된 문자는 1234-7777가 된다.

1234-7777&**** : 텍스트를 연결한다. 결과는 1234-7777****가 된다.

Answer 6.④

322 PART 01. 컴퓨터 일반

7 다음은 3년간 연이율 4%로 매월 적립하는 월 복리 정기적금의 만기지급금을 계산한 결과이다. 셀 C2에 들어갈 수식으로 옳은 것은?(단, 만기지급금의 10원 단위미만은 절사한다)

	A	B	C
	성명	월적립액	만기지급금
	김**	₩ 30,000	₩ 1,145,440
	이**	₩ 50,000	₩ 1,909,070

① =ROUNDDOWN(FV(4%, 3*12, -B2), -1)

② =ROUNDDOWN(FV(4%, 3*12, -B2), -2)

③ =ROUNDDOWN(FV(4%/12, 3*12, -B2), -1)

④ =ROUNDDOWN(FV(4%/12, 3*12, -B2), -2)

....

TIP

₩2,327,940

₩2,327,900

₩1,145,440
₩1,145,400

FV 함수

투자금에 이자를 더한 원리금 합계를 계산하는 함수로 5개의 인수를 갖고 있는데, 뒤의 인수 2개는 생략이 가능

=FV(기간 이자율, 납입 횟수, 매회 투자금,(현재 금액), (납입 시기))연이율은 4%이지만, 매월마다 적립을 하기 때문에 기간 이자율 (월이율)은 4%/12 이다.

3년간 매월 적립하므로 납입 횟수는 3*12회이다.

매월 적립 금액은 30,000원인데, PV 함수에서는 미래의 +금액을 알기 위해서는 - 금액으로 입력해야 한다. 그러므로 -(B2)라고 입력한다.

따라서 정기적금의 만기지급금을 계산하는 수식은 =FV(4%/12, 3*12, -B2) 이 된다.

ROUND 함수는 반올림, ROUNDUP 함수는 올림, ROUNDDOWN 함수는 내림을 하는 함수로, 2개의 인수를 갖는다.

=ROUNDDOWN(값, 표시할 소수점 자릿수)

만기지급금을 10원 단위 미만은 절사한다고 했으므로, 내림 함수인 ROUNDDOWN 함수를 사용한다.

1는 소수점 첫째 자리까지 표시. 0은 정수 일 단위로 표시, -1은 정수 십 단위로 표시한다.

=ROUNDDOWN(123.4567, 1) = 123.4

=ROUNDDOWN(123.4567, 0) = 123

=ROUNDDOWN(123.4567, -1) = 120

10원 단위 미만은 절사한다고 했으므로, 소수점 자릿수로 -1을 입력한다.

Answer 7.③

8 MS Excel의 워크시트에서 사원별 수주량과 판매금액, 그리고 수주량과 판매금액의 합계가 입력되어 있다. 이때 C열에는 전체 수주량 대비 각 사원 수주량의 비율을, E열에는 전체 판매금액 대비 각 사원 판매금액의 비율을 보이고자 한다. 이를 위해 C2셀에 수식을 입력한 다음에 이를 C열과 E열의 나머지 셀에 복사하여 사용하고자 한다. C2셀에 입력할 내용으로 옳은 것은?

	A	B	C	D	E
1	사원	수주량	비율	판매금액	비율
2	서원각	78		8,000,000	
3	김서원	56		7,500,000	
4	나서원	93		13,000,000	
5	최서원	34		10,000,000	
6	이서원	80		8,000,000	
7	합계	341		46,500,000	

① =B2/B7*100

② =$B$2/B7*100

③ =B2/$B$7*100

④ =B2/B$7*100

TIP 1번 결과

	A	B	C	D	E
1	사원	수주량	비율	판매금액	비율
2	서원각	78	22.8739003	8,000,000	22.8739003
3	김서원	56	#DIV/0!	7,500,000	#DIV/0!
4	나서원	93	#DIV/0!	13,000,000	#DIV/0!
5	최서원	34	#DIV/0!	10,000,000	#DIV/0!
6	이서원	80	#DIV/0!	8,000,000	#DIV/0!
7	합계	341	#DIV/0!	46,500,000	#DIV/0!

2번 결과

	A	B	C	D	E
1	사원	수주량	비율	판매금액	비율
2	서원각	78	22.8739003	8,000,000	22.8739003
3	김서원	56	#DIV/0!	7,500,000	#DIV/0!
4	나서원	93	#DIV/0!	13,000,000	#DIV/0!
5	최서원	34	#DIV/0!	10,000,000	#DIV/0!
6	이서원	80	#DIV/0!	8,000,000	#DIV/0!
7	합계	341	#DIV/0!	46,500,000	#DIV/0!

3번 결과

	A	B	C	D	E
1	사원	수주량	비율	판매금액	비율
2	서원각	78	22.8739003	8,000,000	22.8739003
3	김서원	56	16.4222874	7,500,000	16.4222874
4	나서원	93	27.2727273	13,000,000	27.2727273
5	최서원	34	9.97067449	10,000,000	9.97067449
6	이서원	80	23.4604106	8,000,000	23.4604106
7	합계	341	100	46,500,000	100

4번 결과

	A	B	C	D	E
1	사원	수주량	비율	판매금액	비율
2	서원각	78	22.8739003	8,000,000	22.8739003
3	김서원	56	16.4222874	7,500,000	16.4222874
4	나서원	93	27.2727273	13,000,000	27.2727273
5	최서원	34	9.97067449	10,000,000	9.97067449
6	이서원	80	23.4604106	8,000,000	23.4604106
7	합계	341	100	46,500,000	100

(4) B2가 상대 참조, B7이 혼합 참조를 사용한다. (혼합 참조를 사용하게 되면 C의 비율은 B의 수주량을 참조하게 되고, E의 비율은 D의 판매 금액을 참조하게 된다)

Answer 8.④

9 다음 중 아래의 워크시트에서 작성한 수식으로 결과 값이 다른 것은?

◢	A	B	C
1	10	30	50
2	40	60	80
3	20	70	90

① =SMALL(B1:B3, COLUMN(C3))

② =SMALL(A1:B3, AVERAGE({1:2:3:4:5}))

③ =LARGE(A1:B3, ROW(A1))

④ =LARGE(A1:C3, AVERAGE({1:2:3:4:5}))

....

TIP

①	70
②	30
③	70
④	70

10 다음 중 아래의 워크시트에서 수식의 결과로 '부사장'을 출력하지 않는 것은?

A	B	C	D
사원번호	성명	직함	생년월일
101	구민정	영업과장	1980-12-08
102	강수영	부사장	1965-02-19
103	김진수	영업사원	1991-08-30
104	박용만	영업사원	1990-09-19
105	이순신	영업부장	1971-09-20

① =CHOOSE(CELL("row",B3), C2, C3, C4, C5, C6)

② =CHOOSE(TYPE(B4), C2, C3, C4, C5, C6)

③ =OFFSET(A1:A6,2,2,1,1)

④ =INDEX(A2:D6,MATCH(A3, A2:A6, 0), 3)

....

TIP

①	영업사원
②	부사장
③	부사장
④	부사장

11 아래 시트의 [A9] 셀에 수식 '=OFFSET(B3,−1,2)'을 입력한 경우 결과값은?

	A	B	C	D	E
1	학번	학과	학년	성명	주소
2	12123	국문과	2	서원각	서울
3	15234	영문과	1	김서원	인천
4	20621	수학과	3	이서원	고양
5	18542	국문과	1	최서원	김포
6	31260	수학과	2	장서원	부천

① 이서원

② 서울

③ 고양

④ 서원각

TIP

	A	B	C	D	E
1	학번	학과	학년	성명	주소
2	12123	국문과	2	서원각	서울
3	15234	영문과	1	김서원	인천
4	20621	수학과	3	이서원	고양
5	18542	국문과	1	최서원	김포
6	31260	수학과	2	장서원	부천
7					
8					
9	서원각				

Answer 11.④

12 아래 시트에 대한 각 수식의 결과값이 나머지 셋과 다른 것은?

◢	A	B	C	D	E	F	G
1	10	20	30	40	50	60	70

① =SMALL(A1:G1,{3})

② =AVERAGE(SMALL(A1:G1,{1:2:3:4:5}))

③ =LARGE(A1:G1,{5})

④ =SMALL(A1:G1,COLUMN(D1))

....

TIP

◢	A	B	C	D	E	F	G
1	10	20	30	40	50	60	70
2							
3		1번	30				
4		2번	30				
5		3번	30				
6		4번	40				
7							

13 아래 시트에서 주민등록번호의 여덟 번째 문자가 '1' 또는 '3'이면 '남', '2' 또는 '4'이면 '여'로 성별 정보를 알 수 있다. 다음 중 성별을 계산하기 위한 [D2] 셀의 수식으로 옳지 않은 것은? (단, [F2:F5] 영역은 숫자 데이터임)

	A	B	C	D	E	F	G
1	번호	성명	주민등록번호	성별		코드	성별
2	1	서원각	940209-1******	남		1	남
3	2	이서원	920305-2******	여		2	여
4	3	최서원	971207-1******	남		3	남
5	4	김서원	990528-1******	남		4	여
6	5	장서원	001128-4******	여			

① =IF(OR(MID(C2, 8, 1)="2", MID(C2, 8, 1)="4"), "여", "남")

② =CHOOSE(VALUE(MID(C2, 8, 1)), "남", "여", "남", "여")

③ =VLOOKUP(VALUE(MID(C2, 8, 1)), $F$2:$G$5, 2, 0)

④ =IF(MOD(VALUE(MID(C2, 8, 1)), 2)=0, "남", "여")

....

TIP

	A	B	C	D	E	F	G
1	번호	성명	주민등록번호	성별		코드	성별
2	1	서원각	940209-1******	남		1	남
3	2	이서원	920305-2******	여		2	여
4	3	최서원	971207-1******	남		3	남
5	4	김서원	990528-1******	남		4	여
6	5	장서원	001128-4******	여			
7							
8		1번	남				
9		2번	남				
10		3번	남				
11		4번	여				
12							

14 아래 워크시트의 [B2] 셀에 표시 형식을 '$#,##0:($#,##0)'으로 설정하였을 때 표시되는 결과로 옳은 것은?

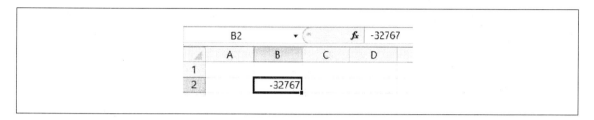

① $32,767

② −$32,767

③ ($32,767)

④ (−$32,767)

TIP

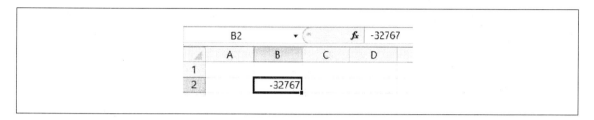

Answer　14.③

15 데이터 입력에 대한 설명으로 옳지 않은 것은?

① 동일한 문자를 여러 개의 셀에 입력하려면 셀에 문자를 입력한 후 채우기 핸들을 드래그한다.

② 숫자 데이터의 경우 두 개의 셀을 선택하고 채우기 핸들을 선택 방향으로 드래그하면 두 값의 차이만큼 증가/감소하며 자동 입력된다.

③ 일정 범위 내에 동일한 데이터를 한 번에 입력하려면 범위를 지정하여 데이터를 입력한 후 바로 이어서 <Shift>+<Enter>키를 누른다.

④ 사용자 지정 연속 데이터 채우기를 사용하여 데이터를 입력하는 경우 사용자 지정 목록에는 텍스트나 텍스트/숫자 조합만 포함될 수 있다.

....

TIP ③ 일정 범위 내에 동일한 데이터를 한 번에 입력하려면 범위를 지정하여 데이터를 입력한 후 바로 이어서 <ctrl>+<Enter> 키를 누른다.

16 다음 중 아래 그림에서 바로 가기 메뉴 [삭제]의 삭제옵션을 선택하여 실행한 결과로 가능하지 않은 것은?

	A	B
1	21	31
2	22	32
3	23	33
4	24	34
5	25	35

①

	A	B
1	21	31
2	32	
3	33	
4	34	
5	25	35

②

	A	B
1	21	31
2	25	32
3		33
4		34
5		35

③

	A	B
1	21	31
2		32
3		33
4		34
5	25	35

④

	A	B
1	31	
2	32	
3	33	
4	34	
5	35	

Answer 15.③ 16.③

	A	B	C	D	E
1	21	31			
2	22	32			
3	23	33			
4	24	34			
5	25	35			
6					
7					
8					
9					
10					

삭제   ?   ×

삭제
◉ 셀을 왼쪽으로 밀기(L)
○ 셀을 위로 밀기(U)
○ 행 전체(R)
○ 열 전체(C)

[확인]   [취소]

	A	B
1	21	31
2	32	
3	33	
4	34	
5	25	35
6		

	A	B	C	D	E
1	21	31			
2	22	32			
3	23	33			
4	24	34			
5	25	35			
6					
7					
8					
9					
10					

삭제   ?   ×

삭제
○ 셀을 왼쪽으로 밀기(L)
◉ 셀을 위로 밀기(U)
○ 행 전체(R)
○ 열 전체(C)

[확인]   [취소]

	A	B
1	21	31
2	25	32
3		33
4		34
5		35

	A	B	C	D	E
1	21	31			
2	22	32			
3	23	33			
4	24	34			
5	25	35			
6					
7					
8					
9					
10					

삭제   ?   ×

삭제
○ 셀을 왼쪽으로 밀기(L)
○ 셀을 위로 밀기(U)
◉ 행 전체(R)
○ 열 전체(C)

[확인]   [취소]

	A	B
1	21	31
2	25	35
3		
4		
5		
6		

	A	B	C	D	E
1	21	31			
2	22	32			
3	23	33			
4	24	34			
5	25	35			
6					
7					
8					
9					
10					

삭제   ?   ×

삭제
○ 셀을 왼쪽으로 밀기(L)
○ 셀을 위로 밀기(U)
○ 행 전체(R)
◉ 열 전체(C)

[확인]   [취소]

	A	B	C
1	31		
2	32		
3	33		
4	34		
5	35		
6			
7			
8			

17 다음 중 [A13] 셀에 수식 '=INDEX((A1:C6, A8:C11), 2, 2, 2)'을 입력한 결과는?

COUNTIF	▾	✗ ✔ ƒx	=INDEX((A1:C6, A8:C11), 2, 2, 2)		
	A	B	C	D	E
1	과일	가격	개수		
2	사과	₩690	40		
3	바나나	₩340	38		
4	레몬	₩550	15		
5	오렌지	₩250	25		
6	배	₩590	40		
7					
8	아몬드	₩2,800	10		
9	캐슈넛	₩3,550	16		
10	땅콩	₩1,250	20		
11	호두	₩1,750	12		
12					
13	=INDEX((A1:C				
14					

① 690

② 340

③ 2,800

④ 3,550

TIP

	A	B	C
1	과일	가격	개수
2	사과	₩690	40
3	바나나	₩340	38
4	레몬	₩550	15
5	오렌지	₩250	25
6	배	₩590	40
7			
8	아몬드	₩2,800	10
9	캐슈넛	₩3,550	16
10	땅콩	₩1,250	20
11	호두	₩1,750	12
12			
13	3,550		

	A	B	C
1	과일	가격	개수
2	사과	₩690	40
3	바나나	₩340	38
4	레몬	₩550	15
5	오렌지	₩250	25
6	배	₩590	40
7			
8	아몬드	₩2,800	10
9	캐슈넛	₩3,550	16
10	땅콩	₩1,250	20
11	호두	₩1,750	12
12			
13	=INDEX((A1:C6, A8:C11), 2, 2, 2)		

Answer 17.④

18 다음 중 Excel에서 리본 메뉴를 최소화하는 방법으로 옳지 않은 것은?

① 엑셀 창 오른쪽 위에 있는 '리본 메뉴 최소화 단추'를 클릭한다.

② 단축키 <Alt>+<F1>을 누른다.

③ 리본 메뉴의 활성 탭 이름을 더블 클릭한다.

④ 리본 메뉴를 최소화하거나 원래 상태로 되돌리려면 단축키 <Ctrl>+<F1>을 누른다.

....

TIP 차트 입력 단축키: <Alt>+<F1>

19 다음 중 아래 워크시트에서 수식 '=SUM($B$2:C2)'이 입력된 [D2]셀을 [D4] 셀에 복사하여 붙여 넣었을 때의 결과 값은?

| D2 | ▼ | ⋮ | × | ✓ | fx | =SUM($B$2:C2) |

▲	A	B	C	D	E
1					
2		5	10	15	
3		7	14		
4		9	18		

① 15
② 27
③ 42
④ 63

....

TIP

▲	A	B	C	D
1				
2		5	10	15
3		7	14	
4		9	18	
5				

| D4 | ▼ | ⋮ | > | ✓ | fx | =SUM($B$2:C4) |

▲	A	B	C	D	E
1					
2		5	10	15	
3		7	14		
4		9	18	63	
5					

Answer 18.② 19.④

20 아래 시트와 같이 이름에 '철'이라는 글자가 포함된 셀의 서식을 채우기 색 '노랑', 글꼴 스타일 '굵은 기울임꼴'로 변경하고자 한다. 이를 위해 [A2:A7] 영역에 설정한 조건부 서식의 수식 규칙으로 옳은 것은?

	A	B	C	D
1	이름	컴퓨터일반	데이터베이스	소프트웨어공학
2	서원각	89	65	92
3	김서원	68	76	58
4	이서원	75	68	52
5	최서원	87	82	80
6	*장서원*	54	8	48
7	서원이	98	68	94

① =COUNT(A2,"*장*")

② =COUNT(A2:A7,"*장*")

③ =COUNTIF(A2,"*장*")

④ =COUNTIF(A2:A7,"*장*")

	A	B	C	D	E
	이름	컴퓨터일반	데이터베이스	소프트웨어공학	
1					
2	서원각	89	65	92	
3	김서원	68	76	58	
4	이서원	75	68	52	
5	최서원	87	82	80	
6	장서원	54	8	48	
7	서원이	98	68	94	

A2 서원각

	A	B	C	D
1	이름	컴퓨터일반	데이터베이스	소프트웨어공학
2	서원각	89	65	92
3	김서원	68	76	58
4	이서원	75	68	52
5	최서원	87	82	80
6	장서원	54	8	48
7	서원이	98	68	94
8				

새 서식 규칙

규칙 유형 선택(S):
▶ 셀 값을 기준으로 모든 셀의 서식 지정
▶ 다음을 포함하는 셀만 서식 지정
▶ 상위 또는 하위 값만 서식 지정
▶ 평균보다 크거나 작은 값만 서식 지정
▶ 고유 또는 중복 값만 서식 지정
▶ 수식을 사용하여 서식을 지정할 셀 결정

규칙 설명 편집(E):
다음 수식이 참인 값의 서식 지정(O):
=COUNTIF(A2,"*장*")

미리 보기: 가나다AaBbCc   서식(F)...

확인   취소

Answer 20.③

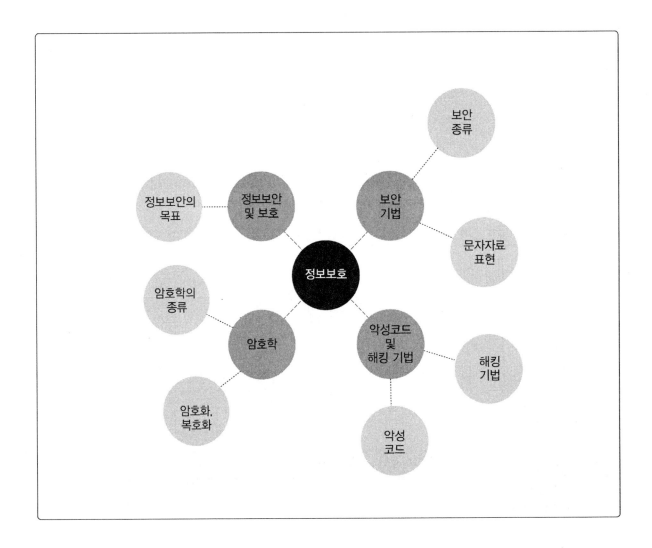

기출키워드

공개키, 대칭키, 악성코드, SET, 암호화, 개인정보보호법, 해킹, 보안기법, 워트마킹 기술, 서비스거부공격, Land 공격

08 정보보호

section 1 정보보호(Information Security)

1 정보보호(Information Security)

정보를 수집하여 가공하고 저장한 후 송수신하는 과정에서 발생하는 정보의 불법 훼손 및 변조, 유출 등을 방지하기 위한 관리적, 기술적 방법을 말한다.

(1) 정보보호의 3요소(CIA)

기밀성(Confidentiality), 무결성(Integrity), 가용성(Availability)을 정보보호의 3요소(CIA)라고 한다.

① **기밀성(confidentiality)** … 인가된 사용자만 정보자산에 접근 가능

② **무결성(integrity)** … 적절한 권한을 가진 사람이 정해진 방법으로만 정보 변경 가능

③ **가용성(availability)** … 정보 자산은 원하는 적절한 시간 내 언제든지 접근 가능

(2) 정보보호의 목표

해킹으로부터 시스템(System)을 암호화 인증과 같은 방어기술을 사용해 지키는 것으로 정보보안 3요소 말고도 정보보호의 목표에서는 실제 보안 실무에서의 개념이 추가되어 기밀성, 무결성, 가용성, 인증성, 책임추적성으로 5가지다. 부인방지는 책임추적성에 포함된다.

① **인증성(Authentication)** … 임의 정보에 접근하는 객체 자격이나 내용을 검증하는데 사용

② **책임추적성(Accountability)** … 개체의 행동을 유일하게 추적해 찾아낼 수 있어야 함

③ **부인방지(Non-repudiation)** … 행위나 이벤트의 발생을 증명해 나중에는 그런 행위나 이벤트를 부인할 수 없도록 함

> **TIP 보안 위협의 유형**
> • 가로막기(Interruption, 흐름차단) : 데이터의 정상적인 전달을 가로막아서 흐름을 방해하는 행위
> • 가로채기(Interception) : 송신된 데이터가 수신지까지 가는 도중에 몰래 보거나 도청하여 정보를 유출하는 행위
> • 수정(Modification) : 전송된 데이터를 원래의 데이터가 아닌 다른 내용으로 바꾸는 행위
> • 위조(Fabrication) : 마치 다른 송신자로부터 데이터가 송신된 것처럼 꾸미는 행위

❶ 암호학(Cryptograph)

(1) 암호학의 정의

평문을 다른 사람이 알아볼 수 없는 형태의 암호문으로 만들고 특정 비밀키를 아는 사람만 평문으로 복원하게 하는 암호기술과 암호해독에 관해 연구하는 학문이다.

① **암호(Cipher)** ··· 정보를 이해할 수 없도록 암호화하거나 다시 해독하기 위한 일련의 단계를 정의한 알고리즘

② **암호화(Encryption)와 복호화(Decryption)**

    ㉠ **암호화(Encryption)** : 키를 이용해 평문(Plaintext)을 암호문(Ciphertext)으로 변환하는 과정

    ㉡ **복호화(Decryption)** : 송신자가 암호문을 전송하면 수신자는 키를 이용해 암호문을 평문으로 바꾸는 과정

(2) 암호 기법의 분류

① **치환 암호(Subsitution Cipher)와 전치 암호(Transposition Cipher)**

    ㉠ **치환 암호(Subsitution Cipher)** : 일정한 법칙에 따라 평문의 문자를 다른 문자 단위로 '치환', 즉 바꾸는 방식이다.

        ㉮ **아핀 암호(Affine cipher)** : 아핀 암호는 2개의 키를 사용하고, 곱셈 암호화 덧셈 암호를 결합한 암호이다.

        ㉯ **단순 치환 암호(Simple substitution cipher)** : 덧셈 암호는 일정한 크기만큼 이동하여 일대일 대칭시키는 반면, 단순 치환 암호는 평문의 문자를 무작위로 배열해서 비밀키로 정한다. 덧셈 암호에 비해 소모적 공격에 강하다.

    ㉡ **전치 암호(Transposition Cipher)** : 가장 먼저 나타난 암호로, 문자의 위치를 바꾸어 암호화하는 방식이다.

        예 스키테일(Scytale)

        ㉮ **단순 전치 암호(simple transposition cipher)** : 정상적인 평문 배열을 특정한 키의 순서에 따라 평문 배열을 새조정하여 암호화하는 방법이다.

② **블록 암호(Block cipher)와 스트림 암호(Stream cipher)**

    ㉠ **블록 암호(Block cipher)** : 평문을 일정한 길이의 블록으로 나누고 블록단위로 암호화하는 방식이다.

        예 DES(Data Encryption Standard)-64비트, SEED 등 -128비트

        ㉮ **페이스텔 암호(Feistel Cipher)** : 블록 암호의 선구자인 호스트 페이스텔의 이름을 빌어 명명한 페이스텔 암호는 특정한 암호 체계를 지칭하는 것이 아니라 일반적인 암호의 설계 원리를 의미한다. 샤논(Claude Shannon, 아래 링크 참조)의 개념을 채용해 1973년에 개발된 최초의 암호 시스템으로, Feistel 암호의 다음 특성은 대부분의 대칭키 암호 시스템에 적용된다.

TIP 혼돈과 확산의 개념

　㉠ **혼돈**(Confusion)

　　• 혼돈은 키와 암호문의 관계를 감추는 성질이다.

　　• 키의 변화가 암호문에 미치는 영향을 감춰야 한다는 것이다.

　　• DES 와 AES 에서 혼돈 성질을 만족하기 위하여 사용되는 요소는 치환(Substitution)이다.

　㉡ **확산**(Diffusion)

　　• 확산은 평문과 암호문과의 관계를 감추는 성질이다.

　　• 평문 한 비트의 변화가 암호문의 모든 비트에 확산되어야 한다는 것이다.

　　• 이 원리는 주로 평문과 암호문의 통계적 성질을 감추기 위해 사용된다.

　　• DES에서는 여러 번의 순열(Permutation)을 사용하여 확산 성질을 만족하고, AES에서는 좀 더 발전된 형태인 MixColumn을 사용한다.

㉡ 스트림 암호(Stream cipher) : 평문의 길이와 키의 길이가 동일한 one-time pad 방식의 암호로 암호화가 1비트 단위로 이루어지는 방식이며 암호화 및 복호화의 속도가 빠르다는 장점이 있다.

예 LFSR, MUX generateor

　㉮ 선형 피드백 시프트 레지스터(Linear feedback shift register, LFSR) : 스트림 암호 설계에서 가장 대중적으로 사용되는 키스트림 생성기는 선형 피드백 시프트 레지스터라는 이진 스트림 생성기이다. LFSR은 하드웨어로 쉽게 구현할 수 있으며, 긴 의사 난수 결과를 생성하는 가장 좋은 방법 중에 하나이다.

블록 암호 (Block cipher)	스트림 암호 (Stream cipher)
Block 단위로 암호 (1 Block = 64, 128 Bit)	1bit 씩 암호화 (Byte 아님)
Round, S-Box, P-Box 를 사용함	평문과 Stream을 XOR 연산을 수행
치환, 전치 암호 모두 사용	치환 암호를 사용
스트림 암호에 비해 느리다.	블록 암호에 비해 빠르다
DES, 3DES, AES, IDEA, SEED, RC5 등	RC4, OTPad, LSSR 등

(3) 위치에 따른 암호화의 구분

① 링크 암호화(Link Encryption)

　㉠ 중계 노드에서 암호화, 복호화 수행하며 헤더를 포함한 모든 데이터를 암호화 한다.

　㉡ 트래픽 분석은 안전하지만 키 관리가 어렵다.

② 종단간 암호화(End-to-End Encryption)

　㉠ 두 종단 시스템에서 수행되며 중계노드는 중계만 진행된다.

　㉡ 트래픽 분석은 취약하지만 키 관리가 용이하다.

(4) DES 및 AES

① DES … 1976년 Horst Feistel이 이끄는 IBM의 연구팀에서 개발된 암호 시스템을 미국의 데이터 암호화 표준 (Data Encryption Standard)으로 승인하였으며, 1977년 미국의 연방정보처리 표준 규격(FIPS)로 채택된 대칭 암호이다. 미국뿐 아니라 전 세계의 정부나 은행 등에서 널리 이용되어 왔으며 56비트의 키를 이용하는 대칭 키 암호시스템으로, 데이터를 64비트 단위의 블록으로 분할하여 순열, 배타적 OR, 회전 등으로 암호화한다.

　㉠ DES 의 구조 : DES의 기본 구조는 Feistel이 만든 것으로 페이스텔 네트워크, 페이스텔 구조, 혹은 페이스텔 암호라 불리고 있다. 페이스텔 네트워크에서는 라운드 라는 암호화 단계를 여러 번 수행하도록 되어 있다. 페이스텔 암호에 대해서는 하기 링크를 참조한다.

　　㉮ 암호화 과정은 두 개의 치환(P-박스) 와 16개의 페이스텔 라운드 함수로 구성된다.

　　㉯ 두 개의 P-박스 중 하나는 초기 치환(Initial Permutation), 다른 하나는 최종 치환(Final Permutation) 이라고 한다.

　　㉰ 각 라운드는 라운드 키 생성기에 의해 암호 키로부터 생성된 48비트 라운드 키를 사용한다.

　㉡ DES 암호화

　　㉮ 64 비트 평문에 있는 각 비트의 위치를 바꿈(초기 치환 함수 이용).

　　㉯ 서로 다른 서브키 로 동일한 절차를 수행(라운드 함수 이용).

　　㉰ 64 비트 입력을 32 비트로 나누어서 위치를 교체

　　㉱ 단계 (3)의 출력인 64비트의 각 비트 위치를 바꿈(최종 치환 함수 이용)

　㉢ DES 복호화

　　㉮ 64 비트 암호문에 있는 각 비트의 위치를 바꿈(초기 치환 함수 이용)

　　㉯ 서브키의 생성 절차는 암호화와 동일하나 암호화의 역순으로 서브키를 적용

　　㉰ 64 비트 입력을 32 비트로 나누어서 위치를 교체

　　㉱ 단계 - 의 출력인 64비트의 각 비트 위치를 바꿈(최종 치환 함수 이용)

　㉣ 라운드 함수

　　㉮ DES 는 16번의 라운드 함수를 사용하며, 각 라운드 함수는 페이스텔 구조로 구성된다.

　　㉯ 라운드 함수는 이전 라운드 함수(또는 초기치환박스)의 출력값 $LI-1$과 $RI-1$을 입력받아 다음 라운드 (또는 최종치환박스)에 입력으로 사용될 LI과 RI을 생성한다.

　　㉰ 각 라운드는 암호 요소 혼합기와 스와퍼가 있다.

② AES(Advanced Encryption Standard) … 1990년대에 들어 DES는 유용성이 생명을 다했다고 생각하게 되었다. DES의 가장 심각한 문제는 키 길이가 56비트로 짧아 전수키 조사에 취약하다는 점이다. DES를 해독하기 위한 특수 목적용 컴퓨터는 수 시간 내에 해독할 수 있도록 만들어지고 있으며, 인터넷에서 지원자들의 컴퓨터를 이용해 시행하는 분산처리 공격도 DES 키를 성공적으로 찾아냈다.

　㉠ AES 의 구조

　　㉮ 블록 크기는 128, 192 또는 256비트 세 가지 크기가 가능하다.

　　㉯ 키 길이는 128, 192 또는 256비트이다. 블록 크기와는 독립적이다.

㉰ DES가 페이스텔 구조인 반면, AES는 비페이스텔 구조이다.

㉱ 회전수는 키 길이에 따라 10에서 14까지 변화된다.

㉲ 페이스텔 구조를 갖는 암호는 한 라운드에서 전체 블록을 암호화하지 않는다. DES 는 한 라운드에서 64비트 크기의 블록 중 32비트만 암호화된다. AES는 한 라운드에서 전체 비트가 암호화된다. 따라서 상대적으로 적은 수의 라운드가 반복된다.

㉳ AES는 입력되는 한 블록을 원소가 한 바이트인 행렬로 변환하며(예를 들어, 128 비트인 경우 4x4 행, 렬192 비트인 경우 4x6 행렬), 이 행렬을 상태(state)라고 부른다.

㉴ ASE의 한 라운드는 다음의 네 가지 함수로 구성된다.

ⓒ AES 라운드(Rounds) : AES는 128비트 평문을 128비트 암호문으로 출력하는 알고리즘으로 non-Feistel 알고리즘에 속한다. 10, 12, 14 라운드를 사용하며, 각 라운드에 대응하는 키는 128, 192, 256비트이다. 그러나 키의 크기가 달라도 라운드키는 모두 128비트이다.

ⓒ AES 복호화 : 복호화를 위해서, 진행 과정은 역산이 가능해야 한다.

㉮ XOR 연산은 그 자체가 역산이므로 AddRoundKey의 역산이 가능하다.

㉯ MixColumns은 역산 행렬을 이용해 역산 가능하다.

㉰ ShiftRows은 이동의 방향을 반대로 해 쉽게 역산이 가능하다.

㉱ SubBytes는 S-박스 테이블을 이용해 역산이 가능하다.

(5) 기타 암호

① SEED … 한국 정보보호센터가 1998년 10월에 초안을 개발하여 공개검증 과정을 거쳐 안정성과 성능이 개선된 최종 수정안을 1998년 12월에 발표하였다. SEED 알고리즘의 전체 구조는 변형된 Feistel 구조로 이루어져 있으며, 128비트 키로부터 생성된 16개의 64비트 라운드키를 사용하여 총 16 회전을 거쳐 128비트의 평문 블록을 128비트의 암호문 블록으로 암호화하여 출력한다. 이 알고리즘의 전체 구조는 블록의 길이만 다를 뿐 DES의 구조와 같으며, 평문 불록 128비트를 64비트 블록 L과 R로 나누어 DES와 같은 단계를 거쳐 16 회전을 거쳐 최종 출력 비트를 얻는다.

② IDEA(International Data Encryption Algorithm) … 스위스에서 1990년 Xuejia Lai, James Messey에 의해 만들어진 PES(Proposed Encryption Standard)를 개량하여 1992년 IDEA(International Data Encryption Algorithm)로 이름을 고쳐 제안하였다. 현재 가장 안전하고 최고라고 생각되는 알고리즘으로 블록 초당 177Mbit의 처리가 가능한 빠른 암호화 방법이다. IDEA는 안전성에서 인정을 받아 전자 우편을 위한 보안 도구로 널리 이용되고 있는 PGP에 사용되고 있고, 유럽 표준으로도 등록되어 있다.

③ ARIA … 대한민국의 국가보안기술연구소에서 개발한 블록 암호 체계로 학계(Academy), 연구소(Research Institute), 정부 기관(Agency)이 공동으로 개발한 특징을 함축적으로 표현한 것이다. 2004년 산업자원부의 KS 인증(KS X 1213:2004)을 획득하여 현재까지 대한민국의 국가 표준 암호 알고리즘으로 기능하고 있으며, 2010년 웹 표준 중 하나가 되었다. 미국, 유럽 등의 새로운 표준 제정 시 고려된 안전성 및 효율성 기준에 부합되도록 설계되었으며, 경량 환경 및 하드웨어 구현을 위해 최적화되었다.

④ Blowfish … 1993년 브루스 슈나이어(Bruce Schneier)에 의해 개발되었으며, 특허 및 라이선스가 없으므로 모든 사용자가 무료로 사용할 수 있다. 페이스텔 구조이며 32비트에서 448비트까지의 키 크기를 지원한다. 가장 빠른 블록 암호화 알고리즘 중 하나지만, 디바이스에 포함하기 위해서는 타 모델보다 많은 메모리가 필요하다.

⑤ RC5 … 1994년 RSA Security 사의 Ronald Rivest에 의해 고안된 블록 방식의 알고리즘이다. 이 알고리즘은 다양한 크기의 키, 블록, 라운드를 가질 수 있으며, 이들 값을 입력으로 사용할 수 있는 알고리즘이다. 다른 블록 암호화 알고리즘들은 키와 블록의 크기만 가변적인데 비해, 이 알고리즘은 라운드도 가변적일 수 있다고 하는 것이 특징이다.

⑥ HIGHT(HIGh security and light weigHT) … RFID, USN 등과 같이 저전력/경량화를 요구하는 컴퓨팅 환경에서 기밀성을 제공하기 위해 2005년 KISA, ETRI 부설연구소 및 고려대가 공동으로 개발한 64비트 블록 암호 알고리즘이다.

⑦ RC6 … RSA Security사의 RC5를 기반으로 하여 Rivest, Sidney, Yin에 의해 재설계된 블록 암호화 방식의 알고리즘이다. RC5와 거의 동일한 방식이고, RC6 개발의 주 목적은 AES의 요구 사항을 만족하여 미국 내 표준으로 제정되는 것이었다. 실제로 RC6의 AES 결정을 위한 최종 5개 후보 중의 하나였다.
RC6가 RC5와 다른 점은 2가지가 있다. 정수 곱셈 방식이 추가되었고, RC5의 2비트 레지스터 대신에 4비트의 작동 레지스터를 사용한다. 현재 RC6는 특허 등록이 안 되어 있고, 무료로 사용할 수 있는 알고리즘이다.

(6) 블록암호의 운용 모드

① ECB(Electronic CodeBook) 모드(전자 부호표 모드) … 여러 모드 중에서 가장 간단하며 기밀성이 낮은 모드이다. 평문 블록을 암호화한 것이 그대로 암호문 블록이 되며, 평문 블록과 암호 블록이 일대일의 관계를 유지하게 된다.

② CBC(Cipher Block Chaining) 모드(암호 블록 연쇄 모드) … 1단계 전에 수행되어 결과로 출력된 암호문 블록에 평문 블록을 XOR 하고 나서 암호화를 수행하며, 생성되는 각각의 암호문 블록은 현재 평문 불록뿐만 아니라 그 이전의 평문 블록들의 영향도 받게 된다.

③ CFB(Cipher FeedBack) 모드(암호 피드백 모드) … 1단계 앞의 암호문 블록을 암호 알고리즘의 입력으로 사용한다. 피드백이라는 것은, 여기서는 암호화의 입력으로 사용한다는 것을 의미한다. CBC 모드에서는 평문 블록과 암호문 블록 사이에 XOR 와 암호 알고리즘이 들어 있지만, CFB 모드에서는 평문 블록과 암호문 블록 사이에 오직 XOR만 들어 있다.

④ OFB(Output FeedBack)(출력 피드백 모드) … 암호 알고리즘의 출력을 암호 알고리즘의 입력으로 피드백한다. 평문 블록은 암호 알고리즘에 의해 직접 암호화되는 것이 아니며, 평문 블록과 암호 알고리즘의 출력을 XOR 해서 암호문 블록을 만들어낸다.

⑤ **CTR(CounTeR) 모드(카운터 모드)** … 블록을 암호화할 때마다 1씩 증가해가는 카운터를 암호화해서 키 스트림을 만든다. 즉, 카운터를 암호화한 비트열과 평문 블록과의 XOR 를 취한 결과가 암호문 블록이 된다.

(7) 공개키 암호화 방식

암호화에서 사용하는 공개키와 복호화에 사용하는 개인키를 하나의 쌍으로 하여 암복화를 수행한다.

① **키 쌍(key pair)** … 공개키와 개인 키는 둘이 한 쌍이 된다. 이 키 쌍을 가리켜 키 쌍(key pair)이라고 부른다. 공개키로 암호화한 암호문은 그 공개키와 쌍이 되는 개인키가 아니면 복호화 할 수 없다. 키 쌍을 이루고 있는 2개의 키는 서로 밀접한 관계(수학적인 관계)가 있다. 이 때문에 공개키와 개인키를 각각 별개로 만들 수는 없다.

  ㉠ **공개키 암호를 구성하기 위해서 만족해야 할 성질**
    ㉮ 암호문을 복호화 하면 원래의 평문을 얻을 수 있어야 한다.
    ㉯ 암호화하는 Encryption 함수는 누구나 계산할 수 있어야 한다.
    ㉰ 복호화키를 모르면 Decryption은 현실적으로 계산하기 불가능해야 한다.
    ㉱ 복호화키를 알고 있으면 Decryption을 쉽게 계산할 수 있어야 한다.
    ㉲ 공개키로부터 개인키를 구하는 것은 현실적으로 불가능해야 한다.
    ㉳ 사용자의 공개키와 사용자의 신분을 연결할 수 있는 공개키 기반구조(PKI)가 필요하다.
  ㉡ **암호 모드** : 평문을 상대방의 공개키로 암호화하여 암호문을 생성하여 암호화에 사용된 공개키와 쌍을 이루는 개인키 소유자만 복호화 가능하다.
    ㉮ 송신자 : 수신자의 공개키로 암호화
    ㉯ 수신자 : 수신자의 개인키로 복호화
    ㉰ 수신자의 공개키 : 송신자는 공개키 Repository(레파지토리, 저장소)에서 가져온다.
  ㉢ **인증 모드** : 평문을 본인의 개인키로 암호화하여 암호문을 생성한다. 암호문은 공개키를 소유한 누구나 해독할 수 있다. 그에 따라 기밀성이 유지될 수는 없지만, 어떠한 수신자도 그 메시지가 개인키 소유자 A에 의해서 생성되었음을 확신이 가능하다.
    ㉮ 송신자 : 송신자의 개인키로 암호화 = 독점적 암호화
    ㉯ 수신자 : 송신자의 공개키로 복호화
    ㉰ 송신자의 공개키 : 수신자는 공개키 Repository(레파지토리, 저장소)에서 가져온다.
  ㉣ **공개키 암호 방식을 구성하는 방법** : 공개키 암호 방식을 구성하는 방법은 계산 복잡도 이론(Computational Complexity Theory : 주어진 문제를 풀기 위해 계산 과정에 필요로 하는 자원을 다루는 계산이론의 일부)에서 어려운 문제로 알려진 것들을 사용한다.
    ㉮ **소인수 분해 문제(Factorization Problem)** : 주어진 합성수 N의 소인수들을 찾는 문제로 N의 자릿수가 매우 큰 경우에는 N의 소인수를 효율적으로 찾는 알고리즘이 아직까지는 존재하지 않는다고 알려져 있다.

㉯ 이산 대수 문제(Discrete Logarithm Problem) : 소수 p가 주어지고 $y \equiv g^x(\text{mod } p)$ 인 경우, 역으로 $x \equiv \log_g y(\text{mod } p)$ 인 x를 구하는 문제이다. 여기에서 x를 모듈러 p 상의 y의 이산 대수라고 한다.

　　㉰ 배낭문제(Knapsack Problem) : 용량이 정해진 배낭과 이득이 다른 여러 개의 물건들이 주어졌을 때 용량을 초과하지 않으면서 전체 이득이 최대가 되도록 배낭에 집어넣을 물건들을 결정하는 문제이다.

② RSA … 공개키 암호시스템의 하나로 전자결재, 금융거래 등 다양한 분야에서 가장 보편적으로 사용되는 암호화 및 인증 알고리즘이다. RSA 알고리즘의 안전성은 아주 큰 소수로 이루어진 합성수를 인수분해 하는 것이 어렵다는 인수분해 문제의 어려움에 기반한다. 따라서 합성수의 소인수분해를 효율적으로 할 수 없도록 각 변수를 생성해야 한다. RSA는 평문을 암호화하고 복호화 할 때 평문의 길이가 길 경우 속도가 느리므로 짧은 평문의 암호화와 전자서명에 사용되고 있다.

　　㉠ RSA에 의한 암호화 : RSA에서는 평문도 키도 암호문도 숫자이다. RSA의 암호문은 평문을 나타내는 수를 E제곱해서 mod N을 취한 것이다.

　　㉡ RSA 에 의한 복호화 : RSA에 의한 복호화는 암호화와 마찬가지로 간단하다. 암호문을 나타내는 수를 D제곱해서 mod N을 취하면 평문을 얻을 수 있다.

③ Diffie-Hellman … 1976년 Diffie와 Hellman이 개발한 최초의 공개키 알고리즘으로써 제한된 영역에서 멱의 계산에 비하여 이산대수로그 문제의 계산이 어렵다는 이론에 기초를 둔다. 이 알고리즘은 메세지를 암/복호화 하는데 사용되는 알고리즘이 아니라 암/복호화를 위해 사용되는 키의 분배 및 교환에 주로 사용되는 알고리즘이다.

(8) 기타 공개키 암호

① ElGamal … ElGamal 방식은 Taher ElGamal에 의한 공개 키 알고리즘이다. RSA는 소인수분해가 곤란하다는 것을 이용했지만, ElGamal 방식에서는 mod N으로 이산 대수를 구하는 것이 곤란하다는 것을 이용한다. ElGamal 방식에 의한 암호화에서는 암호문의 길이가 평문의 2배가 되어 버린다는 결점이 있다.

② Rabin 암호 … Rabin 방식은 M. O. Rabin에 의한 공개 키 알고리즘이다. Rabin 방식은 mod N으로 평방근을 구하는 것이 곤란하다는 것을 이용하고 있다. RSA는 큰 수 N의 소인수분해를 하지 않아도 해독할 수 있는 가능성이 있지만, Rabin 방식에 의한 공개 키 암호의 해독은 소인수분해를 행하는 것과 같은 정도로 어렵다는 것이 수학적으로 증명되어 있다.

③ 타원 곡선 암호(elliptic curve cryptosystems, ECC) … 타원 곡선 암호는 최근 주목받고 있는 공개 키 암호 알고리즘이다. RSA에 비해 키의 비트 수를 적게 할 수 있는 것이 특징이다. 타원 곡선이라 불리는 곡선을 정하고, 그 곡선 상에 있는 점에 대하여 특수한 '연산'을 정의한다. 타원 곡선 암호에서는 이 연산의 역연산이 어렵다는 것을 이용한다.

(9) 공개 키 기반 구조(PKI : Public Key Infrastructure)

① 공개 키 기반 구조(public-key infrastructure)의 정의 ⋯ 공개키를 효과적으로 운용하기 위해 정해진 많은 규격이나 선택 사양의 총칭을 말한다. 문서 RFC 2822(Internet Security Glossary)에서 공개키 기반구조 (PKI : Public-Key Infrastruct는ure)를 비대칭 암호시스템에 기초해서 디지털 인증서 생성, 관리, 저장, 배분, 취소 에 필요한 하드웨어, 소프트웨어, 사람, 정책 및 절차라고 정의한다.

② PKI 구성 요소
   ㉠ 이용자 : PKI를 이용하는 사람
      ㉮ 키 쌍 생성(인증기관이 작성하는 경우도 있음)
      ㉯ 인증기관에 공개키를 등록
      ㉰ 인증기관으로부터 인증서를 발행
      ㉱ 필요할 경우 인증기관에 신청해서 등록한 공개키를 무효로 함
      ㉲ 수신한 암호문을 복호화
      ㉳ 메시지에 디지털 서명
   ㉡ 인증기관(CA, Certification Authority) : 인증서를 발행하는 사람
      ㉮ 정책 승인기관(PAA, Policy Approving Authority)
      ㉯ 정책 인증기관(PCA, Policy Certification Authority)
      ㉰ 인증기관(CA, Certification Authority)
   ㉢ 등록기관(RA, Registration Aauthority)
      저장소 : 인증서를 보존해 두고, PKI 의 이용자가 인증서를 입수할 수 있도록 한 데이터베이스로, 전화에 있어서 전화번호부와 같은 역할을 한다.

③ 인증기관의 역할
   ㉠ 키 쌍의 작성
   ㉡ 인증서 등록
   ㉢ 인증서 폐지와 CRL

④ 인증서 폐지 목록(CRL, Certificate Revocation List) ⋯ 인증기관이 폐지한 인증서 목록으로, 폐지된 인증 서의 일련번호의 목록에 대해 인증 기관이 디지털 서명을 붙인 것이다. CA는 폐지된 인증서 정보를 가지고 있는 CRL을 통해서 인증서의 유효성을 최신의 상태로 유지한다.

⑤ 온라인 인증서 상태 프로토콜(OCSP : Online Certificate Status Protocol) ⋯ X.509 를 이용한 전자 서명 인증서의 폐지 상태를 파악하는 데 사용되는 인터넷 프로토콜이다. 인증서 폐기 목록(CRL)을 대체하기 위 해 만들어졌으며, 구체적으로 공개 키 기반 구조의 인증서 폐기 목록과 관련된 문제들을 검증하기 위한 것 이다.

⑽ 인증서(certification)

인증기관이 '이 공개키는 확실히 이 사람의 것이다.'라고 인정하는 수단으로, 인증기관(certification authority, certifying authority, CA)의 개인키로 디지털 서명이 되어 있다.

① 인증서의 내용 … CertView라는 무료 소프트웨어를 사용하면 인증서의 내용을 자세히 표시할 수 있다.
    ㉠ 버전(Version)
    ㉡ 일련번호(Serial number)
    ㉢ 서명 알고리즘 식별자(Signature algorithm identifier)
    ㉣ 발행자 이름(Issuer name)
    ㉤ 유효기간(Period of validity)
    ㉥ 소유자 이름(Subject name)
    ㉦ 소유자의 공개키 정보(Subject's public-key information)
    ㉧ 발행자 유일 식별자(Issuer unique identifier)
    ㉨ 소유자 유일 식별자(Subject unique identifier)
    ㉩ 확장(Extensions)
    ㉪ 서명(Signature)

② X.509 … ITU-T 권고안 X.509는 디렉터리 서비스를 정의하는 권고안 X.500 시리즈의 한 부분으로 공개키 인증서를 이용한 인증 프로토콜을 규정한다. X.500 디렉터리에서는 사용자에게 제공되는 인증 서비스의 구조를 규정하고 있으며, 이 디렉터리를 공개키 인증서 저장소로 이용할 수도 있다.

③ X.509의 인증서의 주요 세 부분
    ㉠ 서명 전 인증서 : 디지털 서명의 대상이 되는 정보
    ㉡ 디지털 서명 알고리즘 : 서명 전 인증서에 서명할 때에 사용하는 알고리즘
    ㉢ 디지털 서명 본체 : 서명 전 인증서에 한 디지털 서명 그 자체

⑾ 해시 함수(hash function)

데이터의 무결성을 제공하는 알고리즘 중 하나로 '메시지 인증 알고리즘(message authentication algorithm)'이라고도 한다. 임의의 길이의 메시지를 일정한 길이의 출력으로 변환하는 함수로 메시지 무결성이나 사용자 인증을 중요시하는 전자서명에서는 해시 함수가 필수적인 역할을 하고 있다.

해시 함수는 전자서명 등에서 메시지 압축, 키 생성, 난수 생성 등에 널리 사용되는 중요한 수단이며, 데이터의 위/변조 및 인증을 제공하는 암호학적 무결성 제공 알고리즘으로는 해시 함수와 메시지 인증 코드(Message Authentication Code, MAC)가 있다. 해시 함수는 키가 없는 암호 알고리즘이고, MAC은 키가 있는 해시 함수로 인증의 도구로 사용된다.

TIP • **해시 충돌 공격**(birthday attack) : 해시 함수의 출력값이 고정되어 있지 않고, 해시 충돌이 일어나는 두 입력값을 찾는 공격

- **해시 충돌(Hash Collision)이란?**

  해시 함수는 입력 값의 길이가 어떻든 고정된 길이의 값을 출력하기 때문에 입력값이 다르더라도 같은 결괏값이 나오는 경우가 있습니다. 이것을 해시 충돌(Hash Collision)이라고 표현하며, 해시 충돌이 적은 함수가 좋은 해시함수라고 불립니다.

- **해시 충돌 완화 방법**

  - **개방 주소법**(open addressing) : 충돌 발생 지점부터 테이블의 비어있는 공간을 찾아 데이터를 저장하는 방법
  - **분리 연결법**(separate chaining) : 충돌 발생 시, 테이블 내의 다름 위치를 탐색하지 않고 연결 리스트를 이용하여 해당 테이블에 데이터를 계속해서 연결하는 방법
  - **선형탐사법**(Linear Probing) : 충돌이 발생한 해시값으로 부터 일정한 값만큼(+1, +2, +3,...)건너 뛰어, 비어있는 slot에 데이터를 저장
  - **이중해싱**(Dobule hashing) : 해싱 함수를 이중으로 사용하는 방법
  - **제곱탐사법**(Quadratic probing) : 충돌이 발생한 해시값으로 부터 일정한 값만큼(+1^2, +2^2, +3^2,...)건너 뛰어, 비어있는 slot에 데이터를 저장
  - **재해싱**(Rehasing) : 해시 테이블의 크기를 늘리고 새로운 해시 테이블의 크기에 맞추어 모든 데이터를 다시 해싱. 단, 상당히 많은 비용 발생

- **Closed Addressing Method** : 해시 함수로 얻은 주소 사용
- **Chaining**(체이닝) : 해시 테이블 자체는 포인터 배열로 만들고, 같은 인덱스(버켓)에 해당하는 데이터들을 체인형식(Linked List)으로 만들어 연결

① **해시 함수의 요구 사항**

  ㉠ **해시 함수의 입력** : 해시 함수에 입력되는 메시지는 인간이 읽을 수 있는 문서일 필요가 없으며, 임의의 길이를 갖는다.

  ㉡ **해시 함수의 출력** : 해시 값의 길이는 입력 메시지의 길이와는 관계가 없다. 메시지가 1비트라도, 1메가 바이트라도, 100기가 바이트라도 해시 함수는 고정된 길이의 해시 값을 출력으로 배출한다.

  ㉢ **압축**(Compression) : 출력 길이가 작아야 한다.

  ㉣ **효율성**(Efficiency) : 어떤 입력 x에 대해서도 해시 함수 h(x)를 계산하기가 쉬워야 한다.

  ㉤ **단방향**(One-way), **역상 저항성**(Preimage resistance) : 주어진 출력 y 값에 대해 h(x) = y를 만족하는 입력 x 값을 찾는 것이 어려워야 한다. 즉, 해시 함수를 찾기 어려워야 한다.

  ㉥ **약한 충돌 방지**(Weak collision resistance), **제2역상 저항성**(Second preimage resistance) : 주어진 입력 x와 해시 함수 h(x) 에 대해 h(y) = h(x)를 만족하는 y ≠ x를 찾기 어려워야 한다. 즉, 주어진 입력 x에 대해 같은 출력을 내는 y를 구하는 것이 어려워야 한다.

  ㉦ **강한 충돌 방지**(Strong collision resistance), **출동 저항성**(Collision resistance) : h(x) = h(y) 를 만족하면서 x ≠ y인 어떤 x와 y도 찾기 어려워야 한다. 즉, 동일한 출력을 내는 서로 다른 입력 x와 y를 찾는 것이 어려워야 한다. 해시 함수는 입력 길이가 출력 길이 보다 훨씬 크기 때문에 충돌(서로 다른 입력에 대해 동일한 출력을 내는 것)은 불가피하다.

② **해시 함수 응용 예** … 소프트웨어의 변경 검출, 패스워드를 기초로 한 암호화, 메시지 인증 코드, 디지털 서명, 의사 난수 생성기, 원타임 패스워드

③ **해시 함수의 종류** … MD4, MD5, SHA, RIPEMD-160, HAS-160

ㄱ RIPEMD-160 : RIPEMD-160은 1996년에 Hans Dobbertin, Antoon Bosselaers, Bart Preneel에 의해 만들어진, 160비트의 해시 값을 갖는 일방향 해시 함수이다. RIPEMD-160은 European Union RIPE 프로젝트로 만들어진 RIPEMD라는 일방향 해시 함수의 개정판이 된다.

　　ㄴ HAS-160 : 1998년 한국형 디지털 서명을 위해서 개발되었다.

⑿ 하드웨어와 소프트웨어 암호 시스템

① 하드웨어 암호 시스템

　　ㄱ 하드웨어를 설치하여 데이터를 암호화

　　ㄴ 성능 및 속도는 소프트웨어보다 좋지만 비용이 들며 전용 하드웨어를 사용하기 때문에 안정성이 높다.

② 소프트웨어 암호 시스템(블록 방식) … 암호처리용 소프트웨어를 사용한 데이터 암호화로 성능 및 속도는 안정성이 하드웨어 보다 낮지만 비용이 저가이다.

⒀ 주요 암호 기술

① 대칭키 암호(Symmetric Cryptography)와 비대칭 암호(Asymmetric Cryptography)

　　ㄱ 대칭키 암호(Symmetric Cryptography) : 암호화와 복호화에 같은 암호 키를 쓰는 알고리즘으로 비교적 간단하여, 계산 속도가 빠르다는 장점을 가지나, 키를 교환해야 한다는 단점이 있다.

　　　　예 대칭형 암호방식은 IBM 에서 개발한 DES(Data Encryption Standard)

　　ㄴ 비대칭 암호(Asymmetric Cryptography)(= 공개키 암호 = public key sryptography) : 암호화 키와 복호화 키가 서로 다른 알고리즘으로 모든 사람이 볼 수 있는 공개키와 소유자만이 가질 수 있는 비밀 키가 존재하며 비교적 계산 속도가 느리지만 안정성은 더 보장된다는 장점이 있다.

　　　　예 RSA(소수와 소인수분해 이용)

② 하이브리드 암호 시스템(Hybrid Cryptography) : 대칭 암호 + 비대칭 암호의 장점 조합 … 비대칭 암호화와 대칭 암호화 두 가지 방법의 장점을 병합하여 만든 암호화 방식

③ 일방향 해시 함수(One-Way Hash Function) … 의의 길이를 갖는 메시지를 입력으로 하여 고정된 길이의 해시값 또는 해시 코드 값을 출력하는 함수

　　ㄱ 임의 길이 메시지로부터 고정 길이의 해시값을 계산한다.

　　ㄴ 해시값을 고속으로 계산할 수 있다.

　　ㄷ 일방향성을 가진다.

　　ㄹ 메시지가 다르면 해시값도 다르다.

④ 메시지 인증코드(Message Authentication Code) … 해시 알고리즘으로 수정 또는 변경을 검출할 수는 있지만 거짓 행세를 검출하는 것은 불가능하기 때문에 무결성 외에 인증이라는 절차가 필요하게 되었다. 메시지 인증 코드는 데이터가 변조(수정, 삭제, 삽입 등) 되었는지를 검증할 수 있도록 데이터에 덧붙이는 코드이다.

⊙ HMAC(Hashed MAC) : 일 방향 해시 함수를 이용해서 메시지 인증 코드를 구성하는 방법을 HMAC이라
　한다. 사용하는 일 방향 해시 함수를 단 한 종류로 정해 놓고 있는 것은 아니며, 강한 일 방향 해시 함
　수라면 뭐든지 HMAC 에 이용할 수 있다. 새로운 일 방향 해시 함수가 고안된다면 그것을 사용할 수도
　있다. 이와 같은 형태로 만들어진 알고리즘을 모듈형 알고리즘이라고 한다.
　⊙ 메시지 인증 코드에 대한 공격
　　재전송 공격 : 도청, 보존해 둔 메시지와 MAC 값을 반복 송신하는 공격 방법이다.

⑤ 디지털 서명(Digital Signature) … 전자 문서를 작성한 사람의 신원과 전자 문서의 변경 여부를 확인할 수
　있도록 암호화 방식을 이용하여 디지털 서명 키로 전자 문서에 대한 작성자의 고유 정보에 서명하는 기술
　을 말한다.
　⊙ 디지털 서명의 특징
　　㉮ 위조 불가 : 서명자만이 서명문을 생성할 수 있다.
　　㉯ 부인방지 : 서명자는 서명 후에 사실을 부인할 수 없다.
　　㉰ 재사용 불가 : 한번 서명한 서명문은 또 다른 문서에 사용할 수 없다.
　　㉱ 변경 불가 : 내용 변경 시 서명문 자체가 변경되어 변조 사실의 확인이 가능하다.
　　㉲ 서명자 인증 : 서명자의 서명문은 서명자의 식별이 가능하다.
　⊙ 디지털 서명의 유형
　　㉮ RSA에 의한 디지털 서명 : RSA에서는 서명 대상이 되는 메시지도 키도 작성된 서명도 모두 수로 표현된다.
　　㉯ ElGamal 방식 : ElGamal은 Taher ElGamal에 의한 공개 키 알고리즘으로 mod N으로 이산 대수를 구
　　　하는 것이 곤란하다는 것을 이용한다.
　　㉰ DSA(Digital Signature Algorithm) : 디지털 서명 알고리즘의 일종으로 NIST(National Institute of
　　　Standards and Technology)가 1991년에 제정한 디지털 서명 규격(DSS, Digital Signature
　　　Standards) 용으로 만들어진 것으로 DSA는 Schnorr 의 알고리즘과 ElGamal 방식의 변종으로 디지털
　　　서명에만 이용할 수 있다.
　　㉱ Rabin 방식 : Rabin은 M. O. Rabin에 의한 공개 키 알고리즘으로 mod N으로 제곱근을 구하는 것이
　　　곤란하다는 것을 이용하여 공개 키 암호와 디지털 서명에 이용할 수 있다.
　⊙ 디지털 서명에 대한 공격
　　㉮ 중간자(man-in-the-middle) 공격
　　㉯ 일 방향 해시 함수에 대한 공격
　　㉰ 디지털 서명을 사용한 공개 키 암호 공격

⑥ 난수 생성기(PRNG : Pseudo Random Number Generator)
　⊙ 난수열 생성 알고리즘, 취약하면 키를 알기 쉬워 기밀성에 위협
　⊙ 난수로 키 생성

⒁ 디지털 저작권 권리

① 스테가노그래피 … 암호화는 메시지 내용을 은폐하지만 이것은 다른 무언가로 감추어 메시지 자체를 은폐하는 것이다. (**예** 사진 속 암호문 삽입)

② 워터마크 … 사용자가 인식하지 못하도록 저작권 정보를 디지털 콘텐츠에 삽입하는 기술이다. (부인방지)
　종류 : 투명 워터마킹, 가시 워터마킹, 강한 워터마킹(증명서, 서명), 약한 워터마킹(기밀 데이터) 등이 있다.

③ 핑거프린팅 … 디지털 콘텐츠를 구매할 때 구매자의 정보를 삽입하며 불법 배포 발견시 추적하는 기술이다.

> **TIP** DRM(디지털 저작권 관리, Digital Rights Management)
> * 디지털 미디어의 생명주기 동안 발생하는 사용권한 관리, 유통관계를 관리하는 기술
> * 디지털 미디어의 불법 유통과 복제를 방지

⒂ 암호 공격

암호 공격(해독)은 당사자가 아닌 제3자가 암호 키가 없는 상태에서 암호문을 복호화 시키는 방법을 말하며 주로 암호 키와 평문을 찾는 것을 그 목적으로 한다.

→ 케르히호프의 원리 : 암호 시스템은 암호 알고리즘의 비밀을 지키는데 의존되어선 안되고 키의 비밀을 지키는데 의존 되어야 한다.

① 암호 공격의 분류
　㉠ 암호문 단독 공격(COA : Ciphertext Only Attack) : 암호 공격자에게는 가장 불리한 방법으로 공격자는 단지 암호문만을 가지고 있으며 이로부터 (통계적 성질과 문장의 특성 등을 추정하여) 평문 또는 키를 찾아내는 방법이다.
　㉡ 알려진 평문 공격(KPA : Known Plaintext Attack) : 공격자가 특정 암호문에 대한 평문을 알고 있는 상황에서 키를 찾아내거나 다른 암호문에 대한 평문을 알아내는 방법이다.
　㉢ 선택 평문 공격(CPA : Chosen Plaintext Attack) : 공격자가 암호문을 선택하면 대응하는 평문을 얻을 수 있는 상황에서의 공격하는 방법이다.
　㉣ 선택 암호문 공격(CCA : Chosen Ciphertext Attack) : 공격자가 복호화 장치에 접근할 수 있어서 선택한 어떤 암호문에 대해서도 평문을 얻을 수 있는 능력을 가지고 있는 경우에 키를 찾아내거나 선택된 암호문에 대해 평문을 얻고자 하는 공격이다.

section 3 접근통제(Access Control)

❶ 접근 통제

(1) 접근 통제

정보시스템 자원에 대한 접근은 자원의 공유를 위해서 반드시 필요한 활동이며, 이를 바르게 수행하는 것이 정보 보안의 시작이다. 기밀성, 가용성, 무결성을 확보하는 가장 중요한 통제 방안은 정보에 대하여 인가된 사람에게 접근을 허용하고 인가되지 않은 사람에게는 접근을 허용하지 않는 접근 통제이다.

① 접근 통제(접근제어, Access Control) 영역
 ㉠ 관리적 통제
  ㉮ 조직의 목표를 달성하기 위해 구성원들이 준수해야 할 책임과 역할 등의 관리 통제이다.
  ㉯ 정책, 표준, 지침, 절차, 보안 인식 교육, 훈련, 인적관리 등
 ㉡ 기술적 통제
  ㉮ 조직의 시스템 및 데이터를 보호하기 위한 기술 통제이다.
  ㉯ 암호화, 패스워드, 스마트카드, 방화벽, IDS 등
 ㉢ 물리적 통제
  ㉮ 조직 내 시스템을 보호하기 위한 시설 및 환경 통제이다.
  ㉯ 울타리, 자물쇠, 맨 트랩, ID 뺏지, CCTV, 센서 등

② 접근통제 기능
 ㉠ 식별과 인증 : 접근을 요청한 사람이 누구인가를 식별(identification) 하고 그가 제시한 신분과 같은 사람인가를 인증(authentication)하는 기능
 ㉡ 접근 권한 : 신원 식별과 인증 단계가 성공적으로 이루어진 경우, 그가 요청한 작업이 그에게 권한이 주어진 것인지를 확인하고 권한을 부여하는 인가(authorization) 기능
 ㉢ 감사기록
  ㉮ 인증된 주체에게 접근을 허용하고 특정 업무를 수행할 권리를 부여하는 과정
  ㉯ 시스템에서 실제로 이루어진 접속과 접속 거부에 관한 기록인 시스템 로그(System log) 기능

③ 접근 통제 원칙
 ㉠ 알 필요성 원칙(Need to know) : 해당 업무에 대해서만 접근 권한을 부여하는 원칙이다.
 ㉡ 최소 권한 원칙(least privilege policy) : 업무 수행에 필요한 최소한의 권한만 부여하는 원칙이다.
 ㉢ 임무의 분리 원칙(separation of duties) : 직무 분리란 업무의 발생, 승인, 변경, 확인, 배포 등이 모두 한 사람에 의해 처음부터 끝까지 처리될 수 없도록 하는 정책이다.

(2) 접근 통제 정책

① **임의적 접근 통제**(DAC : Discretionary Access Control) … 어떤 사용자든 임의적으로 다른 사용자에게 객체에 대한 접근을 허용할 수 있는 기법을 임의적 접근통제라 말한다. 임의적 접근통제는 접근을 요청하는 사용자의 식별에 기초하여 어떤 객체에 대하여 사용자가 접근 권한을 추가 또는 삭제할 수 있다. 임의적 접근통제 정책에서는 모든 개개의 주체와 객체 단위로 접근 권한이 설정되며 객체의 소유주에 의하여 접근 권한이 변경 가능한 각 주체와 객체 간의 접근 통제 관계를 정의한다.

  ㉠ 임의적 접근 통제의 특징 : 주체가 속해있는 그룹의 신원에 근거하여 객체에 대한 접근을 제한하는 방법으로 객체의 소유자가 접근 여부를 결정한다.

② **강제적 접근 통제**(MAC : Mandatory Access Control) … 주체의 객체에 대한 접근이 주체의 비밀 취급 인가 레이블과 각 개체에 부여된 민감도 레이블에 따라 접근을 허용할지를 결정하는 방식이다. 접근 규칙 수가 적어 통제가 용이하고 보안 관리자 주도하에 중앙 집중적 관리가 가능하다는 것이 장점이다. 기밀성이 매우 중요한 조직에서 사용이 되며 규칙기반 접근 통제이다.

  ㉠ 주체와 객체의 등급을 비교하여 접근 권한을 부여하는 접근 통제이며 모든 객체는 기밀성을 지니고 있다고 보고 객체에 보안 레벨을 부여한다.

  ㉡ 기밀성을 갖는 객체에 대하여 주체가 갖는 권한에 근거하여 객체에 대한 접근을 제어하는 방법으로 관리자만이 정보 자원의 분류를 설정하고 변경하는 방법이다.

③ **역할 기반 접근 통제**(RBAC : Role-based Access Control) … 비 임의적 접근통제라고도 하며, 주체와 객체가 어떻게 상호작용을 하는지 결정하는 통제들이 중앙에서 집중적으로 관리된다.

  ㉠ 주체와 객체의 상호 관계를 통제하기 위하여 역할을 설정하고 관리자는 주체를 역할에 할당한 뒤 그 역할에 대한 접근 권한을 부여하는 방식이다.

  ㉡ 임의적 접근 통제와 강제적 접근 통제 방식의 단점을 보완한 접근 통제 기법이다.

❷ 접근 통제 보안 모델

(1) 벨 라파듈라(bell-lapadula, BPL) 모델

① 군사용 보안 구조의 요구 사항을 충족하기 위해 설계된 모델로 가용성이나 무결성보다 비밀 유출(비밀성) 방지에 중점을 두었으며 MAC 기법을 사용한 최초의 수학적 모델이다.

② 허가된 비밀정보에 허가되지 않은 방식의 접근을 방지하였다.

③ 벨 라파듈라 모델에는 두 가지 특성 규칙이 있다. 단순 보안규칙과 특성 규칙이다. 단순 규칙은 주어진 보안 수준에서 주체가 높은 수준에 있게 하는 데이터를 읽을 수 없다(No Read Up)는 것을 지정하고, 특성 규칙이라는 것은 보안 수준에서 주체가 낮은 수준으로 정보 입력을 할 수 없다(No Write Down)는 것을 지정한다.

- No Read Up : 낮은 등급의 주체는 높은 등급의 객체를 읽을 수 없음
- No Write Down : 높은 등급의 주체는 낮음 등급의 객체를 수정할 수 없음

(2) 비바(Biba) 모델

비군사적 조직에 있어서 무결성은 기밀성보다 중요하다. 비바 모델 역시 벨-라파듈라 모델과 비슷하며 강제적 접근통제를 가지는 래티스에 기반하는 상태 머신 모델이다. 기밀성과 가용성이 아닌 단지 무결성만을 대처한다.

비바 무결성 모델의 속성
- No Read Down : 높은 등급의 주체는 낮은 등급의 객체를 읽을 수 없음
- No Write Up : 낮은 등급의 주체는 상위 등급의 객체를 수정할 수 없음

(3) 클락 윌슨(Clark-Wilson) 모델

비바 모델 이후에 개발이 되었으며 무결성 보호를 다른 관점에서 접근을 한다. 주체는 객체에 대한 직접적인 접근을 가지지 않으며 객체는 오직 프로그램을 통하여 접근 가능하다.

(4) 정보 흐름 모델(Information Flow Moel)

정보의 흐름에 중점을 두며 단순히 정보 흐름의 방향만을 다루지 않고 흐름의 유형을 다루는 모델이다.

(5) Brewer and Nash 모델, Chinese Wall(만리장성) 모델

금융, 의료, 법률 업계와 같이 민감한 데이터를 취급하는 산업에서 사용되며 이해의 상충을 방지하기 위해 고안된 모델이다.

(6) Take-Grant 모델

권리가 한 주체로부터 다른 주체 또는 한 주체로부터 객체로 전달될 수 있는 방법을 방향 그래프로 나타내어 그래프 양단에는 주체가 객체를 나타내는 노드들이 있고 그래프는 권리의 방향을 나타낸다. 컴퓨터 시스템이 읽기/쓰기 권리 보호를 결정하는데 사용하는 보호 모델이다.

(7) 래티스(Lattice) 모델

정보를 극비, 비밀, 대외비, 일반으로 분류하여 정보 흐름을 안전하게 통제하기 위한 보안 모델이다.

❸ 지식 기반 인증(What you know)

사람의 지식에 따른 내용으로 인증하는 방식으로 사람의 습관에 따라 패스워드를 설정함으로 인해 유추가 쉽고 보안성이 떨어지지만 관리가 편하고 구축이 용이하다는 장점이 있다.

예 패스워드, 핀(PIN)

(1) 패스워드 종류

① 고정된 패스워드
  ㉠ 접속 시에 반복해서 사용되는 패스워드(표나 파일 저장, 해시 저장, 솔트 이용)
  ㉡ 일회용 패스워드(one-time password) : 사용자와 서버가 많은 패스워드들의 리스트를 보유하여 사용자가 접속을 시도할 때마다 순서대로 다음의 패스워드를 사용하여 인증이 이루어진다.

② 인식 패스워드(Cognitive Password)
  ㉠ 비밀코드로 사용되는 사실 혹은 개념에 바탕을 두는 패스워드이며, 개인적인 경험과 관련된 질문에 대한 답으로 구성된다.
  ㉡ 다른 사람들은 추측하기 어렵지만, 실제 사용자는 쉽게 기억할 수 있다.

③ 패스프레이즈(Passphrase)
  ㉠ 일반적으로 디지털 서명이나 암호화, 복호화에 사용되는 패스워드보다 긴 문자열로 된 비밀번호이다. 23개의 문자 길이를 권장하며, 25개 이상이면 엄격한 수준이다.
  ㉡ PGP(Pretty Good Privacy) 암호 프로그램에서 패스프레이즈는 최고 100 문자까지 구성된 것도 있다.

(2) 패스워드 관리

패스워드는 정보시스템이나 서비스에 접근 시 사용자의 신분을 파악하는 일반적인 방법이므로 패스워드 부여는 공식적인 관리 절차에 따라 통제되어야 한다.

① 패스워드 관리를 위하여 주의하여야 할 사항
  ㉠ 사용자는 개인 패스워드 기밀성을 유지하는 것과 그룹 패스워드는 단지 그룹 멤버 내에서만 사용한다는 서약서에 대한 서명을 요구하여야 한다. 그러한 서명된 문서는 고용 약정 및 조건에 포함될 수 있다.
  ㉡ **사용자의 패스워드 사용 시 유의사항** : 사용자의 패스워드는 비밀로 유지하고 타인에게 노출되지 않도록 한다.

(3) 패스워드 취약성

① 패스워드 취약성
  ㉠ 사용자의 부주의에 의한 패스워드 노출
  ㉡ 사용자의 의도적인 패스워드 노출

ⓒ 사용자가 패스워드를 쉽게 기억할 목적으로 사용자의 일상생활에 관련된 것을 사용하는 경우

ⓔ 너무 짧은 패스워드

ⓜ 부적절한 패스워드 변경 절차

ⓗ 패스워드 공유

ⓢ 분실하거나 잊어버린 패스워드에 대한 부적당한 복구 절차

ⓞ 패스워드 불법 사용에 대한 정기적인 조사/보고가 없는 경우

ⓩ 패스워드를 보조하는 신분 증명 장치가 사용되지 않은 경우

ⓒ 중앙 집중의 패스워드 관리 기구로부터 패스워드 분배 시의 노출

ⓚ 부적절한 패스워드 로그인을 시도하는 횟수를 제한하지 않는 경우

(4) 패스워드 공격유형

① 무차별 공격(Brute Force Attack)

ⓐ 특정한 암호를 풀기 위해 가능한 모든 값을 대입하는 것을 의미한다.

ⓑ 대문자 26개, 소문자 26개, 숫자 10개, 특수문자 18개의 조합을 사용한다.

ⓒ Random Key Generator 등

② 사전 기반 공격(Dictionary Attack)

ⓐ 패스워드로 사용할 만한 것을 사전으로 만들어 놓고 이를 하나씩 대입하여 패스워드 일치 여부를 확인한다.

ⓑ John the rippe 등

③ 백도어(Backdoor)

ⓐ 시스템에 트로이목마 등을 설치하여 키보드 입력을 후킹(hooking) 하는 방법이다.

ⓑ Keyboard Hooking 등

④ 사회 공학적 공격(Social Engineering)

ⓐ 신뢰 관계나 개인의 심리를 이용한 공격 기법으로 일반적으로 패스워드를 알아내는 방법이다.

ⓑ 피싱 등

⑤ 스니핑(Sniffing)

ⓐ 네트워크 상에서 평문 패스워드를 훔치는 공격이다.

ⓑ Packet Sniffing 등

(5) 패스워드 보안 개념

공격자의 패스워드 추측을 저지하기 위하여 그리고 안전한 패스워드 사용을 위하여 여러 패스워드 보안 도구 및 방법론이 있다.

① 패스워드 점검기(Password Checker) ··· 취약한 패스워드를 찾아내기 위하여 사전 기반 공격(Dictionary Attack)을 수행하는 툴을 이용하여 사용자들이 선택한 패스워드를 시험한다.

② 패스워드 생성기(Password Generator) ··· 몇몇 운영 시스템이나 보안 제품들은 사용자들이 선택하는 대신 사용자들의 패스워드를 만들어주는 패스워드 생성기를 포함하고 있다.

③ 패스워드 에이징(Password Aging) ··· 많은 시스템들은 정기적으로 패스워드를 갱신하도록 유도하며, 또한 사용자들이 마지막으로 사용한 5 ~ 10개의 패스워드 목록을 저장하여 사용자들이 이미 사용한 패스워드를 다시 사용하지 않도록 하고 있다.

④ 접속 시도 횟수 제한(Limited Login Attempts) ··· - 패스워드 입력 접속 시도 횟수에 대한 제한은 접근 제한 이전까지 가능한 접속 시도 횟수를 정한 것이며, 가능한 접속 시도 횟수를 채우게 되면 그 사용자의 계정은 일정 기간 또는 무기한 접속이 제한된다.

❹ 소유 기반 인증 (What you have)

사용자가 소유하고 있는 것을 기반으로 인증을 수행하는 것

소유물이 쉽게 도용될 수 있으므로 지식 기반 인증 방식이나 생체 기반 인증 방식과 함께 사용된다.

(1) 소유 기반 인증 종류

① 메모리 카드(토큰) ··· 마그네틱 선에 보안 코드를 저장해서 사용하는 것으로, 카드리더기를 통해서만 읽을 수 있음

② 스마트카드(Smart Card) ··· 스마트카드는 신용카드와 동일한 크기와 두께의 플라스틱 카드에 마이크로프로세서 칩과 메모리, 보안 알고리즘, 마이크로컴퓨터를 COB(Chip On Board) 형태로 내장된 전자식 카드로, 카드 내에서 정보의 저장과 처리가 가능한 CPU 지능형 카드이다.

③ 스마트카드의 공격 기법 ··· 소프트웨어공격, 마이크로 프로빙, 도청 기법, 장애 유발 기법
  ㉠ 일회용 패스워드(OTP, One-Time Password) : 원격 사용자 인증 시 유발되는 패스워드 재사용 공격을 사전에 방어하기 위하여 사용 시마다 매번 바뀌는 일회성 사용자 인증 암호 방식으로 사용자의 관리 소홀이나 패스워드가 노출되는 것을 방지하기 위한 인증 방식 중에 하나이다.
  ㉡ 일회용 패스워드 공격 기법 : OTP 자체는 강력한 수단이지만 악성코드 유포자가 OTP 의 재입력 대기 기간이 있다는 점을 악용하여 사용자가 컴퓨터상에 입력되는 OTP 번호를 가로채어 대신 입력하는 방식으로 공격이 이루어진다.

5 SSO(Single Sign On)

한 번의 시스템 인증을 통하여 접근하고자 하는 다양한 정보시스템에 재인증 절차 없이 접근할 수 있도록 하는 통합 로그인 설루션

(1) SSO 구성요소

① **사용자** … 개별 ID/Password 로그인 시도

② **인증 Server** … ACL을 통한 통합 인증 서버

③ **LDAP** … 네트워크상의 지원을 식별하고, 사용자와 Application들이 자원에 접근할 수 있도록 하는 네트워크 디렉터리 서비스

④ **SSO Agent** … 각 정보시스템에 자동인증 정보(Token) 송수신 수행

(2) SSO 인증 절차

① 클라이언트 서버 연결 요청

② 서버는 클라이언트에 SSO 서버 인증 후 접속 요청

③ 클라이언트가 SSO 서버인증

④ SSO 서버와 연결된 서버 1,2,3 에 별도 인증 없이 접속 가능

> **TIP** 보안위협 구체적 형태
> - **웜**(Worm) : 네트워크를 통해 연속적으로 자신을 복제 → 시스템 부하 높여 결국 시스템 다운시키는 바이러스
> - **해킹**(Hacking) : 사용 권한이 없는 사람이 시스템에 침입하여 정보를 수정하거나 빼내는 행위
> - **눈속임**(Spoof) : 어떤 프로그램이 정상적으로 실행되는 것처럼 속임수를 사용하는 행위
> - **피싱**(Pishing) : 거짓 메일을 발송하여 특정 금융기관 등의 가짜 웹 사이트로 유인한 후 관련 금융기관의 정보 등을 빼내는 기법
> - **크래킹**(Cracking) : 어떤 목적을 가지고 타인의 시스템에 불법으로 침입하여 정보를 파괴하거나 정보의 내용을 자신의 이익에 맞게 변경하는 행위

➏ 생체 기반 인증

생체인식시스템은 본질적으로 사용자가 가지고 있는 특정 생리적 또는 행동상의 특징을 측정해 그 결과를 사전에 측정한 특징과 비교하여 그 확실성을 결정함으로써 개인을 인식하는 패턴인식(pattern recognition) 시스템이다.

(1) 생체 기반 인증 구별

① 물리적/생리적 생체 인식(physical/physiological biometrics) ··· 얼굴, 지문, 홍채, 체취, 귀 형상, 손가락 모양, 손 모양, 손바닥, 망막, 정맥 분기 모양 등

② 행동적 생체 인식(behavioral biometrics) ··· 키 두드리기 행동(keystroke dynamics), 서명 인증(signature verification), 발화자 인증(speaker verification)과 같은 학습된 특성 등

(2) 생체 인식 구성 요소(Components)

생체 인식을 위해서는 인식장치, 프로세서, 저장 장치 같은 여러 구성요소가 필요하다.

① 인식기나 감응장치 같은 인식장치는 생체정보를 측정한다.

② 프로세서는 측정된 특성을 저장할 수 있는 형태의 자료로 변경한다.

③ 저장 장치는 인증처리 결과를 저장할 때 사용한다.

(3) 등록 및 인식

① 등록 ··· 생체 인식 기술을 인증용으로 사용하기 이전에는 이 시스템을 사용하게 될 사용자들의 해당 특성을 데이터베이스로 구축해야하며 이 절차를 등록이라고 한다.

② 인식 ··· 생체정보를 탐지하는 절차로 신속, 간편하여야 하며 충분히 정확하여야 한다.

(4) 인증

① 검증(Verification) ··· 검증에서 사용자의 특성은 데이터베이스에 저장된 내용과 일대 일 대응이 되어야 한다. 그래야 사용자가 자신이 바로 그 사용자라고 주장하는 것에 대해 옳고 그른지를 판단할 수 있으며 예를 들면 은행에서 수표에 기명된 고객의 서명을 검증할 때 매우 유용한 방법이다.

② 확인(Identification) ··· 확인 절차에서 사용자의 특성은 데이터베이스에 저장된 자료와 일대일로 비교되며, 이렇게 하여 사용자의 자료가 데이터베이스에 저장되어 있는지를 판단한다. 예를 들면 한 기업의 건물에 직원들만 출입할 수 있도록 허락할 경우에 유용한 방법이다.

(5) 생체 인식 종류

① 지문 인식(Fingerprint) … 1899년 미국의 헨리 경에 의해 지문 분류법이 정착한 후에 개인 확인 시스템의 성능 향상과 함께 널리 쓰이게 되었다. 특징으로는 융선의 변형 형태인 끝점과 분기점이 주로 사용되며, 지문의 분류를 위한 특이점으로는 핵과 삼각점이 사용된다.

② 얼굴 인식(Facial Scan) … 얼굴 영상에 대하여 특징점을 추출하여 유사도를 구하는 과정

③ 홍채 인식(Iris Scan) … 홍채의 앞면은 불규칙한 기복면을 가지며, 동공연의 가까이에 융기된 원형의 패턴이 존재하는 데 이것을 권률축이라 하며, 지문과 마찬가지로 출생 시에 한번 정해지면 평생 변화하지 않는다.

④ 손바닥 인식(Palm Scan) … 손바닥 전체에 걸쳐있는 주름, 마루, 골 등으로 이루어진 손금과 같은 사람마다 고유한 정보를 인식

⑤ 망막 인식(Retina Scan) … 망막 인식 시스템은 안구 안쪽의 망막 혈관 형태를 인식한다.

⑥ 정맥 인식(Vein) … 정맥 인식 시스템은 지문이나 손 모양을 인증하는 방법에 비해 사용자의 거부감을 줄일 수 있고 지문 또는 손가락이 없는 사람도 이용할 수 있다는 장점이 있다.

⑦ 음성 인식(Voice Print) … 사람마다 모두 다른 음성을 구별해 내어 개인을 인식하는 것이다.

⑧ 서명(Signature) … 근래의 생체 인식 방법에서는 서명 태블릿과 특수 펜을 사용하여 사람을 확인하지만 주로 검증에 사용된다.

⑨ 키 스트로크(Keystroke) … 키스트로크(타이핑 리듬) 기술은 자판에서 작업하는 것과 관련된 사람의 행동을 측정하는 것이다.

(6) 생체 인식의 정확도

① 부정 거부율(False Rejection Rate, FRR) … 이 매개변수는 인식돼야 할 사람이 얼마나 자주 시스템에 의해서 인식이 되지 않는지를 나타내는 값이다.

② 부정 허용률(False Acceptance Rate, FAR) … 이 매개변수는 인식되어서는 안 될 사람이 얼마나 자주 시스템에 의해서 인식이 되는지를 나타내는 값이다

③ 교차 오류율(Cross Over Error Rate, CER) … FRR과 FAR이 일치하는 지점으로 생체 인식 장치의 성능을 측정하는 표준 평가 지점으로 사용된다. 낮을수록 정확하다.

❼ 서비스 공격

(1) 서비스 거부(DoS: Denial of Service) 공격

대량의 데이터를 한 곳의 서버에 집중적으로 전송함으로써, 서버의 정상적인 기능을 방해하는 것

① Ping of Death(죽음의 핑) … 패킷의 크기를 인터넷 프로토콜 허용 범위 이상으로 전송하여 네트워크를 마비시키는 서비스 거부 공격 방법

② SMURFING(스머핑)
- ㉠ IP나 ICMP의 특성을 악용하여 엄청난 양의 데이터를 한 사이트에 집중적으로 보냄으로써 네트워크를 불능 상태로 만드는 공격 방법
- ㉡ 무력화하는 방법 중 하나는 각 네트워크 라우터에서 브로드캐스트 주소를 사용할 수 없게 미리 설정해 놓는 것이다.

③ SYN Flooding
- ㉠ 가상의 클라이언트로 위장하여 3-way-handshake 과정을 의도적으로 중단시킴으로써 공격 대상지인 서버가 대기 상태에 놓여 정상적인 서비스를 수행하지 못하게 하는 공격 방법
- ㉡ SYN Flooding에 대비하기 위해 수신지의 'SYN' 수신 대기 시간을 줄이거나 침입 차단 시스템을 활용한다.

④ TearDrop
- ㉠ 데이터의 송·수신 과정에서 패킷의 크기가 커 여러 개로 분할되어 전송될 때 분할 순서를 알 수 있도록 Fragment Offset 값을 함께 전송하는데, TearDrop은 이 Offset 값을 변경시켜 수신 측에서 패킷을 재조립할 때 오류로 인한 과부하를 발생시킴으로써 시스템이 다운되도록 하는 공격 방법
- ㉡ TearDrop에 대비하기 위해 Fragment Offset이 잘못된 경우 해당 패킷을 폐기하도록 설정한다.

⑤ LAND Attack(Local Area Network Denial Attack)
- ㉠ 패킷을 전송할 때 송신 IP 주소와 수신 IP 주소를 모두 공격 대상의 IP 주소로 하여 공격 대상에게 전송하는 것으로, 이 패킷을 받은 공격 대산은 송신 IP 주소가 자신이므로 자신에게 응답을 수행하게 되는데, 이러한 패킷이 계속해서 전송될 경우 자신에 대해 무한히 응답하게 하는 공격
- ㉡ LAND Attack에 대비하기 위해 송신 IP 주소와 수신 IP 주소의 적절성을 검사한다.

⑥ DDoS(Distributed Denial of Service, 분산 서비스 거부)공격
- ㉠ 여러 곳에 분산된 공격 지점에서 한 곳의 서버에 대해 서비스 거부 공격을 수행하는 것
- ㉡ 네트워크에서 취약점이 있는 호스트들을 탐색한 후 이들 호스트들에 분산 서비스 공격용 툴을 설치하여 에이전트(Agent)로 만든 후 DDoS 공격에 이용

(2) 정보보안 침해 공격

① **워터링홀**(Watering Hole) ··· 목표 조직이 자주 방문하는 웹 사이트를 사전에 감염시켜 목표 조직의 일원이 웹 사이트에 방문했을 때 악성 코드에 감염되게 하는 웹 기반 공격

① **좀비**(Zombie) PC ··· 악성코드에 감염되어 다른 프로그램이나 컴퓨터를 조종하도록 만들어진 컴퓨터로, C&C(Command & Control) 서버의 제어를 받아 주로 DDoS 공격 등에 이용됨

③ **C&C 서버** ··· 해커가 원격지에서 감염된 좀비 PC에 명령을 내리고 악성코드를 제어하기 위한 용도로 사용하는 서버를 말함

④ **봇넷**(Botnet) ··· 악성 프로그램에 감염되어 악의적인 의도로 사용될 수 있는 다수의 컴퓨터들이 네트워크로 연결된 형태를 말함

⑤ **웜**(Worm) ··· 네트워크를 통해 연속적으로 자신을 복제하여 시스템의 부하를 높임으로써 결국 시스템을 다운시키는 바이러스의 일종으로, 분산 서비스 거부 공격, 버퍼 오버플로 공격, 슬래머 등이 웜 공격의 한 형태

⑥ **제로 데이 공격**(Zero Day Attack) ··· 보안 취약점이 발견되었을 때 발견된 취약점의 존재 자체가 널리 공표되기도 전에 해당 취약점을 통하여 이루어지는 보안 공격으로, 공격의 신속성을 의미함

⑦ **키로거 공격**(Key Logger Attack) ··· 컴퓨터 사용자의 키보드 움직임을 탐지해 ID, 패스워드, 계좌 번호, 카드번호 등과 같은 개인의 중요한 정보를 몰래 빼가는 해킹 공격

⑧ **랜섬웨어**(Ransomware) ··· 인터넷 사용자의 컴퓨터에 잠입해 내부 문서나 파일 등을 암호화해 사용자가 열지 못하게 하는 프로그램으로, 암호 해독용 프로그램의 전달을 조건으로 사용자에게 돈을 요구하기도 함

⑨ **백도어**(Back Door, Trap Door)
   ㉠ 시스템 설계자가 서비스 기술자나 유지 보수 프로그램 작성자(Programmer)의 액세스 편의를 위해 시스템 보안을 제거하여 만들어놓은 비밀 통로로, 컴퓨터 범죄에 악용되기도 함
   ㉡ 백도어 탐지 방법 : 무결성 검사, 열린 포트 확인, 로그 분석, SetUID 파일 검사 등

⑩ **트로이 목마**(Trojan Horse) ··· 정상적인 기능을 하는 프로그램으로 위장하여 프로그램 내에 숨어 있다가 해당 프로그램이 동작할 때 활성화되어 부작용을 일으키는 것으로, 자기 복제 능력은 없음

⑪ **프록시 서버**(Proxy Server) ··· PC사용자와 인터넷 사이에서 중계자 역할을 하는 서버. 방화벽(Firewall) 기능과 캐시(Cache) 기능이 있음

출제예상문제

1 SET(Secure Electronic Transaction)에 대한 설명으로 옳지 않은 것은?

① 프라이버시 보호를 위해 이중서명 프로토콜을 사용한다.

② 카드 소지자는 전자 지갑 소프트웨어가 필요하다.

③ 인증기관(Certification Authority)이 필요하다.

④ SSL(Secure Socket Layer)에 비해 고속으로 동작한다.

TIP SET은 SSL에 비해 복잡하기 때문에 저속으로 동작한다.

2 정보의 무결성에 중점을 둔 보안 모델은?

① Biba

② Bell-LaPadula

③ Chinese Wall

④ Lattice

TIP • Bell-LaPadula : 컴퓨터 보안 및 정보이론에서 사용되는 모델, 기밀성 중심
• 만리장성(Chinese Wall) : 이해의 상충을 방지하기 위해 고안된 모델
• 래티스(Lattice)
-래티스 모델, 정보 흐름을 안전하게 통제하기 위한 모델
-역할 기반 접근 통제 모델의 한 분류

Answer 1.④ 2.①

3 「개인정보 보호법」의 개인정보 보호 원칙으로 옳은 것의 총 개수는?

    ⊙ 개인정보처리자는 개인정보의 처리 목적에 필요한 범위에서 개인정보의 정확성, 완전성 및 최신성이 보장되도록 하여야 한다.

    ⓛ 개인정보처리자는 개인정보의 처리 목적에 필요한 범위에서 적합하게 개인정보를 처리하여야 하며, 그 목적 외의 용도로 활용 하고자 하는 경우 개인정보 보호책임자의 동의를 받아야 한다.

    ⓒ 개인정보처리자는 개인정보 처리방법 등 개인정보의 처리에 관한 사항은 비공개하여야 하며, 열람청구권 등 정보주체의 권리를 보장하여야 한다.

    ⓔ 개인정보처리자는 개인정보를 가명 또는 익명으로 처리하여도 개인정보 수집목적을 달성 할 수 있는 경우 가명처리가 가능한 경우에는 가명에 의하여, 가명처리로 목적을 달성할 수 없는 경우에는 익명에 의하여 처리될 수 있도록 하여야 한다.

---

① 1개   ② 2개

③ 3개   ④ 4개

TIP • 개인정보 보호법 제3조(개인정보 보호 원칙)

③ 개인정보처리자는 개인정보의 처리 목적에 필요한 범위에서 개인정보의 정확성, 완전성 및 최신성이 보장되도록 하여야 한다.

• 개인정보 보호법 제3조(개인정보 보호 원칙)

② 개인정보처리자는 개인정보의 처리 목적에필요한 범위에서 적합하게 개인정보를 처리하여야 하며, 그 목적 외의 용도로 활용하여서는 아니된다.

• 개인정보 보호법 제3조(개인정보 보호 원칙)

⑤ 개인정보처리자는 개인정보 처리방침 등 개인정보의 처리에 관한 사항을 공개하여야 하며, 열람청구권 등 정보주체의 권리를 보장하여야 한다.

• 개인정보 보호법 제3조(개인정보 보호 원칙)

⑦ 개인정보처리자는 개인정보를 익명 또는 가명으로 처리하여도 개인정보 수집목적을 달성할 수 있는 경우 익명처리가 가능한 경우에는 익명에 의하여, 익명처리로 목적을 달성할 수 없는 경우에는 가명에 의하여 처리될 수 있도록 하여야 한다.

Answer   3.①

4 공개키(public key) 암호화 방식에 대한 설명으로 옳지 않은 것은?

① 공개키와 개인키로 이루어진다.
② 대표적 활용 예로는 전자서명이 있다.
③ 송수신자는 서로 다른 키를 사용한다.
④ 개인키는 메시지를 전송할 때 사용한다.

> **TIP** 공개키 암호화 방식에서는 메시지를 전송하기 위해 암호화할 때 공개키를 사용하고, 메시지를 전송 받아 복호화할 때 개인키를 사용한다. 이렇게 함으로써 개인키를 가진 수신자만 메시지를 복호화해서 내용을 볼 수 있다.

5 〈보기〉는 공개키 암호 방식을 전자 서명(digital signature)에 적용하여 A가 B에게 메시지를 전송하는 과정에 대한 설명이다. ㉠, ㉡에 들어갈 내용으로 옳은 것은?

〈보기〉
(1) A와 B는 개인키와 공개키 쌍을 각각 생성한다.
(2) A는 (㉠)를 사용하여 암호화한 메시지를 B에게 전송한다.
(3) B는 (㉡)를 사용하여 수신된 메시지를 해독한다.

	㉠	㉡
①	A의 개인키	A의 공개키
②	A의 개인키	B의 공개키
③	A의 공개키	B의 개인키
④	B의 공개키	B의 개인키

> **TIP** 전자서명에서는 메시지에 전자 서명을 해서 보낼 때 개인키로 전자 서명을 하고, 메시지를 받아 전자 서명을 확인할 때 공개키로 서명을 검증한다.
> ㉠ 메시지에 A가 전자 서명을 하는 것이기 때문에 A의 개인키로 메시지를 암호화한다.
> ㉡ A가 보낸 게 맞는지 검증을 하는 것이기 때문에 A의 공개키로 메시지를 해독(복호화)한다.

6 자신을 타인이나 다른 시스템에게 속이는 행위를 의미하며 침입하고자 하는 호스트의 IP 주소를 바꾸어서 해킹하는 기법을 가리키는 것은?

① Spoofing ② Sniffing
③ Phishing ④ DoS 공격

....

TIP • 승인받은 사용자인 것처럼 시스템에 접근하거나 네트워크상에서 허가된 주소로 가장하여 접근제어를 우회하는 공격 행위
• IP Spoofing 공격은 서버와 트러스트(Trust)로 관계를 맺고 있는 클라이언트에 DoS 공격을 수행해 클라이언트가 사용하는 IP 가 네트워크에 출현하지 못하도록 한 뒤, 공격자 자신이 해당 IP로 설정을 변경한 후 서버에 접속하는 형태로 이루어진다. IP Spoofing 이외에도 ARP, Port, Content(Payload), DNS Spoofing 등이 존재한다.

7 시큐어 코딩(Secure Coding) 기법으로 옳지 않은 것은?

① 화이트리스트 방식으로 허용된 확장자만 업로드를 허용한다.
② 입력 화면 폼(FORM) 작성시 POST 방식보다 GET 방식을 사용한다.
③ 사용자로부터 입력받은 스크립트 관련 문자열을 필터링하여 변환한다.
④ 인자화된 질의문(parameterized query)을 사용한다.

....

TIP GET 보다 POST가 안전한 방식이다.

8 인터넷 환경에서 다른 사용자들이 송수신하는 네트워크상의 데이터를 도청하여 패스워드나 중요한 정보를 알아내는 형태의 공격은?

① 서비스 거부(DoS : denial of service) 공격
② ICMP 스머프(smurf) 공격
③ 스니핑(sniffing)
④ 트로이 목마(Trojan horse)

....

TIP • DoS : 주로 시스템에 과도한 부하를 일으켜 정보 시스템의 사용을 방해하는 공격 방식으로 가용성을 해칩니다.
• 스머프 : 스머핑이라는 프로그램을 사용하여 네트워크를 공격하는데, IP 브로드캐스트주소로 많은 양의 ICMP 핑(ping) 메시지를 보내고 그에 대응한 에코 메시지로 인해 네트워크는 실시간 트래픽을 처리할 수 없는 상태를 만듭니다. 트로이 목마는 정상적인 프로그램으로 보이지만 악의적인 기능을 하는 바이러스 프로그램입니다.

Answer 6.① 7.② 8.③

9 다음에서 설명하는 해킹 공격 방법은?

> 공격자는 사용자의 합법적 도메인을 탈취하거나 도메인 네임 시스템(DNS) 또는 프락시 서버의 주소를 변조하여, 사용자가 진짜 사이트로 오인하여 접속하도록 유도한 후 개인정보를 훔친다.

① 스니핑(Sniffing)

② 파밍(Pharming)

③ 트로이 목마(Trojan Horse)

④ 하이재킹(Hijacking)

TIP 파밍(pharming)사용자가 자신의 웹 브라우저에서 올바른 도메인을 입력해도 가짜 웹 페이지에 접속하게 하여 개인정보를 훔치는 공격
① 스니핑(Sniffing)네트워크 상에서 자신이 아닌 다른 상대방들의 패킷 교환을 엿듣는 것
③ 트로이목마(Trojan Horse)정상적인 프로그램으로 가장한 악성 프로그램으로, 다른 시스템으로 전파되지는 않는다. 트로이목마는 보통 해커들이 대상 컴퓨터의 인증이나 백신을 우회하여 시스템 내부에 침투하기 위해 사용한다.
④ 세션 하이재킹(Session Hijacking) 공격시스템에 접근할 적법한 사용자 아이디와 패스워드를 모를 때, 이미 시스템에 접속되어 세션이 연결되어 있는 사용자의 세션을가로채는 공격이다

10 컴퓨터와 네트워크 보안에 대한 설명으로 옳지 않은 것은?

① 인증(authentication)이란 호스트나 서비스가 사용자의 식별자를 검증하는 것을 의미한다.

② 기밀성(confidentiality)이란 인증된 집단만 데이터를 읽는 것이 가능한 것을 의미한다.

③ 무결성(integrity)이란 모든 집단이 데이터를 수정할 수 있도록 허가한다는 것을 의미한다.

④ 가용성(availability)이란 인증된 집단이 컴퓨터 시스템의 자산들을 사용할 수 있다는 것을 의미한다.

TIP 무결성이란 전송된 데이터의 내용이 바뀌지 않았다는 것을 의미합니다. 즉, 정보 전달도중에 정보가 훼손되지 않았는지 확인하는 것입니다.

Answer 9.② 10.③

11 소인수분해 문제의 어려움에 기초하여 큰 안전성을 가지는 전자 서명 알고리즘은?

① RSA
② ElGaml
③ KCDSA
④ ECDSA

....

TIP 비대칭키 암호(공개키 암호)
- RSA : 소인수분해
- Rabin : 소인수분해
- ElGamal : 이산대수
- ECC : 타원곡선 상의 이산대수
- Schnorr : 이산대수, ElGamal 에 기반, 짧은 키 길이
- DSA : 이산대수, Schnorr 의 응용
- DSS : 이산대수, 전자서명 전용
- ECDSA : 내부적으로 타원곡선
- Knapsack(배낭 문제) : 부분집합의 합을 구하는 문제 (NP-complete 문제)
- KCDSA : 산, 국내표준, 이산대수ECKDSA : 국산, 내부적으로 타원곡선, 소규모, 무선

12 국내 기관에서 주도적으로 개발한 암호 알고리즘은?

① IDEA
② ARIA
③ AES
④ Skipjack

....

TIP ② ARIA128 비트 블록
　키 길이 128/192/256 비트
　Involutional SPN 구조 12/14/16 라운드
　KS 국가 표준, 효율성에 맞게 최적화, 다양한 환경에 적합
　Academy(학계), Research Institute(연구소), Agency(정부 기관)의 약자이다.
- 국산 블록 암호 알고리즘
-ARIA
-SEED - 한국정보보호진흥원(KISA)128 비트 블록키 길이 128 또는 256 비트
　페이스텔 구조 16 라운드
　국내 전자상거래에 이용
-HIGHT
　64 비트 블록키 길이 128 비트페이스텔 변형 구조 32 라운드(간단한 알고리즘)
　제한적 자원의 환경 하에서 구현 가능
① IDEA64 비트 블록, 키 길이 128 비트, 8 라운드
③ AES(Advanced Encryption Standard)
　SPN 구조블록 128 비트(16 바이트)
　키 길이 128 비트 - 10 라운드
　키 길이 192 비트 - 12 라운드
　키 길이 256 비트 - 14 라운드
④ Skipjack미국 NSA 에서 1993 년 발표알고리즘 자체는 비밀64 비트의 블록, 80 비트의 키 길이, 32 라운드일종의 스마트 카드인 클리퍼 칩에 적용하기 용이

Answer 11.① 12.②

13 「정보통신망 이용촉진 및 정보보호 등에 관한법률」상 정보통신서비스 제공자는 임원급의 정보보호최고 책임자를 지정할 수 있도록 정하고 있다. 정보통신서비스 제공자의 정보보호 최고책임자가 총괄하는 업무에 해당하지 않는 것은? (단, 이 법에 명시된 것으로 한정함)

① 정보보호관리체계 수립 및 관리 · 운영
② 주요정보통신기반시설의 지정
③ 정보보호 취약점 분석 · 평가 및 개선
④ 정보보호 사전 보안성 검토

....

TIP ② 「정보통신기반 보호법」의 내용이다.
※ 「정보통신기반 보호법」제8조(주요정보통신기반시설의 지정 등)
　① 중앙행정기관의 장은 소관분야의 정보통신기반시설중 다음 각호의 사항을 고려하여 전자적 침해행위로 부터의 보호가 필요하다고 인정되는 정보통신기반시설을 주요정보통신기반시설로 지정할 수 있다.
※ 「정보통신망 이용촉진 및 정보보호 등에 관한 법률」[시행 2024. 1. 23.] [법률 제20069호, 2024. 1. 23., 일부개정]
제45조의 3(정보보호 최고책임자의 지정 등)
　① 정보통신서비스 제공자는 정보통신시스템 등에 대한 보안 및 정보의 안전한 관리를 위하여 대통령령으로 정하는 기준에 해당하는 임직원을 정보보호 최고책임자로 지정하고 과학기술정보통신부장관에게 신고하여야 한다. 다만, 자산총액, 매출액 등이 대통령령으로 정하는 기준에 해당하는 정보통신서비스 제공자의 경우에는 정보보호 최고책임자를 신고하지 아니할 수 있다.
　② 제1항에 따른 신고의 방법 및 절차 등에 대해서는 대통령령으로 정한다.
　③ 제1항 본문에 따라 지정 및 신고된 정보보호 최고책임자(자산총액, 매출액 등 대통령령으로 정하는 기준에 해당하는 정보통신서비스 제공자의 경우로 한정한다)는 제4항의 업무 외의 다른 업무를 겸직할 수 없다.
　④ 정보보호 최고책임자의 업무는 다음 각 호와 같다.
　　1. 정보보호 최고책임자는 다음 각 목의 업무를 총괄한다.
　　　가. 정보보호 계획의 수립 · 시행 및 개선
　　　나. 정보보호 실태와 관행의 정기적인 감사 및 개선
　　　다. 정보보호 위험의 식별 평가 및 정보보호 대책 마련
　　　라. 정보보호 교육과 모의 훈련 계획의 수립 및 시행
　　2. 정보보호 최고책임자는 다음 각 목의 업무를 겸할 수 있다.
　　　가. 「정보보호산업의 진흥에 관한 법률」제13조에 따른 정보보호 공시에 관한 업무
　　　나. 「정보통신기반 보호법」제5조 제5항에 따른 정보보호책임자의 업무
　　　다. 「전자금융거래법」제21조의2 제4항에 따른 정보보호최고책임자의 업무
　　　라. 「개인정보 보호법」제31조 제2항에 따른 개인정보 보호책임자의 업무
　　　마. 그 밖에 이 법 또는 관계 법령에 따라 정보보호를 위하여 필요한 조치의 이행
　⑤ 정보통신서비스 제공자는 침해사고에 대한 공동 예방 및 대응, 필요한 정보의 교류, 그 밖에 대통령령으로 정하는 공동의 사업을 수행하기 위하여 제1항에 따른 정보보호 최고책임자를 구성원으로 하는 정보보호 최고책임자 협의회를 구성 · 운영할 수 있다.
　⑥ 정부는 제5항에 따른 정보보호 최고책임자 협의회의 활동에 필요한 경비의 전부 또는 일부를 지원할 수 있다.
　⑦ 정보보호 최고책임자의 자격요건 등에 필요한 사항은 대통령령으로 정한다.

Answer　13.②

14 다음 중 이산 대수 문제의 어려움에 기초한 암호 알고리즘은?

① DES

② AES

③ Diffie-Hellman

④ RSA

TIP Diffie-Hellman : 이산 대수 문제의 어려움에 기초한다.
① DES : 페이스텔 구조에 기초한다.
② AES : SPN 구조에 기초한다.
④ RSA : 소인수 분해 문제의 어려움에 기초한다.

15 「개인정보 보호법」상 자신의 개인정보 처리와 관련한 정보주체의 권리에 대한 설명으로 옳지 않은 것은?

① 개인정보의 처리에 관한 정보를 제공받을 수 있다.

② 개인정보의 처리에 관한 동의 여부, 동의 범위 등을 선택하고 결정할 수 있다.

③ 개인정보의 처리로 인하여 발생한 피해를 신속하고 공정한 절차에 따라 구제받을 수 있다.

④ 개인정보에 대하여 열람 및 사본의 발급을 요구할 수 있다.

TIP ④ 개인정보에 대하여 열람을 할 수 있으나, 사본의 발급은 요구할 수 없다.
※「개인정보 보호법」제4조(정보주체의 권리)
정보주체는 자신의 개인정보 처리와 관련하여 다음 각 호의 권리를 가진다. 〈개정 2023. 3. 14.〉
1. 개인정보의 처리에 관한 정보를 제공받을 권리 → ①
2. 개인정보의 처리에 관한 동의 여부, 동의 범위 등을 선택하고 결정할 권리 → ②
3. 개인정보의 처리 여부를 확인하고 개인정보에 대하여 열람(사본의 발급을 포함한다. 이하 같다) 및 전송을 요구할 권리 → ④
4. 개인정보의 처리 정지, 정정 · 삭제 및 파기를 요구할 권리
5. 개인정보의 처리로 인하여 발생한 피해를 신속하고 공정한절차에 따라 구제받을 권리 → ③
6. 완전히 자동화된 개인정보 처리에 따른 결정을 거부하거나 그에 대한 설명 등을 요구할 권리

16 서비스 거부(DoS : Denial of Service) 공격 또는 분산 서비스 거부(DDoS : Distributed DoS) 공격에 대한 설명으로 옳지 않은 것은?

① TCP SYN 이 DoS 공격에 활용된다.
② CPU, 메모리 등 시스템 자원에 과다한 부하를 가중시킨다.
③ 불특정 형태의 에이전트 역할을 수행하는 데몬 프로그램을 변조하거나 파괴한다.
④ 네트워크 대역폭을 고갈시켜 접속을 차단시킨다.

TIP DoS(서비스 거부 공격) … 시스템의 자원을 고갈시켜 제대로 사용하지 못하게 하는 공격으로 시스템을 파괴하지는 않는다(DDoS (분산 서비스 거부 공격)은 다수의 시스템을 이용해 DoS 공격을 하는 것)데몬 프로그램을 변조하거나 파괴하는 공격은 악성코드나 바이러스 등이다.
- DoS는 공격 방법에 따라, TCP SYN 패킷, ICMP echo 메시지, UDP 패킷 등이 사용된다.
- DoS는 시스템 자원과 네트워크 대역폭을 고갈시켜 서버에 접속하려는 사용자가 제대로 서비스를 받지 못하도록 가용성을 떨어뜨리는 공격이다.

17 데이터 소유자가 다른 사용자의 식별자에 기초하여 자신의 의지대로 데이터에 대한 접근 권한을 부여하는 것은?

① 강제적 접근 제어(MAC)
② 임의적 접근 제어(DAC)
③ 규칙 기반 접근 제어(Rule-based AC)
④ 역할 기반 접근 제어(RBAC)

TIP • 임의적 접근 제어(DAC, Discretionary Access Control)정보의 소유자가 보안 등급을 결정하고 이에 대한 정보의 접근제어도 설정하는 모델
- 강제적 접근 제어(MAC, Mandatory Access Control)
-오직 관리자만이 객체과 자원들에 대한 접근 권한을 부여할 수있다. 자원에 대한 접근은 주어진 보안레벨에 기반한다.
-관리자가 규칙을 작성하기 때문에 규칙 기반 접근 제어(RuleBased Access Control)이라고도 한다.
- 역할 기반 접근 제어(RBAC, Role Based Access Control) : 정보에 대한 사용자의 접근을 개별적인 신분이 아니라 조직 내개인 역할에 따라 허용 여부를 결정하는 모델

Answer 16.③ 17.②

18 DoS(Denial of Service) 공격의 대응 방법에 대한설명으로 ㉠, ㉡에 들어갈 용어는?

> • 다른 네트워크로부터 들어오는 IP broadcast 패킷을 허용하지 않으면 자신의 네트워크가 (㉠) 공격의 중간 매개지로 쓰이는 것을 막을 수 있다.
> • 다른 네트워크로부터 들어오는 패킷 중에 출발지주소가 내부 IP 주소인 패킷을 차단하면 (㉡) 공격을 막을 수 있다.

	㉠	㉡
①	Smurf	Land
②	Smurf	Ping of Death
③	Ping of Death	Land
④	Ping of Death	Smurf

> **TIP** • Smurf(ICMP flooding) 공격 : 출발지 IP주소를 공격대상의 IP주소로 위장하여 ICMP Echo 메시지를 브로드캐스트함으로써, 공격 대상으로 많은 양의 ICMP Echo 응답 패킷이 몰리게 만들어 시스템 자원이 고갈되도록 만드는 공격이다. 외부에서 들어오는 IP 브로드캐스트 패킷을 무시하도록 설정하면, ICMP Echo 응답 패킷을 보내지 않으므로 Smurf 공격에 악용되지 않는다.
> • Land 공격(Land Attack) : 패킷의 출발지 IP 주소와 목적지 IP주소 값을 모두 공격자의 IP 주소 값으로 만들어 전송하는 공격
> • 출발지 주소와 목적지 주소가 같기 때문에 이 패킷의 응답은 공격대상을 떠났다가 그대로 다시 공격대상에게 들어가는데, SYN Flooding처럼 동시 사용자 수를 점유해버리며 CPU 자원을 고갈시킨다.
> • 외부 네트워크에서 들어오는 패킷의 출발지 주소가 내부 IP 주소라는 것은 이 패킷이 Land 공격을 위해 위조된 패킷

19 프로그램 입력 값에 대한 검증 누락, 부적절한 검증 또는 데이터의 잘못된 형식 지정으로 인해 발생할 수 있는 보안 공격이 아닌 것은?

① HTTP GET 플러딩   ② SQL 삽입
③ 크로스사이트 스크립트   ④ 버퍼 오버플로우

> **TIP** HTTP GET 플러딩 … 공격 대상 시스템에 TCP 3-웨이 핸드셰이킹 과정으로 정상 접속한 뒤 HTTP의 GET 메소드로 특정 페이지를 무한대로 실행하는 공격
> • 입력데이터 검증 및 표현 : 프로그램 입력값에 대한 검증 누락 또는 부적절한 검증, 데이터의 잘못된 형식지정으로 인해 발생할 수 있는 보안약점이다.
> • 종류 : SQL 삽입, 경로 조작 및 자원 삽입, 크로스사이트 스크립트, 운영체제 명령어 삽입, 위험한 형식 파일 업로드, 신뢰되지 않은 URL 주소로 자동 접속 연결, XPath 삽입, XQuery 삽입, 크로스사이트 요청 위조, HTTP 응답분할, 메모리 버퍼 오버플로우, 포맷 스트링 삽입
> • HTTP GET Flooding은 최신 DDoS 공격과 관련되어 있으며, 프로그램 입력 값에 대한 검증 누락, 부적절한 검증 또는 데이터의 잘못된 형식 지정으로 인해 발생할 수 있는 보안 공격과는 거리가 멀다.

Answer 18.① 19.①

PART

02

기초영어

01 어휘
02 회화
03 어법
04 독해

01 어휘

 학습 포인트

우체국에서 취급하는 다양한 업무와 관련된 필수 어휘와 자주 출제되는 기본 어휘 및 숙어를 반드시 숙지해야 한다.

❶ 우편업무 관련 어휘

1. parcel	소포
2. package	소포, 택배
3. send, ship	보내다
4. (postage) stamp	우표
5. deliver	배달, 송달하다, 배송하다
6. mail	편지, 보내다
7. express mail	속달, 빠른 우편
8. special delivery	속달, 특별 배달
9. priority mail	속달, 우선 우편
10. ordinary (regular) mail	보통 우편
11. surface mail	보통 우편, 선편
12. air mail	항공 우편
13. ground mail	국내 (일반) 우편
14. insured mail	보험 가입된 우편
15. registered mail	등기 우편
16. Express Mail Service	국제 특송 (EMS)
17. register	등록하다, 기입하다
18. window	창구
19. claim, pick up, receive, get	(소포를) 찾다, 수령하다
20. postage	우편 요금
21. domestic	국내의
22. international	국제의

23. overseas	해외의
24. customer number	고객 번호
25. waiting number	대기 번호
26. courier	택배(서비스), 운반원
27. fragile, breakable	깨지기 쉬운
28. scale, balance	저울
29. weight	무게
30. weigh, determine	무게를 재다
31. standard	표준의
32. extra	추가의, 여분의
33. valuable, precious, invaluable, priceless	귀중한(귀금속), 비싼
34. cost	비용, 비용이 들다
35. place, put, position	놓다, 두다
36. take	시간이 걸리다
37. arrive, get	도착하다
38. go out	출발하다
39. by, through, via (수단)	~을 통해서
40. guarantee	보증하다
41. bubble wrap	완충재, 뽁뽁이
42. postcard	우편엽서
43. contain	포함하다
44. contents	내용물
45. dangerous, hazardous	위험한
46. delicate, susceptible	민감한, 예민한
47. ensure	보장하다, 확보하다
48. comply	승낙하다, 동의하다
49. regulation	규정, 조례
50. flammable	인화성의
51. substance	물질
52. material	재료, 물질
53. perishable	썩기 쉬운
54. prohibit, forbid	금지하다

55. restriction	제한, 금지
56. liquid	액체의
57. explosive	폭발성의
58. corrosive	부식성의
59. illegal	불법의
60. glassware	유리 제품
61. electronic	전자제품
62. transit	운송
63. purchase	구매하다
64. shipment	발송물, 화물
65. shipping	배송, 선적
66. declare	신고하다
67. reimburse	변상하다
68. damaged	손상된
69. proper	적절한
70. documentation	서류, 증서
71. process	처리, 과정
72. up to	~까지(최대)
73. available	이용가능한
74. fill out(in)	기입하다, 채우다
75. form	양식
76. return	되돌리다, 돌려주다
77. recipient	수신자
78. address	주소
79. contact information	연락처
80. personal information	개인 정보
81. signature	서명, 서명하다
82. designated	지정된
83. identifiction	신분증
84. identity	신원, 정체
85. verify	확인하다, 입증하다
86. issue	발급하다

87. applicable	적용 가능한
88. attach	부착하다
89. invoice	송장, 명세표
90. receipt	영수증
91. envelope	편지봉투
92. postal (zip) code	우편 번호
93. track	추적하다
94. tracking number	운송장 번호
95. locate	(배송)위치를 확인하다
96. shipping status	베송상태
97. out for delivery	배송중인
98. in transit	운송중인
99. notification	통지
100. customs clearance	통관

❷ 금융업무 관련어휘

1. account	계좌
2. regualr	보통의, 일반의
3. deposit	예금(하다)
4. savings account	적금 계좌
5. payroll account	급여이체 통장
6. credit card account	신용카드 계좌
7. checking account	당좌예금 계좌
8. interest	이자
9. exempt	면세의, 면제의
10. tax	세금
11. installment	월납, 할부
12. first—come, first—served	선착순
13. option	선택사항
14. approximately	대략적으로

15. business days	영업일
16. automatic	자동의
17. payment	결제
18. transfer	이체(하다)
19. transaction	거래
20. overdraft	초과인출
21. protection	보호
22. debit card	직불카드
23. initial	최초의
24. paper statements	서면 명세서
25. eStatements	전자 명세서
26. enroll	등록하다
27. divided	배당금, 이익 환급금
28. income	소득
29. checks	수표
30. complimentary	우대의, 무료의
31. cash	현금(화하다)
32. withdrawal	인출
33. withdraw	인출하다
34. a hold	보류
35. insert date	기입 날짜
36. endorse	이서하다
37. bounced	(수표가) 반송된
38. slip	전표
39. credit	신용, 입금액
40. fund	자금
41. account number	계좌번호
42. denomination	액면, 단위, 종류
43. charge	청구하다, 부과금
44. disbursement	지급, 지출
45. remittance charge	송금 수수료
46. promotional	판촉의

47. rate	요금, 사용료
48. standing order	자동이체, 정기구독
49. monthly	매달의
50. renew	갱신하다
51. authentication	인증, 입증
52. certificte	증명서, 자격증
53. fee	요금
54. application	지원서
55. set up	설정하다
56. PIN (Personal identification Number)	비밀번호, 개인식별번호
57. apply for	지원하다, 신청하다
58. demand deposit	요구불 예금, 당좌예금
59. subscriber	구독자, 가입자
60. confirm	확인하다
61. inconvenience	불편함
62. cash advance	현금 서비스
63. stolen	도난당한
64. refund	환불하다
65. security	안전, 보안
66. expire	만료되다, 종료되다
67. proceed	계속되다, 진행되다
68. reset	재설정하다
69. stable	안정적인
70. stability	안정성
71. returns	수익
72. moderate	적정한
73. criterion	기준, 척도
74. investment	투자
75. long-term	장기의
76. recommend	추천하다
77. consult	상담하다, 참고하다
78. expected	예상되는, 기대되는

79. incur	초래하다
80. principal	원금
81. redeem	되찾다, 환매하다
82. debit	출금, 부채
83. rating	등급
84. asset	자산
85. equity	주식, 지분
86. bond	채권
87. real estate	부동산
88. benefit	이익을 얻다
89. decision	결정
90. contract	계약서
91. money order	우편환
92. payable	지급할 수 있는
93. bounce	(거래가) 거절되다
94. expiration	만기, 만료
95. exchange, replace	교환하다
96. exchange rate	환율
97. currency	화폐, 통화
98. amount	금액
99. convert	바꾸다
100. be deposited into	~에 입금되다
101. commission-free	중개수수료가 없는
102. holder	소유자, 권리자
103. bill	지폐
104. fluctuate	변동하다
105. favorable	유리한, 선호할 만한
106. torn up	찢어진
107. subsidiary	자회사
108. property	재산
109. capital	자본
110. lease	임대, 차용

❸ 보험업무 관련 어휘

1. insurance	보험
2. insure	보험에 들다
3. estimated	평가된
4. coverage	보장
5. comprehensive	포괄적인, 전체의
6. go over	살펴보다
7. quote	견적내다. 인용
8. take out (up)	보험에 가입하다
9. policy	보험증권
10. premium	보험료
11. disease	질병
12. policyholder	보험 계약자
13. liability	책임, 부담
14. hesitate	망설이다
15. evaluate	평가하다
16. suggest	제안하다
17. ensure	보장하다
18. meet	충족시키다
19. concern	걱정, 우려
20. deductible	공제액, 면책조항
21. kick in	시작하다
22. expense	지출
23. limit	제한, 한도
24. agreement	계약, 합의서
25. entity	법인
26. underwriting	보험평가, 인수
27. exclusion	예외, 제외
28. riders	특약
29. additional	추가의
30. actuary	보험회계사
31. statistical	통계적인

32. briefly	간략히
33. term	존속 기간
34. terms	(계약서) 조건
35. beneficiary	수혜자
36. pass away	돌아가시다
37. component	요소
38. periodically	주기적으로
39. natural disaster	자연 재해
40. separate	별도의
41. fortune	재물
42. agent	대리인, 판매원
43. accident	사고
44. theft	절도
45. mentioned	언급된, 명시된
46. outlined	개요로 짜인
47. file	신청하다, 기록하다
48. reserve	권리를 확보하다
49. investigate	조사하다
50. non−payment	지급거절, 지급불능
51. duty	의무
52. peril	위험
53. be governed by	~에 의해 집행되다
54. jurisdiction	관할권, 사법권
55. remain	유지하다
56. cancel	취소하다, 해약하다
57. add−on	추가조항, 추가요금
58. essential	필수의
59. extend	기한을 연장하다
60. period	기한, 주기
61. cancellation	해지, 해약
62. effective	유효한, 효력이 있는
63. terminate, discontinue	중지하다, 해약하다

64. initiate	개시하다, 시작하다
65. appreciate	감사하다, 평가하다
66. confirmation	확정, 확인
67. cover	충당하다
68. unexpected	예상치 못한
69. come up	발생하다
70. collateral	담보
71. loan	대출
72. whole life insurance	종신보험
73. potentially	잠재적으로
74. borrow	빌리다
75. repay	갚다
76. deduct	공제하다
77. emegency	응급
78. calculate	계산하다
79. temporary	임시의
80. licence number	면허증 번호
81. pension	연금
82. retirement	은퇴
83. taxable income	과세 소득
84. sponsor	보증인
85. stream	흐름
86. determine	결정하다
87. financial	재정의
88. urgent reminder	독촉장

❹ 기본 필수 어휘

1. patriotism	애국심
2. conscience	양심
3. intellect	지성
4. civilization	문명
5. prejudice	편견, 선입견
6. privilege	특권(을 주다)
7. impulse	충동
8. virtue	미덕
9. revolution	혁명
10. stimulus	자극
11. fatigue	피로
12. famine	기근
13. evolution	진화, 발전
14. method	방법
15. responsibility	책임
16. monotony	단조로움
17. disgrace	불명예, 치욕
18. influence	영향(을 미치다)
19. resistance	저항
20. hardship	고난
21. compromise	타협(하다)
22. prosperity	번영
23. sacrifice	희생(하다)
24. perseverance	인내
25. monopoly	독점
26. candidate	지원자, 후보자
27. environment	환경
28. crisis	위기
29. frustration	좌절
30. purpose	목적
31. struggle	고군분투하다

32. access	접근
33. modesty	겸손
34. circumstance	환경, 사정
35. commerce	상업
36. charity	자비, 자선
37. evidence	증거
38. bribe	뇌물(을 주다)
39. gratitude	감사
40. crime	범죄
41. heritage	유산
42. industry	산업, 근면
43. phenomenon	현상
44. proportion	비례, 비율
45. function	기능
46. violence	폭력
47. poverty	빈곤
48. capacity	능력, 수용력
49. livelihood	생계, 살림
50. opportunity	기회
51. liberty	자유
52. prospect	기대, 전망
53. constitution	헌법
54. efficiency	능률, 효력
55. vocation	직업
56. welfare	복지
57. community	사회
58. thrift	절약
59. significance	의의, 중요성
60. epidemic	유행병, 전염병
61. labor	노동, 일하다
62. achievement	성취, 업적
63. generalization	일반화, 보편화

64. approve	승인하다, 시인하다
65. contribute	기여하다, 공헌하다
66. distribute	분배하다
67. violate	위반하다
68. combine	결합하다
69. isolate	격리시키다, 고립시키다
70. establish	설립하다
71. reform	개혁하다, 개정하다
72. possess	소유하다
73. dispose	처리하다
74. quit	그만두다
75. persuade	설득하다
76. restore	회복시키다, 복구하다
77. utilize	이용하다
78. consume	소비하다
79. impose	부과하다, 강요하다
80. preserve	보존하다, 유지하다
81. interrupt	방해하다, 중단하다
82. export	수출(하다)
83. fulfil	이행하다
84. estimate	평가하다, 견적
85. compensate	보상하다, 배상하다
86. acknowledge	인정하다
87. distinguish	구별하다
88. substitute	대신하다, 대리인
89. alter	바꾸다
90. transport	수송하다, 운송
91. assert	주장하다, 단언하다
92. circulate	돌다, 유통하다
93. predict	예언하다
94. participate	참가하다
95. suspend	중지하다, 매달다

96. inherit	상속하다, 물려주다
97. justify	정당화하다
98. conservative	보수적인
99. arrogant	거만한
100. adequate	적당한, 충분한
101. mutual	상호간의
102. primitive	원시의
103. concrete	구체적인
104. thorough	철저한
105. absolute	절대적인
106. ultimate	최후의, 궁극적인
107. constructive	건설적인
108. destructive	파괴적인
109. contemporary	현대의, 동시대의
110. external	외부의, 외적인
111. deliberate	신중한
112. surplus	과잉의
113. distinct	명확한, 뚜렷한
114. particular	특수한, 까다로운
115. strict	엄격한
116. deficient	부족한
117. infinite	무한의
118. precise	정확한
119. moral	도덕적인
120. neutral	중립의
121. legal	합법적인
122. surrender	항복(하다)
123. reputation	명성, 평판
124. offspring	자손
125. protest	항의(하다)
126. origin	기원, 태생
127. agriculture	농업

128. vote	투표(하다)
129. utility	유익, 효용
130. atmosphere	분위기, 대기
131. excess	초과, 과잉
132. architecture	건축
133. temperature	온도
134. institution	제도, 기관
135. definition	정의
136. demand	요구하다, 수요
137. supply	공급(하다)
138. obligation	의무
139. donation	기부, 기증
140. merchandise	상품
141. effort	노력
142. shortage	부족
143. conclusion	결말, 결론
144. outcome	결과, 성과
145. fluid	액체의, 유동성의
146. proposal	제의, 신청
147. transition	변천, 과도기
148. worth	가치, ~의 가치가 있는
149. disorder	무질서, 혼란
150. promote	촉진하다, 승진시키다, 홍보하다

❺ 기본 필수 숙어

1. according to	~에 따르면
2. anything but	결코 ~가 아닌
3. be about to	막 ~하려던 참이다
4. be familiar with	~에 친숙하다
5. nothing but	단지
6. be filled with, be full of	~로 가득차다
7. be fond of	~을 좋아하다
8. be interested with	~에 관심이 있다
9. be liable to	~하기 쉽다
10. belong to	~에 속하다
11. be satisfied with	~에 만족하다
12. be supposed to	~하기로 되어 있다
13. be used to, be accustomed to	~에 익숙하다
14. consist of	~로 구성되다
15. depend on	~에 달려있다, ~에 의존하다
16. get rid of	~을 제거하다
17. do one's best	최선을 다하다
18. don't have to	~할 필요가 없다
19. enough to	~할 만큼 충분한
20. far from	결코 ~가 아닌
21. feel like ~ing	~하고 싶다
22. first of all	무엇보다도
23. give in	항복하다
24. go on	계속하다
25. had better	~하는 게 낫다
26. take place	발생하다, 일어나다
27. have a hard time ~ing	~하는데 어려움을 겪다
28. have to to with	~와 관련이 있다
29. in advance	미리, 사전에
30. in charge of	~을 책임지는
31. compared with	~와 비교하여

32. in other words	다시 말해서
33. in spite of = despite	~에도 불구하고
34. instead of	~대신에
35. in this respect	이러한 점에서
36. keep (목) from ~ing	(목적어)가 ~하는 것을 막다
37. keep ~ing	계속해서 ~하다
38. long for	~을 갈망하다
39. take care of, look after	~을 돌보다
40. look up to	~을 우러러 보다
41. make up one's mind	결심하다
42. may as well	~하는 편이 낫다
43. neither A nor B	A도 B도 둘다 아닌
44. either A or B	A, B 둘 중에 하나
45. not to mention	~는 말할 것도 없이
46. owe A to B	A는 B 덕분이다
47. put off	미루다, 연기하다
48. stand for	지지하다
49. substitute A for B	B를 A로 대체하다
50. turn to	의지하다
51. turn out	~로 판명되다
52. be worth ~ing	~할 가치가 있다
53. would like to	~하고 싶다
54. take ~ for granted	~을 당연히 여기다
55. take turns	~을 교대로 하다

❻ 공무원 시험 필수 숙어

1. all at once	갑자기
2. be apt to	~하는 경향이 있다
3. end up	결국 ~하게 되다
4. head off	막자, 저지하다
5. in time	제시간에
6. on business	업무 차, 출장중인
7. pass A on	A를 넘겨주다
8. pull over	(차를) 길가에 대다
9. queue up for	줄서서 ~을 기다리다
10. rely on	~에 의지하다, 기대다, 신뢰하다
11. take over	~을 인계받다, 인수하다
12. turn off	~을 끄다, 잠그다
13. watch out for	~을 조심하다
14. at hand	가까이에
15. break up with	~와 헤어지다
16. figure out	알아내다, 이해하다
17. from scratch	처음부터
18. get around	~을 피하다, ~의 환심을 사다
19. give a hand	돕다
20. go along with	~에 동조하다
21. let alone	~은 말할 것도 없이
22. look into	~을 조사하다
23. make over	~을 개조하다
24. pick out	고르다, 분간하다
25. run after	~을 뒤쫓다, 따라가다
26. send for	~을 부르다
27. stay up	안 자고 깨어 있다
28. take on	떠맡다, 취하다
29. to sum up	요약해서 말하자면
30. turn into	~으로 변하다
31. account for	~을 설명하다, 차지하다

32. be doomed to	~할 수 밖에 없는 운명이다
33. come across	우연히 마주치다
34. hit the road	길을 나서다
35. in case of	~에 대비하여
36. in control of	~을 관리하고 있는
37. in proportion to	~에 비례하여
38. look down on	~을 얕보다
39. make fun of	~을 놀리다
40. out of stock	품절된
41. take ~into account	~을 고려하다
42. tend to	~하는 경향이 있다
43. in a row	연이어, 한 줄로
44. leave out	배제시키다
45. let go of	~을 놓아주다
46. out of place	자리에 맞지 않는, 부적절한
47. point out	지적하다
48. turn down	거절하다
49. be bound to	반드시 ~하다
50. be suited for	~에 적합하다
51. call for	요구하다
52. go back to	~로 거슬러 올라가다
53. go hand in hand	관련되다
54. in the same boat	같은 처지에 있는
55. make use of	~을 활용하다
56. on time	정각에
57. reflect on	~을 되돌아보다
58. bring up	기르다, 양육하다
59. by no means	결코 ~가 아닌
60. go through	겪다, 경험하다

CHAPTER

02 회화

 학습 포인트

실제 대화의 상황, 특히 우체국에서 일어날 수 있는 실제 상황의 대화 표현을 익히고, 자주 언급되는 문장표현을 잘 활용하여 문제를 풀 수 있어야 한다.

❶ 우편업무

(1) 무엇을 도와드릴까요?

• How can I help you?

• How may I hel you?

• How can I assist you?

• What can I do for you?

(2) 어떻게 보내드릴까요?

• How would you like to send it?
  어떻게 보내드릴까요?

• What method of shipping would you prefer for your parcel?
  어떤 운송방법으로 소포를 보내고 싶으세요?

• How do you wish to have your parcel delivered?
  소포를 어떻게 배송해 드릴까요?

• Which shipping service do you want to use?
  어떤 배송 서비스를 원하시나요?

• What shipping option are you considering?
  어떤 배송을 선택하시겠어요?

(3) 저울에 올려주세요.

• Put it on the scale, please.

• Position it on the scale, please.

• Set it on the scale, please.

• Place it for the weighing, please.

• Place it on the balance, please.

(4) 얼마나 걸리나요?

• How long will it take?

• How many days does it take to get there?

(5) 요금은 얼마인가요?

• How much will it cost?

• How much is it?

(6) 내용물이 무엇인가요?

• What does the package contain?

• Can you tell me the contents of the package?

• What are the contents?

(7) 소포 보험에 드시겠어요?

• Do you want to insure your package?

• Would you like to purchase insurance for this package?

• Are you interested in insuring this package?

(8) 배송추적

• Is there a tracking number?
  추적 번호가 있나요?

- I'll check the delivery status for you.

  제가 배송상태를 확인해 드릴게요.

(9) 기타 표현

- Fill out this form.

  이 양식을 작성해 주세요.

- Please put your name and signature in this box.

  이 칸에 성함을 쓰고 싸인을 해주세요.

- Please have your identification ready.

  신분증을 준비해 주세요.

- You'll need to complete a Customs Declaration Form.

  당신은 세관신고서를 작성해야 합니다.

- This window is for postal service only. Please visit the window 4.

  이 창구는 우편 서비스 전용입니다. 4번 창구로 가세요.

〈예문 1〉

A : Hello, How may I help you?

  안녕하세요, 무엇을 도와드릴까요?

B : Hi, I'd like to send this package to L.A. please.

  안녕하세요, 이 소포를 L.A로 보내고 싶어요.

A : Of course, How would you like to send it?

  알겠습니다. 어떻게 보내드릴까요?

B : I'd like to send it by express delivery, please.

  속달로 보내고 싶습니다.

A : OK. Please place it on the scale for weighing.

  알겠습니다. 무게를 재도록 저울에 올려 주세요.

B : Alright, here you go.

  네, 여기요.

A : It weighs 3 kiligrams. Could you please tell me the contents of the package?

  3 킬로그램이네요. 내용물이 무엇인지 말씀해주시겠어요?

B : There are five books inside.

  안에 책 5권이 있어요.

A : I see. Do you want to insure your package?

알겠습니다. 혹시 소포 보험을 원하시나요?

B : I think I don't need it. How much will it cost?

보험은 필요 없을 거 같아요. 비용은 얼마인가요?

A : The express delivery is 7 thousand won.

속달은 7천원입니다.

B : How many days does it take to get there?

도착하는데 얼마나 걸리나요?

A : I'll take 2-3 days.

2일에서 3일 정도 걸려요.

B : I see. Thank you.

알겠습니다. 감사합니다.

〈예문 2〉

A : Hello. I have been tracking my package and it says it was delivered, but I haven't received it yet. Can you help me?

안녕하세요. 배송조회를 해보니 배송완료라고 뜨는데, 아직 못 받았습니다. 도와주실 수 있나요?

B : Of course. Can you give me the tracking number?

물론이죠. 운송장 번호를 알려주시겠어요?

A : Yes. It's 123-456-789.

네, 123-456-789입니다.

B : Alright. I'll check it for you.

알겠습니다. 확인해 볼게요.

〈예문 3〉

A : Hi, I need to send this package internationally. Do I need to fill out a customs declaration form?

안녕하세요. 이 소포를 국제배송하려고 합니다. 세관신고서를 작성해야 할까요?

B : Yes, for international shipments, you'll need to complete a customs declaration form.

네, 국제배송을 하려면 세관신고서를 작성해야 합니다.

A : I see. Can you provide me with the form, please?

알겠습니다. 작성양식을 주시겠어요?

❷ 금융업무

(1) 은행 업무

- I'd like to open an account.
  은행 계좌를 개설하고 싶어요.

- Could you deposit this check directly into my account?
  이 수표를 제 통장으로 바로 입금할 수 있을까요?

- Can you endorse?
  이서해 주시겠어요?

- I'd like to make a deposit, please.
  입금하고 싶어요.

- I'd like to withdraw money from my account.
  제 계좌에서 예금을 인출하고 싶어요.

- How much would you like to take out?
  얼마를 인출하기를 원하세요?

- I'd like to send 100 dollars to U.S.
  미국으로 100달러 보내고 싶어요.

- What's the remittance charge?
  송금 수수료가 얼마인가요?

(2) 카드 업무

- I'd like to get a debit card.
  직불카드를 신청하려고 합니다.

- I'm here to apply for a credit card.
  신용카드를 신청하려고 왔어요.

- When will the card be issued?
  카드가 언제 발급되나요?

- Can I renew my credit card please?
  신용카드를 갱신할 수 있나요?

- How much can I withdraw with this card?

  이 카드의 한도액이 얼마입니까?

- I'd like to report a lost credit card.

  신용카드 분실 신고를 하려고요.

- Your card is expired.

  카드 기한이 만료되었습니다.

(3) 펀드 업무

- Funds can be consulted through a dedicated window.

  펀드는 전용창구에서 상담받으실 수 있어요.

- Funds may incur a loss of principal.

  펀드는 원금 손실을 초래할 수 있습니다.

- Can you recommend a fund?

  펀드를 추천해주실 수 있나요?

- You should choose a fund that fits your investment style.

  당신의 투자 성향에 맞는 펀드를 선택하셔야 합니다.

(4) 우편환과 환전 업무

- I'd like to send a money order to my friend.

  친구에게 우편환을 보내고 싶어요.

- We offer international money orders.

  우리는 국제우편환을 제공합니다.

- I need to exchange 100 dollars for Korean won.

  제가 100달러를 한국 돈으로 교환해야 합니다.

- What's the exchange rate for dollars today?

  오늘 달러의 환율은 어떻개 되나요?

- How much would you like to exchange?

  얼마를 환전하고 싶으신가요?

- Could you let me know the currency and the amount you would like to exchange?

  환전하고자 하는 통화와 금액을 알려주시겠어요?

(5) 기타 금융 업무

- I'd like to buy some stamps, please.

  우표를 구매하고 싶어요.

- I'm interested in ordering a product from Korea Post Mall.

  우체국 쇼핑몰에서 제품을 구매하고 싶어요.

- I need to exchange some traveler's check for US dollars.

  여행자 수표를 미국 달러로 교환해야 합니다.

- I have some damaged bills I'd like to exchange.

  교환하고 싶은 손상된 지폐가 있어요.

〈예문 1〉

A : Hi, I'd like to make a deposit.

　안녕하세요. 입금을 하고 싶은데요.

B : I see. Do you have your account nember and ID with you?

　알겠습니다. 계좌번호와 신분증을 가지고 계신가요?

A : Yes, here they are.

　네. 여기 있습니다.

B : Great. Let me just process this for you. How much are you depositing today?

　좋습니다. 제가 처리해 드릴게요. 오늘 얼마 입금하실 예정이세요?

A : $5,000.

　5000달러입니다.

〈예문 2〉

A : How may I help you?

　어떻게 도와드릴까요?

B : Hi, I need to exchange some Korean won for US dollars.

　안녕하세요, 제가 한국 돈을 미국 달러로 바꿔야 해서요.

A : Of course. How much would you like to exchange?

　알겠습니다. 얼마를 바꾸고 싶으신가요?

B : I have 200,000 won. What's the exchange rate for dollars today?

　20만원이요. 오늘 달러 환율이 어떻게 되나요?

A : Let me check that for you. The current rate is 1200 won for 1 dollar.

　확인해 볼게요. 현재 환율은 1달러 달 1200원입니다.

〈예문 3〉

A : Hi, I need a new credit card because my old one is expired.

안녕하세요. 기존 신용카드가 만료되어 새 카드가 필요한데요.

B : Of course. Can I see your ID, please?

알겠습니다. 신분증을 볼 수 있을까요?

A : Yes, here it is.

네, 여기 있습니다.

B : I'll order a new card for you and it should arrive in the mail within a week.

새 카드를 주문하면 일주일 이내에 우편으로 도착할 겁니다.

A : Thank you.

감사합니다.

〈예문 4〉

A : I purchased a money order yesterday, but I need to cancel it. How can I do that?

어제 우편환을 구매했는데, 취소하고 싶어서요. 어떻게 하면 될까요?

B : Unfortunately, once a money order has been purchased, it can't be canceled. But, if it has not been cashed, we can issue a replacement. Do you have the receipt?

유감스럽게도 일단 우편환을 구입하면 취소할 수 없습니다. 그러나 현금화되지 않은 경우, 교체 발행을 할 수 있습니다. 영수증 있나요?

〈예문 5〉

A : I'd like to buy some postage stamps and envelopes.

우표와 봉투를 구매하고 싶어요.

B : Of course. How many stamps and envelopes do you need?

알겠습니다. 몇 개의 우표와 봉투가 필요하신가요?

A : I need 5 stamps and 10 envelopes, please.

5개의 우표와 10개의 봉투가 필요해요.

B : Is there anything else you need?

필요하신 다른 건 없나요?

A : I also need some packaging materials like bubble rap and tape.

뽁뽁이와 테이프 같은 포장 재료도 필요해요.

❸ 보험업무

(1) 보험 가입

- Do you have an insurance?
  보험을 가지고 계신가요?

- You can take up for postal insurance easily through mobile.
  모바일을 통해 우체국 보험에 쉽게 가입하실 수 있습니다.

- The premium is 35,000 won a month.
  보험료는 한 달에 3만 5천원입니다.

- I'm interested in getting health insurance.
  건강보험에 관심이 있습니다.

- I'm looking for auto insurance for my new car.
  새 차에 대한 자동하 보험을 찾고 있어요.

- I'd like to know about the different types of life insurance policies.
  다양한 종류의 생명보험에 대해 알고 싶어요.

- I'm not covered against fire.
  저는 화재보험에 가입하지 않았어요.

- This insurance included several special contracts.
  이 보험에는 몇 가지 특약이 포함되어 있습니다.

- Can you tell me what's included in the coverage?
  보장 범위에 무엇이 포함되어 있는지 말씀해 주시겠어요?

(2) 보험 갱신과 해지

- I'd like to renew my insurance policy.
  보험을 갱신하고 싶어요.

- Your policy is up for revewal.
  귀하의 정책이 갱신될 예정입니다.

- I need to cancel my health insurance policy.
  건강보험을 해지하려고요.

- I want to terminate my insurance coverage.
  보험을 해지하고 싶어요.

- Could you provide me with your policy number and the reason for cancellation?
  보험증권번호와 해지 사유를 말씀해주시겠어요?

(3) 기타 보험 업무

- Can I take out a loan using my insurance as collateral?
  제가 보험을 담보로 대출을 받을 수 있을까요?

- You will need to get temporary insurance coverage to protect your friend's vehicle.
  친구분의 차량을 보호하기 위해 간기 보험에 가입해야 합니다.

- I'm interested in setting up a retirement plan in Post office pension.
  우체국 연금으로 은퇴 계획을 세우는 데 관심이 있어요.

〈예문 1〉

A : Hello, I'm interested in getting auto insurance for my new car.
안녕하세요, 새 차에 대한 자동하 보험에 대해 알고 싶어요.

B : Great. We have various auto insurance plans to suit different needs.
좋아요. 우리는 여러 필요에 맞는 다양한 자동차 보험이 있어요.
Could you please tell me some information abour your car?
당신의 차량에 대한 정보를 알려주시겠어요?

A : Sure, it's a 2024 sedan A brand. I'd like coverage for various services.
물론이죠. A브랜드의 2024 세단입니다. 저는 다양한 서비스가 필요합니다.

B : Our comprehensive auto insurance plan would be a good fit for you.
저희 종합 자동차 보험이 잘 맞을 것 같습니다.

〈예문 2〉

A : Hello, I want to cancel my health insurance.
안녕하세요, 건강보험을 해지하고 싶어서요.

B : I'm sorry to hear that. Can you provide your policy number and the reason for cancellation?
유감입니다. 보험증권번호와 해지 사유를 말씀해주시겠어요?

A : I've found better coverage elsewhere.
다른 곳에서 더 좋은 보장을 찾았어요.

❹ 그 밖에 일상적인 생활 영어

(1) 안부 묻기

• How are you?
  어떻게 지내세요?

• What's up?
  어떻게 지내세요?

• How have you been?
  어떻게 지냈나요?

• What's wrong with you?
  무슨 일 있습니까?

• What's the matter with you?
  무슨 일 있습니까?

(2) 길 묻기

• How can I Get to Seoul Station?
  서울역까지 어떻게 갈 수 있나요?

• Would you show me how to get there?
  그 곳으로 가는 방법을 알려주시겠어요?

• Excuse me, where is the nearest cafe?
  실례합니다. 여기서 가장 가까운 카페가 어디인가요?

• I'm looking for the flower shop.
  저는 꽃가게를 찾고 있어요.

(3) 전화

• Who's calling(speaking), please?
  전화하신 분은 누구세요?

• This is he. Speaking.
  접니다.

- You've got the wrong number.
  전화 잘못 거셨습니다.

(4) 약속 정하기

- How(What) about going to the movies?
  영화 보러 가는거 어때?

- Why don't we go to the concert?
  우리 콘서트 갈래?

(5) 부탁하기

- May(Can) I ask you a favor?
  부탁하나 드려도 되나요?

- Would you do me a favor?
  부탁하나 드려도 되나요?

- Would you give me a hand?
  저를 도와주실 수 있나요?

(6) 음식 주문하기

- May I take your order?

- Are you ready to order?
  주문하시겠어요?

- What would you like to have?
  무엇을 드시겠습니까?

- Would you like to something to drink?
  음료는 무엇으로 하시겠어요?

- For here or to go?
  여기서 드시겠어요? 아니면, 가져가시겠어요?

(7) 병원

- I have terrible back pains.
  등에 심한 통증이 있습니다.

- How long have you had it?
  언제부터 그랬나요?

- I hope you'll get well soon.
  곧 회복되기를 바랍니다.

- My nose keeps running.
  콧물이 계속 흐릅니다.

- Let me examine you.
  검사해 보겠습니다.

(8) 공항

- May I have your ticket, please?
  비행기 표 좀 보여주시겠어요?

- How long are you going to stay?
  얼마나 머물 예정입니까?

- What is the purpose of your visit?
  방문 목적은 무엇입니까?

- I'm here on sightseeing.
  관광차 왔습니다.

03 어법

 학습 포인트

단순히 어법의 이론을 숙지하는 것이 아니라, 구문을 통해 이론에 관한 내용을 응용하고 문장을 분석하여 문장 형태의 실전 문제를 해결하는 훈련을 한다.

❶ 문장의 구조

(1) 1형식 구문

S(주어) + V(동사) + (～)

① **판단**: V 뒤에 명사 동등어구나 형용사 동등어구가 나오지 않으면 1형식

  ㉠ S + V + 명사 동등어구(×)

  ㉡ S + V + 형용사 동등어구(×)

  cf 명사 동등어구: 명사, 대명사, 동명사, 명사구, 명사절, TO부정사(명사)

  　형용사 동등어구: 형용사, 현재분사, 과거분사, 형용사구, 형용사절, TO부정사(형용사)

  ex He <u>died</u> suddenly without leaving a will.

  　그는 유언도 남기지 않고 갑자기 죽었다.

  　George <u>swims</u> in the pool every morning.

  　조지는 매일 아침 수영장에서 수영을 한다.

(2) 2형식 구문 : S(주어) + V(동사) + S.C(주격보어)

① **판단**: V 뒤에 나온 명사 동등어구와 형용사 동등어구가 주어와 의미상 같으면 2형식

  ㉠ S + V + 명사 동등어구(O)

  ㉡ S + V + 형용사 동등어구(O)

② **2V의 의미**

  ㉠ **상태변화**: "～ 되다"(turn, become, get, grow, prove, go, come, fall, run, make, be 등)

  ㉡ **상태**: "～ 있다"(remain, keep, stay, stand, be 등)

  ㉢ **감각**: "(～처럼 감각)하다"(look, seem, appear, sound, feel, taste, smell 등)

ⓔⓧ He became poor.

그는 가난하게 되었다.

She remained unmarried all her life.

그녀는 평생 결혼하지 않은 채 남아있었다.

(3) 3형식 구문 : S(주어) + V(동사) + O(목적어)

① 판단 : V 뒤에 나온 명사 동등어구가 주어와 의미상 같지 않으면 3형식

　㉠ S + V + 명사 동등어구(O)

② 유의사항

　㉠ 자동사 같은 타동사 : answer, attend, marry, enter, call, discuss, become 등

　㉡ 타동사 같은 자동사 : major (in), arrive (at/in), account (for), start (from), wait (for/on) 등

　ⓔⓧ She resembles her brother.

　　그녀는 그녀의 남동생과 닮았다.

　　He will answer your letter in a few days.

　　그는 몇 일 안에 너의 편지에 대답할 것이다.

(4) 4형식 구문

S(주어) + V(동사) + I.O(간접목적어, ~에게) + D.O(직접목적어, ~을, 를)

① 판단 : V 뒤에 명사 동등어구가 2개 나와야 하고 두 명사 동등어구가 서로 같지 않으면 4형식

　S + V + 명사 동등어구(O) + 명사 동등어구(O)

② 4V의 의미

　수여동사 : "~ 에게 ~을 주다" 의미

　ⓔⓧ His father left him a large fortune.

　　그의 아버지는 그에게 엄청난 재산을 남겨 주셨다.

　　My mother made me a new dress.

　　나의 어머니는 나에게 새 드레스를 만들어 주셨다.

(5) 5형식 구문

S(주어) + V(동사) + D.O(직접목적어) + O.C(목적격보어)

① 판단 : V 뒤에 나온 명사 동등어구 2개가 또는 명사 동등어구와 형용사 동등어구가

　　　　의미상 같으면 5형식

　㉠ S + V + 명사 동등어구(O) + 명사 동등어구(O)

　㉡ S + V + 명사 동등어구(O) + 형용사 동등어구(O)

② 5V의 의미

    ㉠ 기본의미

    ㉡ 상태변화 : "~가 ~되게 하다"

    ㉢ 상태 : "~가 ~하게 하다"

    ⒠ⓧ We <u>believe</u> him innocent.

       우리는 그가 결백하다고 믿는다.

       They <u>elected</u> him (as) president.

       그들은 그를 대통령으로 뽑았다.

❷ 주어

(1) 주어의 의미

문장의 주체로, '~은, ~는, ~이, ~가'의 형태로 구성되는데, 주어 자리에는 명사 및 명사 역할을 하는 어구 (대명사, 명사구, 명사절)가 올 수 있다.

(2) 주어의 형태

① 단어가 주어 역할을 하는 경우 : 명사, 대명사 등

    • <u>The news</u> of his failure drove him mad.

      그의 실패에 대한 소식은 그를 미치게 만들었다.

    • <u>She</u> cries when she is hengry.

      그녀는 배가 고플 때 운다.

② 구가 주어 역할을 하는 경우 : to부정사구, 동명사구 등

    • <u>Observing traffic safety laws</u> is good for pedestrians.

      교통안전법규를 준수하는 것은 보행자에게 좋다.

    • <u>To be economically active</u> is most crucial for human survival.

      경제적으로 활동적인 것은 인간 생존에 가장 중요하다.

③ 절이 주어 역할을 하는 경우 : that절, whether절, 의문사절, 관계대명사 what절 등

    • <u>What is great about music</u> is that it helps you express your emotions.

      음악에 관해 위대한 것은 그것이 너의 감정을 표현하는 것을 도와준다는 것이다.

    • <u>How the window was broken</u> remains a mystery.

      창문이 어떻게 부서졌는지는 미스테리로 남아있다.

④ 가주어, 진주어 : 주어가 to부정사구, 동명사구 등의 명사구 형태이거나, 절 형태로 긴 경우, 긴 주어를 맨 뒤로 보내고 비어있는 주어 자리에 형식상의 가주어 It을 쓴다. 이 때, 해석은 맨 뒤의 주어부터 하고, It은 해석하지 않는다.

- It is easy to gain a knowledge of the stars.
  별에 대한 지식을 얻는 것은 쉽다.

- It is natural that children should love and respect their parents.
  아이들이 그들의 부모을 사랑하고 존경해야 하는 것은 당연한 일이다.

❸ 목적어

(1) 목적어의 의미

목적어는 타동사나 동사구가 나타내는 행위의 대상이 되는 말이다. 보통 '~을(를)'로 해석하며, 동사 뒤에 위치하는 경우가 많다. 목적어로는 (대)명사, 명사구(to부정사구, 동명사구), 명사절이 쓰인다.

(2) 목적어의 형태

① 단어가 목적어 역할을 하는 경우 : 명사, 대명사 등

- We have to protect the environment.
  우리는 환경을 보호해야 한다.

② 구가 목적어 역할을 하는 경우 : to부정사구, 동명사구 등

- She didn't enjoy watching ball games. (동명사구)
  그녀는 공 경기를 보는 것을 즐기지 않는다.

- They chose to stay with the poor people. (to부정사구)
  그들은 가난한 사람들과 머물기를 선택했다.

> **TIP** 동사에 따라 목적어 형태가 결정되는데,
> - 동명사구를 목적어로 취하는 동사 : enjoy, dream of, avoid, admit, consider, deny, finish, focus on, give up, mind, practice, postpone, put off, recall, rely on, stop
> - to부정사구를 목적어로 취하는 동사 : want, decide, agree, need, tend, choose, determine, expect, fail, learn, manage, plan, pretend, promise, refuse, seek

③ 절이 목적어 역할을 하는 경우 : that절, whether절, 의문사절, 관계대명사 what절 등

- He said that he was planning to leave there. (that절)

  그는 그가 거리를 떠날 계획이라고 말했다.

- I doubt if you could come to the party. (if/whether절)

  나는 네가 파티에 올 수 있을지 의심스럽다.

- No one believes what they said in the press. (what절)

  어느 누구도 그들이 언론에 말했던 것을 믿지 않는다.

④ 보어

(1) 보어의 의미

보어에는 주격보어와 목적격보어가 있다. 주격보어는 주어에 대한 정보를, 목적격보어는 목적어에 대한 정보를 제공한다.

(2) 주격 보어의 형태

주격보어는 주어의 상태나 감각 등을 표현하는 형태로 해석한다. 주어의 상태, 감각 등을 표현하는 주격보어는 명사(구) 또는 형용사(구)의 형태로 나타내고, to부정사, 동명사, 분사, 명사절과 같이 명사나 형용사의 역할을 하는 어구도 보어가 될 수 있다.

- Tommy is a passionate musician and cook.

  토미는 열정있는 음악가이자, 요리사이다.

- The weather stayed cold for about a week.

  날씨가 1주 동안 추웠다.

- The goal of my life is to understand physics.

  내 인생의 목표는 물리학을 이해하는 것이다.

(3) 목적격 보어의 형태

목적격 보어는 목적어의 의미를 보충하는 역할로, 목적어와 목적격 보어를 하나의 덩어리로 이해하여 해석하는 것이 중요하다. 목적어만으로 문장의 의미를 완성하지 못할 때 목적격 보어를 통해 목적어의 의미를 보충 설명한다. 목적격 보어가 명사(구)나 형용사(구)이면 목적어의 상태나 상태의 변화로 해석한다.

- The injury on my heel made walking hard.

  내 뒷꿈치의 부상은 걷는 것을 어렵게 만들었다.

- We named the dog Snoopy.

  우리는 그 개를 스누피라고 이름지었다.

- Her father wouldn't permit her <u>to eat sweets</u>.

  그녀의 아버지는 그녀가 단 음식을 먹는 것을 허락하지 않을 것이다.
- Did you notice anyone <u>standing at the gate</u>?

  너는 누군가가 문에 서 있는 것을 알아차렸니?
- She didn't let anyone <u>enter her room</u>.

  그녀는 아무도 그녀의 방에 들어오지 못하게 했다.
- Unfortunately, deforestation left the soil <u>exposed to harsh weather</u>.

  불행히도, 산림벌채는 토양이 거친 날씨에 노출되도록 두었다.

⑤ 동사

(1) 시제

시제란 '어떤 동작이 언제 일어나는지' 또는 '어떤 상태가 언제 존재하는지'를 명확히 나타내기 위해 동사가 취하는 형태를 의미한다. 우리말에는 없는 완료 시제의 시간적 개념과 의미를 이해하고, 현재 시제가 미래를 나타내는 등 시제가 일치하지 않는 경우가 있으므로 이점에 유의해 정확히 독해하는 연습을 한다.

현재시제	• A live broadcast of the concert <u>begins</u> at 8:00 p.m. 콘서트의 라이브 방송이 저녁 8시에 시작한다.
과거시제	• Mozart <u>wrote</u> more than 600 pieces of music. 모차르트는 600곡 이상의 음악을 썼다.
미래시제	• The letter <u>will arrive</u> in a few days. 그 편지는 몇 일 안에 도착할 것이다.
현재진행	• I'<u>m working</u> part time in my mother's restaurant this month. 나는 이번 달에 엄마의 레스토랑에서 파트타임 일을 하고 있는 중이다.
과거진행	• He <u>was watching</u> television when I entered. 그는 내가 들어왔을 때, TV를 보고 있었다.
미래진행	• I'<u>ll be living</u> in Seoul this time next year. 나는 내년 이맘때 서울에서 살고 있을 것이다.
현재완료	• They <u>have known</u> each other for ten years. 그들은 10년 동안 서로 알아왔다.
과거완료	• I lost the ring that she <u>had bought</u> for me. 나는 그녀가 나를 위해 사 주었던 반지를 잃어버렸다.
미래완료	• They <u>will have finished</u> dinner by 9 o'clock. 그들은 9시 정각이면 저녁을 끝낼 것이다.

현재완료진행	• People <u>have been using</u> birth order to account for personality factors. 사람들은 성격 요인을 설명하기 위해서 출생 순서를 이용해 오고 있다.
과거완료진행	• He <u>had been longing</u> for this moment since his childhood. 그는 어린 시절부터 이 순간을 간절히 바라고 있었다.
미래완료진행	• I <u>will have been working</u> here for 10 years next month. 나는 다음 달이면 여기서 10년 간 일하고 있는 것이다.

(2) 수동태

수동태는 의미상 '~되다, ~해지다, ~당하다'로 해석한다. ⟨be p.p.⟩를 기본 구조로 하며, 다양한 조동사나 준동사와 연결될 수 있다.

① 3형식 수동태의 기본 형태 : be p.p.

- The road <u>is built</u> near the mountain.
  그 도로는 산 근처에 지어진다.
- Many disciplines <u>can be learned</u> better by entering into the doing.
  여러 규율들은 직접 행함으로써 더 잘 배워질 수 있다.

② 4, 5형식 수동태의 기본 형태 : be p.p.+O / be p.p.+C

- All the participants <u>were given</u> a large bag of presents. (4형식)
  모든 참가자들은 큰 선물 가방을 받았다.
- The crowd <u>was forced to break</u> up. (5형식)
  군중은 흩어지도록 강요받았다.

③ 다양한 형태의 수동태

- The walls <u>are being painted</u> in bright yellow. ⟨진행형 수동태⟩
  벽은 밝은 노란색으로 칠해지고 있다.
- The gardening project <u>has been completed</u>. ⟨완료형 수동태⟩
  정원 프로젝트는 완성되어졌다.
- I hope <u>to be offered</u> a job at the end of this semester. ⟨to부정사 수동태⟩
  나는 이번 학기 말에 직업을 제안받기를 희망한다.
- She was one step closer to fulfilling her dream by <u>being invited</u> to the team. ⟨동명사 수동태⟩
  그녀는 그 팀에 초대받음으로써 그녀의 꿈을 성취하는 것에 한 걸음 더 가까이 갔다.

④ 주의해야 할 수동태

- The waste <u>was gotten rid of</u> immediately. ⟨구동사의 수동태⟩
  그 쓰레기는 즉시 제거되었다.

- It is said <u>that the symptom of the disease is a high fever</u>. 〈목적어가 절인 문장의 수동태〉

  그 질병의 증상은 고열이라고 말하여진다.

  📢**TIP** by 이외의 전치사를 쓰는 수동태
  - be satisfied with (~에 만족하다)
  - be involved in (~와 관련되다)
  - be known as+자격/명칭 (~으로 알려져 있다)
  - be made of (~으로 만들어지다 (물리적 변화))
  - be composed of (~으로 구성되다)
  - be interested in (~에 흥미가 있다)
  - be known for + 이유 (~으로 알려지다)
  - be made from (~으로 만들어지다 (화학적 변화))

(3) 조동사

조동사는 본동사 앞에 쓰여 동사의 의미를 도와주는 기능을 한다. 기본 조동사(can, may, must, should 등) 이외에도 〈조동사+have p.p.〉를 비롯해 다양한 조동사 구문을 익혀 독해에 적용하도록 한다.

① 조동사 have p.p

- may(might) + 동사원형 : ~할지 모른다.

  → may(might) have p.p. : ~했을지 모른다.

- can(could) + 동사원형 : ~할 수 있다.

  → could have p.p. : ~할 수 있었다, ~했을 수도 있다.

- must + 동사원형 : ~임에 틀림없다.

  → must have p.p. : ~였음에 틀림없다.

- can't + 동사원형 : ~할 수 없다, ~일 리가 없다

  → can't have p.p. : ~했을 리가 없다.

- should(ought to) + 동사원형 : ~해야 한다

  → should(ought to) have p.p. : ~했어야 했다.

- should not(ought not to) + 동사원형 : ~하지 말아야 한다.

  → should not(ought not to) have p.p. : ~하지 말았어야 했다.

- need + 동사원형 : ~할 필요가 있다.

  → need have p.p : ~할 필요가 있었다.

② 조심해야 할 조동사 표현

- had better : ~하는 편이 낫다
- used to : ~하곤 했다/~이었다

  cf be used to V : ~하기 위해 사용되다

  be used(accustomed) to ~ing : ~하는 데 익숙하다

- be supposed to : ~하기로 되어 있다, ~해야 한다
- be expected to : ~할 예정이다
- be bound (sure) to : 반드시 ~하다
- be likely to : ~할 가능성이 있다, ~할 것 같다
- may well : 아마 ~일 것이다, ~하는 것도 당연하다
- may as well ~ (as …) : (…하느니) ~하는 게 더 낫다
- would like to : ~하고 싶다
- would rather ~ (than …) : (…하느니) 차라리 ~하겠다
- cannot ~ too … : 아무리 ~해도 지나치지 않다
- can't help but + 동사원형 : ~하지 않을 수 없다(= can't help −ing)

(4) 가정법

사실이 아니거나 사실과 반대되며, 또는 실현 불가능한 과거 또는 현재를 표현할 때 쓰는 표현으로 시제 공식에 맞게 문장을 익히도록 한다.

가정법 과거	If + 주어 + 동사의 과거형~, 주어 +조동사의 과거형 + 동사원형
가정법 과거완료	If + 주어 + had p.p~, 주어 +조동사의 과거형 + have p.p
I wish 가정법	I wish + 가정법 과거 / 가정법 과거완료
as if 가정법	as if + 가정법 과거 / 가정법 과거완료
가정법 관용표현	If it were not for ~ (~가 없다면) If it had not been for ~ (~가 없었다면)

- If the earth were flat, the shortest route from New York to Madrid would be to head straight east.
  만약 지구가 평평하다면, 뉴욕에서 마드리드로 가는 가장 짧은 경로는 똑바로 동쪽을 향하는 것일 것이다.
- If the decision to get out of the building hadn't been made, the entire team would have been killed.
  만약 건물을 빠져 나오라는 결정이 내려지지 않았다면, 그 팀 전체가 사망했을 것이다.
- I wish all the cell phones in the world would disappear.
  나는 세상의 모든 휴대 전화가 사라지길 바란다.
- Some say they understand none of it as if she were speaking Chinese.
  어떤 사람들은 마치 그녀가 중국어를 말하는 것 같아서 그들이 아무것도 이해하지 못한다고 말한다.
- If it had not been for your help, I would have failed.
  너의 도움이 없었다면, 나는 실패했을 것이다.

❻ 준동사

동사를 가지고 만들었으나, 동사의 역할이 아닌 다른 품사의 역할을 하며 기본적인 동사의 성격을 지니고 있다.

(1) 부정사 (to V)

① 부정사의 역할

명사	• <u>To know</u> oneself is difficult. (주어) 　자신을 아는 것은 어렵다. • She wanted <u>to have</u> a vegetable garden. (목적어) 　그녀는 야채 정원을 갖고 싶어한다. • My secret ambition is <u>to be</u> a pop singer. (보어) 　나의 비밀스러운 야망은 팝 가수가 되는 것이다.
형용사	• I have no one <u>to love</u> me. 　나는 나를 사랑해 줄 사람이 없다. • I want a chair <u>to sit on</u>. 　나는 앉을 의자를 원한다.
부사	• I took the subway <u>to avoid</u> the traffic jam. (목적) 　나는 교통체증을 피하기 위해 지하철을 탔다. • I am glad <u>to have</u> you back. (원인) 　나는 네가 다시 돌아와서 기쁘다. • She must be crazy <u>to believe</u> such nonsense. (판단의 근거) 　그녀는 그런 말도 안되는 것을 믿다니 미쳤음에 틀림없다.

② 부정사의 성격

의미상의 주어	보통은 부정사 앞에 'for+목적격'을 붙여 나타내지만, 사람의 특성을 나타내는 형용사 뒤에는 'of+목적격'을 붙여 나타냄. • The rule was <u>for men and women to sit apart</u>. 　그 규칙은 남자와 여자가 따로 앉는 것이었다. • It was kind <u>of you to help the old woman</u>. 　네가 그 노부인을 돕다니 친절하구나.
시제	본동사와 동일한 때나 미래를 나타낼 때는 'to+동사원형'으로, 본동사보다 이전의 때를 나타낼 때는 'to have+과거분사'로 표현 • She seems <u>to be</u> happy now. 　그녀는 지금 행복한 것처럼 보인다. 　=It seems that she is happy. - 본동사와 동일한 때 • I'm happy <u>to have had</u> this talk with you. 　나는 너와 이야기를 했던 것이 기쁘다. 　=I'm happy that I had this talk. - 본동사보다 이전의 때
태	능동은 'to V 또는 to have p.p'의 형식으로, 수동은 'to be+p.p 또는 to have been+p.p'의 형식으로 표현 • I need some more books <u>to read</u>. 　나는 읽을 책 몇 권이 더 필요하다. • Women like <u>to be admired</u>. 　여자들은 존중받기를 좋아한다.

(2) 동명사(V ing)

① 동명사의 역할

명사	• <u>Lying</u> is disgraceful vice. (주어) 거짓말 하는 것은 수치스러운 나쁜 행위이다. • I like <u>reading</u> in bed. (목적어) 나는 침대에서 책을 읽는 것을 좋아한다. • She is afraid of <u>speaking</u> in public. (전치사의 목적어) 그녀는 대중 앞에서 말하는 것을 두려워 한다. • Mary's job is <u>selling</u> flowers. (보어) 메리의 직업은 꽃을 파는 것이다.

② 동명사의 성격

의미상의 주어	동명사의 의미상의 주어는 동명사 앞에 '소유격'을 붙여 나타내며, 소유격을 만들지 못하는 무생물 명사는 그대로 사용 • I don't like <u>her going</u> to such a place. 나는 그녀가 그러한 장소에 가는 것을 좋아하지 않는다. • What's the use of <u>my going</u> there? 내가 거기에 가는 것이 무슨 소용이 있니? • I have no doubt of <u>this news being</u> true. 나는 이 뉴스가 사실이라는 것에 의심의 여지가 없다.
시제	본동사와 같은 때나 미래의 일을 나타낼 때는 '동사원형+ing'의 형식, 본동사보다 이전의 일을 나타낼 때는 'having+p.p.'의 형식 • I am not ashamed of <u>being</u> poor. 나는 가난한 것이 부끄럽지 않다. =I am not ashamed that I am...본동사와 일치 • I'm sorry for not <u>having written</u> to you sooner. 나는 너에게 바로 편지를 쓰지 않았던 것에 미안하다. =I'm sorry that I did not write....본동사보다 이전의 일
태	능동은 '동사원형+ing 혹은 having+p.p.'로, 수동은 'being+p.p. 혹은 having been+p.p.'로 나타냄 • I like <u>taking</u> a shower before going to bed. 나는 잠자기 전에 샤워하는 것을 좋아한다. • I don't like <u>being treated</u> like a child. 나는 아이처럼 취급받는 것을 좋아하지 않는다.

(3) 분사

'동사원형+ing'로 만들어진 현재분사와 '동사원형+ed'로 만들어진 과거분사가 있으며, 현재분사는 '진행과 능동'의 의미를, 과거분사는 '완료와 수동'의 의미를 나타냄.

① 분사의 역할

형용사	• A <u>rolling</u> stone gathers no moss. (명사수식) 구르는 돌은 이끼가 끼지 않는다. • I got the only ticket <u>left</u>. (명사수식) 나는 남겨진 유일한 티켓을 얻었다. • His idea seems <u>exciting</u>. (주격보어) 그의 아이디어는 흥미로워 보인다. • She sat <u>surrounded</u> by several small children. (주격보어) 그녀는 여러명의 작은 아이들로 둘러 쌓인 채 앉아 있었다. • We found her <u>lying</u> on the grass. (목적보어) 우리는 그녀가 잔디 위에 누워있는 것을 발견했다. • His speech made us <u>bored</u>. (목적보어) 그의 연설은 우리를 지루하게 만들었다.

② 분사구문의 성격

의미상의 주어	분사구문의 의미상의 주어가 주절의 주어와 다를 때는 분사구문 앞에 주어를 형태 변화 없이 그대로 씀. • <u>The sun</u> having set, we started for home. (The sun ≠ we) 해가 지고, 우리는 집으로 출발했다. • <u>It</u> being rainy, we stayed at home. (It ≠ we) 비가 와서 우리는 집에 머물렀다.
시제	분사구문이 주절의 동사와 같은 때를 나타내면 '동사원형+ing'로, 주절의 동사보다 이전의 일을 나타내면 'having+p.p.' • <u>Living</u> next door, I seldom see her. (live=see) 옆 집에 살면서 나는 스녀를 좀처럼 보지 못한다. • <u>Having finished</u> my work, I went out for a walk. (had finished 〉 went) 나의 일을 끝내고, 나는 산책하러 나갔다.
태	능동이면 '동사원형+ing 혹은 having+p.p.'로, 수동이면 'Being+p.p. 혹은 Having been+p.p.'로 나타내는데, 수동인 경우는 'Being과 Having been'은 생략하고 과거분사(p.p)만 사용 • <u>Working</u> out every day, she is very healthy. 매일 운동을 하기 때문에, 그녀는 건강하다. • (Being) <u>Left</u> alone, the baby began to cry. 혼자 남겨져서, 그 아기는 울기 시작했다.
with 분사구문	'with+명사+분사'형의 구문은 명사와 분사의 관계가 능동이면 '현재분사(V ing)'를, 수동이면 '과거분사(p.p)'를 사용한다. • He walked in the woods, with his dog <u>following</u> him. 그는 그의 개가 그를 따라오면서 숲을 걸었다. • He sat in thought, <u>with</u> his eyes <u>closed</u>. 그는 눈을 감은 채, 생각에 빠져 앉아 있었다.

❼ 형용사적 수식어 이해하기

주어, 목적어, 보어 등으로 쓰인 명사(구)에 형용사적 수식어가 덧붙여지면 문장이 길어진다. 긴 문장들을 쉽게 이해하기 위해서는 명사(구)와 형용사적 수식어의 관계를 정확히 파악해야 한다. 형용사적 수식어로는 형용사(구), 〈전치사+명사(구)〉, to부정사구, 분사구, 관계사절 등이 있다.

(1) 형용사(구)와 「전치사+명사」 형식의 수식

형용사(구), 〈전치사+명사(구)〉 등이 앞에 오는 명사를 수식할 수 있다. 명사구 역시 핵심어와 그를 수식하는 수식어구로 되어 있는 경우가 많으므로 명사구의 핵심어를 파악하는 것이 중요하다.

- Mustard gives bees tiny yellow flowers [full of nectar and pollen].
  겨자는 벌들에게 꿀과 꽃가루로 가득 찬 작은 노란 꽃들을 준다.
- A distinctive feature [of the African elephant] is its extremely large ears.
  아프리카 코끼리의 독특한 특징은 그것의 아주 큰 귀이다.

(2) to부정사구와 분사구의 수식

to부정사구나 분사구(현재분사·과거분사)가 앞에 오는 명사(구)를 수식할 수 있다. 분사구의 경우 현재분사구는 '~하는'으로, 과거분사구는 '~되는, ~당한'으로 해석한다.

- Team sports provide an opportunity [to enjoy working together as a team].
  팀 스포츠는 팀으로서 함께 노력하는 것을 즐길 기회를 제공한다.
- We tend to believe our culture mirrors a reality [shared by everyone].
  우리는 우리의 문화가 모두에 의해 공유된 현실을 반영한다고 믿는 경향이 있다.

(3) 관계대명사절의 수식

선행사	주격	소유격	목적격
사람	who	whose	who(m)
사물, 동물	which	whose / of which	which
사람, 사물, 동물	that	X	that

관계대명사 who, which, that 등이 이끄는 관계대명사절은 앞에 오는 선행사인 명사(구)에 대한 정보를 제공하며, 그 명사(구)를 수식하는 형용사절의 역할을 한다.

- A wise woman [who was hiking] found a precious stone in a stream.
  하이킹을 하고 있는 한 현명한 여자가 개울에서 귀중한 돌을 발견했다.
- Wood is a material [that is acknowledged to be environmentally friendly].
  나무는 환경친화적이라고 인정받는 재료이다.

(4) 관계부사절의 수식

선행사	관계부사
때, 시간	when
장소	where
이유	why
방법	how

관계부사 when, where, why 등이 이끄는 관계부사절은 앞에 나온 선행사인 명사(구)를 수식하는 형용사절의 역할을 한다. 관계부사는 관계사절 안에서 시간, 장소, 방법, 이유 등의 부사(구) 역할을 한다.

- There have been moments [when my strength was my weakness].
  나의 강점이 나의 약점이 되는 순간이 있었다.
- Set up an environment [where students can quickly focus on learning].
  학생들이 빨리 학습에 집중할 수 있는 환경을 만들어라.

⑧ 접속사의 종류

(1) 등위 접속사

and, or, nor, but, so(그래서), for(왜냐하면), than(~보다), as(~만큼)

(2) 등위 상관 접속사

① not A but B(A가 아니라 B : 후자 선택)

② not only A but also B = B as well as A(A뿐만 아니라 B도 : 양자선택)

③ either A or B(A나 B : 양자택일)

④ neither A nor B(A와 B 둘 다 아닌 : 양자 부정)

⑤ both A and B(A와 B 둘 다 : 양자선택)

(3) 명사절 접속사

① that(~것) : 뒷문장 완전

② what(~것) : 뒷문장 불완전

③ who(누가), whom(누구를), whose(누구의), when(언제), where(어디), what(무엇), why(왜), how(어떻게, 얼마나), which(어떤, 어떤 것)

④ if = whether(~인지 아닌지)

⑤ whoever = whomever = whosever(누구든), whichever(어떤 것이든), whatever(무엇이든)

(4) 형용사절 접속사(의미없음)

① 주격 관계 대명사 : who, which, that

② 목적격 관계대명사 : whom, which, that

③ 소유격 관계대명사 : whose, of which

④ 관계부사 : why, where, how = the way, when

⑤ 관계형용사 : which, what

(5) 부사절 접속사

① 시간접속사

when = as	~할 때	while	~하는 동안, 반면에
before	~전에	after	~후에
till = until	~까지	since	~한 이래로
the moment = the instant = instantly ~ when, = hardly ~ when = scarcely ~ before = scarcely ~ when = no sooner ~ than			~하자마자

② 이유접속사 : since = because = for = as = on the ground that(~ 때문에)

③ 비례접속사 : as(~함에 따라)

④ 양태접속사 : as = as if = as though(마치~처럼, ~같이, ~대로, ~듯이)

⑤ 정도접속사 : as(~만큼)

⑥ 조건접속사

명령문+and+S+V	~해라, 그러면~
명령문+or+S+V	~해라, 그렇지 않으면~
if = suppose = seeing (that) = considering (that) = given (that) = provided (that) = in case = on condition that = in that	만약 ~라면, ~조건이면
unless	~이 아니라면
once	일단 ~하면

⑦ 복합관계사

복합관계대명사	복합관계부사
whatever = no matter what (무엇이라 할지라도)	however = no matter how (어떻다 할지라도)
whoever = no matter who (누구라 할지라도)	wherever = no matter where (어디라 할지라도)
	whenever = no matter when (언제라 할지라도)

⑧ 양보접속사 : 비록 ~일지라도

  if = though = although = even though = even if = as

⑨ 목적접속사

~하기 위해서	~하지 않도록 하기 위해
so(such) ~ (that) = so(such) that ~ may = in order that ~ may	lest ~ should = for fear that ~ may

⑩ 결과접속사 : so (that) = so ~ (that) = such ~ (that)(~해서 ~하다)

⑪ 비교접속사 : rather than(~라기 보다 오히려), other than(~이외에), except that(~을 제외하고)

⑨ 전치사와 구 구조

다음의 전치사를 이용한 구문 표현을 익혀서 실전 독해에 활용하도록 한다.

1	A of B	① B의 A	② B들 중의 A	③ B에 대한 A	④ A의 B
2	A in B	① B에(서) A	② B 안에 A		
3	A for B	① B에 대한(대해) A	② B를 위한(위해) A	③ B 동안 A	
4	A with B	① B와 더불어 A	② B를 가지고 A	③ B 하면서 A	④ B 때문에 A
5	A on B	① B에 관한 A	② B에(서) A	③ B 위의 A	
6	A from B	① B로부터 A			
7	A at B	① B에(서) A			
8	A to B	① B에 대한(대해) A	② B로 A	③ A에서 B로	
9	A about B	① B에 관한(관해) A			
10	A into B	① B로 A	② B 안으로 A		
11	A over B	① B를 넘어선 A	② B 전반에 걸친 A	③ B에 관한(관해) A	
12	A as B	① B로서 A			
13	A while B	① B 동안 A			
14	A against B	① B에 반하는 A			
15	A across B	① B 전반에 걸친 A			
16	A through B	① B를 통한(통해) A = A via B			
17	A by B	① B에 의한(의해) A			
18	A without B	① B 없이 A			
19	A before B	① B 전에 A			
20	A toward B	① B를 향한 A			
21	A out of B	① B로부터 A	② B의 밖으로 A		
22	A during B	① B 동안 A			
23	A than B	① B 보다 A			
24	A beyond B	① B를 넘어선 A			
25	A among B	① B 사이에 A			
26	A but B	① B를 제외한 A = A except B			

04 독해

 학습 포인트

각 독해의 유형을 익히고, 해결과정을 통한 유형별 풀이 연습을 통해 실전에서 빠르고 정확하게 풀어내는 훈련을 한다.

❶ 어법성 판단

지문의 밑줄 친 4개의 보기 중 어법상 틀린 것, 또는 옳은 것을 고르는 유형으로 밑줄이 포함된 문장 전체의 구조를 파악하여 문장의 성분, 구와 절 등이 올바르게 쓰였는지 확인하는 유형이다.

유형 문제 1

다음 밑줄 친 곳 중 문법에 알맞지 않은 것은?

In the United States, about 10 million computers ① <u>thrown</u> away every year! Because most ② <u>unwanted</u> computers are sent to a dump, they ③ <u>have caused</u> a problem. The computer industry and the government are working on ways to solve ④ <u>it</u>.

▶ **Advice**

해석 미국에서는 해마다 약 1000만 대의 컴퓨터가 버려진다. 대부분 원하지 않은 컴퓨터는 쓰레기로 보내지는데 이것은 문제를 일으킨다. 컴퓨터 산업과 정부는 이 문제를 해결할 방법을 찾고 있다.

해당 문장에는 본동사가 없으며, 의미상 '컴퓨터가 버려지다'이기 때문에 thrown → are thrown으로 고쳐야 한다.

답 ①

❷ 중심내용 파악하기

주제, 제목, 요지, 주장, 목적 파악, 문단 요약 등의 유형에 해당하며, 지문 전체의 중심내용을 파악하여 한글, 또는 영어로 된 선지에서 알맞은 것을 고르는 유형이다.

(1) 주제, 제목 찾기에 많이 출제되는 명사

importance 중요성	similarity 유사성	need, necessity 필요성	difference 차이점
influence 영향	increase 증가	effect 효과	decrease 감소
reason 이유	advantage 이점	cause 원인	disadvantage 단점
difficulty 어려움	role 역할	ways 방법	condition 조건
improvement 개선	development 개발		

(2) 요지, 주장에 많이 출제되는 단어들

① 조동사 : must, should, ought to, have to, need (~해야 한다)
　　　　　had better(~하는 게 더 낫다)

② 형용사 : important, imperative, necessary, crucial, critical (중요한, 필수적인)
　　　　　desirable(바람직한) 등

[해결 과정]
① 선택지를 통해 지문에 등장할 중심대상 파악하기
　㉠ 선택지 중심대상이 모두 동일한 경우 : 중심대상과 관련된 세부내용 파악
　㉡ 선택지 중심대상이 모두 상이한 경우 : 지문에서 얘기하는 대상만 파악
　㉢ 선택지 중심대상이 부분적으로 동일한 경우 : 동일한 대상에 관련된 정보를 파악

② 해석은 첫 문장부터 진행 : 핵심문장인지 아닌지를 명확하게 판단하는 능력 키우기
　㉠ 핵심문장은 정확한 해석
　㉡ 나머지 문장은 간략 해석

(3) 문단 요약

글의 요지를 파악하는 능력과 함께 쓰기 능력을 간접적으로 평가하는 문제이다. 요지와 세부 내용을 모두 파악하여 간결하게 하나의 압축된 문장으로 나타낼 수 있어야 한다. 단락의 핵심어를 선택지에서 표현을 바꾸는 경우가 있으므로 동의어 등에 유의한다.

[해결 과정]
① 요약문 분석 : 빈칸의 요약문을 먼저 의미 덩어리 괄호로 묶기
  ㉠ 빈칸 (A)와 관련된 중심대상과 찾을 정보 결정
  ㉡ 선택지에서 빈칸 (A)에 들어갈 어휘 확인
  ㉢ 빈칸 (A)에 들어갈 정보가 나와 있는 문장을 찾고 적절한 어휘 결정
  ㉣ 빈칸 (B)와 관련된 중심대상과 찾을 정보 결정
  ㉤ 선택지에서 빈칸 (B)에 들어갈 어휘 확인
  ㉥ 빈칸 (B)에 들어갈 정보가 나와 있는 문장을 찾고 적절한 어휘 결정
② 해석은 처음부터 진행
  ㉠ 찾고자 하는 중심대상과 그에 대한 정보가 나와 있는 문장은 정확히 해석
  ㉡ 나머지 문장은 간략 해석

다음 글의 요지로 알맞은 것은?

It goes without saying that there are many ordinary things we can do on Earth that are impossible to do in outer space. One very simple example is scratching an itch. You couldn't do this if you were wearing a space suit. So how do astronauts scratch their noses if they get an itch while walking on the moon, for instance? Well, the scientists at NASA worked on a solution to this very problem. Today, built into every astronaut's helmet is a special nose-scratcher that can be activated by pressing a button. Though it takes care of a simple and seemingly silly problem, astronauts are no doubt very grateful for this device. An itchy nose can be very uncomfortable. And if they took their helmets off to scratch in outer space, within a minute they would be dead.

① Problems that afflict earthbound people happen in outer space, too.
② Removing the helmet of a space suit would be deadly.
③ Scientists at NASA designed a special nose-scratching device in the helmets of space suits.
④ To scratch itch is a simple and seemingly silly problem

▶ **Advice**

해석 지구상에서 우리가 할 수 있는 수많은 평범한 일들이 우주에서는 할 수 없다는 것은 두말할 필요가 없다. 한 가지 매우 간단한 예는 가려운 데를 긁는 것이다. 만일 당신이 우주복을 입고 있었다면, 당신은 이 일을 할 수 없을 것이다. 예컨대, 만일 우주비행사들이 달에서 걸어 다니다가 가렵다면, 어떻게 그들이 코를 긁을까? 글쎄, 나사에서 있는 과학자들은 바로 이 문제에 대한 해결책을 연구했다. 오늘날 모든 우주비행사들의 헬멧에 만들어져 있는 것은 단추를 누름으로써 작동될 수 있는 특수한 코 긁기이다. 그것이 단순하고 외관상 어리석은 문제로 처리된다고 해도, 우주비행사들은 확실히 이 장치에 대해 매우 고맙게 여긴다. 가려운 코는 매우 불편하게 될 수 있다. 그리고 만일 그들이 우주에서 (코를) 긁기 위해 헬멧을 벗는다면, 1분 이내에 그들은 죽게 될 것이다.
① 지구(땅)에 사는 사람들을 괴롭히는 문제들은 우주에서도 역시 생긴다.
② 우주복에서 헬멧을 벗는 것은 치명적일 것이다.
③ 나사에 있는 과학자들은 우주복의 헬멧 안에 특수한 코긁기장치를 설계하였다.
④ 가려운 데를 긁는 것은 단순하고 외관상 어리석은 문제이다.

 ③

다음 글에서 필자가 결론으로 말하고자 하는 것은?

The average brain is naturally lazy and tends to take the line of least resistance. The mental world of the ordinary man consists of beliefs which he has accepted without questioning and to which he is firmly attached ; he is instinctively hostile to anything which would upset the established order of his familiar world. A new idea, inconsistent with some of the beliefs which he holds, means the necessity of rearranging his mind ; and this process is laborious, requiring a painful expense of brain-energy. To him and his fellows, who from the vast majority, new idea and options which cast doubt on established beliefs and institutions seem evil just because they are disagreeable. It is desirable that this attitude should be altered for the progress of the society.

① 고정된 사고의 틀을 깨고 새로운 생각을 받아들여야 한다.
② 평범한 사람은 익숙한 세계의 기존 질서를 깨는 어떤 것에 애착을 갖는 경향이 있다.
③ 사람들은 자신의 이익을 위해 기존의 질서가 깨지는 것을 두려워한다.
④ 뇌 에너지의 고통스런 희생을 필요로 하는 것들은 평범한 사람에게는 유해한 것이다.

▶**Advice**

해석 보통 두뇌는 본디 게으르고 최소저항선을 택하는(가장 편한 방법을 취하는) 경향이 있다. 평범한 사람의 정신세계는 의심 없이 받아들이고 고수하고 있는 것들에 대한 신념으로 이루어져 있다. 말하자면, 평범한 사람은 익숙한 세계의 기존 질서를 깨는 어떤 것에도 본능적으로 적대감을 가지고 있다. 자기가 갖고 있는 어떤 신념과 불일치하는 새로운 생각은 정신(세계)을 재조정할 필요성을 의미한다; 이러한 과정은 고통스런 뇌 에너지의 소모를 필요로 하는 어려운 것이다. 거의 대다수인 평범한 사람과 그 동료들에게는 기존의 신념과 제도(관습)에 의심을 갖게 되는 새로운 생각과 선택은 단지 그것들이 싫기 때문에 유해한 것처럼 보인다. 이런 태도는 사회발전을 위해 바꾸는 것이 바람직하다.

답 ①

다음 글의 주제로 알맞은 것은?

Drivers with blood alcohol content (BAC) of .08 grams per deciliters (g/dL) are 11 times more likely to be in a fatal accident than sober drivers. To reach a BAC level of .08 g/dL, a man weighing approximately 170 pounds needs to consume four drinks in one hour on an empty stomach and a woman weighing about 140 pounds needs to consume three drinks in one hour. People require approximately six hours after their last drink to completely rid themselves of alcohol after reaching a BAC level of .08 g/dL. Finally, even at BAC levels as low as .02 g/dL, alcohol can affect a person's response time and driving ability.

① Even a few drinks can impair driving.
② Men can drink a little and still drive well.
③ It is better to eat while drinking.
④ One can drive several hours after drinking.

▶Advice

해석 혈중 알코올 농도(BAC)가 .08g/dL인 운전자들은 술 취하지 않은 운전사들보다 치명적인 사고를 당할 위험이 11배나 더 높다. 혈중 알코올 농도가 .08g/dL이 되려면, 몸무게가 약 170파운드(77kg) 남성이 빈속에 1시간 동안 4잔을 마셔야 하고, 몸무게가 약 140파운드(63kg) 여성은 1시간 동안 3잔을 마셔야 한다. 사람들이 혈중 알코올 농도 .08g/dL에 도달하고 나서 술에서 완전히 깨려면 마지막 잔을 마신 후로 6시간 정도가 필요하다. 마지막으로 혈중 알코올 농도가 .02g/dl로 낮더라도, 술은 사람의 반응 시간과 운전 능력에 영향을 미칠 수 있다.
① 겨우 몇 잔이라도 운전에 지장을 준다.
② 남자들이 술을 조금 마시고 운전도 잘 한다.
③ 술을 마실 땐 뭘 좀 먹는 게 좋다.
④ 음주 후 몇 시간 운전할 수 있다.

답 ①

다음 글의 목적으로 알맞은 것은?

Dear Mr. Clellan,

The first shipment of equipment from your company has arrived before the estimated arrival date, and we would like to thank you for the prompt shipment. We are delighted with every piece. Therefore, we decided to make another purchase. I am attaching our purchase order No. 3422 for additional goods totaling $700,000. I hope you will continue to provide us with the same quality service and products. Since you already have a copy of our Procurement Guidelines, I shall not attach them to this order. As before, we will establish a letter of credit. Please inform me of shipping dates. Thank you for your consideration.

Best wishes,

Robert Williams

① To complain about early shipment

② To make an order of additional purchase

③ To cancel an order that was previously made

④ To inquire about the arrival of ordered product

▶ Advice

해석 클리런 씨께

귀사에서 보내신 장비의 첫 번째 선적분이 예상 도착일보다 빨리 도착했습니다. 신속한 선적에 감사드리고자 합니다. 모든 부품에 만족합니다. 따라서 당사는 다시 한 번 결정했습니다. 총액이 70만 달러인 추가 상품에 대한 구매 주문서 3422번을 첨부합니다. 귀사에서 지속적으로 당사에 동질의 서비스와 상품을 공급해 주시기를 바랍니다. 귀사에서 이미 당사의 조달 지침을 가지고 있기 때문에 이번 주문에서는 첨부하지 않겠습니다. 이전처럼 신용장을 개설할 예정입니다. 제게 선적일을 알려 주십시오. 배려에 감사합니다.

로버트 윌리엄스

① 조기 선적에 불평하기 위해

② 추가 구매 주문을 하기 위해

③ 이전에 했던 주문을 취소하기 위해

④ 주문 물품의 도착에 대해 문의하기 위해

답 ②

다음 글의 내용을 한 문장으로 요약하고자 한다. 빈칸 (A)와 (B)에 들어갈 말로 가장 적절한 것은?

> DYou and your family go to a shopping mall near your neighborhood. You tell everyone to meet at the parking lot in 20 minutes. You then watch your wife and two children enter the mall with great excitement. After about 20 minutes, your family meets again in the parking lot as you planned. Now you ask each of your family members what they saw in the mall. Mark, your five year-old son, has just begun to play computer games and says, "I only saw computer games and software." Your teenage daughter, who is going hiking with her friends next week, tells you that she saw her favorite jeans and some walking shoes. When you ask your wife what she saw, she says with a shy smile, "I skipped lunch today so I spent the whole 20 minutes eyeing cookies and cakes."
>
> → We tend to see things ___(A)___ according to our ___(B)___ .

	(A)		(B)
①	selectively	······	needs
②	selectively	······	moods
③	accurately	······	knowledge
④	accurately	······	need

▶**Advice**

해설 당신과 당신 가족이 동네에서 가까운 쇼핑몰에 간다. 당신은 모두에게 20분 이내에 주차장에서 만나자고 말한다. 그리고 나서 당신은 당신의 아내와 두 자녀가 아주 신이 나서 쇼핑몰에 들어가는 것을 본다. 약 20분 후에 당신의 가족은 당신이 계획한 대로 주차장에 다시 모인다. 이제 당신은 식구들 각자에게 그들이 쇼핑몰에서 무엇을 보았는지를 묻는다. 당신의 다섯 살 배기 아들 Mark는 이제 막 컴퓨터 게임을 시작했고 "저는 컴퓨터 게임과 소프트웨어만을 보았어요."라고 말한다. 다음 주에 친구들과 하이킹을 갈 당신의 십대 딸은 자기가 마음에 들어하는 청바지와 몇 켤레의 등산화를 보았다고 말한다. 당신이 아내에게 무엇을 보았느냐고 물을 때 그녀는 수줍은 미소를 지으며, "오늘 점심을 먹지 못해서 쿠키와 케이크를 주시하는 데 20분 전부를 보냈어요."라고 말한다.
→ 우리는 우리의 <u>필요</u>에 따라서, <u>선택적으로</u> 사물을 본다.

답 ①

❸ 세부 내용 파악하기

지문의 세부 내용을 파악하여 지문의 내용과 일치하거나, 불일치하는 보기를 고르거나 질문에서 묻는 특정한 정보를 찾는 유형이다. 지문에 나온 단어나 어구를 그대로 언급하거나 바꾸어 표현한 보기가 나오므로 지문과 보기의 내용을 꼼꼼하게 비교하며 읽어야 한다.

(1) 내용 일치, 불일치

지문에 제시된 사실과 일치하거나 일치하지 않는 내용을 선지에서 찾아 선택하는 유형으로, 선지가 우리말로 나올 수도, 영어로 나올 수도 있다. 따라서 우리말의 선지일 경우는 비교적 수월하지만, 영어 선지일 경우, 각 선지의 핵심어를 확인하고 지문에서 찾아 비교해야 하므로 시간이 다소 소요될 가능성이 높다.

[해결 과정]
① 선지를 먼저 보고 선지의 키워드를 확인 후, 지문에서 확인해야 할 내용을 파악한다.
② 각 선지의 키워드와 관련된 부분을 지문에서 찾아 하나씩 비교한다.
③ 각 선지의 순서는 지문의 흐름 순서와 일치하니, 위에서부터 차례로 찾아 내려가며 확인한다.

다음 글의 내용과 일치하는 것은?

Pat Hogan was looking for a Sun hotel when he saw an old man at the side of the road. He stopped his car and asked the old man the way to the Sun Hotel. He got into Pat's car, and they drove for about twelve miles. When they came to a small house, the old man said, "Stop here." he said to the old man, "Is here Sun Hotel?" "No." the old man answered, "this is my house. And now I'll show you the way to the Sun Hotel. Turn around and go back nine miles. Then you'll see the Sun Hotel on the left."

① The old man showed Pat the way to the Sun-Hotel at once.
② The old man took advantage of Pat.
③ Pat gave the old man a ride to take him to his home.
④ Pat found the Sun Hotel for himself.

▶**Advice**

해석 Pat Hogan이 길가에 있는 나이든 남자를 보았을 때 그는 Sun Hotel을 찾고 있었다. 그는 차를 세웠고 그 남자에게 Sun Hotel 가는 길을 물어보았다. 그는 Pat의 차에 탔고 그들은 약 12마일을 갔다. 그들이 조그만 주택에 왔을 때 그 남자는 "여기에 세우시오."라고 말했다. 그는 나이든 남자에게 말했다. "여기가 Sun Hotel입니까?" "아니오." 그 나이든 남자는 대답했다. "여기는 나의 집이오. 그리고 지금 나는 당신에게 Sun Hotel 가는 길을 가르쳐 주겠소. 돌아가서 9마일을 거슬러 가시오. 그러면 왼쪽에 Sun Hotel을 볼 수 있을 것이오."

답 ②

다음 글의 NPOs에 관한 내용과 일치하는 것은?

Though it sounds contradictory, nonprofit organizations (NPOs) may legally generate profits from their activities. However, these funds must be used solely to continue or expand the organization's work. Employees of the organization are not allowed to receive bonuses from any extra revenues, although they are paid salaries that match industry norms. In addition, laws ban NPOs from participating in certain political activities. This is to ensure that NPOs remain as politically neutral as possible and focus on helping the communities they work in. Following these guidelines enables nonprofits to avoid paying government taxes, as the organizations often provide important public services that benefit society as a whole.

---

① 그들은 그들의 활동으로 수익을 내는 것이 허가되지 않는다.
② 그들은 급여를 지급하기 위해 다른 단체에 의존한다.
③ 그들은 정당에 금전적인 지원을 제공해야 한다.
④ 그들은 정부에 세금을 낼 필요가 없다.

▶ Advice

해석 모순되게 들리지만, 비영리 단체(NPOs)는 그들의 활동으로부터 합법적으로 수익을 창출해 수 있다. 하지만, 이 자금은 오로지 그 단체의 사업을 지속하거나 확장하는 데에만 쓰일 수 있다. 비영리 단체의 직원들은 업계 표준에 맞는 임금을 받기는 하지만, 어떠한 초과 수익에서 나오는 상여금을 받는 것이 허가되지 않는다. 또 한, 법은 비영리 단체가 특정한 정치 활동에 참여하는 것을 금지한다. 이것은 비영리 단체가 가능한 한 정치적으로 중립성을 지키고 그들이 활동하는 지역사회를 돕는 데 집중하게 하기 위해서이다. 이 단체들은 흔히 사회 전체에 혜택을 주는 중요한 공공 서비스를 제공하기 때문에, 이러한 지침을 따르는 것은 비영리 단체가 국세를 내지 않도록 해준다.

답 ④

(2) 특정 정보 파악

지문의 내용을 바탕으로 질문에서 묻는 특정 정보를 올바르게 표현한 선지를 고르는 문제로, 문제에서 어떤 정보를 요구하는지 파악한 후 해당 정보에 관한 내용을 지문에서 찾아 선지에서 골라준다.

유형 문제 1

다음 글에 의하면, 바로크 양식을 이전의 미술 양식과 구별되게 하는 것은?

> The Counter-Reformation was a period of Catholic revitalization that occurred in a response to the growth of Protestantism in the 1500s. The changes also affected art, most of which was religious in nature. As a result, an artistic style called baroque emerged. Previously, classical painters had focused heavily on balance and perspective in their highly traditional compositions. Though their works were realistic, they lacked emotion. The theatrical flair of baroque painters was thus a refreshing change. It was characterized by a straightforward style that communicated religious themes in a powerful, theatrical manner. Famous artists that painted in this style include Peter Paul Rubens, Michelangelo Merisi da Caravaggio, and Gian Lorenzo Bernini.

① complex artistic techniques
② dramatic representations
③ adherence to convention
④ primarily protestant themes

▶ **Advice**

해석 반종교 개혁은 1500년대 개신교의 성장에 대응하여 발생한 천주교의 재활성화 시기였다. 그 변화는 또한 예술에 영향을 미쳤는데, 그 대부분은 사실상 종교적이었다. 그 결과, 바로크라고 불리는 미술 양식이 나타났다. 이전에, 고전주의 화가들은 그들의 매우 전통 인인 작품들 속에서 균형과 원근법에 과하게 집중했다. 그들의 작품이 사실적이기는 했지만, 그것들에는 감정이 부족했다. 따라서 바로크 화가들의 극적인 경향은 신선한 변화였다. 이것은 종교적인 주제를 강렬하고 극적인 방식으로 전달하는 직설적인 표현법이 특징이었다. 이 양식으로 그림을 그렸던 유명한 화가로는 루벤스, 카 라바조, 베르니니가 있다.
① 복잡한 미술 기법
② 극적인 표현
③ 전통의 고수
④ 주로 개신교에 관련된 주제

답 ②

❹ 글의 감상

지문의 내용을 읽고, 글의 전반적인 어조나 분위기, 등장인물의 심경이나 태도를 파악하는 유형으로, 지문 속 형용사나, 동사 등 글의 분위기 흐름을 파악할 수 있는 어휘에 신경을 쓰면서 빠르게 글을 읽고 선지를 선택한다.

(1) 글의 어조, 분위기

전체적인 글의 흐름을 파악하여 글의 분위기나 전개방식을 파악하고, 지문 전체를 정독하기 보다는 빠르게 읽고 내려가면서, 글의 분위기나 어조를 파악할 수 있는 표현에 중점을 두며 읽도록 한다.

유형 문제 1

다음 글을 읽고 필자의 어조를 가장 잘 나타낸 단어를 고르면?

> Some people insist on "love at first sight," but I suggest that they calm down and take a second look. There is no such thing as love at first sight. Some of those attractive first-sight qualities may turn out to be genuine and durable, but don't count on the storybook formula. The other saying, "love is blind" is far more sensible. The young girl who believes herself to be in love can't see the undesirable qualities in her man because she wishes not to see them.

① ironic
③ angry

② critical
④ romantic

▶ Advice

해 설 일부 사람들은 "첫눈에 반한 사랑"을 주장한다. 그러나 난 그들은 진정하고 두 번은 보아야 한다고 제안하겠다. 첫눈에 보이는 사랑과 같은 것은 없다. 몇 가지의 매력있어 보이는 처음의 특징들 가운데는 진실한 것이 있기도 하고 오래 지속되는 것으로 드러나기도 하겠지만, 동화책에 나오는 공식대로 되는 것이 아니다. 다른 속담으로 "사랑이란 맹목적이다"라는 말이 오히려 일리가 있다. 자신이 사랑에 빠졌다고 믿는 어린 소녀들은 자신의 남자에게서 바람직하지 않은 특징들은 보지를 못한다. 왜냐하면 그녀들은 그것들을 보려 하지 않기 때문이다.

답 ②

(2) 필자의 심경, 태도

등장인물에 관한 글을 빠르게 읽어 내려가며, 해당 인물의 심경을 파악할 수 있는 키워드를 통해 필자의 심경을 파악한다. 심경이나, 태도를 표현하는 형용사 표현을 익혀주면 좋다.

유형 문제 1

다음 글에서 주인공 'I'의 심정으로 가장 적절한 것은?

> My mother hadn't seen my dad in four years of war. In my mind, he was a tall, darkly handsome man I wanted very much to love me. I couldn't wait, thinking about all the things I had to tell him of school and grades. At last, a car pulled up, and a large man with a beard jumped out. Before he could reach the door, my mother and I ran out screaming. She threw her arms around his neck, and he took me in his arms, lifting me right off the ground.

① joyful   ② lonely

③ worried   ④ horrified

▶ **Advice**

해석   나의 어머니는 4년간의 전쟁 동안 아버지를 보지 못했다. 내 생각에 아버지는 검은 피부에 키가 크고 잘생긴 분이셨고 나는 그 분의 사랑을 몹시 받고 싶었다. 아버지에게 학교 일과 성적에 대해 시시콜콜 얘기할 생각을 하면서, 나는 조바심치며 기다렸다. 마침내 차가 멈추었고 턱수염을 기른 덩치 큰 사람이 뛰어 내렸다. 현관문에 이르기도 전에 어머니와 나는 소리를 지르며 달려나갔다. 그녀는 그의 목을 얼싸안았고, 그분은 나를 안아서 땅에서 번쩍 들어올렸다.

답   ①

❺ 추론하기

지문의 흐름을 자연스럽게 연결하는 선지를 골라 빈칸을 완성하는 유형과, 지문 내 밑줄 친 특정 어구가 의미하는 바를 추론하거나 지문을 통해 추론할 수 있는 선지를 고르는 유형이다. 빈칸이나 밑줄 친 어구의 앞뒤 문장에 정답의 단서가 제시되는 경우가 많으므로 해당 부분을 꼼꼼히 읽어야 한다.

(1) 빈칸 완성

지문의 흐름이 자연스럽게 이어질 수 있도록 지문의 빈칸에 적절한 단어, 구, 절을 선지에서 골라 넣는 유형이다. 지문 전반에 걸쳐 단서가 제시되므로, 지문의 중심내용과 흐름을 이해하면 문제를 쉽게 해결할 수 있다.

유형 문제 1

다음 밑줄 친 곳에 들어갈 알맞은 것은?

Banks are not ordinarily prepared to pay out all accounts : they rely on their depositors not to demand payment all at the same time. If depositors should come to fear that a bank is not sound, that it cannot pay off all its depositors, then that fear might cause all the depositors to appear on the same day. If they did the Bank could not pay all accounts. However, _____, then there would always be funds to pay those who wanted their money when they wanted it.

① if they withdrew funds from their accounts secretly
② if they deposited less and less year after year
③ if they compelled tellers not to use their funds for private purpose
④ if they did not all appear at once

▶ **Advice**

해석 은행들은 대개 모든 예금액을 갚기 위해서 준비하지 않는다. 그들은 그들의 예금주들이 동시에 모든 예금의 지불을 요구하지는 않을 것이라고 신뢰한다. 만약 예금주들이 은행이 견실하지 못하여 예금주들에게 전액을 모두 지불할 수 없다는 걱정이 일어난다면, 그 때에는 그 걱정이 모든 예금주들을 같은 날에 나타나도록 하는 원인이 될지도 모른다. 만약 그들이 그렇게 한다면, 은행은 모든 예금액을 지불할 수 없다. 하지만 그들이 모두 동시에 나타나지 않는다면, 그 때에는 그들이 원하는 때에 그들의 돈을 원하는 사람에게 지불할 자금이 항상 있을 것이다.

답 ④

(2) 연결어

지문의 흐름이 자연스럽게 이어질 수 있도록 지문의 빈칸에 적절한 연결어를 보기에서 골라 넣는 유형이다. 빈칸 앞뒤 문장의 논리적 관계를 파악하고 이에 해당하는 연결어를 알고 있으면 문제를 쉽게 해결할 수 있다.

[해결 과정]
① 처음부터 중심내용이 파악될 때까지 정확한 해석
② 각 빈칸 앞 문장은 정확히 해석
③ 각 빈칸 뒷 문장은 간략 해석 — 앞 문장과의 내용관계만 파악

〈연결사 종류〉

대조, 전환	but, however, yet 그러나 in contrast, conversely 대조적으로 on the other hand, meanwhile 반면에 instead 대신 rather 오히려
결론, 요약	thus, hence, therefore 그러므로 accordingly 따라서 eventually 결국 as a result 그 결과 consequently, in conclusion 결과적으로 in other words, that is 다시 말하자면, 즉 in short, in sum 요약하자면
양보	nevertheless, nontheless 그럼에도 불구하고 otherwise 그렇지 않으면
예시	for instance, for example, to illustrate 예를 들어
첨가, 부연	in addition, besides, furthermore, moreover, what is more 게다가 at the same time 동시에 on top of ~에 대하여
경과	subsequently 그 후에 simultaneously 동시에
강조	in fact, as a matter of fact 사실 indeed 정말로 especially, particularly 특히
이유	for this reason 이런 이유로 due to ~ 때문에 because, since 왜냐하면
유사	similarly, likewise, in the sane way 마찬가지로
일반화	on the whole 전체적으로 typically, in general 보통, 일반적으로

······················· **유형 문제** 1

다음 글의 밑줄 친 곳에 알맞은 연결사는?

Psychologists tell us that to be happy we need a mixture of enjoyable leisure time and satisfying work. I doubt that my great-grandmother, who raised 14 children and took in laundry, had much of either. She did have a network of close friends and family, and maybe this is what fulfilled her. If she was happy with what she had, perhaps it was because she didn't expect life to be very different. We, _____, with so many choices and such pressure to succeed in every area, have turned happiness into one more thing we "must have." We're so self-conscious about our "right" to it that it's making us miserable. So we chase it and equate it with wealth and success, without noticing that the people who have those things aren't necessarily happier.

① for example
② on the other hand
③ in addition
④ in short

▶ **Advice**

해설 심리학자들은 행복해지기 위해서 우리는 즐거운 여가시간과 만족스러운 일의 혼합을 필요로 한다고 말한다. 나는 14명의 자식들을 키우고 빨래를 맡았던 증조모는 어느 하나를 많이 가졌다고 생각하지(믿지) 않는다. 그녀는 가까운 친구들과 가족을 가지고 있었고, 아마도 이것이 그녀를 만족시켰을 것이다. 만약 그녀가 가지고 있었던 것에 행복해 했다면, 아마도 그것은 그녀가 삶(인생)이 매우 달라지리라고 기대하지 않았기 때문일 것이었다. 반면에 너무나 많은 선택과 모든 분야에서 성공하기 위한 압박감을 가지고 있는 우리는 행복을 우리가 "가져야만 하는" 하나 더의 것으로 바꿔 왔다. 우리는 그것(행복)에 대한 우리의 "권리"를 너무 의식해서 그것이 우리를 불행하게 만들었다. 그래서 우리는 행복을 쫓으며, 부와 성공을 가지고 있는 사람들이 반드시 더 행복하지는 않다는 것을 알아차리지 못하고, 그것과 부와 성공을 동일시한다.

답 ②

04. 독해 **441**

(2) 지칭, 함축의미 추론

지문에 제시된 내용을 바탕으로 밑줄 친 부분이 가리키는 대상을 찾거나, 밑줄 친 어구나 문장이 함축하는 의미를 파악하는 유형이다. 모든 추론의 근거는 지문에 있으므로 지문의 내용을 정확하게 파악하면 문제를 쉽게 찾을 수 있다.

[해결 과정]
① 지문의 밑줄 친 부분이 있는 문장을 통해 의미를 파악해야 할 것이 무엇인지 확인
② 밑줄 친 부분과 관련된 지문의 모든 단서를 고려하여 의미 파악
③ 밑줄 친 부분의 의미를 가장 적절하게 나타낸 선지 선택

유형 문제 1

다음 밑줄 친 부분 중 의미하는 바가 나머지 셋과 다른 것은?

> One superstition I can't seem to escape is the one dealing with calendars. In my family, it's bad luck to look at ① <u>a new calendar</u> before the start of the new year. I can't ignore this because efficient administrative assistants at work hand out new calendars in late November or early December. And some of my coworkers hang ② <u>them</u> up as soon as they get them. So at any time, I'm likely to walk into a colleague's space and confront ③ <u>the offending object</u>. If I see one, I avert my eyes. Try as I might to rid myself of ④ <u>this superstition</u>, I'm not willing to take any chances, either.

▶**Advice**

해석 내가 벗어날 수 없는 하나의 미신은 달력에 관한 것이다. 우리 집안에서는, 신년이 시작되기 전에 새 달력을 보는 것을 불운이라 믿는다. 나는 11월 말이나 12월 초에 새 달력을 유능한 사무관들이 배포하기 때문에 이를 무시할 수 없다. 그리고 나의 동료들 중 몇 명은 새 달력을 받자마자 걸어둔다. 그래서 어느 때라도 나는 동료의 자리로 가면 불쾌감을 주는 물건과 맞닥뜨리게 된다. 만약 내가 그것을 보게 되면 난 나의 눈을 피한다. 내 자신이 이 미신으로부터 벗어나려고 노력을 할지라도 나는 어떠한 가능성(운)에 맡기려 하지 않을 것이다.
①②③ 새 달력 ④ 미신

 ④

Which of the following does <u>the latter approach</u> refer to?

> Neuroimaging is a process in which researchers create detailed image maps of the human brain. Using machines that send waves to the brain, its entire structure can be plotted out. A single image can offer enough information to diagnose a serious disease, but the comparison of multiple images over time is an even more powerful tool. With <u>the latter approach</u>, scientists and psychologists can better understand the long-term impacts of certain actions on the brain. For instance, scientists can use neuroimaging to see how an accident has damaged a person's brain or how a child's mind changes as they age. One limitation of neuroimaging, however, is its high cost. This downside has prevented the technology from being available to everyone.

① diagnosing brain disease
② viewing a single image
③ comparing brain images over time
④ plotting the brain's structure

▶**Advice**

해석 다음 중 <u>the latter approach</u>가 지칭하는 것은?
　신경 촬영법은 연구원들이 인간의 두뇌에 대한 상세한 영상 지도를 만들어 내는 방법이다. 뇌에 파장을 보내는 기계를 사용해서 뇌의 전체적인 구조가 그려질 수 있다. 하나의 영상이 심각한 질병을 진단하는 데 충분한 정보를 제공할 수 있긴 하지만, 시간의 경과에 따른 여러 개의 영상을 비교하는 것이 훨씬 더 강력한 도구이다. <u>후자의 방법</u>으로, 과학자와 심리학자는 특정 행동이 뇌에 미치는 장기적인 영향을 더 잘 이해할 수 있다. 예를 들어, 과학자는 사고가 사람의 뇌에 어떻게 손상을 입혔는지 또는 나이가 들면서 아이의 생각이 어떻게 변하는지를 살펴보기 위해 신경 촬영법을 사용할 수 있다. 하지만, 신경 촬영법의 한 가지 제약은 높은 비용이다. 이러한 단점은 그 기술을 모든 사람이 이용할 수는 없게 만들었다.
① 뇌 질환을 진단하는 것
② 하나의 영상을 보는 것
③ 시간의 경과에 따른 뇌 영상을 비교하는 것
④ 뇌 구조를 그리는 것

답 ③

(4) 내용 추론

지문을 바탕으로 추론할 수 있는 내용을 고르거나, 지문의 앞이나 뒤 문단에 올 내용을 추론하는 유형이다. 지문에 제시된 정답 추론의 단서를 파악하면 문제를 쉽게 해결할 수 있다.

> [해결 과정]
> ① 질문과 선지를 확인하고 추론해야 할 내용을 고려하여 지문을 읽는다.
> ㉠ 지문 내용 추론의 경우, 질문과 선지를 먼저 읽고 지문을 통해 선지의 내용을 추론할 수 있는지 고려하여 오답선지를 소거하며 읽는다.
> ㉡ 앞뒤 문단 추론의 경우, 앞 문단의 내용은 지문의 첫 문장에, 뒤 문단의 내용은 지문의 마지막 문장에 단서 확인. 특히, 지시어, 연결어 등이 앞뒤 문단의 내용을 추론하는 중요 단서

유형 문제 1

다음 글에서 직업선택의 요인으로 언급되지 않은 것은?

> According to one sociologist, Theodore Caplow, the accident of birth often plays a large role in determining what occupation people choose. Children follow their parents' occupation :farmers are recruited from farmers' offspring, teachers from the children of teachers. The parent passes an occupation on to the child. Furthermore, such factors as time and place of birth, race, nationality, social class, and the expectations of parents are all accidental, that is, not planned or controlled. They all influence choice of occupation.

① 부모의 직업
② 출생의 시기와 장소
③ 부모의 기대
④ 장래의 유망성

▶Advice

해석 Theodore Caplow라는 사회학자에 의하면, 출생의 우연성은 사람들이 어떤 직업을 선택하느냐를 결정하는 데에 종종 커다란 역할을 한다. 자식들은 부모의 직업을 이어받는다. 농부들은 농부의 자식들로부터 선생님들은 선생님의 자식들로부터 충당된다. 부모는 자식들에게 직업을 전달한다. 게다가 출생시기와 장소, 인종, 국적, 사회적 계급, 부모의 기대 같은 요인들은 우연적인 것으로, 말하자면, 계획되거나 조종될 수 없다. 그것들은 모두 직업선택에 영향을 끼친다.

답 ④

············· **유형 문제** 2

다음 글의 바로 앞에 올 문단의 내용으로 가장 자연스러운 것은?

On the other hand, some Indian tribes wish to modernize the reservations. They have set up cattle ranches and started small industries. They have set up cattle ranches and started small industries. The value of education is understood, with many Indians of these tribes earning graduate degrees as teachers, doctors, and engineers at their state universities. These alternatives, with many variations, are what most Indians have chosen.

① 인디언 전통문화의 답습
② 인디언들의 적극적인 사회참여
③ 인디언 특별보호구역의 현대화
④ 인디언들의 교육에 대한 열의

▶ Advice

해석 다른 한편, 어떤 인디언 부족들은 인디언보호구역을 현대화하기를 바란다. 그들은 가축을 사육하는 목장을 세웠고, 작은 사업을 시작했다. 교육의 가치를 깨달았고, 이 부족의 많은 인디언들이 그들의 주에 있는 대학에서 교사나 의사 및 기술자로서 졸업학위를 받았다. 많은 변화가 있는 이러한 대안들은 대부분의 인디언들이 선택한 것이다.

답 ①

❻ 논리적 흐름 파악하기

지문의 논리적 흐름에 따라 문단 순서 배열, 문장 삽입, 지문의 흐름과 무관한 문장을 삭제하는 유형이다. 연결어나 지시어가 지문의 논리적인 흐름을 파악하는 데 단서가 되는 경우가 많으므로 이를 중심으로 지문을 읽어야 한다.

(1) 무관한 문장 고르기

지문의 선지 중 지문의 흐름과 무관한 문장을 골라내는 유형이다. 지문의 모든 문장을 자세히 읽어야 하므로 다른 문제 유형에 바해 시간이 많이 소요된다. 지문의 중심내용을 파악하여 각 선지의 내용을 비교하며 관련 없는 내용을 찾는다.

[해결 과정]
① 처음부터 지문의 중심내용이 파악될 때까지 정확한 해석 : 주로 지문 앞 부분
  • 중심대상 + 세부내용 파악
② 파악된 중심 내용과 각 번호 문장을 직접 비교 : 번호문장끼리 비교하지 않기
  ㉠ 각 번호 문장이 중심대상은 동일한지, 세부내용은 일치하는지 파악
  ❿ 대명사, 지시사, 연결사가 있는 문장은 바로 앞 문장과 연결해서 고려

[지문 출제 패턴]
① 중심대상이 다른 한 문장 존재
② 중심대상은 모두 같은데, 세부내용이 다른 한 문장 존재
③ 대명사, 지시사, 연결사가 사용되어 두 문장을 합쳐서 파악해야 하는 부분 존재
  • 한 문장은 중심대상에 대한 설명 + 다음 문장은 세부내용에 대한 설명

다음 글에서 전체 흐름과 관계없는 문장은?

Laughter is a way of releasing inner tensions, and there are many classes and types of laughs. ⓐ A happy laugh can be heard when students finally pass an important examination that they studied for all night. ⓑ It can also be heard coming from a small child running with his dog through the meadows. ⓒLaughter is the greatest of all emotional outlets. ⓓ An inexperienced driver may find himself laughing when he tries to turn the steering wheel but ends up turning on the signal lights. His laughter stems from nervousness and his act of laughing helps him to relax.

① ⓐ 　　　　　　② ⓑ
③ ⓒ 　　　　　　④ ⓓ

▶ **Advice**

해석 웃음은 내면의 긴장을 해소시켜 주는 방법으로서, 웃음에는 많은 종류와 형태가 있다. 행복한 웃음소리는 학생들이 밤새도록 공부한 중요한 시험에 통과했을 때 들을 수 있다. 또한 개와 함께 풀밭을 달리는 어린아이에게서도 행복한 웃음소리를 들을 수 있다. (웃음은 모든 감정 배출구 중 가장 위대한 것이다) 초보운전자가 핸들을 돌리려다가 신호를 알리는 깜박이 등을 켜 버렸을 때, 혼자 웃음을 짓게 되기도 한다. 그의 웃음은 신경과민 때문이며, 그의 웃는 행위는 그의 긴장을 해소시켜 주는 데 도움이 된다.

답 ③

(2) 문단 순서 배열

지문의 흐름이 자연스럽게 연결되도록 주어진 여러 문단의 순서를 적절하게 배열한 선지를 선택하는 유형이다. 각 문단에 제시된 순서배열의 단서를 파악하여 글을 읽어야 한다.

[해결 과정]
① 제시문을 정확히 해석 ― 제시문 내에 있는 대상 및 내용 파악
② 이어진 글 (A), (B), (C)의 첫 문장을 읽고 제시문 다음 글 결정
  ㉠ (A), (B), (C) 첫 문장에 있는 대명사, 지시사, 연결사 활용 ― 부연 설명 부분 반드시 확인
  ㉡ 대명사, 지시사, 연결사가 없는 경우는 화제의 전환이 일어나는 부분이라 모든 곳에 가능
③ 위 과정을 반복

······························· **유형 문제** 1

주어진 문장에 이어질 글의 순서가 가장 적합한 것은?

When one person teaches another through speech or writing, this process is called learning by instruction.

(A) As we all know, however, we can gain knowledge without being taught.
(B) Simply stated, discovery is learning without a teacher, and instruction is learning through the help of one.
(C) This is discovery, the process of learning something by observation, examination, or searching for facts, without being taught.

① (A) ― (B) ― (C)   ② (A) ― (C) ― (B)
③ (B) ― (A) ― (C)   ④ (B) ― (C) ― (A)

▶ **Advice**

해석 사람이 말이나 글을 통해서 다른 사람을 가르칠 때 이 과정은 교수에 의한 학습이라고 불리어진다. (A) 그러나 우리 모두가 알고 있듯이 우리는 가르침을 받지 않고도 지식을 얻을 수 있다. (C) 이것이 가르침을 받지 않고 관찰, 조사 또는 사실들의 추구에 의해 어떤 것을 배우는 과정인 발견이다. (B) 간단히 말해서 발견이란 교사 없이 배우는 것이고 교수란 교사의 도움을 통해 배우는 것이다.

답 ②

⑶ 문장 삽입

지문의 흐름이 자연스럽게 이어질 수 있도록 주어진 문장이 들어갈 적절한 위치를 고르는 유형이다. 주어진 문장의 내용과 지문의 흐름을 정확히 파악하여 글을 읽어야 한다.

> **[해결 과정]**
> ① 제시문을 정확히 해석
>   ㉠ 제시문 내에 있는 대명사, 지시사, 연결사 파악
>   ㉡ 지시사, 대명사가 있을 경우, 지문에서 지시가, 대명사가 가리키는 것을 확인
>   ㉢ 연결사가 있을 경우, 제시문과 지문 전후 관계를 확인
> ② 파악된 대명사, 지시사, 연결사를 통해 답이 가능한 번호 확인
>   ㉠ 답이 가능한 번호가 확인되면 그 이후는 모두 답의 가능성이 있다고 간주
> ③ 뒤 문장을 통해 답 결정 – 대명사, 지시사, 연결사 확인
> ④ 대명사, 지시사, 연결사가 없는 경우 : 화제의 전환이 일어나는 부분이 답

··········· **유형 문제** 1

다음 문장이 들어갈 위치로 가장 적절한 것은?

> Moreover, raising animals for food is a significant contributor to global warming.

> People often ask me why I became a vegetarian. (①) Part of my reasoning was moral, in that I didn't think it was necessary to harm animals when all the nutrients we need are attainable from plant-based sources. (②) I also found the environmental argument against eating meat to be very convincing. (③) Raising livestock takes up nearly 30 percent of the usable land on earth, the land the animals graze becomes damaged, and local water supplies are polluted. (④) Cows and other farm animals account for nearly 15 percent of all greenhouse gas production, which is more than what airplanes and automobiles produce.

▶**Advice**

해석 사람들은 종종 내가 왜 채식주의자가 되었는지를 묻는다. (①) 내 논리의 일부는 윤리적인 것이었는데, 우리가 필요한 모든 영양소를 식물을 기반으로 한 원천에서 얻을 수 있다는 것을 생각하면 나는 동물을 해치는 것이 필수적이라고 생각하지 않았기 때문이다. (②) 또한 나는 환경과 관련하여 고기를 먹는 것을 반대하는 주장이 매우 설득력 있다고 생각했다. (③) 가축을 기르는 것은 지구에서 사용 가능한 땅의 거의 30퍼센트를 차지하며, 동물이 풀을 뜯는 땅은 손상되고 지역의 수자원도 오염된다. (게다가, 식용으로 동물을 기르는 것은 지구 온난화의 주요 원인이다.) 소와 다른 가축은 전체 온실가스 발생량의 약 15퍼센트를 차지하는데, 이것은 항공기와 자동차가 만들어 내는 것보다 더 많다.

답 ④

출제예상문제

1 다음 빈칸에 공통으로 들어갈 알맞은 단어를 고르시오.

Term life provides coverage for a specific period, while _____ life covers you for your entire life. Term is more affordable, while _____ has cash value.

---

① exclusive
② permanent
③ temporary
④ concretef

TIP 「생명보험은 특정기간 동안 보장을 제공하며, 종신보험은 평생 보장을 제공한다. 생명보험은 가격이 저렴하고, 종신보험은 적립식이다.」
① 독점적인, 배타적인
② 영구적인
③ 일시적인
④ 구체적인

2 다음 문장의 빈칸에 들어갈 알맞은 단어를 고르시오.

Often guranteed by the issuer, which menas they're less likely to bounce like personal checks. Money order also have an _____ date printed on them, typically one to three years from the date of issue.

---

① recipient
② verification
③ conpicious
④ expiration

TIP 「우편환은 발행자에 의해 보증되는데, 이것은 개인 수표처럼 지급 거절될 위험이 거의 없다는 뜻이다. 우편환에는 또한 만기일이 적혀 있는데 보통 발행일로부터 1~3년이다.」
① 수취인
② 확인
③ 눈에 띄는
④ 만료

Answer 1.② 2.④

3 다음 문장의 빈칸에 들어갈 알맞은 표현을 고르시오.

> When sending a package internationally, you will need to fill out a _____ to declare its contents and value.

① customs declaration form

② address change form

③ redelivery request form

④ post office box application form

TIP 「해외로 소포를 발송할 때, 내용물과 가격을 신고하기 위해 <u>세관신고서</u>를 작성해야 한다.」
  ① 세관 신고서
  ② 주소변경 신청서
  ③ 재배달 요청서
  ④ 사서함 신청서

4 다음 문장의 빈칸에 들어갈 알맞은 단어를 고르시오.

> Online banking customers can _____ the security of their accounts by changing their passwords often.

① despoil

② specify

③ promote

④ enhance

TIP 「온라인 은행 거래 고객들은 그들의 비밀번호를 자주 변경함으로써 계좌의 보안을 <u>강화할 수 있다</u>.」
  ① 약탈하다
  ② 명시하다
  ③ 촉진하다
  ④ 강화하다

Answer 3.① 4.④

5 다음 빈칸에 들어갈 단어를 알맞게 짝지은 것을 고르시오.

> Making a new type of perfume is a long journey, and our researchers spend a _____ amount of time in the lab to try and find the perfect _____ of ingredients.

① disgraceful – variation

② negligible – number

③ considerable – blend

④ sophisticated – trade

···

TIP 「새로운 종류의 향수를 만드는 것은 긴 여정이며, 우리 연구원들은 성분들의 완벽한 혼합을 시도하고 찾아내기 위해 <u>상당한</u> 양의 시간을 실험실에서 보낸다.」
① 수치스러운 – 변화
② 무시해도 좋은 – 숫자
③ 상당한 – 혼합
④ 정교한 – 거래

6 다음 밑줄 친 부분과 의미가 가장 가까운 것을 고르시오.

> The popular coffee corporation <u>capitalized on</u> the cheap cost of cocoa beans and labor in South America and sold coffee on North America at exorbitant prices.

① kept pace with

② cast doubt on

③ took advantage of

④ put an end to

···

TIP 「그 인기있는 커피 회사는 남미의 저렴한 코코아 열매와 노동력을 <u>이용했고</u>, 북미에서 터무니없는 가격으로 코피를 판매했다.」
① ~와 보조를 맞추다
② ~을 의심하다
③ ~을 이용하다
④ ~을 끝내다

7 다음 빈칸에 들어갈 알맞은 표현을 고르시오.

> Falling unemployment rates are generally considered a good sign, but they can also _____ job seekers who have given up searching for work.

① vary from

② stand by

③ pass through

④ result from

TIP 「하락하는 실업률은 일반적으로 좋은 신호로 여겨지지만, 그것은 또한 직업을 찾는 것을 포기한 구직자들이 <u>원인일 수도</u> 있다.」

① ~에서 벗어나다

② ~을 지지하다

③ ~을 꿰뚫다

④ ~이 원인이다

8 다음 밑줄 친 부분과 문맥상 의미가 가장 가까운 것을 고르시오.

> The construction company submitted an application to the city council to begin building an apartment complex on a public parking lot located on 5th Street, claiming that it would give people looking for a home more options. After months of negotiations, the council <u>gave the green light to</u> the construction project.

① fabricated

② authorized

③ yielded

④ contributed

TIP 「그 건설 회사는 5번가에 위치한 공공 주차장에 아파트 단지를 짓 는 것을 시작하기 위해 시의회에 신청서를 제출했고, 그것이 집을 구하는 사람들에게 더 많은 선택권을 줄 것이라고 주장했다. 몇 달간의 협상 후, 의회는 그 건설 계획을 <u>허가했다.</u>」

① 위조하다

② 허가하다

③ 양보하다

④ 기여하다

9 다음 빈칸에 들어갈 알맞은 표현을 고르시오.

> _____ is the term for the additional fee charged for delivering a package to a remote or hard to reach location.

① Out-of-area fee

② Remote surcharge

③ Delivery premium

④ Extra cost

TIP 「역외 요금은 원거리 또는 접근이 어려운 지역으로의 배송에 부과되는 추가 요금을 가리키는 용어이다.」

10 다음 빈칸에 들어갈 알맞은 단어를 고르시오.

> Please note that we cannot send packages containing _____ items like glassware or delicate electronics, as they may break during transit.

① flammable

② fragile

③ corrosive

④ illegal

TIP 「저희는 유리 제품이나 민감한 전자제품 등 깨지기 쉬운 물품은 운송 중 고장 날 수 있으므로 배송하지 않는다는 것을 주의해 주십시오.」
① 인화성의
② 깨지기 쉬운
③ 부식성의
④ 불법의

Answer 9.① 10.②

11 다음 밑줄 친 ⊙과 ⓒ에 공통으로 들어갈 가장 적절한 것을 고르시오.

- She was able to _____⊙_____ the language in only a matter of months.
- Box office sales started to _____ⓒ_____ with the release of several new action films.

---

① pick on   ② pick at

③ pick up   ④ pick out

TIP 「• 그녀는 단 몇 달 만에 그 언어를 익힐 수 있었다.
• 박스 오피스 판매량은 몇몇 새 액션 영화의 개봉과 함께 회복하기 시작했다.」

① ~을 괴롭히다
② ~을 조금씩 먹다
③ ~을 익히다, 회복하다
④ ~을 선택하다

12 다음 밑줄 친 ⊙과 ⓒ에 순서대로 들어갈 가장 적절한 것을 고르시오.

A terrorist bombing along the Israeli–Palestinian border has _____⊙_____ peace negotiations between the two countries even further. Meanwhile, citizens on both sides continue to _____ⓒ_____ their daily lives despite the constant threat of unexpected attacks.

    ⊙   ⓒ   ⊙   ⓒ

① set beside – go by   ② set back – go by

③ set back – go about   ④ set beside – go about

TIP 「이스라엘과 팔레스타인 국경을 따라 폭탄을 투하한 테러범은 두 나라 간의 평화 협상을 한층 더 ⊙ 지연시켰다. 그 동안에, 양 측의 시민들은 예기치 못한 공격의 끊임없는 위협에도 불구하고 그들의 일상생활을 ⓒ 계속하고 있다.
지연시키다」

set beside : 비교하다 / set back : 지연시키다
go by : 지나다가 / go about : ~을 계속하다

13 다음 대화의 밑줄 친 부분에 들어갈 가장 적절한 것을 고르시오.

> A : I heard that new fantasy movie has a really convoluted plot.
> B : It does. I saw it last night, and it was too confusing for me to follow.
> A : Could you tell me the storyline _____? I want to know what it's generally
> about.
> B : Basically, it's about angels and demons.

① in a muddle   ② at first sight
③ at every turn   ④ in a nutshell

14 다음 밑줄 친 단어와 의미가 가장 가까운 것을 고르시오.

> The company employees dreaded the <u>mandatory</u> assemblies that occurred every quarter, during
> which they were obliged to sit still for hours and listen to countless speeches.

① optional   ② administrative
③ compulsory   ④ destructive

Answer   13.④   14.③

15 다음 대화의 흐름으로 보아 빈칸에 들어갈 가장 적절한 표현을 고르시오.

A : Excuse me. I'm looking for a particular type of monitor.

B : Sure. Which one?

A : I've got it written here. It's the Opix 3200M. Do you have it?

B : I think we stopped carrying that model, but _____.

A : I appreciate it. I hope it's still in stock.

B : Give me just a minute, and I'll let you know.

---

① I'll check our inventory

② we have a great selection

③ I recommend a different one

④ it is sold out temporarily

TIP 「A : 실례합니다. 저는 특정 종류의 모니터를 찾고 있어요.
B : 네. 어떤 것을 찾고 계신가요?
A : 여기에 써 놨어요. Opix3200M이요. 여기에 있나요?
B : 저희가 지금은 그 모델을 취급하지 않는 것 같지만, 재고품 목록을 확인해 볼게요.
A : 감사합니다. 아직 재고가 있으면 좋겠네요.
B : 잠시만 기다려주시면 알려 드릴게요.」

① 재고품 목록을 확인해 볼게요.
② 저희는 물건들이 많아요.
③ 다른 것을 추천 드려요.
④ 그것은 일시적으로 품절이에요

16 다음 대화의 빈칸에 들어갈 가장 알맞은 표현을 고르시오.

A : Are you ready to order, sir?

B : I can't decide. What's your specialty here?

A : _____. It's our most popular dish.

B : I'll give it a try.

---

① I'll go for the steak

② We have several specials today

③ I can help you with your order

④ I highly suggest the salmon

TIP 「A : 주문하시겠습니까, 손님?
B : 결정을 못 하겠어요. 이곳의 전문 요리는 무엇인가요?
A : <u>연어를 적극 추천합니다.</u> 그것이 가장 인기 있는 요리입니다.
B : 그것을 한번 먹어 볼게요.」

① 저는 스테이크로 할게요
② 오늘 여러 개의 특별 요리가 있어요
③ 제가 주문을 도와드리겠습니다
④ 연어를 적극 추천합니다

Answer 16.④

17 다음 대화의 밑줄 친 부분의 의미로 가장 적절한 것을 고르시오.

A : Are you glad you moved to the city?
B : I'm not enjoying it as much as I thought I would.
A : Oh, really? Why is that?
B : I feel like a fish out of water here.
A : You probably need more time to adjust.

---

① I can't afford an apartment here
② There are so many things to do
③ I'd rather live near the ocean
④ I feel awkward and out of place

TIP 「A : 너는 도시로 이사 가서 기쁘니?
B : 나는 내가 그럴 거라고 생각했던 것만큼 즐기지는 못하고 있어.
A : 오, 정말? 왜 그런 거야?
B : 이곳에서는 물 밖에 나온 물고기 같은 느낌이 들어.
A : 너는 아마도 적응할 시간이 더 필요할 거야.」

① 이곳에서는 아파트를 살 수가 없어
② 해야 할 일이 너무 많아
③ 나는 차라리 해변 근처에서 살고 싶어
④ 나는 어색하고 내가 있을 자리가 아닌 것 같이 느껴져

Answer 17.④

18 다음 대화 내용 중 가장 어색한 것을 고르시오.

① A : The line is busy. Would you like to hold?

B : I'll hand it over to you right away.

② A : The monitor just went out. I don't know how to fix it.

B : You'd better call maintenance.

③ A : Care to join us for lunch?

B : Sure, that would be great.

④ A : You look like you're lost in thought. What's weighing on your mind?

B : Oh, nothing. I just tend to space out from time to time.

TIP 「① A : 통화 중입니다. 기다리시겠어요?

B : 지금 당장 넘겨드리겠습니다.

② A : 모니터가 그냥 꺼졌어요. 어떻게 수리해야 할지 모르겠어요.

B : 관리실에 전화하는 편이 낫겠어요.

③ A : 우리랑 점심 먹으러 갈래요?

B : 물론이죠, 좋아요.

④ A : 생각에 잠겨있는 것 같아. 마음에 걸리는 게 뭐야?

B : 아, 아무것도 아니야. 나는 가끔 그냥 멍하게 있을 때가 있어.」

19 다음 대화의 빈칸에 공통으로 들어갈 알맞은 표현을 고르시오.

A : Hi, I'd like to check in this check please.

B : Sure thing. Do you have your _____ and ID with you?

A : Yes, I do. Here's my ID, and my _____ is 123456.

B : Great, thank you. Let me just process this check for you, It looks like   everything is in order. Your funds should be available within 24 hours.

① bank ticket

② banknote

③ account number

④ credit number

20 다음 대화의 빈칸에 들어갈 알맞은 표현을 고르시오.

> A : Hi, I'd like to send this package, and I'm interested in getting insurance for it.
> B : Absolutely. Could you please let me know the value of the item you're sending?
> A : It's a smartphone, and its value is $1,300.
> B : Great. Based on the value, we can offer you insurance coverage for the package. The insurance will protect your item against loss or damage during transit. Would you like to proceed with the insurance?
> A : Yes. How much would the insurance cost for the value?
> B : _____.

① I think it's worth the extra cost for the peace of mind.

② The insurance rate is typically a percentage of the declared value.

③ It is important to accurately declare the value of the item.

④ You'll need to complete a Customs Declaration Form.

21 다음 대화에 들어갈 알맞은 표현을 고르시오.

A : Excuse me, I bought this radio here, and it doesn't work.

B : Do you have any receipt?

A : No. I lost it. Can I exchange the radio for another one?

B : Without your receipt, it's hard.

A : Believe me, I bought it this morning.

B : Then do you have any identification?

A : Yes, I have a driver's license, and a credit card.

B : OK. _____. All you have to do is go to the manager's office. Right over there.

---

① Either will do.

② All of them matter.

③ I couldn't help it.

④ Your opinion doesn't stand.

TIP 「A : 실례합니다. 이 라디오를 여기서 구매했는데 작동하지 않네요.
　　B : 영수증 가져오셨어요?
　　A : 영수증을 잃어버렸는데요. 다른 라디오와 교환할 수 있을까요?
　　B : 영수증이 없으면 어려운데요.
　　A : 믿어주세요. 오늘 아침에 구매했어요.
　　B : 그러면 다른 신분증을 가지고 있나요?
　　A : 예, 운전면허증과 신용카드가 있습니다.
　　B : 좋아요. <u>어느 쪽이든 상관없어요.</u> 당신은 이제 지배인 사무실로 가시면 됩니다. 바로 저쪽에 있습니다.」

① 어느 쪽이든 상관없다.
② 모든 것이 중요하다.
③ 나는 도울 수 없다.
④ 당신의 의견은 확실하지 않다.

22 다음 짝지어진 대화 중 어색한 것을 고르시오.

① A : What do you suggest I order?

   B : If you like seafood, order some shrimp. They're worth trying.

② A : Do you have Saturdays off?

   B : No, I have to work until noon on Saturdays. How about your husband?

③ A : Chances are we'll be late.

   B : Come on. Let's step on it.

④ A : Well, I'm afraid I've taken up too much of your time. I must be on my way now.

   B : Not at all. Make yourself at home.

TIP 「① A : 무엇을 주문할까요?
   B : 해산물을 좋아하시면, 새우를 주문하세요. 먹어볼 만해요.
② A : 토요일에 쉬세요?
   B : 아니요. 토요일 정오까지는 일해야 해요. 당신의 남편은 어떠세요?
③ A : 가망성을 볼 때 우리가 늦을 것 같아요.
   B : 자, 서두릅시다.
④ A : 음, 당신의 시간을 너무 많이 뺏은 것 같군요. 이제 가봐야겠어요.
   B : 천만에요. 편히 쉬세요.」

Answer   22.④

23 **다음 대화의 빈칸에 공통으로 들어갈 알맞은 단어를 고르시오.**

A : Excuse me, I've noticed some ____________ transactions on my card statement.
B : I'm sorry to hear that, Could you please provide me with your card details and the specific transactions you are referring to?
A : Here are my card details. They seem to be from an unfamiliar merchant.
B : I'll review the transactions and investigate the issue. In the meantime, I advise you to temporarily block your card to prevent further ____________ transactions

① unauthorized
② regular
③ moderate
④ disclosed

TIP 「A : 실례합니다. 제 카드 내역에 승인되지 않은 거래가 몇 건 보여서요.
B : 안타깝습니다. 카드 정보와 말씀하신 특정거래를 알려주시겠어요?
A : 여기 있습니다. 익숙치 않은 가게인 것 같아요.
B : 제가 거래를 살펴보고 이 건을 조사하겠습니다. 그동안 추가적인 무단거래를 막기 위해 카드를 일시적으로 정지할 것을 조언드립니다.」
① 승인되지 않은, 무단의
② 정기적인
③ 적정한
④ 공개된

Answer 23.①

24 다음 대화의 빈칸에 들어갈 알맞은 표현을 고르시오.

A : How may I help you today?

B : Hi, I need to exchange some British pounds for US dollars.

A : Of course. How much would you like to exchange?

B : I have 200 pounds. _____

A : Let me check that for you. Alright, it is 1.25 dollars for 1 pound. So, for your 200 pounds, you'll receive 250 dollars.

B : That works for me. Can I get the dollars in smaller denominations, please?

A : Sure thing. Here are 250 dollars in various bills. Is there anything else I can assist you with?

B : No, that's everything. Thank you for your help!

A : You're welcome! Have a wonderful day!

---

① What type of currency would you like to exchange?

② Do you have a specific amount you would like to exchange?

③ What's the exchange rate for dollars today?

④ Would you like to receive a recipt for your exchange?

TIP 「A : 오늘은 어떤 도움이 필요하신가요?

B : 안녕하세요, 영국 파운드를 미국 달러로 환전해야 합니다.

A : 알겠습니다. 얼마 정도 환전하시려고 하시나요?

B : 200 파운드 가지고 왔습니다. <u>오늘 달러의 환율은 어떻게 되나요?</u>

A : 확인해보겠습니다. 좋아요. 그것은 1 파운드 당 1.25 달러입니다. 그래서, 200 파운드에 대해 250 달러를 드릴 수 있습니다.

B : 좋네요. 달러를 작은 액면으로 받을 수 있을까요?

A : 물론이죠. 다양한 지폐로 구성된 250 달러를 여기에 드립니다. 다른 도움이 더 필요하신가요?

B : 아니요, 그게 다에요. 도움주셔서 감사합니다.

A : 천만에요! 즐거운 하루 되세요!」

① 어떤 통화로 교환해 드릴까요?

② 환전하고자 하는 특정 금액이 있으신가요?

③ 오늘 달러의 환율은 어떻게 되나요?

④ 교환 영수증을 받으시겠습니까?

Answer 24.③

25 다음 대화를 읽고 내용과 일치하지 않는 것을 고르시오.

A : I have a group of 20 travelers going on a trip to Europe next month, for two weeks.

B : Okay, great. Are you looking for basic coverage, or something more comprehensive?

A : I think something comprehensive would be best, just to be safe.

B : Okay, I understand. We can offer coverage for things like emergency medical expenses, trip cancellation, lost or stolen baggage, and more.

A : That sounds perfect. And can you provide me with a group rate, since there are so many travelers?

B : Yes, absolutely. We offer discounted rates for groups. Let me calculate the premium for you based on the number of travelers and the coverage you're looking for.

A : Thank you so much. This is a big help.

---

① 단체 여행자 보험을 가입하려고 한다.

② 안전을 생각하여 포괄적인 상품을 고려한다.

③ 응급 의료비, 분실, 또는 도난 수하물에 대한 보장만을 제공한다.

④ 단체를 위한 할인 요금이 있다.

TIP 「A : 다음 달에 2주 동안 유럽으로 여행을 가는 20명의 여행자 그룹이 있습니다.
B : 알겠습니다. 기본 보장과 더 포괄적인 보장 중에 고르시겠어요?
A : 안전을 위해 포괄적인 것이 최선일거라고 생각해요.
B : 네, 알겠습니다. 응급 의료비, 여행 취소, 분실 또는 도난 수하물 등에 대한 보장을 제공할 수 있습니다.
A : 완벽하게 들리네요. 그리고 여행자가 많은데 단체 요금을 제공해 주실 수 있나요?
B : 네, 물론이죠. 단체를 위한 할인 요금을 제공합니다. 여행자 수와 귀하가 찾고 있는 보장 범위를 기준으로 보험료를 계산해 드리겠습니다.
A : 정말 감사합니다. 큰 도움이 되네요.」

Answer 25.③

26 다음 글의 빈칸에 들어갈 알맞은 것을 고르시오.

Dear Ms. Johnson,

We acknowledge the receipt of your letter of August 15th, in which you requested a three month extension on your outstanding mortgage payments. After careful review, including a time value of money analysis, _____ insist that you fulfill your payment obligations. We are sorry about the difficulties you are experiencing; however, it is paramount that you furnish us with your payment by Sept 1st. We hope day that you will be able to find another solution to your problem.

Sincerely,

Jill Taylor

Collections Manager

---

① the time has come to transfer funds so we

② our governing body has redefined the problem and

③ we understand your predicament, forgive your debt and

④ we find ourselves in a position in which we must

....

TIP 「존슨 씨께

저희가 귀하의 8월 15일자 편지를 받았음을 알려드립니다. 그 편지에서 귀하는 미지불된 대출 상환금의 기한을 3개월 연장해 달라고 요청했습니다. 화폐의 시간 가치 분석을 포함한 신중한 검토 후, 귀하의 지불 의무를 다하기를 요구할 수밖에 없는 상황에 놓였습니다. 귀하가 처한 어려움에 대해서는 유감스럽지만 9월 1일까지 저희에게 지불금을 보내 주시는 게 매우 중요합니다. 귀하의 어려움에 다른 해결책을 찾을 수 있기를 바랍니다.

질 태일러

미수금 회수부장」

① 자금을 융통할 때가 왔고, 그래서 우리는

② 저희 지도부는 그 문제를 재정했고

③ 저희는 귀하의 어려움을 이해하고 빚을 탕감하며

④ 할 수밖에 없는 상황에 놓였습니다

acknowledge (수령했음을) 알리다 outstanding 미지불된 mortgage 대출 payment 지불금 time value of money 화폐의 시간 가치 fulfill 이행하다 obligation 의무 paramount 가장 주요한 furnish 제공하다 redefine 재정립하다 predicament 곤경, 궁지

Answer 26.④

27 다음 글의 주제로 알맞은 것을 고르시오.

> Currently we are going through global warming and to fight the harmful impact of global warming, there is an urgent need to conserve energy. The surprising thing is that we can find ways of energy conservation while saving ourselves some money. We can begin in our homes by unplugging any electric devices such as TVs, DVD players, and such when they are not being used. These types of electrical home devices are energy consuming even if they are turned off but still plugged in. Changing small practices such as hanging the laundry for air drying instead of using the dryer saves energy, and walking or bicycling to nearby places rather than using the car is another energy-saving habit. We must understand the fact that energy conservation is within our reach if we only participate and do the right thing to conserve energy.

① Conserving energy not only saves money but also the environment.
② Our failure to conserve energy is the major reason behind global warming.
③ There are serious environmental consequences to our energy policies.
④ Electronic devices should be designed to waste less energy

TIP 「현재 우리는 지구 온난화를 겪고 있고, 지구 온난화의 유해한 영향에 맞서기 위해 시급히 에너지를 절약할 필요가 있다. 놀라운 것은 돈을 절약하면서 에너지 절약 방법을 찾을 수 있다는 것이다. 텔레비전과 DVD 플레이어 등과 같은 전기 제품을 사용하지 않을 때 플러그를 뽑는 것으로 가정에서 시작할 수 있다. 이런 종류의 가정용 전기 제품들은 켜있지 않아도 전원에 연결만 되어 있으면 에너지를 소비한다. 건조기를 사용하는 대신 세탁물을 넘어서 자연 건조시키는 것과 같은 작은 행동을 바꾸는 것으로 에너지가 절약되고, 가까운 장소는 차를 가져가는 대신 걸어가거나 자전거를 타고 가는 것도 또 다른 에너지 절약 습관이다. 우리가 참여해서 에너지 절약을 위해서 옳은 일을 하기만 해도 에너지 절약은 우리의 손이 미치는 곳에 있다는 것을 반드시 알아야 한다.」

① 에너지를 아껴 쓰는 것은 돈을 절약하는 것뿐만 아니라 환경도 아끼는 것이다.
② 에너지 절약 실패가 지구 온난화의 주된 이유이다.
③ 에너지 정책으로 인해서 심각한 환경적인 결과가 초래되었다.
④ 전기 제품은 에너지를 덜 낭비하도록 설계되어야 한다.

go through 겪다　global warming 지구 온난화　conserve 보존하다　unplug 플러그를 뽑다　electrical device 가정용 전기 제품
within one's reach 손이 미치는 곳에

Answer 27.①

28 다음 글에서 언급한 보험의 특징으로 가장 적절한 것을 고르시오.

An insurance policy is a legally binding contract between an insurance company and the person who buys the policy, commonly called the "insured" or the "policyholder." In exchange for payment of a specified sum of money, called the "premium," the insurance company agrees to pay the "beneficiary" (or for some benefits, the "owner") of the policy a fixed or otherwise determinable amount of money, if circumstances that are set out in the policy, occur, Another way of looking at insurance is to consider that it is a group of people getting together and paying on a regular basis into a pooled' account. If any of them need to claim off the insurance because of some personal calamity, the money is there to enable this to happen. In that way, insurance serves as a risk transfer mechanism by which people or businesses can shift some of their uncertainties or risks to the insurance companies. The insurance companies charge a fee, known as a premium, for accepting these risks, and in return, agree to pay for the financial losses that the policyholder may suffer.

---

① An insurance policy is a contract between a beneficiary and an insurance company.

② What the insurance company pays to the beneficiary is called 'insurance premium'.

③ Insurance transfers all possible risks to the insurance company.

④ "Fees" are money that insurance companies charge for taking on the risk.

TIP 「보험 증권은 보험 회사와 일반적으로 "피보험자" 또는 "보험 계약자"라고 하는 보험을 구매하는 사람 간의 법적 구속력이 있는 계약이다. "보험료"라고 하는 특정 금액을 지불하는 대가로 보험 회사는 약관에 명시된 상황이 이 발생하는 경우 보험 증권의 "수혜자"(또는 일부 혜택의 경우 "소유자")에게 고정 금액 또는 달리 결정할 수 있는 금액을 지불하는 데 동의한다. 보험을 바라보는 또 다른 방식은 사람들이 모여 '공동' 계좌에 정기적으로 지불하는 그룹이라고 생각하는 것이다. 그들 중 누군가 개인적인 재난으로 인해 보험을 청구해야 하는 경우, 이를 가능케 하는 돈이 된다. 그런 식으로 보험은 사람이나 기업이 불확실성이나 위험의 일부를 보험 회사에 전가할 수 있는 위험 전가 메커니즘 역할을 한다. 보험 회사는 이러한 위험을 수용하는 대가로 보험료라고 하는 수수료를 부과하고 그 대가로 보험 계약자가 겪을 수 있는 재정적 손실을 지불하는 데 동의하는 것이다.」

① 보험 증권이란 수혜자와 보험회사 사이의 계약이다.
② 보험 회사가 수혜자에게 지불하는 것을 '보험료'라고 한다.
③ 보험은 발생할 가능성이 있는 모든 위험을 보험 회사에 전가한다.
④ '수수료'는 보험회사가 위험부담을 갖는 대가로 부과하는 돈이다.

insurance policy 보험 가입서 legally binding 법적으로 구속력 있는 contract 계약 insured 보험 가입자 policyholder 보험 계약자 payment 지불 premium 보험료 beneficiary 수혜자 determinable 결정 가능한 circumstance 상황 pooled account 공동 계좌 claim 청구 calamity 재난 uncertainties 불확실성 financial loss 재정 손실

Answer 28.④

29 다음 밑줄 친 부분 중 문법적으로 옳지 않은 것을 고르시오.

Research ① <u>done</u> on coffee drinkers has turned up some ② <u>interested</u> results. Data collected from recent studies suggests that drinking coffee can lower the risk of Alzheimer's, help boost metabolism, and ③ <u>stimulate</u> the brain. It seems that coffee may have more benefits than simply helping us ④ <u>wake up</u> in the morning.

TIP 「커피를 마시는 사람들을 대상으로 시행된 연구는 흥미로운 결과를 발견했다. 최근의 연구들로부터 수집된 자료는 커피를 마시는 것이 알츠하이머의 위험을 낮추고, 신진대사를 증진시키며 뇌를 자극할 수 있다고 말한다. 커피는 단순히 우리가 아침에 잠에서 깨도록 돕는 것 말고도 더 많은 이점들을 가진 듯하다.」

② 수식받는 명사 results와 분사가 '결과가 흥미롭다'라는 의미의 능동 관계가 되어야 자연스러우므로 과거분사 interested를 현재분사 interesting으로 고쳐야 한다.

① 수식받는 명사 Research와 분사가 '연구가 시행되다'라는 의미의 수동 관계가 되어야 자연스러우므로 과거분사 done이 올바르게 쓰였다.

③ 접속사(and)로 연결된 병치 구문에서는 같은 구조끼리 연결되어야 하는데, and 앞 조동사 can 뒤에 동사원형 lower, help가 나열되고 있으므로 and 뒤에도 동사원형 stimulate가 올바르게 쓰였다.

④ 동사 help는 목적격보어로 to부정사와 원형부정사를 모두 취할 수 있는 준사역동사이므로 원형부정사 wake up이 목적격 보어로 올바르게 쓰였다.

turn up ~을 발견하다 lower 낮추다 boost 증진시키다 metabolism 신진대사 stimulate 자극하다 benefit 이점

30 다음 글을 읽고 Royal Mail에 관한 내용과 일치하는 것을 고르시오.

The British mail service first came into existence in the year 1516 as Royal Mail Group plc, It started in 1516 when Henry VIII assigned the Master of the Posts' position to someone. This position was created and appointed by him to manage the incoming and outgoing mail in the country. Another vital highlight is the introduction of postal stamps. The first-ever stamp called the 'The Penny Black' came into use in 1837. Like other postal organizations, Royal Mail too was under the control of the government for hundreds of years. But, things began to change in 2006 when the government opened the postal market for competition, leading to the end of a 350-year British Empire's monopoly. In 2013, the British government listed most of its corporate shares on the stock market. Two years later, it also sold the remaining shares making Royal Mail a publicly owned company. This way, centuries of government ownership over postal services saw an end.

① It started with Henry VIII becoming the postmaster in 1516.

② It introduced postal stamps for the first time.

③ It operated freely without government control.

④ It is currently owned by the British royal family.

TIP 「영국 우편 서비스는 1516년 Royal Mail Group plc로 처음 등장했다. 이것은 1516년 헨리 8세가 누군가에게 '우편 담당' 직책을 맡겼을 때 시작되었다. 이 직책은 국가의 수신 및 발신 메일을 관리하기 위해 그가 만들고 임명했다. 또 다른 중대한 하이라이트는 우표의 도입이었다. 최초의 우표인 'The Penny Black'은 1837년에 사용되었다. 다른 우편 조직과 마찬가지로 Royal Mail도 수백 년 동안 정부의 통제를 받았다. 그러나 2006년 정부가 경쟁력을 위해 우편 시장을 개방하면서 상황이 바뀌기 시작하여 350년 동안의 대영 제국의 독점이 끝났다. 2013년 영국 정부는 대부분의 기업 주식을 주식 시장에 상장했다. 2년 후 남은 주식도 매각하여 Royal Mail을 공개 기업으로 만들었다. 이런 식으로 우편 서비스에 대한 수세기에 걸친 정부 소유권이 막을 내렸다.」

① 1516년 헨리 8세가 직접 우체국장이 되는 것으로 시작했다.
② 우표를 처음으로 도입했다.
③ 정부의 통제없이 자유롭게 운영되었다.
④ 현재 영국 왕실이 소유하고 있다.

assign 부여하다 appoint 임명하다 vital 중대한 introduction 도입 postal stamp 우표 monopoly 독점 corporate shares 기업주식 publicly 공개적으로

Answer 30.②

31 다음 글의 빈칸에 들어갈 알맞은 것을 고르시오.

Security has become a key issue in Internet banking. For most secure Internet sites, such as Internet shopping sites, single password _____ is considered sufficient. In an increasing number of countries, this is no longer considered adequate for Internet banking. In these cases, entry to the site requires the input of one of a selection of passwords and multiple PINs. All information is encrypted, making it almost impossible for a third party (i.e. a hacker) to access the information.

① application
② facilities
③ authentication
④ transaction

TIP 「보안은 인터넷 뱅킹의 핵심 사안이 되었다. 인터넷 쇼핑 사이트와 같은 대부분의 인터넷 보안 사이트에서는 단일 암호 <u>인증</u>으로 충분하다고 여긴다. (그러나) 점점 더 많은 국가에서 이것을 더 이상 인터넷 뱅킹에 적합하지 않은 것으로 생각한다. 이 경우 사이트에 입장하려면 비밀번호 입력과 더불어 여러 PIN 중 하나를 입력해야 한다. 모든 정보는 암호화되어 제3자(즉, 해커)가 정보에 접근하는 것이 거의 불가능하다.」

① 신청
② 시설
③ 인증
④ 거래

security 보안 sufficient 충분한 adequate 적합한 entry 입장 input 입력 encrypted 암호화된

32 다음 글에 드러난 'Steven'의 심경으로 가장 적절한 것을 고르시오.

Ray opened his eyes a little and felt sweat rolling down his face as he tried to breathe. His head hurt so badly and his throat felt as if it were on fire. He coughed and felt tears come to his eyes from the pain in his throat. He couldn't hear what his father Steven was saying, but he felt a hand stroke his head. Steven looked down and tears ran down his cheeks. Ray was panting for breath, and his fever was too high. Steven held Ray's hand in his own and raised it to his lips and kissed it softly hoping that Ray would get better soon. Steven couldn't help but cry every time Ray would cough. Steven couldn't shake off the feeling that his son would recover much more slowly than he expected.

① sad and worried

② confident and proud

③ bored and indifferent

④ embarrassed and amazed

TIP 「Ray는 눈을 살짝 떴고 숨을 쉬려고 할 때 그의 얼굴 위로 땀이 흘러내리는 것을 느꼈다. 그의 머리는 너무나 심하게 아팠고 그의 목은 마치 불이 난 것처럼 느껴졌다. 그는 기침했고 그의 목 통증으로 인해 눈물이 나오는 것을 느꼈다. 그는 아버지인 Steven이 말하고 있는 것을 들을 수 없었지만, 어떤 손길이 그의 머리를 쓰다듬는 것을 느꼈다. Steven은 내려다보면서 눈물이 그의 볼에 흘러내렸다. Ray는 숨이 차서 헐떡이고 있었고, 그의 열은 아주 높았다. Steven은 자신의 손으로 Ray의 손을 잡고 그것을 그의 입술로 들어 올려 Ray가 빨리 회복하기를 바라면서 거기에 부드럽게 키스했다. Steven은 Ray가 기침할 때마다 울지 않을 수 없었다. Steven은 자기 아들이 그가 기대하는 것보다 훨씬 더 느리게 회복할 거라는 감정을 떨쳐낼 수 없었다.」

① 슬프고 걱정스러운
② 자신감 있고 자랑스러운
③ 지루하고 무관심한
④ 당황스럽고 놀란

sweat 땀 throat 목 cough 기침하다 stroke 쓰다듬다 cheek 빰 pant for breath 숨이 차서 헐떡이다 fever 열 recover 회복하다

33 (A), (B), (C)의 각 네모 안에서 어법에 맞는 표현으로 가장 적절한 것을 고르시오.

> Mosquito bites are seldom dangerous, but it is best to avoid mosquitoes whenever possible. They have been known to carry diseases that are harmful to humans, and some people are allergic to them and may become ill if (A) <u>biting / bitten</u>. These annoying little pests are hard to beat, but there are some tips which can help you avoid them. Try staying inside (B) <u>during / while</u> those times of day when mosquitoes are most active. Put screens in your windows to keep them out of your house. If you do go out, wear extra clothing that covers your skin. This will make it difficult for mosquitoes (C) <u>bother / to bother</u> you. You can also use a mosquito spray to confuse the insects' senses, making them pass you by.

	(A)	(B)	(C)
①	biting	while	to bother
②	biting	during	bother
③	bitten	while	bother
④	bitten	during	to bother

TIP 「모기에 물리는 것은 좀처럼 위험하지 않지만, 가능한 한 모기를 피하는 것이 가장 좋다. 그것들은 사람들에게 해로운 질병을 옮기는 것으로 알려져 있고, 어떤 사람들은 그것에 알레르기가 있어 물리면 병이 날 수도 있다. 이러한 성가신 작은 해충들은 퇴치하기가 어렵지만, 당신이 그것들을 피하도록 도와줄 수 있는 몇 가지 조언들이 있다. 모기가 가장 활발한 시간 동안에 집 안에 머물도록 하라. 그것들을 집안으로 들이지 않도록 창문에 방충망을 쳐라. 여러분이 정말 밖으로 나간다면, 여러분의 피부를 덮는 여분의 옷을 입어라. 이것은 모기가 여러분을 괴롭히는 것을 어렵게 해 줄 것이다. 여러분은 또한 모기들이 여러분을 그냥 지나치도록 하면서 모기의 감각을 교란하기 위한 모기 분무기를 사용할 수 있다.」

(A) 의미상 모기에 물린다는 수동의 의미이므로 과거분사인 bitten이 적절하다.

(B) while은 접속사로 다음에 [주어+동사]가 갖춰진 절이 오지만, during은 다음에 명사(구)가 오므로 during이 적절하다.

(C) 동사 make의 진목적어가 필요하므로 to bother가 적절하다. it은 가목적어이고, for mosquitoes는 to bother의 의미상 주어를 나타낸다.

seldom 좀처럼 ~않는 **disease** 질병 **allergic** 알레르기의 **pest** 해충 **beat** 이기다 **active** 활동적인 **screen** 방충망 **confuse** 헷갈리게 하다

34 밑줄 친 부분이 가리키는 대상이 나머지 셋과 다른 것을 고르시오.

A bird came and built its nest in a bush, near the house where Mary lived. She would go and look at the bird's little blue eggs in the nest. One day her mother said, "① You must not go and look at the bird's nest again for three weeks." Mary was a good girl and did as she was told. ② She did not go near the nest during that whole time. After three weeks, her mother said, "Now, Mary, you may go and look at your bird's nest." Mary ran out to the bush, but ③ she saw nothing but broken shells all around the nest. She burst into tears, ran into the house, and said, "Oh, mother, my little blue eggs are all ruined!" "No, my child," said her mother, "The baby birds have hatched and flown away!" "After all, little baby birds can't live forever in tiny egg shells," ④ she continued. "The birds have left their nest so they can begin to enjoy the gift of life more fully. Some day you will grow up and fly away from the home of your youth, like these little birds."

TIP 「새 한 마리가 와서 Mary가 사는 집 근처에 있는 덤불에 둥지를 틀었다. 그녀는 가서 둥지 안의 새의 작고 파란 알들을 들여다보곤 했다. 어느 날 그녀의 어머니가 말했다. "너는 3주 동안 다시는 가서 그 새의 둥지를 봐서는 안 된다." Mary는 착한 소녀였으므로 들은 대로 했다. 그녀는 그 기간 내내 그 둥지 근처에 가지 않았다. 3주 후, 그녀의 어머니가 말했다. "자, Mary야, 가서 너의 새 둥지를 살펴봐도 된다. "Mary는 그 덤불로 달려 나갔으나, 둥지 주변에 흩어진 깨진 알껍데기 외에는 아무것도 볼 수 없었다. 그녀는 눈물을 터뜨리고 집안으로 달려 들어가서 말했다. "아, 엄마, 제 작은 파란 알들이 다 엉망이 되었어요!" "그렇지 않단다. 얘야."라고 그녀의 엄마가 말했다. "새끼 새들이 알에서 깨어 날아가 버린 거란다!" "어쨌든 작은 새끼 새들은 아주 작은 알껍데기 속에서 영원히 살 수는 없잖니."라고 그녀가 (말을) 계속했다. "그 새들은 삶의 선물을 더 충분히 즐기기 시작할 수 있도록 자기 둥지를 떠났단다. 언젠가 너도 자라서 이 작은 새들처럼 어릴 때 살던 집에서 날아가 버릴 거야."」

①②③은 Mary를 가리키지만, ④는 Mary의 엄마를 가리킨다.

nest 보금자리 bush 덤불 shell 껍데기, 껍질 ruin 망치다, 엉망으로 만들다 hatch 부화하다

Answer 34.④

35 다음 글의 목적으로 가장 알맞은 것을 고르시오.

Dear Mr. Clellan,

The first shipment of equipment from your company has arrived before the estimated arrival date, and we would like to thank you for the prompt shipment. We are delighted with every piece. Therefore, we decided to make another purchase. I am attaching our purchase order No. 3422 for additional goods totaling $700,000. I hope you will continue to provide us with the same quality service and products. Since you already have a copy of our Procurement Guidelines, I shall not attach them to this order. As before, we will establish a letter of credit. Please inform me of shipping dates. Thank you for your consideration.

Best wishes,

Robert Williams

① To complain about early shipment

② To make an order of additional purchase

③ To cancel an order that was previously made

④ To inquire about the arrival of ordered product

TIP 「클리런 씨께

귀사에서 보내신 장비의 첫 번째 선적분이 예상 도착일보다 빨리 도착했습니다. 신속한 선적에 감사드리고자 합니다. 모든 부품에 만족합니다. 따라서 당사는 다시 한 번 결정했습니다. 총액이 70만 달러인 추가 상품에 대한 구매 주문서 3422번을 첨부합니다. 귀사에서 지속적으로 당사에 동질의 서비스와 상품을 공급해 주시기를 바랍니다. 귀사에서 이미 당사의 조달 지침을 가지고 있기 때문에 이번 주문에서는 첨부하지 않겠습니다. 이전처럼 신용장을 개설할 예정입니다. 제게 선적일을 알려 주십시오. 배려에 감사합니다.

로버트 윌리엄스」

① 조기 선적에 불평하기 위해
② 추가 구매 주문을 하기 위해
③ 이전에 했던 주문을 취소하기 위해
④ 주문 물품의 도착에 대해 문의하기 위해

shipment 선적(물) equipment 장비 estimated 예상된 prompt 신속한 attach 첨부하다 procurement 조달 guideline 지침 letter of credit 신용장 shipping date 선적일

Answer 35.②

36 다음 글에서 전체 흐름과 관계없는 문장을 고르시오.

To be filed under the category of a lifestyle hazard, stress is indeed the root cause of many physical and mental ailments. ① One of the physical manifestations of stress on the body may come in the form of headaches. ② Or maybe you are just feeling that your mind and body are simply not performing at their optimal levels. ③ Although stress may be the cause of these symptoms as well as others, there are many simple ways to vent your stress such as talking it out with son someone or getting some physical exercise to refresh yourself. ④ Stress not only wears down an individual who suffers it but often rubs off to family members and close friends as well.

TIP 「생활 방식 위험이라는 범주로 분류되는 스트레스는 사실 많은 신체적 및 정신적 질병의 근원이다. ① 스트레스의 신체적 징후 중 하나는 두통의 형태로 오기도 한다. ② 또는 아마도 당신은 그저 정신과 몸이 최적의 수준에서 업무수행을 하고 있지 않다고 느끼고 있을 수도 있다. ③ 스트레스가 다른 것들뿐만 아니라 이러한 증상의 원인일 수 있지만 누구와 의논을 한다든지 활력을 되찾기 위해 어떤 운동을 하는 것과 같은 스트레스를 해소하기 위한 간단한 방법들이 많이 있다. ④ 스트레스는 그것으로부터 고통받는 개인을 약화시킬 뿐만 아니라 종종 가족과 가까운 친구들에게도 전염된다.」

hazard 위험 ailment (가벼운) 병 manifestation 징후 optimal 최적의 symptom 증상 vent (감정을) 터뜨리다 wear down 약화시키다 rub off 옮다, 전염되다

37 다음 빈칸에 들어갈 알맞은 표현을 고르시오.

With the First World War over, Americans' desire for economic and political conservatism was reflected in the election of President Warren G. Harding in 1920. After Harding was placed in office, Congress passed a tariff, which raised the average tariff on imports to a new high of nearly 40 percent. When it came to foreign policy, Harding held a very isolationist stance and tried to reduce America's influence abroad. _____, he oversaw the Five-Power Naval Treaty in 1922 to place limits on the number of American, British, and Japanese naval ships in the Pacific. The US also signed the Four-Power Treaty that year which worked to maintain the status quo in the Pacific. Harding's domestic and foreign policies did much to sweep away the remnants of progressive legislation made by the previous administration.

---

① However
② Also
③ For example
④ Doubtlessly

TIP 「제1차 세계 대전의 종전과 더불어 경제적 정치적 보수주의에 대한 미국인들의 욕구가 1920년 워렌 G. 하딩의 대통령 선출에 반영되었다. 하딩이 임기를 시작한 후, 의회는 관세법을 통과시켰는데 이는 수입에 대한 평균 관세를 거의 40% 인상시킨 것이다. 외교 정책에 관한 한, 하딩은 강경한 고립주의 입장을 고수했고 해외에 대한 미국의 영향력을 줄이고자 했다. 예를 들어, 그는 1922년에 태평양에 있어서 미국과 영국, 일본의 해군 함선을 제한하는 5개 강대국 해군 조약을 감독했다. 같은 해 미국은 태평양에서의 현상 유지를 보장하기 위해서 4개 강대국 조약에 서명했다. 하딩의 대내외 정책은 이전의 행정부가 수립해 놓은 진보적인 법안의 잔재를 완전히 없애는 데 많은 역할을 했다.」

① 그러나
② 또한
③ 예를 들어
④ 틀림없이

conservatism 보수주의 reflect 반영하다 election 선거 tariff 관세 import 수입 foreign policy 외교 정책 isolationist 고립주의 stance 입장 oversee 감독하다 naval 해군의 status quo 현상 유지 domestic 국내의 sweep 휩쓸다 remnant 나머지 progressive 진보적인 legislation 법안 administration 행정부

Answer 37.③

38 다음 글의 빈칸에 들어갈 알맞은 것을 고르시오.

For many men who complain that car insurance companies are discriminatory in charging men much more than women for insurance policies, here is _____. There are fewer women involved in fatal automobile accidents than men. In addition to that, there is a higher number of women that have never been involved in a car accident than men. Making sweeping generalizations may seem unfair, but the facts do not lie. Men statistically getting into more accidents means they have more money paid to them from the insurance companies. Of course, what an insurance company charges is heavily dictated by one's driving history. Nevertheless, men's car insurance rates will not come down unless they start being more careful behind the wheel.

① a helpful way to bring down the premium

② a reason to complain against the high cost

③ an effective way to raise the premium

④ a simple explanation for the higher premium

TIP 「보험 정책상 자동차 보험 회사가 여성보다 남성에게 보험료를 매기는 데 있어서 차별을 한다고 불평하는 남성들을 위해서 <u>더 비싼 보험료에 대해 간단히 설명을</u> 하겠습니다. 남성보다 여성이 치명적인 자동차 사고에 덜 연관됩니다. 게다가 차 사고를 낸 적이 없는 여성 수가 남성 수보다 많습니다. 지나치게 포괄적인 일반화는 불공평한 것처럼 보이겠지만 사실은 거짓을 말하지 않습니다. 통계적으로 남성들이 더 많은 사고를 낸다는 것은 보험 회사가 그들에게 더 많은 돈을 지불해야 한다는 것을 의미합니다. 물론 보험 회사가 매기는 보험료는 운전 경력에 상당히 좌우됩니다. 그럼에도 불구하고 남성의 자동차 보험료는 남성들이 더욱 조심해서 운전하지 않는 한 내려가지 않을 것입니다.」

① 보험료는 줄이는 데 도움이 되는 방법

② 높은 비용에 대해서 불평을 하는 이유

③ 보험료를 올리는 효과적인 방법

④ 더 비싼 보험료에 대한 간단한 설명

discriminatory 차별적인 charge 요금을 매기다 premium 보험료 sweeping 전면적인 generalization 일반화 dictate ~을 좌우하다 statistical 통계적인

---

39 다음 밑줄 친 부분 중 어법상 옳지 않은 것을 고르시오.

---

① Remove an old coffee stain from a white shirt is not ② an impossible feat as some ③ may think. Simply sprinkle some baking soda on a damp cloth, and gently rub it over the spot to let it ④ soak up the stain.

TIP 「흰 셔츠에 묻은 오래된 커피 얼룩을 지우는 것은 몇몇 사람들이 생각하는 것처럼 아주 불가능한 일도 아니다. 단지 젖은 천 위에 약간의 베이킹소다를 뿌리고 그것이 얼룩을 빨아들이도록 그 자리에 부드럽게 문질러주면 된다.」

① 주어 자리에는 명사 역할을 하는 것이 와야 하므로 동사 Remove를 동명사 Removing 또는 to 부정사 To remove로 고쳐야 한다.
② be동사(is)는 주격 보어를 취하는 동사이다. 보어 자리에는 명사나 형용사 역할을 하는 것이 올 수 있으므로 명사구 an impossible feat이 올바르게 쓰였다.
③ 동사 자리에는 '조동사(may) + 동사원형(think)'이 올 수 있으므로 may think가 올바르게 쓰였다.
④ 사역동사 let의 목적격보어로 동사원형 soak up은 올바르게 쓰였다.

stain 얼룩 sprinkle 뿌리다 damp 젖은, 축축한 rub 문지르다 soak up 빨아들이다, 흡수하다

---

40 다음 글에서 필자가 주장하는 바로 가장 적절한 것을 고르시오.

A wolf does not have to try to be a good wolf. A wolf does not think about the meaning of its life, resolve to be a better wolf, and act accordingly. It just does what nature has ordered it to do. Unlike animals, we must try to be better ourselves by fulfilling our role. An athlete has to strive to stay focused. A worried single mother should tell herself, "I've got to be positive in front of the kids." A good teacher has to resist becoming critical and continue to do the best for his or her students. Police officers being pressured by corrupt partners must tell themselves, "Remember who you are." We should not live our lives automatically or aimlessly. In other words, we should be faithful ourselves willingly and purposely.

---

① 자신에게 주어진 역할에 충실하도록 노력해야 한다.
② 협동하면서 살아가는 방식을 동물들로부터 배워야 한다.
③ 다른 사람을 비판하기보다는 너그럽게 이해해야 한다.
④ 문제를 해결할 때 이성보다 직관으로 해야 한다.

Answer 39.① 40.①

41 주어진 글 다음에 올 순서로 알맞은 것을 고르시오.

If you've ever been at the ocean and tried to impress your friends with an underwater handstand then accidentally swallowed a mouthful of seawater, you probably noticed that it's pretty salty. Have you ever wondered why?

(A) As a result of that, over hundreds of millions of years, the salt content has built up to make the oceans as salty as they are today. The sea is about 3.5% salt.

(B) The salt the rivers and streams carry with them every year into the sea is only a tiny proportion of all the salt in the sea, but it gets left behind when water evaporates and falls as rain.

(C) River water contains salt too, but not nearly as much as seawater, and usually not enough for us to notice it. It comes from minerals in the soil and rocks that the water passes through before it gets into the rivers.

① (A)—(C)—(B)　　　　　　　　② (B)—(C)—(A)
③ (C)—(A)—(B)　　　　　　　　④ (C)—(B)—(A)

Answer　41.④

42 글의 흐름으로 보아, 주어진 문장이 들어가기에 가장 적절한 곳을 고르시오.

> Fortunately, a safe and effective way of disposing of medical waste was developed by a private medical institute.

> Medical waste was a major problem for America. About 13,000 tons were generated each day by the nation's 6,800 hospitals. (①) Most of it was burned, which involved high handling costs and the risk of releasing airborne pollutants. (②) The high cost of handling and transporting waste led some hospitals to dump it into the sea illegally. It, in turn, caused health threats when it washed up on beaches. (③) After investing a lot of time and money, Combustion Engineering of Stamford, Connecticut, has succeeded in disinfecting medical waste using modified microwaves. (④) The disinfected waste can then be compressed and deposited safely in landfills or burned without danger.

TIP 「의료 폐기물은 미국에서 중요한 문제이었다. 미국 전역의 6,800개 병원에서 매일 약 13,000톤의 폐기물이 만들어졌다.」
「대부분의 폐기물은 소각되었는데, 이는 높은 처리 비용과 공기로 운반되는 오염물질 배출의 위험을 수반했다. 폐기물을 처리하고 수송하는 데 드는 높은 비용으로 인해 일부 병원은 폐기물을 바다에 불법으로 내다 버렸다. 이러한 폐기물이 해변으로 쓸려올 때, 이는 결국 건강상의 위협을 야기했다. 다행히도 사설 의료 기관에 의해 안전하고 효과적인 의료 폐기물 처리 방법이 개발되었다. 많은 시간과 돈을 투자한 후에, Connecticut 주의 Combustion Engineering of Stamford가 변형된 마이크로파를 이용해서 의료 폐기물을 살균하는 데 성공했다. 살균된 의료 폐기물은 압축되어서 안전하게 쓰레기 매립지에 매립되거나 아무런 위험 없이 소각될 수 있다.」

dispose 처리하다 generate 발생시키다 handling cost 처리 비용 airborne 공기로 운반되는 pollutant 오염 물질 dump 내다 버리다
illegally 불법적으로 Combustion 연소 disinfect 살균하다, 소독하다 modify 수정하다 compress 압축하다 deposit 두다 landfill
쓰레기 매립지

Answer　42.③

43 다음 글을 요약한 문장에서 빈칸 (A), (B)에 들어갈 가장 알맞은 것을 고르시오.

The Animal Lovers Society will be holding a rally outside Ridge Park on Friday to raise awareness about the dangers faced by wildlife. According to the group, thousands of animal species around the world are classified as threatened. They claim that the government is not doing enough to stop illegal animal killing and trade, and there is a need for more laws to protect animals that are at risk. The group is hoping the rally will show lawmakers how badly people want these animals to be protected.

→ The Animal Lovers Society is organizing a ____(A)____ to make lawmakers aware that not enough is being done to ____(B)____ wild animals.

	(A)		(B)
①	demonstration	—	protect
②	meeting	—	protect
③	demonstration	—	locate
④	meeting	—	locate

---

44 다음 글의 어조로 가장 적절한 것을 고르시오.

As astronauts, we would spend interminable months training day in and day out. I can't count how many flights I've had in the simulator devices. There were days when I openly wondered if all the preparation would be worth it in the end. But when you finally make it up into space, and you get a moment or two to fix your gaze down on the earth, you are changed forever; a slowly spinning globe perched in the vast, lifeless expanse of space is simply amazing. The months of training fade into the background as the memory of seeing the earth from afar imprints itself upon your mind. All astronauts I've spoken to describe this moment as the most deeply spiritual one they've ever had. I can't help but agree. That experience was one of wonder and excitement.

① indifferent
② reflective
③ anticipatory
④ critical

TIP 「우주 비행사로서, 우리는 지루하게 긴 수개월을 날이면 날마다 훈련으로 보내곤 했다. 내가 모의실험 장치에서 얼마나 많은 비행을 했는지는 셀 수도 없다. 이 모든 준비가 결국 그만한 가치가 있을지 내가 솔직히 궁금해하던 날들이 있었다. 하지만 당신이 마침내 우주로 올라가 지구를 내려다 볼 잠깐의 시간을 갖게 되면, 당신은 영원히 변하게 된다. 생명체라고는 없는 광활한 공간에 자리 잡고 천천히 회전하는 구체는 그저 광장하다. 지구를 아득히 먼 곳에서 본 기억이 마음속에 새겨지면서 수개월간의 훈련은 희미해진다. 내가 이야기해 본 모든 우주 비행사는 그 순간을 그들이 경험한 것 중 가장 감명 깊은 것이라고 말한다. 나는 동의하지 않을 수 없다. 그 경험은 경이롭고 흥분되는 것이었다.」

① 무관심한
② 사색적인
③ 기대하는
④ 비판적인

astronaut 우주 비행사 interminable 지루하게 긴, 끝없는 simulator 모의실험 장치 fix one's gaze 응시하다 perch 자리 잡다 vast 광활한 fade 희미해지다, 바래다 imprint 새기다, 각인시키다

---

45 다음 글의 뒤 단락에 올 글의 내용으로 가장 적절한 것을 고르시오.

Since their introduction in the 1920s, credit cards have become a common form of exchange. Many of us nowadays use credit cards to make everyday purchases. To buy something with a credit card means that we are borrowing money from a lender, such as a bank, to make the purchase. The amount available to borrowers is limited in most cases, normally ranging from a few hundred dollars to several thousand. In exchange for lending money, the bank charges us a specific rate of interest on the money we have borrowed. Just as with credit limits, what this figure turns out to be depends greatly on our credit history and the card company's policy.

① The transition from cash to credit cards
② The way interest rates are determined
③ The popularity of credit cards with customers
④ The cause of the increase of consumer debt

TIP 「1920년대에 신용카드의 도입 이후, 신용카드는 흔한 거래 방식이 되었다. 우리 중 다수는 오늘날 일상적인 구매를 하기 위해 신용카드를 사용한다. 신용카드로 무언가를 사는 것은 우리가 구매를 하기 위해 은행과 같은 대출 기관으로부터 돈을 빌리고 있다는 것을 의미한다. 대출자에게 이용가능한 금액은 대부분의 경우 제한되어 있는데, 보통 몇백 달러에서부터 수천달러까지 다양하다. 돈을 빌려주는 것의 대가로, 은행은 우리에게 우리가 빌린 돈에 특정 이자율을 부과한다. 신용한도액과 마찬가지로, 이 수치가 얼마나 될지는 크게 우리의 신용 기록과 카드 회사의 정책에 달려있다.」

① 현금에서 신용카드로의 변화
② 이자율이 결정되는 방식
③ 소비자 사이에서 신용카드의 인기
④ 소비자 부채증가의 원인

introduction 도입 lender 대출기관 available 이용 가능한 borrower 대출자, 차용자 charge 부과하다 interest 이자, 관심 determine 결정하다, 알아내다 transition 변화, 전환 debt 부채, 빚

상식은 "용어사전"

용어사전으로 중요한 용어만 한눈에 보자

시사용어사전 1200

매일 접하는 각종 기사와 정보 속에서 현대인이 놓치기 쉬운, 그러나 꼭 알아야 할 최신 시사상식을 쏙쏙 뽑아 이해하기 쉽도록 정리했다!

경제용어사전 1030

주요 경제용어는 거의 다 실었다! 경제가 쉬워지는 책, 경제용어사전!

부동산용어사전 1300

부동산에 대한 이해를 높이고 부동산의 개발과 활용, 투자 및 부동산 용어 학습에도 적극적으로 이용할 수 있는 부동산용어사전!

- 최신 관련 기사 수록
- 다양한 용어를 수록하여 1000개 이상의 용어 한눈에 파악
- 용어별 중요도 표시 및 꼼꼼한 용어 설명
- 파트별 TEST를 통해 실력점검